投資學

盧嵐 主編

財經錢線

前　言

本教材共分十章，由四部分構成：

第一部分——投資學基礎。本部分是投資學的基礎知識部分，包括第一章和第二章。第一章證券，介紹證券市場基本投資工具股票、債券、基金和金融衍生工具的概念、性質、特徵和分類；第二章證券市場，介紹證券市場的參與主體和市場結構，證券市場的功能與市場運行效率，證券發行方式、程序及發行價格的確定方法，證券交易程序和流通市場的構成。

第二部分——證券投資分析。這部分是投資學的重點內容。在介紹有價證券估值方法的基礎上，進一步介紹了證券投資的兩大分析方法。包括第三、四、五、六、七章。第三章股票的投資價值分析，著重分析影響股票價值的因素，介紹股票的估值方法。第四章債券的投資價值分析，著重分析影響債券價值的因素，介紹債券投資價值分析方法。第五章其他證券的投資價值分析，分別對證券投資基金、可轉換債券和權證的價值分析進行了介紹。第六章證券投資基本分析，從宏觀分析、行業分析和公司分析闡述了基本分析方法。第七章證券投資技術分析，從量價分析、K線分析、形態分析、趨勢分析、指標分析闡述了技術分析方法。

第三部分——現代投資理論。這部分由第八、九章構成。第八章證券組合理論，著重介紹馬柯威茨的均值方差模型。第九章資本資產定價理論，著重介紹資本資產定價模型。

第四部分——證券市場監管。這部分為第十章證券市場信息披露與監管，著重介紹對上市公司信息披露的要求及監管。

在編寫中注重了以下問題：一是投資學的系統性。教材體系由投資學基礎、證券投資分

析、現代投資理論和證券市場監管四部分組成，涵蓋證券投資的各個知識點，全面、系統地闡述證券投資的基本理論與實踐，使學員對投資學體系有一個完整的瞭解。二是注重投資學理論的運用性。在教材內容的選擇上側重於股票、債券、基金投資價值分析，側重於證券投資基本分析與技術分析，將投資學理論運用於中國證券市場實際，運用了大量的數據資料和實例分析，使學員通過學習能掌握證券投資分析方法，能對證券的投資價值進行分析與評價。三是注重投資學內容的時效性和前沿性。投資學是一門對理論性與實踐性要求都很高的專業課程，特別是在當前證券市場發展與改革的大背景下。

　　本教材由盧嵐主編、擬定大綱並負責最後總纂定稿。各章編寫分工是：第一章（譚楊帆），第二章（陳祖燕），第三章（朱飛），第四章（楊明明），第五章（盧嵐、劉朝英），第六章（何沂聰），第七章（王之飛），第八章（丁軍廣），第九章（施林楠），第十章（鄧雄）。在編寫過程中，編者參考了大量現有文獻與資料，在此向這些文獻的作者、編輯和出版社表示衷心的感謝。在編撰與出版過程中，得到了出版社相關人員的大力支持，並且提出了許多寶貴意見和建議，在此，也向他們表示誠摯的謝意！

　　由於編者的水準有限，編寫時間緊迫，書中難免有疏漏之處，也望各位專家與讀者不吝指正，使之日臻完善。

編　者

目 錄

第一章 證券 ……………………………………………………………… (1)
  第一節 證券的概念及分類 …………………………………………… (1)
    一、證券的概念 …………………………………………………… (1)
    二、證券的分類 …………………………………………………… (1)
  第二節 股票 …………………………………………………………… (2)
    一、股票的定義 …………………………………………………… (2)
    二、股票的性質 …………………………………………………… (3)
    三、股票的特徵 …………………………………………………… (4)
    四、股票的類型 …………………………………………………… (5)
    五、中國現行的股票類型 ………………………………………… (6)
  第三節 債券 …………………………………………………………… (9)
    一、債券的定義 …………………………………………………… (9)
    二、債券的性質 …………………………………………………… (9)
    三、債券的特徵 …………………………………………………… (9)
    四、債券的分類 …………………………………………………… (10)
    五、中國的債券 …………………………………………………… (16)
  第四節 證券投資基金 ………………………………………………… (18)
    一、證券投資基金的概念 ………………………………………… (18)
    二、證券投資基金的特徵 ………………………………………… (19)
    三、證券投資基金的分類 ………………………………………… (20)
    四、證券投資基金的當事人 ……………………………………… (23)
    五、中國證券投資基金發展概況 ………………………………… (25)
  第五節 金融衍生工具 ………………………………………………… (27)
    一、金融衍生工具的概念 ………………………………………… (27)
    二、金融衍生工具的特徵 ………………………………………… (27)
    三、金融衍生工具的分類 ………………………………………… (28)
    四、中國的金融衍生工具 ………………………………………… (30)

第二章 證券市場 ………………………………………………………… (34)
  第一節 證券市場概述 ………………………………………………… (34)

一、證券市場的定義………………………………………………(34)
　　二、證券市場的產生與發展………………………………………(34)
　　三、證券市場參與者………………………………………………(37)
　　四、證券市場的結構關係…………………………………………(39)
　　五、證券市場的功能………………………………………………(40)
　　六、證券市場的運行效率…………………………………………(41)
　第二節　證券發行市場……………………………………………(43)
　　一、證券發行市場的定義…………………………………………(43)
　　二、證券發行方式…………………………………………………(44)
　　三、證券發行的基本程序…………………………………………(45)
　　四、股票發行的條件………………………………………………(47)
　　五、股票發行價格的確定方法……………………………………(49)
　第三節　證券流通市場……………………………………………(52)
　　一、證券交易所……………………………………………………(52)
　　二、場外交易市場…………………………………………………(56)
　　三、中國的證券交易市場…………………………………………(58)
　　四、股票價格指數及其計算………………………………………(62)

第三章　股票的投資價值分析……………………………………(68)
　第一節　股票的價值………………………………………………(68)
　　一、股票的票面價值………………………………………………(68)
　　二、股票的帳面價值………………………………………………(69)
　　三、股票的清算價值………………………………………………(69)
　　四、股票的內在價值………………………………………………(69)
　　五、股票的市場價格………………………………………………(69)
　第二節　影響股票投資價值的因素………………………………(70)
　　一、內部因素………………………………………………………(70)
　　二、外部因素………………………………………………………(71)
　第三節　股票的估值………………………………………………(72)
　　一、內在價值的估計………………………………………………(72)
　　二、股票的投資價值評估…………………………………………(79)

第四章　債券的投資價值分析 (83)
第一節　債券概述 (83)
　　一、債券的票面要素 (83)
　　二、債券投資面臨的主要風險 (84)
第二節　影響債券投資價值的因素 (85)
　　一、影響債券投資價值的內部因素 (85)
　　二、影響債券投資價值的外部因素 (87)
第三節　債券的投資價值分析 (88)
　　一、債券價值的計算公式 (88)
　　二、債券收益率的計算 (91)
　　三、債券轉讓價格的近似計算 (96)
第四節　債券的利率期限結構 (97)
　　一、利率期限結構的類型 (97)
　　二、利率期限結構的理論 (98)

第五章　其他證券的投資價值分析 (102)
第一節　證券投資基金的價值分析 (102)
　　一、投資基金的績效評價 (102)
　　二、開放式基金的價值分析 (106)
　　三、封閉式基金的價值分析 (108)
第二節　可轉換證券的價值分析 (111)
　　一、可轉換債券的主要條款 (111)
　　二、可轉換債券的價值分析 (111)
　　三、可轉換債券的轉換平價 (114)
第三節　權證的價值分析 (115)
　　一、權證概述 (115)
　　二、權證的價值分析 (117)

第六章　證券投資基本分析 (124)
第一節　基本分析概述 (124)
　　一、基本分析的理論基礎 (124)
　　二、基本分析的方法 (125)
第二節　宏觀經濟分析 (126)

一、宏觀經濟特徵 ………………………………………（126）
　　二、宏觀經濟政策分析 …………………………………（130）
　第三節　行業分析 …………………………………………（134）
　　一、行業分類 ……………………………………………（134）
　　二、行業結構特徵分析 …………………………………（135）
　　三、行業生命週期理論 …………………………………（137）
　第四節　公司分析 …………………………………………（139）
　　一、公司財務分析 ………………………………………（139）
　　二、財務比率分析 ………………………………………（145）
　　三、經營狀況分析 ………………………………………（151）

第七章　證券投資技術分析 …………………………………（154）
　第一節　技術分析概述 ……………………………………（154）
　　一、技術分析的假設條件 ………………………………（154）
　　二、技術分析的方法 ……………………………………（156）
　第二節　量價分析 …………………………………………（157）
　　一、成交量和價格趨勢的關係特性 ……………………（157）
　　二、漲跌停板制度下的量價關係 ………………………（158）
　第三節　K線分析 …………………………………………（159）
　　一、K線的畫法 …………………………………………（159）
　　二、K線形狀分析 ………………………………………（160）
　　三、K線組合分析 ………………………………………（163）
　　四、應用K線組合應注意的問題 ………………………（167）
　第四節　形態分析 …………………………………………（168）
　　一、反轉突破形態 ………………………………………（168）
　　二、持續整理形態 ………………………………………（171）
　第五節　趨勢分析 …………………………………………（175）
　　一、支撐線和壓力線 ……………………………………（176）
　　二、趨勢線和軌道線 ……………………………………（178）
　　三、黃金分割線和百分比線 ……………………………（180）
　第六節　指標分析 …………………………………………（181）
　　一、趨勢性指標 …………………………………………（181）
　　二、超買超賣型指標 ……………………………………（184）

三、人氣型指標 ·· (187)

第八章　證券組合理論 ·· (190)
第一節　證券組合理論概述 ·· (190)
　　一、證券組合的含義和類型 ·· (190)
　　二、證券組合的意義和特點 ·· (191)
　　三、現代證券組合理論的形成與發展 ·································· (191)
　　四、證券組合管理的基本步驟 ······································ (193)
第二節　單個證券的收益和風險 ······································ (194)
　　一、收益、風險及其度量 ·· (194)
　　二、風險的分類 ·· (196)
第三節　證券組合的收益和風險 ······································ (198)
　　一、兩種證券組合的收益率和方差 ···································· (198)
　　二、兩種證券組合的圖形 ·· (199)
　　三、結合線的一般情形及性質 ······································ (202)
第四節　馬柯威茨的均值方差模型 ···································· (203)
　　一、模型概述 ·· (203)
　　二、有效邊界 ·· (205)
　　三、投資者的共同偏好與有效組合 ·································· (206)
　　四、最優證券組合 ·· (208)
　　五、證券組合與風險分散 ·· (211)

第九章　資本資產定價理論 ·· (215)
第一節　有效集和最優投資組合 ······································ (215)
　　一、可行集 ·· (215)
　　二、有效集 ·· (216)
　　三、最優投資組合的選擇 ·· (216)
第二節　無風險借貸對有效集的影響 ·································· (217)
　　一、無風險貸款對有效集的影響 ···································· (217)
　　二、無風險借款對有效集的影響 ···································· (221)
第三節　資本資產定價模型 ·· (223)
　　一、基本的假定 ·· (223)
　　二、資本市場線 ·· (224)

5

三、證券市場線 …………………………………………………（226）
　　　四、β值的估算 …………………………………………………（229）
　第四節　資本資產定價模型的進一步討論 …………………………（230）
　　　一、不一致性預期 ………………………………………………（230）
　　　二、多要素資本資產定價模型 …………………………………（230）
　　　三、借款受限制的情形 …………………………………………（230）
　　　四、流動性問題 …………………………………………………（231）

第十章　證券市場信息披露與監管 …………………………………（233）
　第一節　信息披露概述 ………………………………………………（233）
　第二節　信息披露制度的基本原則 …………………………………（234）
　　　一、信息披露實質性基本原則 …………………………………（235）
　　　二、信息披露形式性基本原則 …………………………………（237）
　第三節　中國上市公司信息披露的主要內容 ………………………（238）
　　　一、招股說明書、募集說明書與上市公告書 …………………（238）
　　　二、定期報告 ……………………………………………………（239）
　　　三、臨時報告 ……………………………………………………（240）
　第四節　證券監管 ……………………………………………………（241）
　　　一、證券監管概述 ………………………………………………（241）
　　　二、證券監管的目標、原則和模式 ……………………………（243）
　　　三、中國證券監管模式的演變 …………………………………（247）

第一章 證券

本章學習目標：
  瞭解證券的概念及分類，瞭解股票、債券、基金、衍生金融工具的含義與特徵，掌握各種金融工具的分類方法，熟悉中國證券市場現有的金融工具及金融創新。

第一節 證券的概念及分類

一、證券的概念

  證券是各類財產所有權或債權憑證的通稱，是用來證明證券持有人有權取得相應權益的憑證。凡是根據一國政府有關法律發行的證券都具有法律效力。股票、債券、基金證券、商業票據，甚至保單、存款單等都屬於證券範疇。
  廣義的證券涉及的範圍比較廣，包括無價證券和有價證券。無價證券是指本身不能使持有人或第三者取得一定收入的證券。這種證券可以分為證據證券和憑證證券兩類：①證據證券是指證明某一特定事實的書面憑證，如借據、收據、信用證等；②憑證證券是指證明持券人是某種私權的合法佔有者的書面憑證，如供應證、購物券等。而有價證券是指對某種有價物具有一定權利的證明書或憑證。
  狹義的證券主要是指有價證券。有價證券是一種有一定的票面金額，能夠證明其持有人有權按期獲取一定收入，並能在市場上自由轉讓和買賣的所有權或債權證書。一般來說，有價證券需要具備兩個基本特點：一是券面必須載明財產的內容和數量，並且財產內容和數量需以一定的金額來表示。這是因為它直接代表財產權，並且有利於在市場上進行流通。二是證券所表示的財產權和證券自身不可分離，證券持有者的變更代表權利的轉移。有價證券自身並不具有價值，它是虛擬資本的一種形式，是資金需求者籌措資本的重要手段。雖然有價證券券面往往會註明一定的金額，但並不代表其自身就具有這樣的價值，只是由於它能為持有者帶來一定的股息或利息收入，因而可以在證券市場上自由買賣和流通。

二、證券的分類

  有價證券的種類繁多，按照不同的標準，可以對證券進行不同的分類。
1. 按照發行主體的不同，可分為政府證券、金融證券、公司證券
（1）政府證券。政府證券是指政府為籌集財政資金或建設資金，利用其信譽按照

一定程序向投資者出具的一種債權債務憑證。一般而言，政府證券基本上是債務性質的證券，包括中央政府債券、地方政府債券和政府機構債券。

（2）金融證券。金融證券是指商業銀行或其他非銀行類金融機構為籌措資金而發行的有價證券，包括股票和金融債券等，以金融債券為主。

（3）公司證券。公司證券是指公司為了籌措資金而發行的有價證券。公司證券的內容比較多，本身設計也比較複雜，主要有股票和公司債券等。

2. 按照證券是否在證券交易所掛牌交易，可分為上市證券和非上市證券

（1）上市證券。上市證券是指經證券主管機關核准發行，並經證券交易所依法審核同意，允許在證券交易所公開買賣的證券。

（2）非上市證券。非上市證券是指未申請上市或不符合上市條件的證券。非上市證券也稱為非掛牌證券或者場外證券。非上市證券不允許在證券交易所內交易，但可以在其他證券交易市場（即場外交易市場）發行和交易。

3. 按照證券的用途和持有者的權益不同，可分為貨幣證券、資本證券和商品證券

（1）貨幣證券。貨幣證券是指證券本身能使持券人或第三者取得一定量的貨幣索取權的書面憑證。其中貨幣證券又可分為商業證券和銀行證券。商業證券包括商業期票和商業匯票。商業期票是由債務人對債權人開出在一定時期內無條件支付款項的債務證書。商業匯票是指由付款人或存款人（或承兌申請人）簽發，由承兌人承兌，並於到期日向收款人或被背書人支付款項的一種票據。銀行證券包括銀行匯票、銀行本票以及支票及其他代用品。匯票是指由出票人簽發的，委託付款人在見票時或者在指定日期無條件支付確定的金額給收款人或者持票人的票據。銀行本票是銀行簽發的，承諾自己在見票時無條件支付確定的金額給收款人或持票人的票據。支票是指由出票人簽發的，委託辦理支票存款業務的銀行或者其他金融機構在見票時無條件支付確定的金額給收款人或者持票人的票據。本票是由出票人簽發的，承諾自己在見票時無條件支付確定的金額給收款人或者持票人的票據。

（2）資本證券。資本證券是指由金融投資或與金融投資有直接聯繫的活動而產生的證券。其主要包括股權證券和債權證券。股權證券具體表現為股票和認股權證；債權證券則表現為各種債券。通常我們所說的證券是指資本證券。資本證券是虛擬資本，並非實際資本，它雖然也有價格，但自身卻沒有價值，形成的價格只是資本化的收入。

（3）商品證券。商品證券也稱為貨物證券，是對貨物有提取權的證明。商品證券本身就能表明某種財物所有權，取得這種證券就等於取得這種財物的所有權，喪失這種證券就意味著喪失這種財物的所有權，證券持有者對證券所代表財物的權利受到法律保護。商品證券主要包括提單、貨運單、購物券等。

第二節　股票

一、股票的定義

股票是一種有價證券，它是股份有限公司公開發行的、用以證明投資者的股東身

分和權益,並據以獲得股息和紅利的憑證。馬克思曾在《資本論》中指出:股票,如果沒有詐欺,它們就是對一個股份公司擁有的實際資本的所有權證書和索取每年由此生出的剩餘價值的憑證。

股票一經發行,持有者即成為發行股票的公司的股東,有權參與公司的決策、分享公司的利益;同時也要分擔公司的責任和經營風險。股票一經認購,持有者不能以任何理由要求退還股本,只能通過證券市場將股票轉讓和出售。作為交易對象和抵押品,股票已成為證券市場上主要的、長期的信用工具。但實質上,股票只是代表股份資本所有權的證書,它本身並沒有任何價值,不是真實的資本,而是一種獨立於實際資本之外的虛擬資本。

二、股票的性質

股票以法律形式確定了股份有限公司的自有資本以及公司與股東之間的經濟關係,具有特定的法律意義。股票的法律性質主要表現在以下幾個方面:

1. 股票是反應財產權的有價證券

股票代表著股東獲取股份有限公司按規定分配股息和紅利的請求權。雖然股票本身沒有價值,但股票代表的請求權卻可以用財產價值來衡量,因而可以在證券市場上買賣和轉讓。

股票所代表的財產權與股票是合為一體的,與股東的身分不可分離。行使股票所代表的財產權,必須以持有股票為條件,股東權利的轉讓應與股票佔有的轉移同時進行。股票的轉讓就是股東權的轉讓。在股份有限公司正常經營的狀態下,股東行使股票的財產請求權所獲得的收益是一種相對穩定的長期的資本化的收入。

2. 股票是證明股東權的法律憑證

股票持有者作為股份有限公司的股東,相對於公司及公司財產,享有獨立的股東權。股東權是一種綜合權利,包括出席股東大會、投票表決、任免公司管理人員等「共益權」,以及分取股息紅利、認購新股、分配公司剩餘財產等「自益權」。股票便是證明這些權利的法律憑證。法律確認並保護持有股票的投資者以股東的身分參與公司的經營管理決策,或者憑藉手持的多數股票控制股份有限公司。公司必須依法服從股東權,執行股東大會的決策。

股票將股東與公司聯結起來,形成相應的權利義務關係,這種關係不同於一般的所有權或債權關係。股東只是基於股票享有股東權,卻喪失了對其出資的直接支配權;股票雖能代表股東的地位和權利,但由於股票的可流通性,也就只能根據股票的股東權證明作用,通過在股票上署名或股票的持有來認定股東身分,承認其股東權。可見,股票是一種證權證券。

3. 股票是投資行為的法律憑證

對發行者來說,發行股票是籌措自身資本的手段;對認購者來說,購買股票則是一種投資行為。股票就是用來證明這種籌資和投資行為的法律憑證。

隨著經濟的發展,企業的資金需求不斷擴大。在自身累積和銀行貸款都難以滿足需要的情況下,便可組建股份有限公司,通過發行股票籌措自有資金;投資者要向公

司投資，就可以購買其發行的股票，所投資金成為公司的法人財產，不能再要求公司返還或退股。投資者購買股票後即成為公司股東，有權獲取股息和紅利，有權參與公司的經營管理決策。股票便是這種投資和吸引投資的法律依據。

股票是投入股份有限公司的資本份額的證券化，屬於資本證券。一般說來，它依股份有限公司的存續而存在。但是，股票又不同於投資本身。通過發行股票籌措的資金，是股份有限公司用於生產和流通的實際資本；而股票則是進行股票投資的媒介，它獨立於實際資本之外，憑藉它所代表的資本額和股東權益在市場上從事獨立的價值運動。可見，股票並不是現實的財富，但它可以促使現實財富集中。

三、股票的特徵

在市場經濟運行中股票具有以下特徵：

1. 收益性

收益性是股票最基本的特徵，它是指股票可以為持有人帶來收益的特性。持有股票的目的在於獲取收益。股票的收益來源可分成兩類：一是來自股份公司。認購股票後，持有者即對發行公司享有經濟權益，這種經濟權益的實現形式是從公司領取股息和分享公司的紅利。股息紅利的多少取決於股份公司的經營狀況和盈利水準。在一般情況下，從股票獲得的收益要高於在銀行儲蓄的利息收入，也要高於債券的利息收入。二是來自股票流通。股票持有者可以持股票到依法設立的證券交易場所進行交易，當股票的市場價格高於買入價格時，賣出股票就可以賺取差價收益。這種差價收益稱為資本利得。

2. 風險性

股票風險的內涵是股票投資收益的不確定性，或者說實際收益與預期收益之間的偏離程度。投資者在買入股票時，對其未來收益會有一個估計，但事後看，真正實現的收益可能會高於或低於原先的估計，這就是股票的風險。很顯然，風險不等於損失，高風險的股票可能給投資者帶來較大損失，也可能帶來較大的未預期收益。在市場經濟活動中，由於多種不確定因素的影響，股票的收益既要隨公司的經營狀況和盈利水準而波動，也要受到股票市場行情的影響。股票的風險性與股票的收益性是相對應的，投資者購買股票既有可能獲取較高的投資收益，同時也要承擔較大的投資風險。股票收益的大小與風險的大小成正比。

3. 流動性

流動性是指股票可以通過依法轉讓而變現的特性，即在本金保持相對穩定、變現的交易成本極小的條件下股票很容易變現的特性。股票持有人不能從公司退股，但股票轉讓為其提供了流動性。通常，判斷股票的流動性強弱主要分析三個方面：首先是市場深度，以每個價位上報單的數量來衡量，如果買賣盤在每個價位上均有較大報單，則投資者無論買進或是賣出股票都會較容易成交，不會對市場價格形成較大衝擊。其次是報價緊密度，指買賣盤各價位之間的價差。若價差較小，則新的買賣發生時對市場價格的衝擊也會比較小，股票流動性就比較強。在有做市商的情況下，做市商雙邊報價的買賣價差通常是衡量股票流動性的最重要指標。最後是股票的價格彈性或者恢

復能力，指交易價格受大額交易衝擊而變化後，迅速恢復原先水準的能力。價格恢復能力越強，股票的流動性越高。

4. 永久性

永久性是指股票所載權利的有效性是始終不變的，因為它是一種無期限的法律憑證。股票的有效期與股份公司的存續期間相聯繫，兩者是並存的關係。這種關係實質上反應了股東與股份公司之間比較穩定的經濟關係。股票代表著股東的永久性投資，當然股票持有者可以出售股票而轉讓其股東身分，而對於股份公司來說，由於股東不能要求退股，所以通過發行股票募集到的資金，在公司存續期間是一筆穩定的自有資本。股票的永久性一方面是由股票的基本性質決定的，既然股東是公司的所有者，只要股份有限公司存在，股東就不能收回投資，股票就一直存在。另一方面，股票的永久性也是股份有限公司持續發展的重要保障，只有公司能永久運用所籌資金，公司才能穩步經營和發展。

5. 參與性

參與性是指股票持有人有權參與公司經營管理的特性。股票持有人作為股份公司的股東，有權出席股東大會，選舉公司的董事會，對公司的重大事項進行表決等，實現對公司經營決策的參與權。股票持有人的投資意願和享有的經濟利益，通常是通過股東參與權的行使而實現的。股東參與公司重大決策權利的大小取決於其持有股份數量的多少。如果某股東持有的股份數量達到決策所需要的有效多數時，就能實質性地影響公司的經營方針，成為公司的決策者。股票所具有的經營決策的參與性特性，對於調動股東參與公司經營決策的積極性，對於建立一個制衡性的、科學合理的企業運行機制和決策機制，具有十分重要的實踐意義。

四、股票的類型

在股票市場上，發行股票的股份有限公司，根據自身經營活動的需要和滿足投資者不同的投資心理，發行各種不同的股票。這些種類的股票，各自所代表的股東地位和股東權利也不盡相同。最常見的分類方式如下：

1. 按照股票賦予股東的權利分類

按照賦予股東權利的不同，可以將股票分為普通股和優先股。

普通股是隨著公司利潤變動而變動的一種股份，是股份公司資本構成中最普通、最基本的股份，是股份公司資金的基礎部分。普通股的基本特點是其投資收益（股息和分紅）不是在購買時約定，而是事後根據股票發行公司的經營業績來確定。在中國上交所與深交所上市的股票都是普通股。

優先股是股份公司發行的在分配紅利和剩餘財產時比普通股具有優先權的股份。優先股的主要特徵有兩個方面：一是優先股通常預先確定股息收益率。由於優先股股息率事先固定，所以優先股的股息一般不會根據公司經營情況而增減，而且一般也不能參與公司的分紅，但優先股可以先於普通股獲得股息。二是優先股的權利範圍小。優先股股東一般沒有選舉權和被選舉權，對股份公司的重大經營決策無投票權，但在某些情況下可以享有投票權。

2. 按照股票是否記名分類

按照是否記名，可以將股票分為記名股票和無記名股票。

記名股票指票面上載有股東姓名，並將股東姓名記載於公司的股東名冊上的股票。記名的股票只有記名的股東可以行使股權，其他人不得享受股東權利。因此，記名股票的買賣必須辦理過戶手續，這在很大程度上保護了股東的權利。證券交易所流通的大都是記名股票。

無記名股票持有人可直接享受股東資格，行使股東權利。由於股票不記名，因此可以自由流通，不需要過戶。因此，相對而言，無記名股票更具有市場流動性。但當持有者遺失股票時也就等於遺失了股東地位和獲利的權利。

3. 按照有無標明票面金額分類

按照有無標明票面金額，可以將股票分為面額股票和無面額股票。

面額股票是指在股票票面上記載一定金額的股票，也稱有面值股股票。早期的股票基本上都是面額股票，現代各國股份有限公司發行的股票仍以面額股票居多。對於面額股票的票面金額，很多國家的《公司法》都予以明確規定，一般都限定了發行此類股票的最低面額金額，有些國家則不規定此類股票的最低票面金額。

無面額股票不標明固定的金額，但要在票面上表示其在公司資本金額中所占的比例，所以，它又可被稱作比例股股票。無面額股票並不是說股票沒有票面價值，只是由於公司經營狀況不斷變動，公司資產總額經常發生變化，股票的價值也隨公司實際資產的增減而升降。

4. 按照股票是否具有表決權分類

按照是否具有表決權，可以將股票分為表決權股、限製表決權股和無表決權股。

表決權股是指在股東大會上享受表決權的股票，持有者對發行公司的經營管理享有表決權，普通股一般都具有表決權。限製表決權股是指有的公司為了防止少數大股東過多的表決權，形成對公司的絕對控制或操縱，對持有一定比例以上的普通股，在公司章程中明確限制其表決權。無表決權股是指在股東大會上不享有表決權的股票。優先股一般都是無表決權股。

五、中國現行的股票類型

中國目前的股票主要有以下四大類：

1. 國家股

國家股是指有權代表國家投資的部門或者機構以國有資產向公司投資形成的股份。國家股一般是指國家投資或國有資產經過評估並經國有資產管理部門確認的國有資產折成的股份。國家股的股權所有者是國家，國家股的股權由國有資產管理機構或其授權單位、主管部門行使國有資產的所有權職能。國家股也包含國有企業向股份有限公司形式轉換時，現有國有資產折成的國有股份。

中國國家股的構成，從資金來源看，主要包括三部分：

（1）國有企業由國家計劃投資所形成的固定資產、國撥流動資金和各項專用撥款；

（2）各級政府的財政部門、經濟主管部門對企業的投資所形成的股份；

（3）原有行政性公司的資金所形成的企業固定資產。

關於國家股的形式，在由國家控股的企業中，國家股應該是普通股，從而有利於國家有權控制和管理該企業；在不需要國家控制的中小企業，國家股應該是優先股或參加優先股，從而有利於國家收益權的強化和直接經營管理權的弱化。

2．法人股

法人股是指企業法人以其依法可支配的資產向股份公司投資形成的股份，或者具有法人資格的事業單位或社會團體以國家允許用於經營的資產向股份公司投資所形成的股份。

法人股是法人相互持股所形成的一種所有制關係。法人相互持股則是法人經營自身財產的一種投資方式。法人股股票，應記載法人名稱，不得以代表人姓名記名。法人不得將其所持有的公有股份、認股權證和優先認股權轉讓給本法人單位的職工。

法人股主要有兩種形式：①企業法人股，是指具有法人資格的企業把其所擁有的法人財產投資於股份公司所形成的股份。企業法人股所體現的是企業法人與其他法人之間的財產關係，因為它是企業以法人身分認購其他公司法人的股票所擁有的股權。有些國家的公司法，嚴格禁止企業法人持有自身的股權。②非企業法人股，是指具有法人資格的事業單位或社會團體以國家允許用於經營的財產投資於股份公司所形成的股份。

3．公眾股

公眾股是指社會個人或股份公司內部職工以個人財產投入公司形成的股份。它有兩種基本形式，即公司職工股和社會公眾股。

（1）公司職工股。公司職工股是指股份公司的職工認購的本公司的股份。按照中國《股票發行和交易管理暫行條例》規定，公司職工股的股本數額不得超過擬向社會公眾發行股本總額的10%。一般來講，公司職工股上市的時間要晚於社會公眾股。隨著中國證券市場的發展，公司公開向社會發行股票時不再同時進行職工股認購，這部分股份在逐步減少。

（2）社會公眾股。社會公眾股是指股份公司公開向社會募集發行的股份。在社會募集方式下，股份公司發行的股份，除了由發起人認購一部分外，其餘部分應該向社會公眾公開發行。中國《證券法》規定，公司申請股票上市的條件之一是：向社會公開發行的股份達到公司股份總額的25%以上；公司股本總額達到人民幣4億元的，向社會公開發行股份的比例為10%以上。這類股份發行完成後即可上市流通。

4．外資股

外資股是指外國和中國香港、澳門、臺灣地區的投資者以購買人民幣特種股票形式向股份公司投資形成的股份。它分為境內上市外資股和境外上市外資股兩種形式。

（1）境內上市外資股。境內上市外資股原來是指股份有限公司向境外投資者募集並在中國境內上市的股份。投資者限於外國和中國香港、澳門、臺灣地區的投資者。這類股票又稱為B種股票。B股採取記名股票形式，以人民幣標明票面價值，以外幣認購、買賣，在境內證券交易所上市交易，因此，其又被稱為人民幣特種股票（與其相應的是國家股、法人股、公眾股三種股票形式，其合稱為A種股票。它是由境內投資者以人民幣購買，在境內證券交易所交易，因此又稱為人民幣普通股票）。上海證券

交易所的 B 股是以美元認購，深圳證券交易所的 B 股是以港幣認購。從 2001 年 2 月 19 日開始，B 股對境內個人投資者開放之後，境內投資者逐漸取代境外投資者成為 B 股市場的投資主體，B 股的外資股性質發生了變化。

（2）境外上市外資股。境外上市外資股是指股份有限公司向境外投資者募集並在境外上市的股份。它採取記名股票形式，以人民幣表明面值，以外幣認購。

目前中國境外上市外資股主要有 H 股、N 股等。

① H 股。它是境內公司發行的以人民幣標明面值，供境外投資者用外幣認購，在香港聯合交易所上市的股票。

② N 股。它是以人民幣標明面值，供境外投資者用外幣認購，獲紐約證交所批准上市的股票。目前幾乎所有的外國公司（即非美國公司，但不包括加拿大公司）都採用存托憑證（DR）形式而非普通股的方式進入美國市場。存托憑證是一種以證書形式發行的可轉讓證券，通常代表一家外國公司的已發行股票。

在新加坡、倫敦上市的外資股分別稱為 S 股、L 股。

圖 1-1 為中國改革開放以來較早發行的股票：

圖 1-1　中國改革開放以來較早發行的股票

第三節　債券

一、債券的定義

債券是一種有價證券，是社會各類經濟主體為籌措資金而向債券投資者出具的，並且承諾按一定利率定期支付利息和到期償還本金的債權債務憑證。債券所規定的資金借貸雙方的權責關係主要有：第一，所借貸貨幣資金的數額；第二，借貸的時間；第三，在借貸時間內的資金成本或應有的補償（即債券的利息）。

債券所規定借貸雙方的權利義務關係有四個方面的含義：第一，發行人是借入資金的經濟主體；第二，投資者是出借資金的經濟主體；第三，發行人必須在約定的時間付息還本；第四，債券反應了發行者和投資者之間的債權債務關係，而且是這一關係的法律憑證。

二、債券的性質

債券有以下基本性質：

1. 債券是一種有價證券

首先，債券反應和代表一定的價值。債券本身有一定的面值，通常它是債券投資者投入資金的量化表現；其次，持有債券可按期取得利息，利息也是債券投資者收益的價值表現；最後，債券與其代表的權利聯繫在一起，擁有債券就擁有了債券所代表的權利，轉讓債券也就將債券代表的權利一併轉移。

2. 債券是一種虛擬資本

債券儘管有面值，代表了一定的財產價值，但它也只是一種虛擬資本，而非真實資本。因為債券的本質是證明債權債務關係的證書，在債權債務關係建立時所投入的資金已被債務人占用，債券是實際運用的真實資本的證書。債券的流動並不意味著它所代表的實際資本也同樣流動，債券獨立於實際資本之外。

3. 債券是債權的表現

債券代表債券投資者的權利，這種權利不是直接支配財產權，也不以資產所有權表現，而是一種債權。擁有債券的人是債權人，債權人不同於公司股東，是公司的外部利益相關者，無權參與公司經營管理。

三、債券的特徵

債券作為一種債權債務憑證，從投資者的角度看，具有以下四個特徵：

1. 償還性

償還性是指債券有規定的償還期限，債務人必須按期向債權人支付利息和償還本金。債券的償還性使資金籌措者不能無限期地占用債券購買者的資金，換言之，他們之間的借貸經濟關係將隨償還期結束、還本付息手續完畢而不復存在。這一特徵與股

票的永久性有很大的區別。在歷史上，債券的償還性也有例外，曾有國家發行過無期公債或永久性公債。這種公債無固定償還期，持券者不能要求政府清償，只能按期支取利息。當然，這只是特例，不能因此而否定債券具有償還性的一般特性。

2. 收益性

收益性是指債券能為投資者帶來一定的收入，即債權投資的報酬。在實際經濟活動中，債券收益可以表現為三種形式：一是利息收入，即債權人在持有債券期間按約定的條件分期、分次取得利息或者到期一次取得利息。二是資本損益，即債權人到期收回的本金與買入債券或中途賣出債券與買入債券之間的價差收入。其收益取決於市場利率的變動，由於市場利率會不斷變化，債券在市場上的轉讓價格將隨市場利率的升降而上下波動。債券持有者能否獲得轉讓價差、轉讓價差的多少，要視市場情況而定。三是再投資收益，即投資債券所獲現金流量再投資的利息收入，受市場收益率變化的影響。

3. 安全性

安全性是指債券持有人的收益相對穩定，不隨發行者經營收益的變動而變動，並且可按期收回本金。一般來說，具有高度流動性的債券其安全性也較高，因為它不僅可以迅速地轉換為貨幣，而且還可以按一個較穩定的價格轉換。但債券投資也存在風險。債券不能收回投資的風險有兩種情況：一是債務人不履行債務，即債務人不能按時足額按約定的利息支付或者償還本金。不同的債務人不履行債務的風險程度是不一樣的，一般政府債券不履行債務的風險最低。二是流通市場風險，即債券在市場上轉讓時因價格下跌而承受損失。許多因素會影響債券的轉讓價格，其中較重要的是市場利率水準。

4. 流動性

流動性是指債券持有人可按需要和市場的實際狀況，靈活地轉讓債券，以提前收回本金和實現投資收益。債券流動性強弱首先取決於市場為轉讓所提供的便利程度；其次取決於債券在迅速轉變為貨幣時，是否在以貨幣計算的價值上蒙受損失；最後債券發行人的資信度、債券期限的長短以及利息支付方式等因素都會影響流動性。

四、債券的分類

債券可按以下幾個方式進行分類：

(一) 按發行主體分類，可分為政府債券、金融債券、公司債券

1. 政府債券

政府債券是由政府或政府有關機構為籌集財政和建設資金而發行的債券。政府債券又可區分為中央政府債券、地方政府債券和政府機構債券。

中央政府債券即國債。國債按不同的標準，又可以分為不同的種類。

(1) 按償還期限劃分

按償還期限可以將國債分為短期國債、中期國債和長期國債。各個國家確定短、中、長期的年限略有不同，如美國把1年以內的國債稱為短期國債；10年期以上的稱

為長期國債。日本稱5～10年期的國債為長期國債；2～5年期的為中期國債。中國則將1年以內的國債稱為短期國債；1～10年期的稱為中期國債；10年期以上的稱為長期國債。

（2）按發行國債的用途劃分

按發行國債的用途，可分為戰爭國債、赤字國債、建設國債、特種國債。

①戰爭國債。戰爭國債是指政府為籌集軍費而發行的債券。戰爭時期，政府開支驟增，戰爭公債是較理想的籌資方式。

②赤字國債。在政府財政收支不平衡，出現財政赤字的情況下，可通過發行赤字公債來平衡財政收支。

③建設國債。建設國債是指政府為了投資於公路、鐵路、橋樑等基礎設施建設而發行的債券。

④特種國債。特種國債是指政府為了實施某種特殊政策而發行的公債。

（3）按是否可以流通交易劃分

①可流通國債。可流通國債是指可以在二級市場上交易的國債。這種債券在一些國家的國債中占主要部分，如美國的可流通國債約占其國債總額的2/3。

②不可流通國債。不可流通國債是指在購買條款上規定不能在二級市場上進行買賣的國債。不可流通國債又可以分為投資者為私人的不可流通國債和投資者為機構的不可流通國債。當不可流通國債的發行對象以私人為主時，籌集的資金主要來自個人部門的儲蓄，故此類債券可稱為「政府儲蓄債券」。

（4）按債券發行本位劃分

①貨幣國債。貨幣國債即以貨幣計值亦以貨幣償付本息的國債。商品經濟比較發達的國家，通常發行貨幣國債。以上所提的分類主要是針對貨幣國債而言。

②實物國債。實物國債是以貨幣計值、按事先商定的商品折價、用實物償還本金的國債。這類債券通常是在通貨膨脹率很高，幣值極不穩定的情況下發行。

地方政府債券，即由州、市、縣、鎮等有財政收入的地方政府或其他地方公共機構發行的債券，是政府債券的一種形式。發行地方債券的目的是為當地市政建設，如為交通、通信、住宅、教育、醫院和污水處理系統等公共設施籌措資金。

地方政府債券按資金用途和償還資金來源分類，通常可以分為一般債券（普通債券）和專項債券（收益債券）。前者是指地方政府為緩解資金緊張或解決臨時經費不足而發行的債券，後者是指為籌集資金建設某項具體工程而發行的債券。對於一般債券的償還，地方政府通常以本地區的財政收入作擔保；而對專項債券，地方政府往往以項目建成後取得的收入作保證。

政府機構債券是政府所屬的公共事業機構、公共團體機構或公營公司所發行的債券。其所籌集的資金主要用於發展各機構或公營公司的事業。政府機構債券通常只以所建項目的收入作為還款來源，因此其風險性要略大於其他兩種政府債券。但當其出現償還問題時，政府通常不會坐視不管，因此，政府機構債券實際上具有政府保證債券的特徵。

政府債券具有安全性高、流動性強、收益穩定以及可享受免稅待遇的特點，是一

種安全的投資工具，並可運用於證券回購交易的工具和銀行貸款的抵押品。

2. 金融債券

金融債券是指由銀行或非銀行金融機構發行的債券。發行金融債券的金融機構，一般資金實力雄厚，資信度高，債券的利率要高於同期存款的利率水準。其期限一般為1~5年，發行目的是為了籌措長期資金。如圖1-2為中國農業銀行發行的一期金融債券：

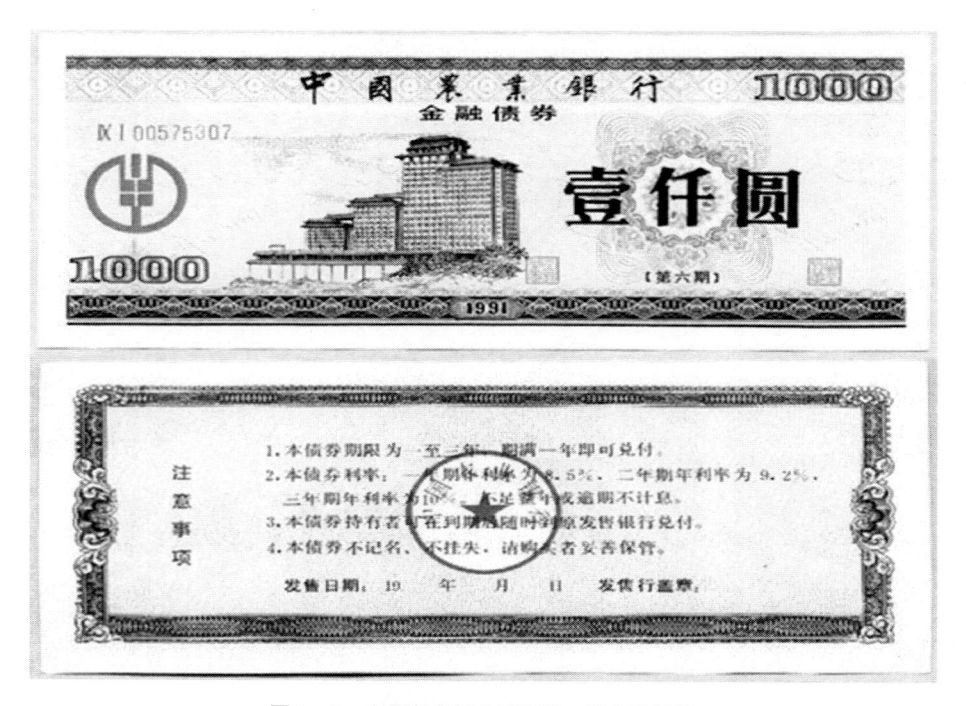

圖1-2 中國農業銀行發行的一期金融債券

從不同的角度出發，金融債券有不同的分類。

（1）按照發行條件分類

按照發行條件分類，金融債券可分為普通金融債券、累進利息金融債券和貼現金融債券。

①普通金融債券。普通金融債券是一種定期存單式的債券，期限有1年、2年和3年三種，到期一次還本付息，平價發行，不計複利。普通金融債券在形式上類似於銀行定期存款，但利息率要高些。

②累進利息金融債券。累進利息金融債券是一種浮動期限式、利率與期限相掛勾的金融債券。其期限最短為1年，最長為5年。債券持有者可以在最短和最長期限之間隨時到發行銀行兌付，其利率也按照債券的期限分為不同的等級，每一個時間段按相應利率計付利息，然後將幾個分段的利息相加，便可得出該債券總的利息收入。

③貼現金融債券。貼現金融債券是指債券發行時按規定的折扣率，以低於票面價

值的價格出售,到期按票面價值償還本金的一種債券。

(2) 按照發行主體分類

按照發行主體的不同,金融債券可分為中央銀行票據、政策性金融債券、商業銀行債券。

①中央銀行票據。中央銀行票據簡稱央票,是中央銀行為調節基礎貨幣而向金融機構發行的票據,是一種重要的貨幣政策日常操作工具,期限在3個月至3年。

②政策性金融債券。政策性金融債券是指政策性銀行為籌措資金而發行的債券。由於政策性銀行不具有吸收存款的功能,發行金融債券是籌資的主要方式。

③商業銀行債券。商業銀行債券是指商業銀行為籌措信貸資金或解決附屬資本而發行的債券。其種類有金融債券、次級債券、混合資本債券。

此外,證券公司、保險公司、財務公司等金融機構為解決資金問題,也可發行金融債券。

金融債券相對於銀行存款具有主動性負債、成本較高、可轉讓交易、資金用途確定的特點,其安全性次於政府債券,而高於一般公司債券;其收益性高於同期儲蓄存款,並且具有可流動性,是一種受投資者歡迎的投資工具。

3. 公司債券

公司債券是由公司發行並承諾在一定時期內還本付息的債權債務憑證。發行公司債券多是為了籌集長期資金,期限多為10～30年。公司債券在發展中是創新最多的債券,主要分類有:

(1) 按債券是否有擔保分類

按債券是否有擔保,公司債券可分為信用公司債、擔保公司債。

1) 信用公司債。信用公司債是指發行這種債券不須有實物作抵押,也不用找擔保單位,只憑發行者的信譽作為擔保。一般而言,只有那些信譽卓著的大公司,才有資格發行信用公司債。因為大公司實力雄厚、盈利多、知名度高,發行無擔保公司債券也不妨礙債權人的合法權益。信用公司債券一般期限短,但利率較高。

2) 擔保公司債。擔保公司債是指發行債券必須有實物作抵押或擔保單位提供保證。其品種有:

①不動產抵押公司債券。不動產抵押公司債券是指以實際不動產的留置權為擔保的債券。若發債公司破產了,抵押債券的持有人可獲得所抵押的財產(如房屋、地產、鐵路等)的所有權,從而持有人可依法定程序,有權行使其留置權,拍賣抵押物以資抵償。

②證券抵押信託公司債。證券抵押信託公司債是指以公司的其他有價證券為擔保發行的債券。作為擔保的各種有價證券,通常委託信託銀行保管,主要是為了保證債權人的利益。

③保證公司債。保證公司債是指由第三者作為還本付息擔保人的一種公司債。擔保人一般為公司的主管部門或銀行。也就是說,某一公司對發行公司發行的公司債的還本付息予以保證。一般來說,投資者比較願意購買保證公司債。保證行為常見於母子公司,也就是由母公司對子公司發行的公司債予以保證。

（2）按債券持有人是否參與公司利潤分配分類

按債券持有人是否參與公司利潤分配，公司債可分為參加公司債、非參加公司債。

①參加公司債。參加公司債是指除了可以獲得預先規定的利息收入以外，還可以在一定程度上參加公司利潤的分配。此種債券兼有債券和股票的性質。其發行人大多是經營一般，聲譽不太高的企業。

②非參加公司債。非參加公司債是指債券持有人只能按照事先約定的利率獲得利息，無權參與公司利潤的分配。它是公司債券的主要形式。

（3）按發行債券的目的分類

按發行債券的目的分類，公司債可分為普通公司債券、改組公司債券、利息公司債券、延期公司債券。

①普通公司債券。普通公司債券是指以固定利率、固定期限為主要特徵的債券。它是公司債券的主要形式，目的在於籌資以擴大公司的生產規模。

②改組公司債券。改組公司債券是指為清理公司債務而發行的債券，也叫以新換舊債券。此債券可以用舊公司債兌換，也可以用現金購買。

③利息公司債券。利息公司債券也稱調整公司債，是指經營業績不佳，存在債務信用危機的股份公司為防止破產並重整公司，經債權人同意，為換回原來較高利率的舊債券而發行的較低利率的新債券。

④延期公司債券。延期公司債券是指原公司在債券到期時無力歸還，又不能發新債還舊債，在徵得債權人同意後可延長期限的公司債。其目的在於延長期限，暫時緩解財政困難。債券延期時可根據適當情況，提高或降低利率。

（4）按發行人是否給予債券持有人選擇權分類

按發行人是否給予債券持有人選擇權，公司債可分為附有選擇權的公司債、不含有持有人選擇權的債券。

①附有選擇權的公司債券。附有選擇權的公司債券是指在一些債券發行中，債券發行人給予持有人一定選擇權，如可轉換公司債。可轉換公司債是指債券持有人有權把債券按某種規定的轉換比率轉化為該發行公司的普通股票，或轉換為與債券發行公司不同的某個公司的普通股票。轉換比率總是隨股票的股息和價格而不斷調整。有認股權證的公司債。有認股權證的公司債是指債券發行時附帶一些認股權證，憑該認股權證，債券持有人可以購買債務發行公司或另一家公司的普通股票或某種債務。這種認股權證可以同債券分開，並且分別出售。可退還公司債是指債券持有人有權在指定日期按票面價值將債券回售給債券發行公司，以避免因利率提高而導致債券價格下跌的風險。

②不含有持有人選擇權的債券。不含有持有人選擇權的債券是指在債券發行中，債券發行人未給予債券持有人上述有關的權利。相應地，此種債券的價格比含有選擇權的債券的價格要低一些。

（二）按債券付息方式分類

按債券付息方式，可分為附息債券、零息債券、累息債券。

1. 附息債券

附息債券是指在債券的存續期內，對持有人定期、分次（通常每半年或每年支付一次）支付利息的債券。在實物債券形式下，債券券面上附有多期息票，息票上標明利息額、支付利息的期限和債券號碼等內容。債券到付息時，持有人從債券上剪下息票並據此領取利息。但在記帳式債券形式下，分次付息只需在債券合約上明確規定即可。由於在還本前分次付息，附息債券具有複利性質。

2. 零息債券

零息債券是指債券發行不規定票面利率，也不附有息票，發行時按規定的折扣率，以低於票面價值的價格出售，到期按票面價值償還本金的一種債券。貼現債券的發行價格與票面價值的差價即為貼現債券的利息。

3. 累息債券

累息債券是指一次性還本付息債券。與附息債券相似，累息債券也規定了票面利率，但是，債券持有人必須在債券到期時一次性獲得本息，存續期間沒有利息。

(三) 按債券利率規定分類

按債券利率規定，可分為固定利率債券、浮動利率債券、累進計息債券。

1. 固定利率債券

固定利率債券是指在發行時就明確規定了票面利率，並且在存續期內固定不變的債券。該債券有利於發行人明確籌資成本，投資人明確名義收益，但是在市場利率變化較大的情況下，兩者都面臨利率風險。

2. 浮動利率債券

浮動利率債券是指債券的利率在最低票面利率的基礎上參照預先確定的某一基準利率予以定期調整的債券。該債券在通貨膨脹時期或利率上升時期對投資人更有吸引力。

3. 累進計息債券

累進計息債券是指債券的利率隨期限的增加而遞增的債券。其實質仍為浮動利率債券，所不同的是：其一，不是隨市場利率的變動浮動計息，而是隨期限的長短計息；其二，利率只上浮，不下浮，期限越長利率越高。

(四) 按債券形態分類

按債券形態分類，可分為實物債券、憑證式債券、記帳式債券。

1. 實物債券

實物債券是一種具有標準格式實物券面的債券。該債券的發行與購買是通過債券的實體來實現的，是看得見、摸得著的債券，且不記名。

2. 憑證式債券

憑證式債券主要通過銀行承銷，各金融機構向企事業單位和個人推銷債券，同時向買方開具收款憑證。這種憑證式債券可記名、可掛失，但不可上市流通，持有人可以到原購買網點辦理提前兌付手續。

3. 記帳式債券

記帳式債券沒有實物形態的券面，而是在債券認購者的電腦帳戶中作一記錄。它主要通過證券交易所來發行。投資者利用已有的「股票帳戶」通過交易所網絡，按其欲購價格和數量購買。買入之後，債券數量自動過入客戶的帳戶內。

五、中國的債券

1. 中國的國債

新中國成立以後，中央政府曾在1950年發行過人民勝利折實公債，並於1956年11月30日全部還清本息。1954—1958年，中國又發行了經濟建設公債，於1968年年底全部還清。這之後的10多年裡，中國成為既無內債又無外債的國家。但是隨著改革開放的深入，中國政府於1981年起又開始發行國債。

1981年後中國發行的國債品種有：

（1）普通國債。目前中國發行的普通國債有記帳式國債、憑證式國債和儲蓄國債（電子式）。

①記帳式國債。中國的記帳式國債是從1994年開始發行的一個上市券種。它是由財政部通過無紙化方式發行的、以電腦記帳方式記錄債權並可以上市交易的債券。記帳式國債的發行分為證券交易所市場發行、銀行間債券市場發行以及同時在銀行間債券市場和交易所市場發行三種情況。個人投資者可以購買交易所市場發行和跨市場發行的記帳式國債，而銀行間債券市場的發行主要面向銀行和非銀行金融機構等機構投資者。

②憑證式國債。憑證式國債是指由財政部發行的、有固定面值及票面利率、通過紙質媒介記錄債權債務關係的國債。發行憑證式國債一般不印製實物券面，而採用填製「中華人民共和國憑證式國債收款憑證」的方式，通過部分商業銀行和郵政儲蓄櫃臺，面向城鄉居民個人和各類投資者發行，是一種儲蓄性國債。

③儲蓄國債（電子式）。儲蓄國債是指財政部面向境內中國公民儲蓄類資金發行的、以電子方式記錄債權的不可流通的人民幣債券。目前，儲蓄國債（電子式）通過試點商業銀行面向個人投資者銷售。儲蓄國債（電子式）自發行之日起計息，付息方式分為利隨本清和定期付息兩種。儲蓄國債（電子式）試點期間，財政部將先行推出固定利率固定期限和固定利率變動期限兩個品種。

（2）其他類型國債。為適應國家經濟發展和籌措財政資金的需要，1987年以來，財政部曾發行多種其他類型的國債，如國家重點建設債券、國家建設債券、財政債券、特種債券、保值債券、基本建設債券等。其中，特別國債是為了特定的政策目標而發行的國債。1998—2007年，財政部發行了兩次特別國債。

2. 中國的地方政府債券

地方政府債券是政府債券的形式之一，在新中國成立初期就已經存在。如早在1950年，東北人民政府就發行過東北生產建設折實公債，但1981年恢復國債發行以來，卻從未發行過地方政府債券。由於中國1995年起實施的《中華人民共和國預算法》規定，地方政府不得發行地方政府債券（除法律和國務院另有規定外），因此，中

國目前的政府債券僅限於中央政府債券。但地方政府在諸如橋樑、公路、隧道、供水、供氣等基礎設施的建設中又面臨資金短缺的問題，於是形成了具有中國特色的地方政府債券，即以企業債券的形式發行地方政府債券。如1999年上海城市建設投資開發公司發行5億元浦東建設債券，名義上是公司債券，但所籌資金是用於上海地鐵建設；濟南自來水公司發行1.5億元供水建設債券，名義上是公司債券，但所籌資金是用於濟南自來水設施建設。

為有效應對國際金融危機的衝擊，保持經濟平穩較快發展，2009年國務院決定由財政部代理發行2000億元地方政府債券，用於中央投資地方配套的公益性建設項目及其他難以吸引社會投資的公益性建設項目。在地方政府報同級人大常委會審查批准後，財政部從2009年3月27日至5月22日，已先後代理23個省（自治區、直轄市、計劃單列市）發行26期地方政府債券，為地方政府籌集資金1118億元。

3. 中國的金融債券

為推動金融資產多樣化，籌集社會資金，國家決定於1985年由中國工商銀行、中國農業銀行發行金融債券，開辦特種貸款。這是中國經濟體制改革以後國內發行金融債券的開端。在此之後，中國工商銀行和中國農業銀行又多次發行金融債券，而中國銀行、中國建設銀行也陸續發行了金融債券。1988年，部分非銀行金融機構開始發行金融債券。1993年，中國投資銀行被批准在境內發行外幣金融債券，這是中國首次發行境內外幣金融債券。1994年，中國政策性銀行成立後，發行主體從商業銀行轉向政策性銀行。當年僅國家開發銀行就7次發行了金融債券，總金額達758億元。1997年和1998年，經中國人民銀行批准，部分金融機構發行了特種金融債券，所籌集資金專門用於償還不規範證券回購交易所形成的債務。1999年以後，中國金融債券的發行主體集中於政策性銀行，其中，以國家開發銀行為主，金融債券已成為其籌措資金的主要方式。如1999—2001年，國家開發銀行累計在銀行間債券市場發行債券達1萬多億元，是僅次於財政部的第二發債主體，通過金融債券所籌集的資金占其同期整個資金來源的92%。2002年，國家開發銀行發行20期金融債券，共計2500億元；中國進出口銀行發行7期金融債券，共計575億元。2003年國家開發銀行發行30期金融債券，共計4000億元；中國進出口銀行發行3期金融債券，共計320億元。2004年共發行政策性金融債券4452.20億元，2005年為6068億元，2006年為8996億元。同時，金融債券的發行也進行了一些探索性改革：一是探索市場化發行方式；二是力求金融債券品種多樣化。國家開發銀行於2002年推出投資人選擇權債券、發行人普通選擇權債券、長期次級債券和本息分離債券等新品種。2003年，國家開發銀行在繼續發行可回售債券與可贖回債券的同時，又推出可掉期國債新品種，並發行5億美元外幣債券。

4. 中國的公司債券

2007年9月19日，中國的水電航母——中國長江電力股份有限公司發行公司債券的申請獲得中國證監會正式核准。它標誌著公司債券這一品種在中國的正式誕生，邁出了中國企業債權融資市場化改革的第一步，是中國證券發展史上的重要里程碑。

公司債券的發展對資本市場的協調發展具有重大意義。公司債券的推出，不僅能擴大中國資本市場的規模和容量，完善產品品種和結構，為投資者提供更多投資選擇，

也將有利於緩解流動性過剩給資本市場帶來的壓力。從長遠來看，還將大大改善中國金融市場中的結構性問題，分散和化解金融風險。隨著中國債券市場化進程的加快，中國公司債的發展將進入到一個全新的歷史時期。

5. 中國的國際債券

對外發行債券是中國吸引外國資金的重要渠道。中國是從 1982 年進入國際資本市場的。1982 年 1 月，中國國際信託投資公司以私募方式在日本東京發行了 100 億元的日本武士債券。1984 年 11 月，中國銀行以公募方式在日本東京發行了 10 年期 200 億日元的武士債券。這兩次發行標誌著中國金融機構開始進入國際債券市場。

1987 年 10 月，財政部在德國法蘭克福發行 3 億馬克公募債券，這是中國改革開放後政府首次在國外發行債券。1995 年 11 月，中國政府在日本發行 400 億日元債券；1996 年中國政府在美國發行 4 億美元揚基債券。這在國際資本市場確定了中國主權信用債券的較高地位和等級。

到 2001 年年底，南玻 B 股轉債、鎮海煉油、慶鈴汽車 H 股轉債、華能國際 N 股轉債四種可供境外投資者投資的券種已先後發行。迄今為止，中國進入國際債券市場的主體主要有各商業銀行、信託投資公司以及財政部。發行國際債券的幣種有美元、日元和德國馬克。在計息方式上，浮動利率與固定利率方式平分秋色。而發行市場則主要集中於日本、新加坡、英國、德國、瑞士和美國。

第四節　證券投資基金

一、證券投資基金的概念

證券投資基金是指通過公開發售基金份額募集資金，由基金託管人託管，由基金管理人管理和運用資金，為基金份額持有人的利益，以資產組合方式進行證券投資的一種利益共享、風險共擔的集合投資方式。

作為一種大眾化的信託投資工具，各國各地區對證券投資基金的稱謂有所不同：美國稱為「共同基金」、「互助基金」或「互惠基金」（Mutual Fund）；英國及中國香港稱為「單位信託基金」（Unit Trust）；日本和臺灣地區稱為「證券投資信託基金」，等等。

證券投資基金的基本功能是匯集眾多投資者的資金，交由專門的投資機構管理，由證券分析專家和投資專家具體操作運用，根據設定的投資目標，將資金分散投資於特定的資產組合，投資收益歸原投資者所有。代理投資機構作為基金的管理人，只收取一定的服務費。根據各國和地區的不同情況，投資的對象既可以是資本市場上的上市股票和債券，也可以是貨幣市場上的短期票據和銀行間的同業拆借，還可以是金融期貨、黃金、期權交易以及不動產等。

2013 年三季度末，全球共同基金資產比上季度上升 5.2%，增至 28.87 萬億美元（見圖 1-3）。

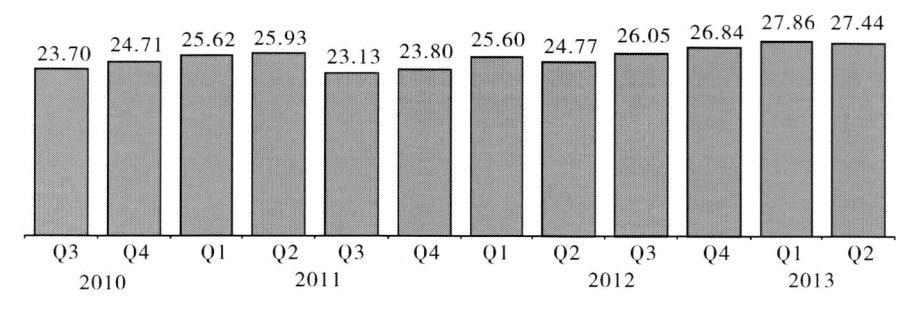

图1-3　**全球共同基金資產規模**（單位：萬億美元）

資料來源：中國基金業協會根據國際投資基金協會發布的數據整理。

二、證券投資基金的特徵

證券投資基金之所以受到投資者的廣泛歡迎，發展迅速，與證券投資基金本身的特徵有關。作為一種現代化投資工具，證券投資基金具備以下特徵：

1. 集合投資

基金的特徵是將零散的資金匯集起來，交給專業機構投資於各種金融工具，以謀取資產的增值。基金對投資的最低限額要求不高，投資者可以根據自己的經濟能力決定購買數量，如中國有的基金公司推出的基金定投產品，最低額度可以100元起。國外有些基金甚至不限制投資額大小。因此，基金可以最廣泛地吸收社會閒散資金，集腋成裘，匯成規模巨大的投資資金。在參與證券投資時，資本越雄厚，優勢越明顯，而且可能享有大額投資在降低成本上的相對優勢，從而獲得規模效益的好處。

2. 分散風險

以科學的投資組合降低風險、提高收益是基金的另一大特徵。在投資活動中，風險和收益總是並存的，因此，「不能將雞蛋放在一個籃子裡」。但是，要實現投資資產的多樣化，需要一定的資金實力。對小額投資者而言，由於資金有限，很難做到這一點，基金則可以幫助中小投資者解決這個困難，即可以憑藉其集中的巨額資金，在法律規定的投資範圍內進行科學的組合，分散投資於多種證券，實現資產組合多樣化。通過多元化的投資組合，一方面借助於資金龐大和投資者眾多的優勢使每個投資者面臨的投資風險變小；另一方面，利用不同投資對象之間收益率變化的相關性，達到分散投資風險的目的。

3. 專業理財

這是指將分散的資金集中起來由專門的基金管理公司負責營運。基金管理公司是專門從事基金投資管理的機構，實行專業理財制度，由受過專門訓練、具有比較豐富的證券投資經驗的專業人員運用各種技術手段收集、分析各種信息資料，預測金融市場上各個品種的價格變動趨勢，制訂投資策略和投資組合方案，從而可避免投資決策失誤，提高投資收益。對於那些沒有時間，或者對市場不太熟悉的中小投資者來說，投資基金可以分享基金管理人在市場信息、投資經驗、金融知識和操作技術等方面所

擁有的優勢，從而盡可能地避免盲目投資帶來的失誤。

4. 專門保管

投資基金資產的保管由專門的金融機構負責。擔任保管者的金融機構必須是信譽卓著的大銀行或非銀行金融機構，保管者與管理公司之間沒有利害關係。基金在保管機構中單設帳戶，與保管機構和管理公司的資產嚴格分離，獨立核算。此外，保管機構對管理公司還負有制約監督的職責。若管理公司的指令違背基金章程或有損投資者的利益，保管機構有權拒絕執行。基金的專門保管無疑提高了基金投資的安全性。

三、證券投資基金的分類

1. 按基金的組織形式不同，可分為契約型基金和公司型基金

契約型基金又稱為單位信託基金，是指將投資者、管理人、託管人三者作為信託關係的當事人，通過簽訂基金契約的形式發行受益憑證而設立的一種基金。契約型基金起源於英國，後來在新加坡、印度尼西亞、中國香港等國家和地區十分流行。契約型基金是基於信託原理而組織起來的代理投資方式，沒有基金章程，也沒有公司董事會，而是通過基金契約來規範三方當事人的行為。基金管理人負責基金的管理操作；基金託管人作為基金資產的名義持有人，負責基金資產的保管和處置，對基金管理人的運作實行監督。

公司型基金是依據基金公司章程設立，在法律上具有獨立法人地位的股份投資公司。公司型基金以發行股份的方式募集資金，投資者購買基金公司的股份後，以基金持有人的身分成為基金公司的股東，憑其持有的股份依法享有投資收益。公司型基金在組織形式上與股份有限公司類似，由股東選舉董事會，由董事會選聘基金管理公司，基金管理公司負責管理基金的投資業務。

契約型基金與公司型基金的區別主要有：

（1）基金設立的法律基礎不同。契約型基金設立的法律基礎是信託法，其運作受信託契約的保障和制約；公司型基金設立的法律基礎是公司法，其運作受公司法和公司章程的制約。

（2）基金投資者的地位不同。契約型基金的投資者購買基金份額後成為基金的當事人之一，既是基金的委託人，又是基金的受益人；公司型基金的投資者購買基金公司的股票後為公司股東，享有股東的權利，但同普通的股份有限公司相比，其股東對公司的經營監督權受到一定的限制。

（3）資金的性質不同。契約型基金的資金是通過發行受益憑證籌集起來的信託財產；公司型基金的資金是通過發行普通股票籌集起來的，是公司法人的資本。

（4）籌資方式不同。契約型基金一般只能通過發行受益憑證籌資；公司型基金除發行普通股外，還可以通過發行優先股和公司債券籌資，也可以以公司的名義向銀行借款。

2. 按基金運作方式不同，可分為封閉式基金和開放式基金

封閉式基金是指經核准的基金份額在基金合同期限內固定不變，基金份額可以在依法設立的證券交易場所交易，但基金份額持有人不得申請贖回的基金。由於封閉式基金在封閉期內不能追加認購或贖回，投資者只能通過證券經紀商在二級市場上進行

基金的買賣。

開放式基金是指基金份額總額不固定，基金份額可以在基金合同約定的時間和場所申購或者贖回的基金。為了滿足投資者贖回資金，實現變現的要求，開放式基金一般都從所籌資金中撥出一定比例，以現金形式保持這部分資產。這雖然會影響基金的盈利水準，但作為開放式基金來說是必需的。

封閉式基金與開放式基金的區別主要有：

（1）基金期限限制不同。封閉式基金有固定的存續期，一般為10年或15年；而開放式基金沒有固定期限，投資者可隨時向基金管理人贖回基金份額。

（2）基金規模限制不同。封閉式基金的規模是固定的，在封閉期限內未經法定程序認可不能增加發行；開放式基金沒有發行規模限制，投資者可隨時提出申購或贖回申請，基金規模隨之增加或減少。

（3）基金單位轉讓方式不同。封閉式基金的基金單位在證券交易場所掛牌交易；開放式基金的投資者則可以在首次發行結束一段時間（多為3個月）後，在規定的場所隨時向基金管理人或仲介機構提出申購或贖回申請。

（4）基金交易價格的影響因素不同。封閉式基金的交易價格受市場供求關係的影響，常常出現折價現象，並不必然反應單位基金份額的資產淨值；開放式基金的交易價格則取決於基金的每單位資產淨值的大小，其申購價是基金單位資產淨值加申購費，贖回價是基金單位資產淨值減贖回費，基本不受市場供求影響。

（5）基金投資策略不同。封閉式基金的基金規模不會減少，因此基金可進行長期投資，基金資產的投資組合能有效地在預定計劃內進行；開放式基金因基金單位可隨時贖回，為應付投資者隨時贖回兌現，所募集的資金不能全部用來投資，更不能把全部資金用來進行長期投資，必須保持基金資產的流動性，在投資組合上必須保留一部分現金和可隨時兌現的金融工具。

3. 按投資標的劃分，可分為國債基金、股票基金、貨幣市場基金等

（1）國債基金。國債基金是一種以國債為主要投資對象的證券投資基金。由於國債的年利率固定，又有國家信用作為保證，因而這類基金的風險較低，適合於穩健性投資者。

（2）股票基金。股票基金是指以上市股票為主要投資對象的證券投資基金。股票基金的投資目標側重於追求資本利得和長期資本增值。股票基金是最重要的基金品種，它的優點是資本的成長潛力較大，投資者不僅可以獲得資本利得，還可以通過股票基金將較少的資金投資於各類股票，從而實現在降低風險的同時保持較高收益的投資目標。

（3）貨幣市場基金。貨幣市場基金是以貨幣市場工具為投資對象的一種基金，其投資對象期限在1年以內，包括銀行短期存款、國庫券、公司短期債券、銀行承兌票據及商業票據等貨幣市場工具。貨幣市場基金的優點是：資本安全性高，購買限額低，流動性強，收益較高，管理費用低，有些還不收取贖回費用。因此，貨幣市場基金通常被認為是低風險的投資工具。

（4）指數基金。指數基金是20世紀70年代以來出現的新的基金品種。其特點是：投資組合模仿某一股價指數或債券指數，收益隨著即期的價格指數上下波動。當價格

指數上升時，基金收益增加；反之，收益減少。

（5）黃金基金。黃金基金是指以黃金或其他貴金屬及其相關產業的證券為主要投資對象的基金。其收益率一般隨貴金屬的價格波動而變化。

（6）衍生證券投資基金。衍生證券投資基金是一種以衍生證券為投資對象的基金，包括期貨經紀、期權基金、認沽權證基金等。這種基金風險大，因為衍生證券一般是高風險的投資品種。

4. 按投資目標劃分，可分為成長型基金、收入型基金和平衡型基金

（1）成長型基金。成長型基金追求的是基金資產的長期增值。為了達到這一目標，基金管理人通常將基金資產投資於信譽度較高、有長期成長前景或長期盈餘的所謂成長公司的股票。成長型基金又可分為穩健成長型基金和積極成長型基金。

（2）收入型基金。收入型基金主要投資於可帶來現金收入的有價證券，以獲取當期的最大收入為目的。收入型基金資產的成長潛力較小，損失本金的風險相對也較低，一般可分為固定收入型基金和股票收入型基金。固定收入型基金的主要投資對象是債券和優先股，因而儘管收益率較高，但長期成長的潛力很小，而且當市場利率波動時，基金淨值容易受到影響。股票收入型基金的成長潛力比較大，但易受股市波動的影響。

（3）平衡型基金。平衡型基金將資產分別投資於兩種不同特性的證券上，並在以取得收入為目的的債券及優先股和以資本增值為目的的普通股之間進行平衡。這種基金一般將25%～50%的資產投資於債券及優先股，其餘的投資於普通股。平衡型基金的主要目的是從其投資組合的債券中得到適當的利息收益，與此同時又可以獲得普通股的升值收益。投資者既可獲得當期收入，又可得到資金的長期增值。平衡型基金的特點是風險比較低，缺點是成長的潛力不大。

5. 交易所交易的開放式基金

交易所交易的開放式基金是傳統封閉式基金的交易便利性與開放式基金可贖回性相結合的一種新型基金。目前，中國滬、深交易所已經分別推出交易型開放式指數基金和上市開放式基金。

（1）ETF。ETF是英文 Exchange Traded Funds 的簡稱，常被譯為「交易所交易基金」，上海證券交易所則將其命名為「交易型開放式指數基金」。ETF是一種在交易所上市交易的、基金份額可變的一種基金運作方式。ETF結合了封閉式基金與開放式基金的運作特點，投資者一方面可以像封閉式基金一樣在交易所二級市場進行ETF的買賣；另一方面又可以像開放式基金一樣申購、贖回。不同的是，它的申購是用一攬子股票換取ETF份額，贖回時也是換回一攬子股票而不是現金。這種交易制度使該類基金存在一、二級市場之間的套利機制，可有效防止類似封閉式基金的大幅折價。

2004年12月30日，華夏基金管理公司以上證50指數為模板，募集設立了「上證50交易型開放式指數證券投資基金」（簡稱「50ETF」），並於2005年2月23日在上海證券交易所上市交易，採用的是完全複製法。2006年2月21日，易方達深證100ETF正式發行，這是深圳證券交易所推出的第一只ETF。截至2013年年底，在上海和深圳證券交易所交易的ETF共有84只。

（2）LOF。上市開放式基金（英文名稱為 Listed Open-ended Funds，簡稱LOF），

是一種可以同時在場外市場進行基金份額申購、贖回，在交易所進行基金份額交易，並通過份額轉託管機制將場外市場與場內市場有機地聯繫在一起的一種新的基金運作方式。上市型開放式基金發行結束後，投資者既可以在指定網點申購與贖回基金份額，也可以在交易所買賣該基金。

LOF兼具封閉式基金交易方便、交易成本較低和開放式基金價格貼近淨值的優點，為交易所交易基金在中國現行法規下的變通品種，被稱為中國特色的ETF，具有與ETF相同的特徵：一方面可以在交易所交易；另一方面又是開放式基金，持有人可以根據基金淨值申購贖回。儘管同樣是交易所交易的開放式基金，但就產品特性看，深圳證券交易所推出的LOF在世界範圍內具有首創性。與ETF相區別，LOF不一定採用指數基金模式，同時，申購和贖回均以現金進行。2004年10月14日，南方基金管理公司募集設立了「南方積極配置證券投資基金」，並於2004年12月20日在深圳證券交易所上市交易。截至2013年年底，國內共有LOF基金95只。

四、證券投資基金的當事人

1. 證券投資基金份額持有人

基金份額持有人即基金投資者，是基金的出資人、基金資產的所有者和基金投資回報的受益人。

（1）基金份額持有人的權利。基金份額持有人的基本權利包括對基金收益的享有權、對基金份額的轉讓權和在一定程度上對基金經營決策的參與權。對於不同類型的基金，持有人對投資決策的影響方式是不同的。在公司型基金中，基金份額持有人通過股東大會選舉產生基金公司的董事會來行使對基金公司重大事項的決策權，對基金運作的影響力大些。而在契約型基金中，基金份額持有人只能通過召開基金受益人大會對基金的重大事項作出決議，但對基金日常決策一般不能施加直接影響。中國《證券投資基金法》規定，基金份額持有人享有下列權利：分享基金財產收益；參與分配清算後的剩餘基金財產；依法轉讓或者申請贖回其持有的基金份額；按照規定要求召開基金份額持有人大會；對基金份額持有人大會審議事項行使表決權；查閱或者複製公開披露的基金信息資料；對基金管理人、基金託管人、基金份額發售機構損害其合法權益的行為依法提起訴訟；基金合同約定的其他權利。

（2）基金份額持有人的義務。基金份額持有人必須承擔一定的義務，這些義務包括：遵守基金契約；繳納基金認購款項及規定的費用；承擔基金虧損或終止的有限責任；不從事任何有損基金及其他基金投資人合法權益的活動；在封閉式基金存續期間，不得要求贖回基金份額；在封閉式基金存續期間，交易行為和信息披露必須遵守法律、法規的有關規定；法律、法規及基金契約規定的其他義務。

2. 證券投資基金管理人

基金管理人是負責基金發起設立與經營管理的專業性機構。中國《證券投資基金法》規定，基金管理人由依法設立的基金管理公司擔任。基金管理公司通常由證券公司、信託投資公司或其他機構等發起成立，具有獨立法人地位。基金管理人作為受託人，必須履行「誠信義務」。基金管理人的目標函數是受益人利益的最大化，因而，不

得出於自身利益的考慮損害基金持有人的利益。

（1）基金管理人的資格。基金管理人的主要業務是發起設立基金和管理基金。由於基金份額持有人通常是人數眾多的中小投資者，為了保護這些投資者的利益，必須對基金管理人的資格作出嚴格規定，使基金管理人更好地負起管理基金的責任。對基金管理人需具備的條件，各個國家和地區有不同的規定。中國《證券投資基金法》規定：「設立基金管理公司，應當具備下列條件，並經國務院證券監督管理機構批准：有符合本法和《中華人民共和國公司法》規定的章程；註冊資本不低於一億元人民幣，且必須為實繳貨幣資本；主要股東具有從事證券經營、證券投資諮詢、信託資產管理或者其他金融資產管理的較好的經營業績和良好的社會信譽，最近三年沒有違法記錄，註冊資本不低於三億元人民幣；取得基金從業資格的人員達到法定人數；有符合要求的營業場所、安全防範設施和與基金管理業務有關的其他設施；有完善的內部稽核監控制度和風險控制制度；法律、行政法規規定的和經國務院批准的國務院證券監督管理機構規定的其他條件。」

（2）基金管理人的職責。中國《證券投資基金法》規定：「基金管理人應當履行下列職責：依法募集基金，辦理或者委託經國務院證券監督管理機構認定的其他機構代為辦理基金份額的發售、申購、贖回和登記事宜；辦理基金備案手續；對所管理的不同基金財產分別管理、分別記帳，進行證券投資；按照基金合同的約定確定基金收益分配方案，及時向基金份額持有人分配收益；進行基金會計核算並編製基金財務會計報告；編製中期和年度基金報告；計算並公告基金資產淨值，確定基金份額申購、贖回價格；辦理與基金財產管理業務活動有關的信息披露事項；召集基金份額持有人大會；保存基金財產管理業務活動的記錄、帳冊、報表和其他相關資料；以基金管理人名義，代表基金份額持有人利益行使訴訟權利或者實施其他法律行為；國務院證券監督管理機構規定的其他職責。」

3. 證券投資基金託管人

基金託管人又稱基金保管人，是依據基金運行中「管理與保管分開」的原則對基金管理人進行監督和保管基金資產的機構，是基金持有人權益的代表，通常由有實力的商業銀行或信託投資公司擔任。基金託管人與基金管理人簽訂託管協議，在託管協議規定的範圍內履行自己的職責並收取一定的報酬。基金託管人在基金的運行過程中起著不可或缺的作用。

（1）基金託管人的條件。基金託管人的作用決定了它對所託管的基金承擔著重要的法律及行政責任，因此，有必要對託管人的資格作出明確規定。概括地說，基金託管人應該是完全獨立於基金管理機構、具有一定的經濟實力、實收資本達到一定規模、具有行業信譽的金融機構。中國《證券投資基金法》規定，基金託管人由依法設立並取得基金託管資格的商業銀行擔任。申請取得基金託管資格，應當具備下列條件，並經國務院證券監督管理機構和國務院銀行業監督管理機構核准：淨資產和資本充足率符合有關規定；設有專門的基金託管部門；取得基金從業資格的專職人員達到法定人數；有安全保管基金財產的條件；有安全高效的清算、交割系統；有符合要求的營業場所、安全防範設施和與基金託管業務有關的其他設施；有完善的內部稽核監控制度

和風險控制制度；法律、行政法規規定的和經國務院批准的國務院證券監督管理機構、國務院銀行業監督管理機構規定的其他條件。

（2）基金託管人的職責。中國《證券投資基金法》規定，基金託管人應當履行下列職責：安全保管基金財產；按照規定開設基金財產的資金帳戶和證券帳戶；對所託管的不同基金財產分別設置帳戶，確保基金財產的完整與獨立；保存基金託管業務活動的記錄、帳冊、報表和其他相關資料；按照基金合同的約定，根據基金管理人的投資指令，及時辦理清算、交割事宜；辦理與基金託管業務活動有關的信息披露事項；對基金財務會計報告、中期和年度基金報告出具意見；復核、審查基金管理人計算的基金資產淨值和基金份額申購、贖回價格；按照規定召集基金份額持有人大會；按照規定監督基金管理人的投資運作；國務院證券監督管理機構規定的其他職責。

五、中國證券投資基金發展概況

1. 萌芽與起步階段

中國基金業真正起步於20世紀90年代，在一系列宏觀經濟政策紛紛出抬的前提下，中國基金業千呼萬喚，終於走到了前臺。

1991年8月，珠海國際信託投資公司發起成立珠信基金，規模達6930萬元人民幣，這是中國設立最早的國內基金。同年10月，武漢證券投資基金和南山風險投資基金分別經中國人民銀行武漢市分行和深圳市南山區人民政府批准設立，規模分別達1000萬元人民幣和8000萬元人民幣。但投資基金這一概念從觀念和實踐引入中國則應追溯到1987年，當年，中國人民銀行和中國國際信託投資公司首開中國基金投資業務之先河，與國外一些機構合作推出了面向海外投資人的國家基金，標誌著中國投資基金業務開始出現。1989年，第一只中國概念基金即香港新鴻信託投資基金管理有限公司推出的新鴻基中華基金成立之後，一批海外基金紛紛設立，極大地推動了中國投資基金業的發展。

2. 迅猛發展階段

1992年，中國投資基金業的發展異常迅猛，當年由各級人民銀行批准的投資基金相繼出抬，規模達22億美元。同年6月，中國第一家公司型封閉式投資基金——淄博鄉鎮企業投資基金由中國人民銀行批准成立。同年10月8日，國內首家被正式批准成立的基金管理公司——深圳投資基金管理公司成立。到1993年，各地大大小小的基金約有70只，面值達40億元人民幣。已經設立的基金紛紛進入二級市場開始流通。這一時期是中國基金發展的初期階段。1993年6月，9家中方金融機構及美國波士頓太平洋技術投資基金在上海建立上海太平洋技術投資基金，這是第一個在中國境內設立的中外合資的中國基金，規模為2000萬美元。1993年10月，建業、金龍和寶鼎三家面向教育界的基金批准設立。1993年8月，淄博基金在上海證券交易所公開上市，以此為標誌，中國基金進入了公開上市交易的階段。這一時期中國的投資基金走了一段迅速發展的道路，取得了長足的進步。

3. 調整與規範階段

由於中國的基金從一開始發展勢頭就迅猛，其設立和運作的隨意性較強，存在發

展與管理脫節的問題,調整與規範中國基金業成為金融管理部門的當務之急。

1993年5月19日,人民銀行總行發出緊急通知,要求省級分行立即制止不規範發行投資基金和信託受益債券的做法。同時,基金交易市場也取得了長足的進展:1994年3月7日,瀋陽證券交易中心和上交所聯網試運行;3月14日,南方證券交易中心同時和滬、深證交所聯網。1996年11月29日,建業、金龍和寶鼎基金在上交所上市。全國各地一些證交中心和深滬證交所的聯網使一些原來局限在當地的基金通過深滬證券交易所網絡進入全國性市場。由此,全國性的交易市場開始形成。

1994年7月底,證監會同國務院有關部門就推出股市新政策,提出發展中國的共同投資基金,培育機構投資人,試辦中外合資基金管理公司,逐步吸引國外基金投資國內A股市場。截至1996年,中國申請待批的各類基金已經達數百只,但由於法律的滯後,基金發展基本上處於停止的狀態。

1997年11月14日,《中華人民共和國證券投資基金管理辦法》頒布,開始規範證券投資基金的發展,同時對「老基金」進行清理。1998年3月23日,開元、金泰兩只證券投資基金公開發行上市,這使封閉式證券投資基金的發展進入了一個新的歷程。1998年中國成立了第一批封閉式基金:基金開元、基金金泰、基金興華、基金安信和基金裕陽。

4. 穩步發展階段

到2001,中國已有基金管理公司14家,封閉式證券投資基金34只。2001年9月,經管理層批准,由華安基金管理公司成立了中國第一只開放式證券投資基金——華安創新,中國基金業的發展進入了一個嶄新的階段。2002年,開放式基金在中國出現了超常規式的發展,規模迅速擴大,截至2002年年底,開放式基金已猛增到17只。2003年10月28日由全國人大常委會通過的《證券投資基金法》頒布,並於2004年6月1日起正式實施,這是中國基金業和資本市場發展歷史上的又一個重要的里程碑,標誌著中國基金業進入了一個嶄新的發展階段。

中國證券投資基金的數量與規模見圖1-4。

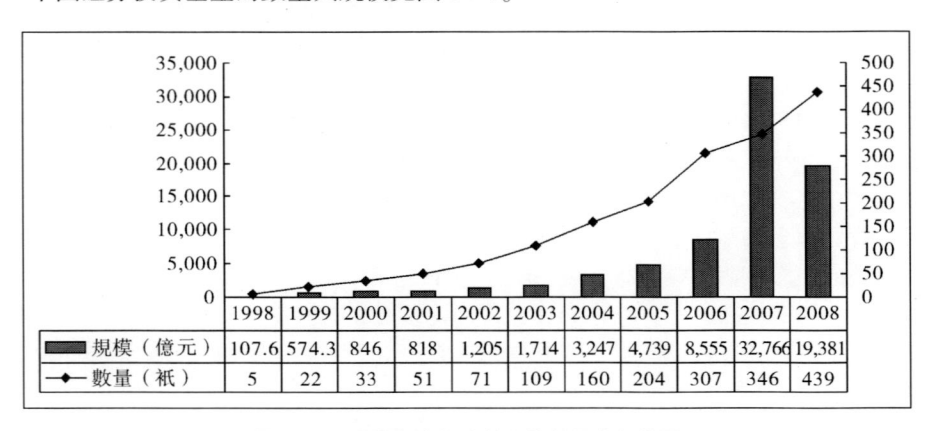

	1998	1999	2000	2001	2002	2003	2004	2005	2006	2007	2008
規模(億元)	107.6	574.3	846	818	1,205	1,714	3,247	4,739	8,555	32,766	19,381
數量(祇)	5	22	33	51	71	109	160	204	307	346	439

圖1-4　中國證券投資基金的數量與規模圖

資料來源:《2008年中國證券投資基金業年報》。

截至 2013 年 12 月底，中國境內共有基金管理公司 89 家，其中合資公司 47 家，內資公司 42 家；管理資產合計 42,213.10 億元，其中管理的公募基金規模 30,020.71 億元，非公開募集資產規模 12,192.39 億元；公募基金中，封閉式基金 137 只，份額總規模為 2121.81 億份，淨值總規模為 2150.84 億元。開放式基金 1415 只，份額總規模為 29,058.03 億份，淨值總規模為 27,869.87 億元。

第五節　金融衍生工具

一、金融衍生工具的概念

金融衍生工具，又稱「金融衍生產品」，是與基礎金融產品相對應的一個概念，指建立在基礎產品或基礎變量之上，其價格隨基礎金融產品的價格（或數值）變動的派生金融產品。這裡所說的基礎產品是一個相對的概念，不僅包括現貨金融產品（如債券、股票、銀行定期存款單等），也包括金融衍生工具。作為金融衍生工具基礎的變量則包括利率、匯率、各類價格指數甚至天氣（溫度）指數等。

二、金融衍生工具的特徵

由金融衍生工具的定義可以看出，其具有下列四個顯著特性：

1. 跨期性

金融衍生工具是交易雙方通過對利率、匯率、股價等因素變動趨勢的預測，約定在未來某一時間按照一定條件進行交易或選擇是否交易的合約。無論是哪一種金融衍生工具，都會影響交易者在未來一段時間內或未來某時點上的現金流，跨期交易的特點十分突出。這就要求交易雙方對利率、匯率、股價等價格因素的未來變動趨勢作出判斷，而判斷的準確與否直接決定了交易者的交易盈虧。

2. 槓桿性

金融衍生工具交易一般只需要支付少量的保證金或權利金就可簽訂遠期大額合約或互換不同的金融工具。例如，若期貨交易保證金為合約金額的 5%，則期貨交易者可以控制 20 倍於所投資金額的合約資產，實現以小博大的效果。在收益可能成倍放大的同時，投資者所承擔的風險與損失也會成倍放大，基礎工具價格的輕微變動也許就會帶來投資者的大盈大虧。金融衍生工具的槓桿效應在一定程度上決定了它的高投機性和高風險性。

3. 聯動性

聯動性是指金融衍生工具的價值與基礎產品或基礎變量緊密聯繫、規則變動。通常，金融衍生工具與基礎變量相聯繫的支付特徵由衍生工具合約規定，其聯動關係既可以是簡單的線性關係，也可以表達為非線性函數或者分段函數。

4. 不確定性或高風險性

金融衍生工具的交易後果取決於交易者對基礎工具（變量）未來價格（數值）的預測和判斷的準確程度。基礎工具價格的變幻莫測決定了金融衍生工具交易盈虧的不穩定性，這是金融衍生工具高風險性的重要誘因。基礎金融工具價格不確定性僅僅是金融衍生工具風險性的一個方面，國際證監會組織在 1994 年 7 月公布的一份報告中，認為金融衍生工具還伴隨著以下幾種風險：

（1）交易中對方違約，沒有履行所作承諾造成損失的信用風險；

（2）因資產或指數價格不利變動可能帶來損失的市場風險；

（3）因市場缺乏交易對手而導致投資者不能平倉或變現所帶來的流動性風險；

（4）因交易對手無法按時付款或交割可能帶來的結算風險；

（5）因交易或管理人員的人為錯誤或系統故障、控制失靈而造成的運作風險；

（6）因合約不符合所在國法律，無法履行或合約條款遺漏及模糊導致的法律風險。

三、金融衍生工具的分類

金融衍生工具可以按照基礎工具的種類、風險—收益特性以及自身交易方法的不同而有不同的分類。

1. 按產品形態和交易場所分類

按產品形態和交易場所不同，金融衍生工具可分為內置型衍生工具、交易所交易的衍生工具、OTC 交易的衍生工具。

（1）內置型衍生工具，指嵌入到非衍生合同（以下簡稱「主合同」）中的衍生金融工具。該衍生工具使主合同的部分或全部現金流量將按照特定利率、金融工具價格、匯率、價格或利率指數、信用等級或信用指數，或類似變量的變動而發生調整。例如目前公司債券條款中可能包含贖回條款、返售條款、轉股條款、重設條款等。

（2）交易所交易的衍生工具，指在有組織的交易所上市交易的衍生工具。例如在股票交易所交易的股票期權產品，在期貨交易所和專門的期權交易所交易的各類期貨合約、期權合約等。

（3）OTC 交易的衍生工具，指通過各種通信方式，不通過集中的交易所，實行分散的、一對一交易的衍生工具。例如金融機構之間、金融機構與大規模交易者之間進行的各類互換交易和信用衍生品交易。從近年來的發展看，這類衍生品的交易量逐年增大，已經超過交易所市場的交易額，市場流動性也得到增強，還發展出專業化的交易商。

2. 按照基礎工具種類分類

金融衍生工具從基礎工具分類角度，可以劃分為股權類產品的衍生工具、貨幣衍生工具、利率衍生工具、信用衍生工具以及其他衍生工具。

（1）股權類產品的衍生工具，是指以股票或股票指數為基礎工具的金融衍生工具。其主要包括股票期貨、股票期權、股票指數期貨、股票指數期權以及上述合約的混合交易合約。

（2）貨幣衍生工具，是指以各種貨幣作為基礎工具的金融衍生工具。其主要包括

遠期外匯合約、貨幣期貨、貨幣期權、貨幣互換以及上述合約的混合交易合約。

（3）利率衍生工具，是指以利率或利率的載體為基礎工具的金融衍生工具。其主要包括延期利率協議、利率期貨、利率期權、利率互換以及上述合約的混合交易合約。

（4）信用衍生工具，是指以基礎產品所蘊含的信用風險或違約風險為基礎變量的金融衍生工具。其用於轉移或防範信用風險，是20世紀90年代以來發展最為迅速的一類衍生產品，主要包括信用互換、信用聯結票據等。

（5）其他衍生工具。除以上四類金融衍生工具以外，還有相當數量的金融衍生工具是在非金融變量的基礎上開發的，例如用於管理氣溫變化風險的天氣期貨、管理政治風險的政治期貨、管理巨災風險的巨災衍生產品等。

3. 按照金融衍生工具自身交易的方法及特點分類

按照金融衍生工具自身交易的方法和特點，可以分為金融遠期合約、金融期貨、金融期權、金融互換和結構化金融衍生工具。

（1）金融遠期合約。金融遠期合約是指規定合約雙方同意在指定的未來日期按約定的價格買賣約定數量的相關資產或金融工具的合約，目前主要有遠期外匯合同、遠期利率協議等。金融遠期合約通常在兩個金融機構之間或金融機構與其客戶之間簽署，其交易一般也不在規範的交易所內進行，所以，金融遠期合約的交易一般規模較小、較為靈活、交易雙方易於按各自的願望對合約條件進行磋商。在遠期合約的有效期內，合約的價值隨相關資產市場價格或相關金融價值的波動而變化，合約的交割期越長，其投機性越強，風險也就越大。常見的金融遠期合約有股權類資產的遠期合約、債權類資產的遠期合約、遠期利率協議和遠期匯率協議四個大類。

（2）金融期貨。金融期貨指是交易雙方在金融市場上，以約定的時間和價格，買賣某種金融工具的具有約束力的標準化合約。其是以金融工具為標的物的期貨合約。金融期貨一般分為三類：外匯期貨、利率期貨和股票指數期貨。金融期貨作為期貨交易中的一種，具有期貨交易的一般特點，但與商品期貨相比較，其合約標的物不是實物商品，而是傳統的金融商品，如證券、貨幣、匯率、利率等。目前已經開發出來的品種主要有利率期貨、貨幣期貨、股票指數期貨三大類。

（3）金融期權。金融期權是指規定期權的買方有權在約定的時間或約定的時期內，按照約定價格買進或賣出一定數量的某種相關資產或金融工具的權利，也可以根據需要放棄行使這一權利的合約。目前金融期權主要有外匯期權、外匯期貨期權、利率期權、利率期貨期權、債券期權、股票期權、股票價格指數期權等。為了取得這樣一種權利，期權合約的買方必須向賣方支付一定數額的費用，即期權費。期權分看漲期權和看跌期權兩個基本類型。看漲期權的買方有權在某一確定的時間以確定的價格購買相關資產；看跌期權的買方則有權在某一確定時間以確定的價格出售相關資產。

場內交易的金融期權主要包括股票期權、利率期權和外匯期權。股票期權與股票期貨分類相似，主要包括股票期權和股指期權。股票期權是在單個股票基礎上衍生出來的選擇權。股指期權主要分為兩種：一種是股指期貨衍生出來的股指期貨期權，例如新加坡交易所交易的日經225指數期權，是從新加坡交易所交易的日經225指數期貨衍生出來的；另一種是從股票指數衍生出來的現貨期權，例如大阪證券交易所日經225

指數期權，是日經225指數衍生出來的。兩種股指期權的執行結果是不一樣的，前者執行得到的是一張期貨合約，而後者則進行現金差價結算。

（4）金融互換。金融互換也譯作「金融掉期」，是指交易雙方約定在合約有效期內，以事先確定的名義本金額為依據，按約定的支付率（利率、股票指數收益率等）相互交換支付的合約。目前主要有外匯互換、利率互換、貨幣互換、債券互換、抵押貸款互換等金融互換。互換合約實質上可以分解為一系列遠期合約組合。

最基本的金融互換品種是指貨幣互換和利率互換，前者是指在對未來匯率預期的基礎上雙方同意交換不同貨幣本金與利息的支付的協議。其要點包括：雙方以約定的協議匯價進行有關本金的交換；每半年或每年以約定的利率和本金為基礎進行利息支付的互換；協議到期時，以預定的協議匯價將原本金換回等。後者是指在對未來利率的預期的基礎上，雙方以商定的日期和利率互換同一種貨幣的利息支付。最基礎的利率互換形式是指固定利率對浮動利率的互換，即一方用固定利率債務換取浮動利率債務，支付浮動利率；另一方用浮動利率債務換取固定利率債務，支付固定利率。在此基礎上，金融互換新品種不斷出現，較典型的是交叉貨幣利率互換，從而使互換形成完整的種類，呈現出多樣化的特點。

（5）結構化金融衍生工具。前述四種常見的金融衍生工具通常也稱為建構模塊工具，它們是最簡單和最基礎的金融衍生工具，而利用其結構化特性，通過相互結合或者與基礎金融工具相結合，能夠開發設計出更多具有複雜特性的金融衍生產品，通常被稱為結構化金融衍生工具，或簡稱為結構化產品。例如，在股票交易所交易的各類結構化票據、目前中國各家商業銀行推廣的外匯結構化理財產品等都是其典型代表。

四、中國的金融衍生工具

自從2001年11月加入WTO以來，中國的經濟主體越來越多地參與到國際上已相當成熟完善的金融市場，包括金融衍生產品市場之中。但回顧中國金融衍生工具市場的發展，卻是一段短暫而且充滿曲折坎坷的歷程。在中國曾經出現的金融衍生工具有外匯期貨、國債期貨、股票指數期貨、可轉換債券、認股權證、人民幣遠期結售匯等，其中有部分品種早已被強令關閉。可是，隨著中國走向世界的步伐逐漸加快，那些適應現在市場的衍生產品必會重返中國金融交易市場，並且新的產品會順應經濟發展的要求而被更多地開發出來，發揮其應有的作用。

1. 外匯期貨

在20世紀80年代末90年代初，中國對金融衍生工具持充分接受和適當放開的態度。自1984年起，國內企業、機構就可以通過經紀公司在境外進行外匯期貨交易。為滿足國內銀行、企業套期保值和調劑外匯頭寸的需要，1992年6月，上海外匯調劑中心建立了中國第一個外匯期貨市場，境內外匯期貨交易也得以開展。此後不久，深圳外匯經紀中心也被批准辦理外匯期貨業務。但後來境內外的外匯期貨都出現了問題，使得國家加大了整頓外匯市場的力度，1993—1995年間多次下令關閉非法外匯期貨經紀公司，國內的外匯期貨市場也在1996年被關閉。直到2013年9月6日，國債期貨在中國金融期貨交易所掛牌上市，時隔18年重返國內資本市場。

2. 國債期貨

國債期貨是一種利率期貨，也是中國曾經發展規模最大的金融期貨。其在中國最早出現在1992年12月，即上海證券交易所推出的第一張國債期貨合約；1993年，國債期貨交易的範圍有較大的擴展，市場向個人和更多的券商開放，北京商品交易所也開展了國債期貨交易。但由於時機不成熟，繼上交所1994年9月出現「314合約違規風波」後，1995年2月又出現了「327合約違規風波」，最終在1995年5月國債期貨交易被關閉。直到2013年9月6日，國債期貨在中國金融期貨交易所掛牌上市，時隔18年重返國內資本市場。

3. 可轉換債券

可轉換債券是伴隨中國股票市場的發展而發展的，其本質上類似於股票期權（即經營者股票期權），是股份公司發行債券或優先股時，規定其具有轉換特性，持有者在債券有效期內可以選擇按規定獲得應有的債券利息，或者按規定將之轉換成發行機構的普通股票。1992年11月至12月，深圳寶安股份有限公司發行了5億元可轉換債券，首開轉債先河，雖然並未成功，但為中國債券市場創新累積了寶貴的經驗。1997年3月，《上市公司發行可轉換債券暫行辦法》出抬，南化轉債、絲綢轉債、茂煉轉債、機場轉債先後發行，其中前三只為非上市公司發行轉債。通過了十多年的實踐和探索，可轉換債券已成為上市公司的重要再融資工具。

4. 認股權證

認股權證是一種以約定的價格和時間（或在權證協議裡列明的一系列期間內）分別以相應價格購買或出售標的資產的期權。在1992年到1996年期間，中國先後推出了多只權證，如滬市的大飛樂配股權證、寶安93、福州東百等認股權證；深市的桂柳工、廈海發、閩閩東、湘中意等認股權證。但由於被大肆炒作，其價格暴漲暴跌出現嚴重的投機現象，監管部門最終於1996年6月底終止了認股權證的交易。隨著股權分置改革的推進，認股權證的發行又被提上了日程。因為其具有期權看漲或看跌的特性，認股權證已經成為了保護流通股股東利益的有效方法，同時也增加了為非流通股東對價支付的靈活性。2005年8月18日，寶鋼權證發行3.877億份，開啓股改對價權證，隨後一部分上市公司採用了權證方式完成了股改對價。

5. 可分離債券

可分離交易可轉債是上市公司公開發行的認股權和債券分離交易的可轉換公司債券。其全稱是「認股權和債券分離交易的可轉換公司債券」，是債券和股票的混合融資品種。它賦予上市公司兩次籌資機會：首先是發行附認股權證公司債，屬於債權融資；然後是認股權證持有人在行權期或者到期行權，屬於股權融資。可分離交易可轉債是上市公司再融資的工具，是一種金融創新。2006年5月7日，中國證監會公布了《上市公司證券發行管理辦法》，將「認股權和債券分離交易的可轉換公司債券」（即可分離債券）列入上市公司再融資品種。2006年11月13日，馬鋼股份作為首家嘗試這一融資新品種的上市公司，成功發行了55億元分離交易式可轉債。由於其獨特的優勢，可分離債券正發展成為大型上市公司再融資的一種重要工具。

6. 股票指數期貨

　　股票指數期貨的全稱是股票價格指數期貨，是指以股價指數為標的物的標準化期貨合約，其是雙方約定在未來的某個特定日期，可以按照事先確定的股價指數的大小，進行標的指數的買賣。1993年3月，股票指數期貨出現在中國海南證券交易中心，期貨標的為深圳綜合指數和深圳A股指數，並按國際慣例建立了保證金等各項制度。但由於當時股票市場規模過小，隨後不久即發生了深圳平安保險公司福田證券部大戶聯手操作，打壓股指的投機行為，給深圳股市帶來了較大的負面影響，最後於同年9月底全部平倉，被停止了交易。但是，隨著2007年4月15日《期貨交易管理條例》的正式施行，從首次出現到被迫關閉以來，醞釀了14年的股指期貨終於「迴歸」。

　　2010年4月16日，股指期貨合約在中國金融期貨交易所正式上市了，中國金融期貨市場建設邁出了關鍵的一步。中國證監會黨委副書記、副主席桂敏杰為滬深300股指期貨首日交易鳴鑼開市。股指期貨上市首日四個股指期貨合約全線飄紅，總成交量58,457手，成交金額605.38億元，總持倉量3590手。

❋ 本章小結

　　1. 證券。證券是各類財產所有權或債權憑證的通稱，是用來證明證券持有人有權取得相應權益的憑證。狹義上的證券主要是指有價證券。有價證券就是一種有一定的票面金額，能夠證明其持有人有權按期獲取一定收入，並能在市場上自由轉讓和買賣的所有權或債權證書。

　　2. 股票。股票是一種有價證券，它是股份有限公司公開發行的、用以證明投資者的股東身分和權益，並據以獲得股息和紅利的憑證。股票的法律性質主要表現在：①股票是反應財產權的有價證券；②股票是證明股東權的法律憑證；③股票是投資行為的法律憑證。股票的特徵：①收益性；②風險性；③流動性；④穩定性；⑤參與性。

　　3. 按照不同的標準，股票主要有以下幾個基本類別：①普通股股票和優先股股票；②表決權股股票和無表決權股股票；③記名股票和不記名股票；④有面值股股票和無面值股股票。

　　4. 中國目前的股票主要有以下四大類：①國家股；②法人股；③公眾股；④外資股。

　　5. 債券是一種有價證券，是社會各類經濟主體為籌措資金而向債券投資者出具的，並且承諾按一定利率定期支付利息和到期償還本金的債權債務憑證。債券的性質表現在：①債券是一種有價證券；②債券是一種虛擬資本；③債券是債權的表現。債券的四個特徵：①償還性；②收益性；③安全性；④流動性。

　　6. 投資基金是一種利益共享、風險共擔的集合投資制度。它通過發行基金證券，集中投資者的資金，交由基金託管人託管，由基金管理人管理，主要從事股票、債券等金融工具的投資。投資基金的特點：集合投資、分散風險、專家操作管理、專門保管。按基金的組織形式不同，可分為契約型基金和公司型基金。按基金的投資標的劃分，可分為國債基金、股票基金、貨幣市場基金等。

7. 金融期貨也稱金融期貨合約，是指買賣雙方在有組織的交易所內以公開競價的形式達成的，在將來某一特定時間交、收標準數量特定金融工具的協議。金融期貨主要包括外匯期貨、利率期貨和股票指數期貨三種。

8. 金融期貨的特徵。金融期貨的特徵包括：①金融期貨的交易對象是標準化的金融工具憑證，如外匯、股票、利率等；②金融期貨的交易過程是在現在完成，但卻在未來某個規定的時間進行交割；③金融期貨的交易價格是通過公開的市場競爭形成的，並不會隨著金融工具的市場價格的變化而變化；④金融期貨的交易合約在規定的交割日期到來之前，可以在市場上任意轉讓。

9. 金融期貨的功能可以從社會功能和經濟功能兩個方面來考察。從社會功能看：第一，金融期貨有利於社會資源的合理配置和經濟效益的不斷提高；第二，金融期貨有利於政府加強對經濟的宏觀調控；第三，金融期貨有利於促進一國經濟的國際化發展。從經濟功能看，金融期貨有兩個最基本的經濟功能，即風險轉移功能和價格發現功能。

10. 金融期權是指在未來特定的期限內，按照特定的協議價格買賣某種金融商品的選擇權。根據交易對象的不同，可以將金融期權分為現貨期權和期貨期權兩大類。其中現貨期權包括外匯期權、利率期權、股票指數期權以及股票期權；期貨期權則包括外匯期貨期權、利率期貨期權以及股票指數期貨期權。

11. 可轉換證券是指可以根據證券持有者的選擇，以一定的比例或價格轉換成普通股的證券。可轉換證券具有債權性、股權性以及可轉換性三大特點。可轉換證券的要素最主要的是轉換比例、轉換期限和轉換價格。

12. 認股權證是指由股份有限公司發行的、能夠按照特定的價格、在特定的時間內購買一定數量該公司股票的選擇權憑證。持有這一證券者可以在規定的期限內，以事先確定的價格買入公司發行的股票。

13. 可分離交易可轉債是上市公司公開發行的認股權和債券分離交易的可轉換公司債券。其全稱是「認股權和債券分離交易的可轉換公司債券」，是債券和股票的混合融資品種。它賦予上市公司兩次籌資機會：債權融資＋股權融資。

14. 股票指數期貨是指以股價指數為標的物的標準化期貨合約，雙方約定在未來的某個特定日期，可以按照事先確定的股價指數的大小，進行標的指數的買賣。

❈ 復習思考題：

1. 請說明證券的含義及分類。
2. 股票有哪些特徵？股票是如何分類的？中國股票有哪些分類？
3. 債券有哪些特徵？債券是如何分類的？中國國債有哪些分類？
4. 證券投資基金有哪些特徵？證券投資基金可以分為哪幾類？
5. 金融衍生有哪些特徵？金融期貨和金融期權有哪些不同點？

第二章　證券市場

本章學習目標：

　　瞭解證券市場的概念、基本特徵及發展趨勢；瞭解證券市場的參與體系和市場結構，明確證券市場的基本功能；瞭解證券發行市場的定義，理解證券的發行與承銷方式，掌握股票發行價格確定的方法；瞭解證券流通市場的組成，認識證券交易所的特徵與職能，熟悉場外交易市場的特徵及構成。

第一節　證券市場概述

一、證券市場的定義

　　證券市場是有價證券發行與流通以及與此相適應的組織與管理方式的總稱。證券市場是商品經濟和社會生產力發展到一定階段的產物，是為了解決資本供求矛盾和流動性需求而產生的市場。證券市場包括證券發行市場和證券流通市場，通過證券的發行與交易實現了籌資與投資的對接，對促進一國經濟的發展發揮著重要作用。

　　證券市場具有以下三個基本特徵：

　　（1）證券市場是價值直接交換的場所。有價證券都是價值的直接代表，本質上是價值的一種直接表現形式。雖然證券交易的對象是各種各樣的有價證券，但由於它們是價值的直接表現形式，所以證券市場本質上是價值的直接交換場所。

　　（2）證券市場是財產權利直接交換的場所。證券市場上的交易對象是作為經濟權益憑證的股票、債券、投資基金份額等有價證券，其本身是一定量財產權利的代表，代表著對一定數額財產的所有權或債權以及相關的收益權。證券市場實際上是財產權利的直接交換場所。

　　（3）證券市場是風險直接交換的場所。有價證券既是一定收益權利的代表，同時也是一定風險的代表。有價證券的交換在轉讓出一定收益權的同時，也把該有價證券所特有的風險轉讓出去。所以，從風險的角度分析，證券市場也是風險的直接交換場所。

二、證券市場的產生與發展

　　1. 國外證券市場的產生與發展

　　證券市場形成於自由資本主義時期，是信用制度不斷深化的產物。在簡單商品經

濟條件下，由於社會分工不發達，生產力水準低下，因而信用制度落後簡單。隨著生產力的發展，社會分工日益複雜，商品經濟也越趨於社會化。社會化會導致生產需求的大大提高，而後者又會促進信用制度的快速發展。商業信用、銀行信用和國家信用等資金融通方式不斷出現和發展，帶來了各種各樣的融資工具，企業用閒置的現金流投資，必然要求其所使用的金融工具具有極好的流動性以備不時之需。融資的需求和閒散資金的供給，同時又要求具有很好的流動性，就有必要把大量的買者和賣者集合在一起，對各種金融產品進行買賣，證券市場應運而生。

證券交易最早出現於 16 世紀處於資本主義發展初期的西歐。當時的里昂、安特衛普已經有了證券交易所，最早在證券交易所進行交易的是國家債券。此後，隨著資本主義經濟的發展，所有權與經營權相分離的生產經營方式的出現，使股票、公司債券及不動產抵押債券依次進入有價證券交易的行列。

20 世紀初，隨著資本主義由自由競爭階段過渡到壟斷階段，證券市場也以其獨特的形式適應資本主義經濟發展的需要，在有效地促進了資本累積的同時，自身也獲得了巨大發展。在這個時期中，由於資本主義虛擬資本大量膨脹，整個證券業處於高速度發展階段，具體表現為有價證券的發行總額驟增。1890—1900 年其發行額增加了近 5 倍。與此同時，這一時期有價證券的結構也起了變化，在有價證券中占主要地位的已不是政府公債，而是公司股票和企業債券。據統計，1900—1913 年發行的有價證券中，政府公債佔有價證券發行總額的 40%，公司債和各類股票則占 60%。

1929—1933 年，在股市暴跌之後，資本主義世界經歷了嚴重的全球性經濟危機，而大蕭條又使證券市場受到嚴重影響。即使危機過去，但證券市場仍處於長時期的蕭條之中。

第二次世界大戰爆發後，雖然各交戰國由於戰爭需要發行了大量公債，但就整個證券市場而言，仍然處於不景氣之中。第二次世界大戰結束後，因為歐美和日本經濟的恢復和發展，以及各國的經濟增長，所以大大地促進了證券市場的復甦和發展。20 世紀 70 年代以後證券市場出現了高度繁榮的局面，證券市場的規模不斷擴大，證券的交易也越來越活躍，而且還出現了一些新特點，主要表現在：證券市場的多樣化、證券市場國際化和證券市場的自由化。

2. 中國證券市場的產生與發展

中國的證券市場萌芽於清代末期。19 世紀 70 年代後，清政府洋務派興辦了一些企業。隨著這些企業股份制的出現，中國企業的股票應運而生。為了使股票能夠正常地交易轉讓，證券市場應運而生。中國最早的證券交易市場創立於清朝光緒末年上海外商組織的「上海股份公所」和「上海眾業公所」。在這兩個交易所買賣的證券，主要有外國企業股票、公司債券、南洋一帶的橡膠股票、中國政府的金幣公債以及外國在上海的行政機構發行的債券等，而實際交易偏重於洋商的股票和橡膠股票兩種。中國人自己創辦的交易所在辛亥革命前還不多見。1912 年以後，證券交易規模逐漸擴大。1919 年，北京成立了證券交易所，這是全國第一家專營證券業務的交易所。上海成立「上海華商證券交易所」，這標誌著中國證券市場開始向正規化發展。新中國成立後，證券交易所被取消。

新中國的證券市場是在20世紀70年代末期、中國經濟改革大潮中重新萌生和發展起來的。回顧改革開放以來中國資本市場的發展，大致可以劃分為三個階段。

第一階段：1978—1992年，中國經濟體制改革全面啓動後，伴隨股份制經濟的發展，中國資本市場開始萌生。20世紀80年代初，一些小型國有和集體企業開始進行多種多樣的股份制嘗試，最初的股票開始出現。隨著國家政策的進一步放開，一些大型的國有企業紛紛進行股份制試點，股票的一級市場開始出現。1990年12月1日，深圳證券交易所開始試營業。1990年12月19日，新中國第一家證券交易所——上海證券交易所掛牌營業。深圳證券交易所在經過7個月的試營業後，於1991年7月3日正式營業。1992年初，人民幣特種股票（B股）在上海證券交易所上市。同一時期，證券投資基金的交易轉讓也逐漸開展。

第二階段：1993—1998年，以中國證券監督管理委員會的成立為標誌，資本市場納入統一監管，由區域性試點推向全國，全國性資本市場開始形成並逐步發展。在這個階段，統一監管體系初步確立，使得早期的區域性市場迅速走向全國統一市場。在監管部門的推動下，一系列相關的法律法規和規章制度出抬，資本市場得到了較為快速的發展。

第三階段：1999年至今，以《中華人民共和國證券法》（以下簡稱《證券法》）的實施為標誌，中國資本市場的法律地位得到確立，並隨著各項改革措施的推進得到進一步規範和發展。1999年7月1日，《證券法》正式實施，這標誌著維繫證券交易市場動作的法規體系趨向完善。證監會對一批大案的及時查處對防範和化解市場風險、規範市場參與者行為起到重要作用。2004年1月，國務院發布《關於推動資本市場改革開放和穩定發展的若干意見》，2005年4月底，中國開始啓動股權分置改革，一系列基礎性制度建設使資本市場的運作更加規範。在這個階段，合資證券經營機構的出現和QFII與QDII制度的實施，進一步推動了資本市場的對外開放和國際化進程。

3. 國際證券市場發展趨勢

20世紀90年代以來，在高新技術快速發展和經濟全球化的背景下，各國的證券市場發生了一系列深刻而重要的變化。在有效推進金融自由化、加大金融業對外開放、國際金融競爭加劇以及隨之而來的金融風險凸現的過程中，各國證券市場之間的聯繫更加密切，顯示出全球化的趨勢。這些全球性的變化主要表現在以下幾方面：

（1）證券市場一體化。在經濟全球化的背景下，國際資本流動頻繁且影響深遠，並最終導致全球證券市場相互聯繫日趨緊密，證券市場出現了一體化趨勢。從證券發行人或籌資者層面看，異地上市、海外上市以及多個市場同時上市的公司數量和發行規模日益擴大，海外發行主權債務工具的規模也非常巨大；從投資者層面看，個人投資者可以借助互聯網輕鬆實現跨境投資，以全球基金、國際基金為代表的機構投資者大量投資境外證券，主權國家出於外匯儲備管理的需要，也形成對外國高等級證券的巨大需求；從市場組織結構層面看，交易所之間跨國合併或跨國合作的案例層出不窮，場外市場在跨國購並等交易活動的驅動下，也漸趨融合。

（2）投資者機構化。機構投資者主要是開放式共同基金、封閉式投資基金、養老基金、保險基金、信託基金，此外還有對沖基金、創業投資基金等。進入21世紀以

來，國際證券市場發展的一個突出特點是各種類型的機構投資者快速成長，它們在證券市場上發揮出日益顯著的主導作用。根據經濟合作與發展組織（OECD）機構投資者統計報告（OECD，2004），2001年年底，28個OECD成員國的機構投資者總共管理著超過35萬億美元的總資產。

（3）金融創新深化。創新是金融業永恆的主題。進入21世紀，在新的金融理論和金融技術的支持下，金融創新層出不窮。在有組織的金融市場中，結構化票據、交易所交易基金（ETF）、各類權證、證券化資產、混合型金融工具和新型衍生合約不斷上市交易；場外交易衍生產品快速發展以及新興市場金融創新熱潮也反應了金融創新進一步深化的特點。

（4）金融機構混業化。20世紀90年代以來，全球範圍內的國際金融市場競爭愈演愈烈，金融創新使金融機構和金融業務的界限日益模糊，原來對金融業實行分業經營的國家，政府管制和法律限制被不斷突破，混業經營趨勢不斷增強。1999年11月4日，美國國會通過《金融服務現代化法案》，廢除了1933年經濟危機時代制定的《格拉斯—斯蒂格爾法案》，取消了銀行、證券、保險公司相互滲透業務的障礙，標誌著金融業分業制度的終結。在此背景下，金融機構之間展開了大規模的購並和跨國購並，通過購並重組，不僅推動了金融機構的資產規模高速增長，而且形成了一些大型的跨國金融控股集團。

（5）證券市場網絡化。隨著電子計算機技術的發展，國際金融市場的交易手段越來越先進。自從1970年倫敦證券交易所採用市場價格顯示裝置、1971年美國建成全國證券商協會自動報價系統和紐約證券交易所創設市場間交易系統以來，這種交易過程的創新始終未曾停頓。最為典型的是由芝加哥商業交易所率先使用GLOBEX電子交易系統，以後又進一步採用新的金融信息交換應用程序界面技術，即FIE API技術以來，其他交易所也紛紛仿效，使用電子交易系統來提高交易效率。電子交易系統的普遍採用，使國際證券市場突破了時間和空間的限制，實現了網絡化。

（6）金融風險複雜化。隨著金融創新和金融交易的快速發展，各國金融相關度進一步提高，競爭的加劇、匯率的波動、國際短期資本的流動以及經濟發展戰略的失誤都可能直接引發一國甚至多國發生金融危機，從而影響國際金融市場正常運行。進入21世紀以來，全球市場風險發生了一些新的變化，新興市場與成熟市場之間的風險因素互動加劇，成熟市場風險對新興市場的影響不斷增大。2007年以來，主要發源於美國的次級按揭貸款和相關證券化產品危機廣泛影響了全球金融機構和市場，時至今日已經演變成了一場全球金融危機和經濟危機。這場危機讓人們對金融衍生產品的風險性、金融風險的複雜性、金融機構高槓桿經營的危害性有了更為深入的認識。

三、證券市場參與者

證券的發行、投資、交易、管理都有不同的參與者。一般來說，證券市場的參與者有證券市場主體、證券市場仲介、自律性組織和證券監管機構四大類，它們一起構成了一個完整的證券市場參與體系。

(一) 證券市場主體

證券市場主體包括證券發行人和證券投資者。

1. 證券發行人

證券市場上的發行人主要有政府、金融機構、有限責任公司和國有獨資公司、股份有限公司四大類。

（1）政府，包括中央政府、地方政府和政府機構。中央政府為彌補財政赤字或籌措經濟建設所需資金，在證券市場上發行國庫券、財政債券、國家重點建設債券等，即國債。地方政府為本地方公用事業的建設可發行地方政府債券。

（2）金融機構。金融機構可以在證券市場上發行金融債券，增加信貸資金來源。一般來說，金融債券是由國有商業銀行、政策性銀行以及非銀行金融機構發行的，所籌集到的資金，全部用於特種貸款和政策性貸款。

（3）有限責任公司和國有獨資公司。有限責任公司和國有獨資公司可以通過證券市場發行公司債來籌集資金。1994年7月1日《中華人民共和國公司法》（以下簡稱《公司法》）生效後，按《公司法》的規定，國有獨資公司和兩個以上的國有企業，或其他兩個以上的國有投資主體投資設立的有限責任公司，可以發行公司債募集資金。

（4）股份有限公司。股份有限公司是以投資入股的方式把分散的屬於不同所有者的資本集為一體，統一經營使用、自負盈虧、論股分利的企業組織制度。按照《公司法》規定，股份有限公司可以發行股票，股票可以流通，股東所持的股份可以自由轉讓；同時，股份有限公司也可以發行公司債籌集資金。

2. 證券投資者

證券市場的證券投資者是資金供給者，也是金融工具的購買者。投資者可分為個人投資者和機構投資者。個人投資者是證券市場最廣泛的投資者，具有分散性流動性的特點。機構投資者是相對中小投資者而言擁有資金、信息、人力等優勢的投資者。目前中國證券市場的機構投資者包括企業、商業銀行、非銀行金融機構、證券公司、基金、QFII等。企業不僅是證券發行者，同時也是證券投資者；商業銀行和各種非銀行金融機構，由於資金擁有能力和特殊的經營地位，成為發行市場上的主要需求者；證券公司由於自營業務成為機構投資者；基金公司是最主要的機構投資者，包括公募基金和私募基金。另外，社會上各種公共基金也可通過證券市場投資獲取收益。如信託基金、退休基金、養老基金、年金基金等社會福利團體雖然是非營利性的，但這些基金可以通過購買證券主要是政府債券以達到保值、增值的目的；QFII是指合格的境外機構投資者，是為開放中國證券市場而引進的外資投資者。

(二) 證券市場仲介

證券市場上的仲介機構主要包括：①證券承銷商和證券經紀商，主要指證券公司（專業券商）和非銀行金融機構證券部（兼營券商）；②證券交易所以及證券交易中心；③具有證券律師資格的律師事務所；④具有證券從業資格的會計師事務所或審計事務所；⑤資產評估機構；⑥證券評級機構；⑦證券投資的諮詢與服務機構。在以上機構中，證券承銷商和證券經紀商為證券經營機構，其他仲介機構為證券服務機構。

（三）自律性組織

自律性組織一般是指行業協會。它發揮政府與證券經營機構之間的橋樑和紐帶作用，促進證券業的發展，維護投資者和會員的合法權益，完善證券市場體系。中國證券業自律性機構是上海證券交易所、深圳證券交易所、中國證券業協會和中國國債協會。其中證券交易所的主要職責是：提供交易場所與設施；制定交易規則；監管在該交易所上市的證券以及會員交易行為的合規性、合法性，確保市場的公開、公平、公正。因而其既是證券仲介機構，又是自律性組織。

（四）證券監管機構

現在世界各國證券監管體制中的機構設置，可分為專管證券的管理機構和兼管證券的管理機構兩種形式，都具有對證券市場進行管理和監督的職能。

在中國，依據《證券法》，證券監管機構是依法制定有關證券市場監督管理的規章、規則，並依法對證券的發行、交易、登記、託管、結算，以及證券市場的參與者進行監督管理的部門，主要包括中國證券監督管理委員會和地方證券監管部門。

中國證券市場經過20年的發展，逐步形成了五位一體的監管體系，即中國證券監督管理委員會、中國證券監督管理委員會的派出機構（在各省、自治區、直轄市、計劃單列市共設36個證監局）、證券交易所、證券行業協會和證券投資者保護基金公司為一體的監管體系和自律管理體系。

四、證券市場的結構關係

證券市場的結構關係可分為：縱向結構關係、橫向結構關係、層次結構關係。

（一）縱向結構關係

縱向結構關係是按證券進入市場的順序而形成的結構關係。按這種順序關係劃分，證券市場的構成可分為發行市場和流通市場。證券發行市場又稱一級市場，由證券發行人、投資人、經紀人構成。證券流通市場是對已發行的證券進行買賣、轉讓、流通的市場。證券流通市場的發展保證了證券的流動性，保證了證券發行市場的正常運行。證券發行市場和流通市場將在本章第二、第三節裡進行詳細介紹。

（二）橫向結構關係

橫向結構關係是依有價證券的品種而形成的結構關係。這種結構關係的構成主要有股票市場、債券市場、基金市場等。股票市場是指進行各種股票發行和買賣交易的場所，按其基本職能可以進一步分為股票發行市場和股票交易市場。而債券市場是進行各種債券發行和買賣交易的場所，也可進一步分為國庫券市場、金融債券市場和公司（企業）債券市場。基金市場是指進行基金發行和轉讓的市場。

（三）層次結構關係

層次結構關係是根據區域分佈、公司類型、上市條件、交易制度、監管要求等進行的劃分。根據所服務和覆蓋的上市公司類型，可分為全球性市場、全國性市場、區

域性市場等類型；根據上市條件和監管要求，可分為主板市場、二板市場（創業板或高新企業板）等類型；根據交易方式，可分為集中交易市場、櫃臺市場（或代辦轉讓）等類型。

五、證券市場的功能

證券市場是市場經濟中一種高級的市場組織形態，是市場經濟條件下資源合理配置的重要機制。世界經濟發展的歷史證明，證券市場不僅可以推動本國經濟的迅速發展，而且對國際經濟的發展和一體化具有深遠的影響。世界上不少證券市場已發展成為國際著名的金融中心。

（一）籌集資金

證券市場的首要功能是為資金需求者籌集資金。這一功能的另一個作用是為資金供給者提供投資對象。在經濟運行過程中，既有資金短缺者，又有資金盈餘者。如何將資金從盈餘者直接轉移到短缺者，實現籌資與投資的對接，證券市場提供了工具、方式和渠道。在證券市場上發行和交易的證券既是籌資的工具，也是投資的工具。資金短缺者可以通過發行各種證券來達到籌資的目的，而資金盈餘者可以通過買入證券來實現投資。證券市場越發達，創造的金融工具越豐富，為資金供求雙方提供的選擇機會就越多，為適應不同的籌資和投資需求，市場籌資規模越大。

2009年中國共有176家企業在境內外資本市場上市，融資總額為546.50億美元，平均每家企業融資3.11億美元。其中99家企業在境內主板、中小板、創業板上市，融資275.11億美元；77家企業在境外9個資本市場上市，融資271.39億美元。2010年7月，中國農業銀行股份有限公司在上海證券交易所和香港聯交所上市，A股和H股同時發行，籌資總額達221億美元，約合1503億元人民幣，創造了全球規模最大的IPO。

（二）資本定價

證券市場的第二個基本功能就是為資本決定價格。證券是資本的存在形式，所以，證券的價格實際上是證券所代表的資本的價格。證券的價格是證券市場上證券供求雙方共同作用的結果。證券市場的運行形成了證券需求者競爭和證券供給者競爭的關係，這種競爭的結果是：能產生高投資回報的資本，市場的需求就大，其相應的證券價格就高；反之，證券的價格就低。因此，證券市場提供了資本的合理定價機制。證券市場的定價效率是通過市場有效性來體現的。資產價格反應的是資本資產所帶來的未來收益與風險的一種函數關係。市場有效性的最主要特徵在於證券價格能對各種可獲取的信息做出充分、及時、準確的反應，證券價格與證券內在價值保持基本一致，從而證券市場發揮著資本定價功能。

證券市場的定價功能在資本資源的累積和配置過程中發揮著重要作用：一方面，它決定了風險資本的佔有條件，只有能夠支付得起一定風險報酬的籌資者才能獲得資本資源的使用權，從而保障了稀缺資本只流向資本使用效率最高的籌資主體。另一方面，它有助於企業作出收益用於分配還是用於發展的決定，在未來收益可以超過平均利潤率時，企業具備擴大股本的資格和條件；反之，企業可以將收益分配給股東以維

持現有的股份。同時，有效的證券市場是公司經營績效的評估系統，高效的定價效率能夠正確、充分地反應公司的價值。

(三) 資本配置

證券市場的資本配置功能是指通過證券價格引導資本的流動而實現資本的合理配置的功能。在證券市場上，證券價格的高低是由該證券所能提供的預期報酬率的高低來決定的。證券價格的高低實際上是該證券籌資能力的反應。而能提供高報酬率的證券一般來自於那些經營好、發展潛力巨大的企業，或者是來自於新興行業的企業。由於這些證券的預期報酬率高，因而其市場價格也就相應高，從而其籌資能力就強。這樣，證券市場就引導資本流向其能產生高報酬率的企業或行業，從而使資本產生盡可能高的效率，進而實現資本的合理配置。

以納斯達克（NASDAQ）市場為例，最初是為解決場外交易（OTC 市場）的分割問題而創建。1971 年，該交易系統正式啓動，美國率先使用全國性計算機股票報價系統，讓股票交易雙方通過電話或互聯網進行直接交易，而不是拘束在交易大廳進行交易。1975 年，NASDAQ 提出了上市標準，徹底割斷了與其他 OTC 股票的聯繫，成為一個完全獨立的上市場所。NASDAQ 的市場定位為創業板，上市門檻較低，為一大批處於創業初期的中小企業提供了融資機會，成為它們「化繭為蝶」的搖籃。NASDAQ 造就了微軟、英特爾、思科、雅虎及戴爾等一批全球最出色的高科技公司，在美國新經濟的崛起中發揮了巨大的作用。同時 NASDAQ 也成為美國上市公司最多、股份交易量最大的證券市場。

(四) 宏觀調控

證券市場的存在及發展為政府實施對宏觀經濟活動的調控創造了條件，為政府的宏觀經濟政策傳導提供了途徑。具體表現在：首先，證券價格的波動是對有關宏觀、微觀經濟信息的反應，政府有關部門可以通過收集及分析證券市場的運行情況來為政策的制定提供依據。其次，中央銀行在實施貨幣政策時，通過證券市場進行國債的買賣及回購、央行票據的發行、票據再貼現等操作，可以調節貨幣供應量、傳遞政策信息，最終影響到各經濟主體的經濟活動，從而達到調節整個宏觀經濟運行的目的。同樣，政府在實施財政政策時，通過國債的發行及運用等方式對經濟主體的行為加以引導和調節，對宏觀經濟活動產生影響。

六、證券市場的運行效率

證券市場運行效率及其發展規模，標誌著證券市場的發展水準。因此，有必要設立一些指標，對證券市場的效率進行度量，以評價證券市場的發展水準。對證券市場的效率度量，不僅需要定性分析，還需要定量分析。一般說來，主要運用市場容延度、市場成熟度、市場透明度和市場調控度來分析證券市場運行的效率。

(一) 證券市場容延度

證券市場容延度是指證券市場的容量及廣延度。

（1）證券市場容量分為絕對容量和相對容量。絕對容量是指證券市場的證券流量總額；而相對容量是絕對容量與國民生產淨值，或絕對容量與國民儲蓄總額的比率。同時，證券市場容量還可以從深度和廣度兩方面來考察。深度即證券市場以目前市價提供和吸收不同證券的能力；廣度則指證券市場提供與吸收各種不同類別證券的能力。

（2）證券市場的廣延度。證券市場的廣延度表示其在空間範圍內外延上的擴散程度。證券市場上各類子市場（如股票市場、債券市場等）的細分、專門化程度和籌資者與投資者的數量與交易規模，以及金融仲介機構的發展數目，都是構成證券市場廣延度的重要內容。而且，證券市場體系的輻射和擴散能力，也反應出證券市場功能的大小和市場本身的發育程度。證券市場的容量大、專業化程度高、市場交易頻繁且規模大、市場體系的開放程度和吸引能力強，即意味著證券市場的運行具有較高的效率。

（二）證券市場成熟度

證券市場成熟度是綜合考核市場發育程度的重要指標。其成熟度的評價主要通過市場競爭度、市場有序度和市場運行機制的靈活度，以及市場的操作成本等方面來反應。

（1）證券市場競爭度。證券市場競爭度主要是從參與者的市場佔有來衡量市場的壟斷和競爭程度。證券市場上經濟活動的主體主要是籌資者和投資者，籌資者的範圍和在籌資總量中所占之比重，以及投資者的範圍和個人投資者與機構投資者在證券投資總量中的比重，在很大程度上能夠反應出證券市場的壟斷和競爭程度。

（2）證券市場有序度。證券市場有序度主要是指受市場內部運行規律制約的市場運行的有序性。證券市場的有序性意味著市場運行中各經濟活動主體市場行為的標準化、規範化和合理化。因此，評價證券市場的有序狀況主要是以下兩方面：市場環境的規範化、條理化、完善化以及各經濟活動主體對宏觀調控和市場規範準則的接受程度和反應程度。

（3）證券市場運行機制的靈活度。證券市場運行機制的靈活度在於測評市場運行的自動平衡與自動調節功能的大小。證券市場運行過程中資金供求關係的變化以及利率和其他市場條件的變動，能否及時、靈敏地反應出來，並能否迅速地得到調節與平衡，是衡量證券市場運行機制靈活度的關鍵。

（4）證券市場的操作成本。證券市場的操作成本是指證券從發行到領取利息的全部過程中所發生的費用。其包括發行證券的包銷或代銷手續費、證券交易的經紀人佣金與印花稅、對股息徵收的所得稅等。

因此，證券市場的競爭度高、有序性強、市場機制靈活、市場操作成本低，也就表明證券市場的成熟、發達和高效率。

（三）證券市場透明度

證券市場作為開放性市場，其信息接收的容量及其傳遞速度是評價市場透明度的重要指標。證券市場透明度指標具體可量化為三類：

（1）證券市場內的信息傳遞速度。一般而言，證券市場越發達，其通信手段現代化程度和普及程度越高，信息傳遞速度也越快、範圍也越廣。

（2）證券市場內信息密集度。證券市場內信息密集度是指證券市場運行過程中的動態變化狀況、程度、特徵等，能否用精練的文字、圖表、數字、表格等形式，以最短的時間傳遞給信息需要者。

（3）證券市場內信息傳輸的準確性及其抗干擾性。證券市場上傳播的信息來自各個不同方面、不同角度，真偽並存，而證券市場的信息傳導機制能否迅速地識別失真信號並及時剔除，以保證證券市場運行的穩定性，是衡量證券市場信息流通系統運行效率的關鍵。不難看出，證券市場透明度的高低，可以從信息流通速度、信息密集度以及信息傳遞的真實度和準確度中得到反應。

(四) 證券市場的調控度

證券市場的可控程度，主要表現在市場運行的穩定性和接受外部輸入控制信號的反應靈敏度兩個方面。

（1）穩定性。穩定性是指證券市場既不蕭條也不因投機等因素而過於繁榮，呈穩步發展趨勢，不會出現大起大落。

（2）接受外部輸入控制信號的反應靈敏度。其主要是指中央銀行貨幣政策的變動所引起的證券市場上貨幣供求關係變化的反應時效。可見，證券市場運行的穩定性高，市場接受外部輸入控制信號的反應能力強，也即意味著證券市場的可控程度高，證券市場成熟並且發達。

第二節　證券發行市場

一、證券發行市場的定義

證券發行市場是指證券發行人向投資者出售證券以籌集資金的市場，又稱初級市場或一級市場。證券流通市場是交易已發行證券的市場，與證券發行市場構成統一的證券市場整體。證券發行市場是流通市場的基礎和前提，有了發行市場的證券供應，才有流通市場的證券交易。證券發行的種類、數量和發行方式決定著流通市場的規模和運行。流通市場是發行市場得以持續擴大的必要條件，有了流通市場為證券的轉讓提供保證，才能使發行市場充滿活力。此外，流通市場的交易價格制約和影響著證券的發行價格，是證券發行時需要考慮的重要因素。

證券發行市場通常是一個無形市場，沒有具體的固定場所。從理論上說，證券發行人直接或者通過仲介人向社會進行招募，投資者購買其證券的交易行為即構成證券發行市場。由此可見，證券發行市場由發行人、投資人和仲介人等要素構成。

證券發行人是指符合發行條件並且正在從事證券發行或者準備進行證券發行的政府、企業或者金融機構，是構成證券發行市場的首要因素。證券發行人是證券發行結果與責任的承擔者。為了保障社會投資者的利益，維護證券發行市場的秩序，防止各種詐欺舞弊行為，多數國家的證券法規都對證券發行人的主體資格、淨資產額、經營業績和發起人責任設有條件限制。

證券投資人是指根據發行的招募要約，已經認購證券或者將要認購證券的個人或機構投資者，是構成證券發行市場的另一基本要素。投資人可以是個人、金融機構、基金組織、企業組織或其他機構投資人；也可以是享有股權的投資者、持股代理人，或僅以此為目的的仲介人。投資人在法律上具備主體資格之確定性與合法性。在採取公司授權資本制的國家，認股行為僅使投資人負有繳納股款之有限責任；但在採取公司實收資本制的國家，認股行為實際上要到投資人繳清股款時方告完成。

在證券發行市場上，仲介人是證券發行人和投資者之間的仲介，也叫證券承銷商（保薦人），在證券發行市場上佔有重要地位。在現代證券發行中，發行人通常並非把證券直接銷售給投資人，而是由證券承銷商首先承諾全部或部分包銷，即使是在發行人直接銷售證券的情況下，往往也需要獲得承銷商的協助。也就是說，證券發行過程首先是發行人與證券承銷商之間的交易，只有在這一交易條件確定的基礎上，才可能由證券承銷商將標準化的證券分售給社會投資人。應當說，證券承銷商作為經營證券的仲介機構，在證券市場上起著溝通買賣、連接供求的重要的橋樑作用。中國現行法律明確規定，股票與企業債券的公開發行應當由證券經營機構承銷。

根據中國的證券法規和許多國家的證券法規則，在證券發行中，相關的律師事務所、會計師事務所和資產評估機構也是法定的仲介機構。此類仲介機構的義務和責任在於：①根據委託關係，它們負有以專業技能協助完成證券發行的準備工作和股改工作之義務；②根據法定規則，它們負有以專業人員應有的注意，完成盡職審查的義務；③根據法定規則，它們負有公正客觀地出具結論性意見，並以之作為招募說明書根據或附件之義務；④此類仲介機構對於經其確認的法律文件和由其出具的結論性意見之真實性、合法性和完整性負有持續的法律責任。由上可見，此類仲介機構具有不同於證券承銷商的非商業交易人的身分。它們的仲介作用，對於保障證券發行的合法順利進行，對於有效確定證券交易條件，減小證券承銷風險及避免可能發生的糾紛，都是非常必要的。事實上，由於中國股份公司股票與債券的發行多以企業股份制改組過程為基礎，這就使得此類仲介機構的專業服務作用變得極為重要。

二、證券發行方式

證券發行是指政府、企業、金融機構為了財政的需要或籌集資本的需要，在一級市場按照法律規定的條件和程序，通過證券承銷商向投資者發行證券的行為。證券發行按不同的劃分標準可劃分為不同的類型，最常見的證券市場分類有如下兩種：

1. 按發行對象不同，分為公募發行與私募發行

公募發行也稱公開發行，是指發行人向不特定的社會公眾投資者發售證券的發行方式。在公募發行的情況下，任何合法的投資者都可以認購。採用公募發行的有利之處在於：第一，以眾多投資者為發行對象，證券發行的數量多籌集資金的潛力大；第二，投資者範圍大，可避免發行的證券過於集中或被少數人操縱；第三，只有公開發行的證券可申請在證券交易所上市，公開發行可增強證券的流動性，有利於提高發行人的社會信譽。公募發行的不足之處在於發行程序比較複雜，登記核准的時間較長，發行費用較高。為了保障投資者的利益，一般對公募發行的要求比較嚴格，只有具有

較高信用、經營狀況良好並經證券主管部門核准的發行人才能進行公募發行。

私募發行也稱不公開發行或私下發行、內部發行，是指以少數特定投資者為對象的發行。具體地說，私募發行的對象大致有兩類：一類是公司的老股東或發行人的員工；另一類是投資基金、社會保險基金、保險公司、商業銀行等金融機構以及與發行人有密切業務往來關係的企業等機構投資者。私募發行有確定的投資者，發行手續簡單，可以節省發行時間和發行費用。其不足之處是投資者數量有限，證券流通性較差，而且不利於提高發行人的社會信譽。

公募發行和私募發行各有優勢。公募發行是證券發行中最常見、最基本的發行方式，適合於證券發行數量多、籌資額大、準備申請上市的發行人。然而在西方成熟的證券市場中，隨著投資基金、養老基金、保險公司等機構投資者的增加，私募發行也呈逐年增長的趨勢。

2. 按有無發行仲介劃分，可分為直接發行和間接發行

直接發行是指證券發行者不委託其他機構，而是自己組織認購，進行銷售，從投資者手中直接籌措資金的發行方式。這種發行方式有時也稱自營發行。直接發行使發行者能夠直接控制發行過程，實現發行意圖，而且發行成本較低，可節約發行手續費，在內部發行時無需向社會公眾提供有關資料。但是，由於直接發行方式得不到證券仲介機構的幫助和證券市場的密切配合，發行的社會影響往往較小，發行也往往費時較多；而且，直接發行由發行者自己負擔發行的責任和風險，一旦發行失敗則要承擔全部的損失，因此，直接發行方式比較適合於公司內部集資，或者發行量小，其投資者主要面向與發行者有業務往來關係的機構。

間接發行是指證券發行者委託一家或幾家證券仲介機構（如證券公司、投資銀行等）代理出售證券的發行方式。它是直接發行方式的對稱，也稱委託發行。採取間接發行方式，代理發行證券的機構對委託者的經營狀況不承擔經濟責任。間接發行根據受託證券機構對證券發行的責任不同，可分為包銷、代銷和助銷等多種具體推銷方式。間接發行由於借助於證券仲介機構的支持和證券市場機制，能在較短的時間內籌足所需資金，並及時投入生產經營，而且對於發行者來說也比較方便，風險也較小，還能借此提高企業信譽，擴大社會影響，但這需支付一定手續費，增加了發行成本，而且按照有關規定，發行者還需提供證券發行所需的有關資料。因此間接發行比較適合於那些已有一些社會知名度，籌資額大而急的公司。這樣做既可以在較短時間內籌足所需資本，同時還可借助於發行仲介機構進一步提高發行公司的知名度，擴大社會影響。

直接發行和間接發行各有利弊。一般情況下，間接發行是基本的、常見的方式，特別是公募發行，大多採用間接發行；而私募發行則以直接發行為主。

三、證券發行的基本程序

證券發行程序就是從證券發行人申請發行證券到證券掛牌交易的過程。證券發行程序一般通過法律的形式做出嚴格的規定，證券發行人必須按照規定的程序進行申請和核准。雖然股票與債券的發行程序不盡相同，但基本程序大致是一致的，一般有發行準備、發行申請和核准、發行承銷三個階段。

1. 證券發行準備

證券發行準備工作主要包括：

（1）創造發行主體資格和條件，如股票發行人首先必須是股份有限公司，同時創造股票發行必須具備的各項條件。

（2）發行承銷商對發行人及市場有關情況和相關文件的真實性、準確性、完整性進行的核查、驗證等專業調查。

（3）承銷商對擬發行股票並上市的股份有限公司人員進行規範化培訓，對發行人進行發行上市輔導。

（4）聘請仲介機構對企業財務和資產進行審計和評估，審查或著手製作有關企業法律文件。

2. 證券發行申請和核准

發行人在具備了發行條件後，要製作申報文件。申報文件包括發行申請報告；發起人會議或股東大會發行股票或債券決議；招股說明書；資產評估報告；審計報告；盈利預測審核函；發行人法律意見書及律師工作報告；輔導報告以及公司章程；發行方案；資金運用可行性報告以及發行承銷方案和承銷協議等法律文件。

不同的發行制度對證券發行核准或批准的條件要求不同。證券發行制度有兩種形式：註冊制和核准制。

（1）註冊制。證券發行註冊制實行公開管理原則，實際上是一種發行公司的財務公開制度。它要求發行人提供關於證券發行本身以及和證券發行有關的一切信息。發行人不僅要完全公開有關信息，不得有重大遺漏，並且要對所提供信息的真實性、完整性和可靠性承擔法律責任。發行人只有充分披露了有關信息，在註冊申報後的規定時間內未被證券監管機構拒絕註冊，就可以進行證券發行，無須再經過批准。實行證券發行註冊中已向投資者提供證券發行的有關資料，但並不保證發行的證券資質優良、價格適當。

（2）核准制。核准制是指發行人申請發行證券，不僅要公開披露與發行證券有關的信息，符合《公司法》和《證券法》所規定的條件，而且要求發行人將發行申請報請證券監管部門決定的審核制度。證券發行核准制實行實質管理原則，即證券發行人不僅要以真實信息的充分公開為條件，而且必須符合證券監管機構的若干適合於發行的實質條件。只有符合條件的發行人經證券監管機構的批准方可在證券市場上發行證券。實行核准制的目的在於證券監管部門能盡法律賦予的職能，保證發行的證券符合公眾利益和證券市場穩定發展的需要。

《證券法》規定，發行股票、債券和國務院依法認定的其他證券，必須依法報經國務院證券監管機構或國務院授權部門核准。中國的股票發行實行核准制。發行申請需由保薦人推薦和輔導，由發行審核委員會審核，中國證監會核准。發行人申請公開發行股票、可轉換為股票的公司債券或公司發行法律、行政法規規定實行保薦制度的其他證券的，應當聘請具有保薦資格的機構擔任保薦人。上市公司申請公開發行證券或非公開發行新股，應當由保薦人保薦，並向中國證監會申報。保薦制度明確了保薦人和保薦代表人的責任，並建立了責任追究機制。保薦人及其保薦代表人應當遵循勤勉

盡責、誠實守信的原則，認真履行審慎審核和輔導義務，並對其出具的發行保薦書的真實性、準確性、完整性負責。發行核准制度規定國務院證券監管機構設發行審核委員會。發行審核委員會審核發行人股票發行申請和可轉換公司債券等中國證監會認可的其他證券的發行申請。發行審核委員依照《證券法》、《公司法》等法律、行政法規和規定，對發行人的股票發行申請文件和中國證監會有關職能部門的初審報告進行審核，提出審核意見。中國證監會依照法定條件和法定程序作出予以核准或不予以核准股票發行申請的決定，並出具相關文件。

3. 證券發行承銷

證券承銷是將證券銷售業務委託給專門的證券承銷機構銷售。按照發行風險的承擔、所籌集資金的劃撥以及手續費的高低等因素劃分，證券承銷方式有包銷和代銷兩種。

證券包銷是指證券公司將發行人的證券按照協議全部購入，或者在承銷期結束時將售後剩餘證券全部自行購入的承銷方式。包銷可以分為全額包銷和餘額包銷兩種。全額包銷，是指有承銷商先全額購買發行人該次發行的證券，再向投資者發售，由承銷商承擔全部風險的承銷方式。餘額包銷，是指承銷商按照規定的發行額和發行條件，在約定的期限內向投資者發售證券，到銷售截止日，如投資者實際認購總額低於預定發行總額，未售出的證券由承銷商負責認購，並按約定時間向發行人支付全部證券款項的承銷方式。證券代銷是指證券公司代發行人發售證券，在承銷期結束時，將未售出的證券全部退還給發行人的承銷方式。發行人在披露有關發行信息後，向社會公開進行招募，社會公眾認購證券。發行承銷期結束後，發行成功的可以選擇在證券交易所掛牌交易。

《證券法》規定，發行人向不特定對象發行的證券，法律、行政法規規定應當由證券公司承銷的，發行人應當同證券公司簽訂承銷協議；向不特定對象發行的證券票面總值超過人民幣 5000 萬元，應當由承銷團承銷。證券承銷採取代銷方式或包銷方式。中國《上市公司證券發行管理辦法》規定，上市公司發行證券，應當由證券公司承銷；非公開發行股票，發行對象均屬於原前十名股東的，可以由上市公司自行銷售。上市公司向原股東配售股份應當採用代銷方式發行。

四、股票發行的條件

股票發行條件是指股票發行者以股票形式籌集資金時所必須具備的條件。它通常包括首次公開發行條件、發行新股條件（增發和配股）。

1. 首次公開發行條件

根據《公司法》、《證券法》、《股票發行與交易管理暫行條例》等法律法規，股份有限公司首次公開發行股票需符合以下條件：

（1）其生產經營符合國家產業政策。

（2）其發行的普通股限於一種，同次發行的股票，每股的發行條件和發行價格相同，同股同權。

（3）發起人認購的股本數額不少於公司擬發行的股本總額的 35%。

（4）在公司擬發行的股本總額中，發起人認購的部分不少於人民幣 3000 萬元，但是國家另有規定的除外。

（5）發起人在近 3 年沒有重大違法行為。

原有企業改組設立股份有限公司申請公開發行股票，除應當符合上述條件以外，還應當符合下列條件：發行前一年年末，淨資產在總資產中所占比例不低於 30%，無形資產在淨資產中所占比例不高於 20%，但是證監會另有規定的除外；近 3 年連續盈利。

此外，中國證監會於 2001 年 10 月 16 日發布了《首次公開發行股票輔導工作辦法》，自頒布之日起履行。凡擬在中華人民共和國境內首次公開發行股票的股份有限公司，應執行此辦法，即在提出首次公開發行股票申請前，應按本辦法的規定聘請輔導機構進行輔導，但是中國證監會另有規定的除外。

2. 增發新股發行條件

上市公司申請增發新股，包括向原股東配售股票和向全體社會公眾發售股票。根據《證券法》、《公司法》等的規定，公司發行新股，必須具備下列基本條件：

（1）前一次發行的股份已募足，並間隔一年以上；

（2）公司在最近三年內連續盈利，並可向股東支付股利（公司以當年利潤分派新股，不受此項限制）；

（3）公司在最近三年內財務文件無虛假記載；

（4）公司預期利潤率可達同期銀行存款利率。

公司以當年利潤分配新股（送紅股），不受第二點限制。

根據《證券法》第二十條的規定，上市公司發行新股，還必須滿足下列要求：上市公司對發行股票所募集資金，必須按招股說明書所列資金用途使用。改變說明書所列資金用途，必須經股東大會批准。擅自改變用途而未作糾正的，或者未經股東大會認可的，不得發行新股。

此外，上市公司申請發行新股，還應當符合以下具體要求：

（1）具有完善的法人治理結構，與對其具有實際控制權的法人或其他組織及其他關聯企業在人員、資產、財務上分開，保證上市公司的人員、財務獨立以及資產完整。

（2）公司章程符合《公司法》和《上市公司章程指引》的規定。

（3）股東大會的通知、召開方式、表決方式和決議內容符合《公司法》及有關規定。

（4）本次新股發行募集資金用途符合國家產業政策的規定。目前，除金融類上市公司外，所募資金不得投資於商業銀行、證券公司等金融機構。

（5）本次新股發行募集資金數額原則上不超過公司股東大會批准的擬投資項目的資金需要數額。

（6）不存在資金、資產被具有實際控制權的個人、法人或其他組織及其關聯人占用的情形或其他損害公司利益的重大關聯交易。

（7）公司有重大購買或出售資產行為的，應當符合中國證監會的有關規定。

（8）中國證監會規定的其他要求。

中國目前對申請增發新股的上市公司最近 3 年的加權平均淨資產收益率水準還作出了明確要求：

（1）經註冊會計師核驗，如公司最近 3 個會計年度加權平均淨資產收益率平均不低於 6%，且預測本次發行完成當年加權平均淨資產收益率不低於 6%；設立不滿 3 個會計年度的，按設立後的會計年度計算。

（2）經註冊會計師核驗，如公司最近 3 個會計年度加權平均淨資產收益率平均低於 6%，則應當同時符合以下規定：

①公司及主承銷商應當充分說明公司具有良好的經營能力和發展前景；新股發行時，主承銷商應向投資者提供分析報告。

②公司發行完成當年加權平均淨資產收益率應不低於發行前一年的水準，並應在招股文件中進行分析論證。

③公司在招股文件中應當認真做好管理層關於公司財務狀況和經營成果的討論與分析。

五、股票發行價格的確定方法

1. 股票發行價格的種類

股票發行價格是指投資者認購新發行的股票時實際支付的價格。根據《公司法》第一百二十八條和《證券法》第三十四條的規定，股票發行價格可以等於票面金額，也可以超過票面金額，但不得低於票面金額，所以股票發行價格可以分為面值發行與溢價發行。根據《證券法》的規定，股票發行採取溢價發行的，其發行價格由發行人與承銷的證券公司協商確定，報國務院證券監督管理機構核准。

2. 影響發行價格的因素

股票發行價格的確定是股票發行計劃中最基本和最重要的內容，它關係到發行人與投資者的根本利益及股票上市後的表現。若發行價過低，將難以滿足發行人的籌資需求，在增資發行時甚至會損害原有股東的利益；發行價太高，又將增大承銷機構的發行風險和發行難度，抑制投資者的認購熱情，並會影響股票上市後的市場表現。因此發行公司及承銷商必須對以下因素進行綜合考慮，然後確定合理的發行價格。

（1）盈利水準

公司的稅後利潤水準直接反應了一個公司的經營能力和上市時的價值，每股稅後利潤的高低直接關係著股票發行價格。

（2）發展潛力

公司經營的增長率（特別是盈利的增長率）和盈利預測是關係股票發行價格的又一重要因素。在總股本和稅後利潤量既定的前提下，公司的發展潛力越大，未來盈利趨勢越確定，市場所接受的發行市盈率也就越高，發行價格也就越高。

（3）發行數量

一般情況下，若股票發行的數量較大，為了能保證銷售期內順利地將股票全部出售，取得預定金額的資金，價格應適當定得低一些；若發行量小，考慮到供求關係，價格可定得高一些。

（4）行業特點

發行公司所處行業的發展前景會影響到公眾對本公司發展前景的預期，同行業已經上市企業的股票價格水準，剔除不可比因素以後，也可以客觀地反應本公司與其他公司相比的優劣程度。

（5）二級市場的環境

二級市場的股票價格水準直接關係到一級市場的發行價格。在制定發行價格時，要考慮到二級市場股票價格水準在發行期內的變動情況。同時，發行價格的確定要有一定的前瞻性，要給二級市場的運作留有適當的餘地。

3. 確定發行價格的方法

（1）市盈率法

市盈率又稱本益比（P/E），是指股票市場價格與盈利的比率。計算公式為：

發行價格 = 每股收益 × 發行市盈率

其中：市盈率 = 股票市價/每股收益；

每股收益 = 稅後利潤/股份總額

通過市盈率法確定股票發行價格，首先應根據註冊會計師審核後的盈利預測計算出發行人的每股收益；其次可根據二級市場的平均市盈率、發行人的行業情況（同類行業公司股票的市盈率）、發行人的經營狀況及其成長性等擬定發行市盈率；最後依發行市盈率與每股收益之乘積決定發行價。

確定每股稅後利潤有兩種方法：一種為完全攤薄法，即用發行當年預測全部稅後利潤除以總股本，直接得出每股稅後利潤；另一種是加權平均法。

完全攤薄法：

每股收益 = 發行當年預測利潤/發行後總股本

加權平均法：

每股收益 = 發行當年預測利潤/[發行前總股本數 + 本次公開發行股本數×（12 - 發行月份）÷12]

按完全攤薄法：

股票發行價格 = 發行當年預測利潤/總股本(發行前 + 發行後) × 發行市盈率

按加權平均法：

股票發行價格 = 發行當年預測利潤/發行當年加權平均股本數 × 發行市盈率
　　　　　　 = 發行當年預測利潤/[發行前總股本數 + 本次公開發行股本數×（12 - 發行月份）÷12] × 發行市盈率

例如：某公司新發行股票2000萬股，股款到期為4月1日。當年預期的稅後利潤總額為1800萬元。公司發行新股後的總股數為4000萬股。計算每股淨利潤和發行價格。

完全攤薄法：每股收益 = 1800/4000 = 0.45（元）

加權平均法：

$$每股收益 = \frac{1800}{2000 + 2000 \times (12-3)/12} = 0.51（元）$$

如果發行市盈率為 15 倍，則：
按完全攤薄法：發行價格 = 0.45 × 15 = 6.75（元）
按加權平均法：發行價格 = 0.51 × 15 = 7.65（元）
不同的方法得到不同的發行價格，每股稅後利潤確定採用加權平均法較為合理。因股票發行的時間不同，資金實際到位的先後對企業效益影響較大，同時投資者在購股後才應享受應有的權益。

(2) 競價確定法

競價確定法是指由各股票承銷商或投資者以投票方式相互競爭確定股票發行價格。具體有券商競價法和網上競價法兩種形式。其中，券商競價法是指在新股發行時，發行人事先通知股票承銷商，說明發行新股的計劃、發行條件和對新股承銷的要求，各股票承銷商根據自己的情況擬定各自的標書，以投標方式相互競爭股票承銷業務，中標標書中的價格就是股票發行價格。承銷商在取得承銷權後再向投資者推銷。券商競價法是各國證券界發行證券的通行做法。網上競價是指主承銷商通過證券交易所電腦交易系統，按集中競價原則確定新股發行價格。新股競價發行申報時，主承銷商作為唯一的賣方，按照發行人確定的底價將公開發行股票的數量輸入其在交易所的股票發行專戶，投資者則作為買方，在指定時間通過交易所會員交易櫃臺以不低於底價的價格進行競價認購。競價法確定價格在具體操作中有荷蘭式招標和美國式招標，荷蘭式招標為統一價格拍賣，美國式招標為差別價格拍賣。

(3) 淨資產倍率法

淨資產倍率法又稱資產淨值法，指通過資產評估（物業評估）和相關會計手段確定發行人擬募股資產的每股淨資產值，然後根據證券市場的狀況將每股淨資產值乘以一定的倍率或一定折扣，以此確定股票發行價格的方法。這種發行價格的確定方法在國內一直未曾採用。其公式是：

發行價格 = 每股淨資產值 × 溢價倍率（或折扣倍率）

(4) 現金流量折現法

現金流量折現法通過預測公司未來盈利能力，據此計算出公司淨現值，並按一定的折扣率折算，從而確定股票發行價格。該方法首先是用市場接受的會計手段預測公司每個項目未來若干年內每年的淨現金流量，再按照市場公允的折現率，分別計算出每個項目未來的淨現金流量的淨現值。公司的淨現值除以公司股份數，即為每股淨現值。由於未來收益存在不確定性，發行價格通常要對上述每股淨現值折讓 20% ~ 30%。

國際主要股票市場對新上市公路、港口、橋樑、電廠等基建公司的估值和發行定價一般採用現金流量折現法。這類公司的特點是前期投資大，初期回報不高，上市時的利潤一般偏低，如果採用市盈率法定價則會低估其真實價值，而現金流量折現法對公司未來收益（現金流量）的分析和預測能比較準確地反應公司的整體和長遠價值。

隨著中國證券市場的發展，新股發行的定價機制也進行了不斷地改革，在對發行公司估值的基礎上，採取了詢價機制。2004 年 8 月 30 日，中國證監會發布了《關於首次公開發行股票試行詢價制度若干問題的通知》，於 2005 年 1 月 1 日開始試行，而中

國首次公開發行股票詢價制度啓動，標誌著新股發行市場化定價機制的初步建立。由此，新股發行定價由過去發行人與承銷商協商定價，改爲由發行人和主承銷商事先確定發行數量與發行價格區間，通過向機構投資者詢價（包括初步詢價和累計投標詢價），根據機構投資者的預約申購情況確定最終發行價格。目前，中國新股發行定價實行詢價機制，在詢價基礎上，向詢價對象網下配售，向自然人、法人及其他機構投資者網上申購，向戰略投資者定向配售。在具體操作中可根據實際情況採用超額配售選擇權（綠鞋期權）和回撥機制。

4. 發行費用

發行費用指發行公司在籌備和發行股票過程中發生的費用，該費用可在股票發行溢價收入中扣除，主要包括以下內容：

（1）仲介機構費

支付給仲介機構的費用包括承銷費用、註冊會計師費用（審計、驗資、盈利預測審核等費用）、資產評估費用、律師費用等。

根據中國證監會《關於股票發行工作若干規定的通知》，股票發行中文件製作、印刷、散發與刊登招股說明書及廣告等費用，應由股票承銷機構在承銷費用中負擔，發行公司不得將上述費用在承銷費用以外計入發行費用。但外資股在發行時，境外的承銷商往往會在承銷費用以外收取一筆文件製作費。

（2）上網發行費

採用網上發行方式發行股票時，由於使用了證券交易所的交易系統，發行人須向證券交易所繳納上網發行手續費。目前，證券交易所對上網發行的收費標準爲發行總金額的 3.5‰。

（3）其他費用

（略）

第三節　證券流通市場

證券流通市場是指已發行的證券進行流通轉讓的市場，又稱交易市場、二級市場、次級市場。證券流通市場由場內交易市場——證券交易所和場外交易市場組成。國際上有名的證券交易所有紐約證券交易所（NYSE）、證券交易所（TSE）、倫敦證券交易所（LSE）。中國的證券交易所有上海證券交易所和深圳證券交易所。在場外交易所市場中，最有名的是美國的納斯達克市場。中國場外交易市場還在形成與發展中，目前主要包括櫃臺交易市場、產權交易市場、股份轉讓系統及股權交易市場。

一、證券交易所

1. 證券交易所的定義、特徵及職能

證券交易所是證券買賣雙方公開交易的場所，是一個高度組織化、集中進行證券交易的市場，是整個證券市場的核心。證券交易所本身並不買賣證券，也不決定證

價格，而是為證券交易提供一定的場所和設施，配備必要的管理和服務人員，並對證券交易進行周密的組織和嚴格的管理，為證券交易的順利進行提供一個穩定、公開、高效的市場。

證券交易所的特徵有：①有固定的交易場所和交易時間；②參加交易者為具備會員資格的證券經營機構，交易採取經紀制，即一般投資者不能直接進入交易所買賣證券，只能委託會員作為經紀人間接進行交易；③交易的對象限於合乎一定標準的上市證券；④通過公開競價的方式決定交易價格；⑤集中了證券的供求雙方，具有較高的成交速度和成交率；⑥實行「公開、公平、公正」原則，並對證券交易加以嚴格管理。

證券交易所為證券交易創造公開、公平、公正的市場環境，提供了證券成交的機會，有助於公平交易價格的形成和證券市場的正常運行。它的主要職能是：①提供證券交易的場所和設施；②制定證券交易所的業務規則；③接受上市申請，安排證券上市；④組織、監督證券交易；⑤對會員進行監管；⑥對上市公司進行監管；⑦設立證券登記結算機構；⑧管理和公布市場信息；⑨中國證監會許可的其他職能。

2. 證券交易所的組織形式

證券交易所的組織形式大致可以分為兩類，即會員制和公司制。

（1）會員制證券交易所

會員制的證券交易所是一個由會員自願組成的、不以營利為目的的社會法人團體，一般由證券公司、投資銀行等證券商組成。只有有會員資格的證券商和享有特許權的經紀人才有資格進入證券交易大廳直接參與場內交易。會員制證券交易所不以營利為目的，交易所發生的費用來源於會員交納的會費，會員自治自律、互相約束制約。

交易所設會員大會、理事會和監察委員會。會員大會和理事會是會員制證券交易所的決策機構，會員大會是最高權力機構，決定交易所的基本方針。理事會為執行機構，由會員大會選舉產生。

目前，實行會員制的證券交易所有德國的法蘭克福證券交易所、中國的上海證券交易所和深圳證券交易所。

（2）公司制證券交易所

公司制的證券交易所是以股份有限公司形式組織並以營利為目的的法人團體，一般由金融機構及各類民營公司組建。交易所章程中明確規定作為股東的證券經紀商和證券自營商的名額、資格和公司存續期限。它必須遵守本國公司法的規定，在政府證券主管機構的管理和監督下，吸收各類證券掛牌上市。同時，任何成員公司的股東、高級職員、雇員都不能擔任證券交易所的高級職員，以保證交易的公正性。

公司制證券交易所由註冊合格的證券商進行買賣，證券商與交易所簽訂合同，並繳納營業保證金。公司制證券交易所的組織形式一般採取股份有限公司形式，股東大會是最高權力機構，董事會、監事會及其各個職能部門由股東大會選舉產生。

目前，世界上實行公司制證券交易所的國家和地區主要有美國、加拿大、澳大利亞、日本、馬來西亞、阿根廷、智利、哥倫比亞、中國香港、臺灣等。為了應對證券業的激烈市場競爭，證券交易所公司化成為發展趨勢。

3. 證券上市制度

證券上市是指已公開發行的證券經過證券交易所批准在交易所內公開掛牌買賣，又稱交易上市。申請上市的證券必須滿足證券交易所規定的條件，方可被批准掛牌上市。各國對證券上市的條件與具體標準有不同的規定。《證券法》規定，申請證券上市交易，應當向證券交易所提出申請，由證券交易所依法審核同意，並由雙方簽訂上市協議。申請股票、可轉換為股票的公司債券或法律、行政法規規定實行保薦制度的其他證券上市交易，應當聘請具有保薦資格的機構擔任保薦人。

證券上市後，上市公司應遵守《公司法》、《證券法》、《證券交易所上市規則》等法律法規的規定，並履行信息披露的義務。所有對上市公司股票價格可能產生重大影響的信息應及時披露，應確保信息披露的內容真實性、準確性、完整性。

4. 證券流通市場的交易機制

（1）根據交易時間的連續特點，劃分為定期交易系統和連續交易系統

在定期交易系統中，成交的時點是不連續的。在某一段時間到達的投資者的委託訂單並不馬上成交，而是要先存儲起來，然後在某一約定的時刻加以匹配。在連續交易系統中，並非意味著交易一定是連續的，而是指在營業時間裡訂單匹配可以連續不斷地進行。因此，兩個投資者下達的買賣指令，只要符合成交條件，就可以立即成交，而不必再等待一段時間定期成交。

這兩種交易機制有著不同的特點。定期交易系統的特點有：第一，批量指令可以提供價格的穩定性；第二，指令執行和結算的成本相對比較低。連續交易系統的特點有：第一，市場為投資者提供了交易的即時性；第二，交易過程中可以提供更多的市場價格信息。

（2）根據交易價格的決定特點，劃分為指令驅動系統和報價驅動系統

指令驅動系統是一種競價市場，也稱為「訂單驅動市場」。在競價市場中，證券交易價格是由市場上的買方訂單和賣方訂單共同驅動的。如果採用經紀商制度，投資者在競價市場中將自己的買賣指令報給自己的經紀商，然後經紀商持買賣訂單進入市場，市場交易中心以買賣雙向價格為基準進行撮合。報價驅動系統是一種連續交易商市場，或稱「做市商市場」。在這一市場中，證券交易的買價和賣價都由做市商給出，做市商將根據市場的買賣力量和自身情況進行證券的雙向報價。投資者之間並不直接成交，而是從做市商手中買進證券或向做市商賣出證券。做市商在其所報的價位上接受投資者的買賣要求，以其自有資金或證券與投資者交易。做市商的收入來源是買賣證券的差價。

這兩種交易機制也有著不同的特點。指令驅動系統的特點有：第一，證券交易價格由買方和賣方的力量直接決定；第二，投資者買賣證券的對手是其他投資者。報價驅動系統的特點有：第一，證券成交價格的形成由做市商決定；第二，投資者買賣證券都以做市商為對手，與其他投資者不發生直接關係。

5. 證券流通市場的交易程序

（1）開設帳戶

依現行法規，每個投資人欲從事證券交易，須首先向證券登記公司申請開設證券

帳戶，憑該證券帳戶可以從事二級市場證券交易，也可以從事一級市場網上認購；其次須向具體的證券公司（交易所會員）申請開設資金帳戶，存入交易資金，其限額由證券公司自行規定。依據上述開戶合同，證券登記公司將為每一投資人提供證券託管、登記和交割服務；而證券公司將為投資人提供代理買賣、代理清算和資金出納服務。

（2）委託買賣

依現行法規，每個投資人買賣證券均須委託具有會員資格的證券公司進行，即投資人（委託人）的交易指令先報送於證券公司（或交易系統），證券公司通過其場內交易員或交易系統將委託人的交易指令輸入計算機終端，各證券公司計算機終端發出的交易指令將統一輸入證交所的計算機主機，由其撮合成交。成交後由各證券公司代理委託人辦理清算、交割、過戶手續。

依目前的實踐，投資人委託交易的指令可以採取書面報單、當面報單、電話報單和計算機報單多種形式。每一交易指令或報單均應包含以下內容：股東帳戶及密碼、委託序號和時間、買賣方向、證券代碼、委託數量、委託價格、委託有效期等內容。

（3）競價成交

委託人的交易指令通過證券商的代理按時間序號輸入交易所計算機主機後，將通過場內競價撮合成交。交易所場內競價的方式分為集合競價與連續競價兩種。

集合競價主要適用於證券上市開盤價和每日開盤價。依此競價方式，證交所在每一營業日正式開市前的規定時間內（9：10—9：25），計算機主機撮合系統將只存貯交易指令而不撮合成交；在正式開市時，主機撮合系統將對所有輸入的買賣盤價格和數量進行處理，以產生開盤價格。其撮合成交原則為：①使高於開盤價的買單和低於開盤價的賣單能夠全部成交；②使開盤價下的買賣單成交量最大化；③如不能產生上述開盤參考價時，則以前一交易日的收盤價為當日開盤價。

集合競價結束後，交易所將開始當日的正式交易，交易系統將進入連續競價，直至當日收市。連續競價是買賣雙方按價格優先、時間優先的競價原則連續報買報賣的過程。依此原則，每一時點的報買價如高於或等於報賣價時，即按價格順序撮合成交；在每一同等成交價格點上，如買賣報單有時間差異的，即按時間順序使先報者成交；凡不能成交者將等待機會成交，部分成交者將使剩餘部分等待成交。

（4）清算與過戶

證券交易清算是指證券買賣雙方通過證券經紀商在證交所進行的證券買賣成交後，通過證券交易所將證券商之間買賣股票的數量和金額分別予以軋抵，計算應收應付證券和應收應付金額的一種程序。其包括資金清算和股票清算。目前，股票清算採取 T＋1 制度，資金清算採取 T＋0 制度。

證券交易交割是指證券賣方將賣出證券交付給買方，買方將買進證券的價款交付給賣出方的行為。由於證券買賣都是通過證券商進行的，買賣雙方並不直接見面，證券成交和交割等均由證券商代為完成，因此，證券交割分為證券商與委託人之間的交付和證券商與證券商之間的交付兩個階段。

證券交易過戶是指證券買賣雙方通過證券經紀商在證交所進行的證券買賣成交後，再通過證券登記機構進行證券權利的移轉與過戶登記的過程。根據中國目前實行的登記過戶制度，投資人在所買賣證券成交後的下一個營業日，證券登記公司方為其辦理完畢過戶手續，並應提供交割單，如該日逢法定假日，則過戶日應順延至下一工作日。這就是證券過戶上的 T＋1 規則。

二、場外交易市場

場外交易市場是證券交易所以外的證券交易市場的總稱。它沒有固定的場所，其交易主要利用電話進行，交易的證券以不在交易所上市的證券為主。由於進入證券交易所交易的必須是符合一定上市標準的證券，必須經過交易所的會員才能買賣，為此還要向經紀會員交付一定數額的佣金，這樣，為規避較嚴格的法律條件，降低交易成本，產生了場外交易的需求。近年來，一些場外交易市場大量採用先進的電子化交易技術，使市場覆蓋面更加廣，市場效率也有很大提高，這以美國的納斯達克市場為典型代表。

1. 場外交易市場的特徵

場外交易市場的特徵主要有：

（1）場外交易市場的組織較為鬆散。場外交易市場是一個分散的無形市場，沒有固定的、集中的交易場所，沒有專門的機構來組織，也沒有系統的交易章程與交易制度。場外市場對交易者的身分並無限制，交易者可以是證券商，也可以是一般的個人投資者和機構投資者；可以是交易所的會員，也可以是非會員。而且場外交易不採用經紀制方式組織證券交易，投資者可與投資者直接交易，也可與證券商進行交易。

（2）場外交易的對象十分廣泛，並且數量很大。單就股票而言，在場外市場中交易的股票既有上市股票，也有非上市股票。在非上市股票中，既有確實不夠資格上市的股票，也有夠資格上市但不願在交易所掛牌買賣的股票；有發行量不大而不易在交易所成交的，有風險較大但不易獲利而不歡迎的；有交易雙方願按淨值交易的；還有不足整手買賣只能在場外交易的。

（3）場外交易的交易非常靈活多樣。場外交易既可以通過證券商的櫃臺進行，也可以以面談、電話、電傳、電報、電腦等多種聯繫方式進行。交易時間自由確定，交易數量無限制。在定價方式上，場外交易採用協議價格成交。

2. 場外交易市場可具體劃分為櫃臺交易市場、第三市場、第四市場

（1）櫃臺市場。櫃臺市場又稱店頭市場，是場外市場的主要形式。它是由證券公司等證券交易機構在櫃臺上進行證券買賣，與投資者進行面對面的分散交易的市場。在櫃臺交易市場當中，買賣證券的種類、數量、價格及交付條件等都由當事人雙方協商議定。在櫃臺交易市場交易的股票一般都是不符合上市條件而不能在證券交易所掛牌交易的股票。但有些上市股票在某些情況下，經證券交易所允許，也可在櫃臺市場進行交易。

為了保障投資者的利益，各國對櫃臺交易市場也進行了必要的管理。對於在櫃臺市場交易的股票，一般都實行登記制度，即由證券商機構提出登記申請，並附上該股

票發行人的確認書。證券管理機構接受申請後，按照一定的標準對發行人經營、財務以及發行狀況進行全面審查。審查合格並予以登記的公司所發行的股票，才准許在櫃臺市場交易。同時，也要求股票發行人定期向社會公布其經營業狀況和財務狀況。當然，在櫃臺市場登記的條件低於在交易所的上市條件。

在櫃臺市場上，股票的買賣方式也分為證券商自營業買賣和接受客戶委託買賣兩種。但與交易所市場不同的是，在櫃臺市場上絕大部分交易都是證券商自營自賣，委託買賣所占的比例很小。進行自營買賣的證券商可以以買者和賣者的雙重身分同客戶進行交易而且不收取佣金，其收益來自買賣的差價。各證券商之間也可直接進行交易，其交易價格稱為批發價格或內部價格。證券商與客戶之間的交易價格稱為零售價格，零售價格與批發價格之間存在一定的價差。證券商如果接受顧客的委託買賣股票，實際上就是按照顧客提出的條件同其他證券商或客戶進行聯繫，進而採取兩頭磋商的辦法，從中撮合成交。在這種交易方式下，證券商需要向委託人收取一定的佣金。

櫃臺交易市場為許多不能在證券交易所上市的股票以及一些零星的股票提供了流通市場，同時為不能進入證券交易所市場內參與交易的一般投資者提供了直接參與證券交易的機會，迅速完成交易，也使投資者節省了支付給經紀人的佣金。此外，櫃臺交易市場的網點眾多，交易方式靈活方便，手續簡單，沒有嚴格的限制條件，這些都為交易者創造了良好的交易條件。當然，櫃臺交易也有缺陷，其最大的弊端在於市場分散，沒有統一組織，因而難以取得統一的公正價格。而且，分散化的交易不易監督和管理，容易產生詐騙和投機行為。為了克服這方面的弊端，隨著現代計算機通信技術的發展，一些統一的場外交易系統如納斯達克等逐漸建立起來。

（2）第三市場。第三市場是指原來在證交所上市的股票移到以場外進行交易而形成的市場，換言之，第三市場交易是既在證交所上市又在場外市場交易的股票，以區別於一般含義的櫃臺交易。

由於一般的投資者不能直接進入交易所場內交易，必須委託會員證券商代買，而會員證券商受到最低佣金比率的限制，不能隨意降低佣金收取標準，這就使得大宗的委託交易的佣金費用非常高昂。為了減少交易的佣金費用，一些買賣上市股票的投資者便開始在非會員證券商處進行上市股票的場外交易，這就產生了由非證券交易所會員的經紀人在場外經營上市股票的市場，即第三市場。

第三市場的交易是在各非會員證券商之間協商進行的。證券商向客戶收取的佣金費用的多少由他們共同協商研究，但肯定比交易所市場中會員證券商收取的佣金費用低，一般來說，同樣數額的股票在第三市場交易比場外交易的佣金要便宜一半。

（3）第四市場。第四市場是指大機構（和富有的個人）繞開通常的經紀人，彼此之間利用電子通信網絡直接進行的證券交易。第四市場的交易主體是一些大公司和大企業。它們經常要進行大宗的股票買賣，為了不暴露目標，它們不通過交易所和證券商進行交易，而是利用相互之間的計算機網絡直接進行交易。

第四市場對大宗股票交易者的吸引力在於：一方面它的交易成本很低，由於採用了直接交易的方式，可以節省大筆的仲介佣金；另一方面它的保密性很強，不至於因幾筆大宗的交易而影響股市行情。

近年來，隨著現代通信技術與電子計算機在證券交易機構的廣泛運用，櫃臺市場、第三市場與第四市場已逐漸合併成一個統一的場外交易體系，因而它們之間的劃分已逐漸失去了意義。

三、中國的證券交易市場

中國資本市場經過多年建設與發展，逐步形成多層次資本市場。

1. 場內交易市場

場內交易市場以上海證券交易所和深圳證券交易所為主體，包括主板市場、中小板市場和創業板市場。

（1）主板市場。主板市場是中國最早建立的證券交易市場，上海證券交易所和深圳證券交易所的成立，定位於主板市場，主要為大型企業提供融資服務，是多層次資本市場體系的主要組成部分。

（2）中小板市場。2000年10月，深圳證券交易所停止新股發行，籌建創業板。作為創業板的過渡，2004年5月28日深交所中小板啟動，6月25日，首批8家中小企業在深交所同時上市。中小板市場的啟動，為中小企業提供了融資平臺，其上市條件與主板相同。

（3）創業板市場。2009年3月31日，中國證監會發布《首次公開發行股票並在創業板上市管理暫行辦法》，並於5月1日起實施。10月23日創業板在深圳舉行開板儀式。同年10月30日，首批28家企業在深交所上市。創業板市場在上市門檻、監管制度、信息披露、交易者條件、投資風險等方面和主板市場有較大區別。其目的主要是扶持中小企業，尤其是高成長性企業，為自主創新企業提供融資平臺，為風險投資和創投企業建立正常的退出機制。

創業板公司首次公開發行的股票申請在深交所上市應當符合下列條件：

①股票已公開發行。

②公司股本總額不少於3000萬元。

③公開發行的股份達到公司股份總數的25%以上；公司股本總額超過4億元的，公開發行股份的比例為10%以上。

④公司股東人數不少於200人。

⑤公司最近三年無重大違法行為，財務會計報告無虛假記載。

⑥深交所要求的其他條件。

與主板市場相比，在創業板市場上市的企業標準和上市條件相對較低，中小企業更容易上市募集發展所需資金。創業板與主板上市條件對照表見表2-1。

表2-1　　　　　　　　創業板上市條件與主板的對比

條件	創業板	主板（中小板）
主體資格	依法設立且持續經營三年以上的股份有限公司，定位服務成長性創業企業；支持有自主創新的企業	依法設立且合法存續的股份有限公司

表2-1(續)

條件	創業板	主板（中小板）
股本要求	發行前淨資產不少於2000萬元，發行後的股本總額不少於3000萬元	發行前股本總額不少於3000萬元，發行後不少於5000萬元
盈利要求	(1) 最近兩年連續盈利，最近兩年淨利潤累計不少於1000萬元，且持續增長；或者最近一年盈利，且淨利潤不少於500萬元，最近一年營業收入不少於5000萬元，最近兩年營業收入增長率均不低於30%。 (2) 淨利潤以扣除非經常性損益前後孰低者為計算依據。 (註：上述要求為選擇性標準，符合其中一條即可)	(1) 最近3個會計年度淨利潤均為正數且累計超過人民幣3000萬元，淨利潤以扣除非經常性損益前後較低者為計算依據。 (2) 最近3個會計年度經營活動產生的現金流量淨額累計超過人民幣5000萬元；或者最近3個會計年度營業收入累計超過人民幣3億元。 (3) 最近一期不存在未彌補虧損。
資產要求	最近一期末淨資產不少於2000萬元	最近一期末無形資產（扣除土地使用權、水面養殖權和採礦權等後）占淨資產的比例不高於20%
主營業務要求	發行人應當主營一種業務，且最近兩年內未發生變更	最近3年內主營業務沒有發生重大變化
董事、管理層和實際控制人	發行人最近2年內主營業務和董事、高級管理人員均未發生重大變化，實際控制人未發生變更。高管不能在最近3年內受到中國證監會行政處罰，或者在最近一年內受到證券交易所公開譴責	發行人在最近3年內的董事、高級管理人員沒有發生重大變化，實際控制人未發生變更。高管不能在最近3年內受到中國證監會行政處罰，或者最近1年內受到證券交易所公開譴責
同業競爭 & 關聯交易	發行人的業務與控股股東、實際控制人及其控制的其他企業間不存在同業競爭，以及影響獨立性或者顯失公允的關聯交易	除創業板標準外，還需募集投資項目實施後，不會產生同業競爭或者對發行人的獨立性產生不利影響

2. 場外交易市場

中國各地在不同的歷史時期，從交易的產品形態和公開程度上劃分，大致有以下四種場外交易市場形式：

（1）櫃臺交易市場。20世紀90年代初是中國櫃臺交易市場的繁榮時期，其中影響較大的有經過國家批准的全國自動報價系統（STAQ）、金融市場報價、信息和交易系統（NET）和淄博報價系統，以及隨後產生的遍布全國各地的證券交易中心。這些市場的存在與發育，為普及證券交易知識、奠定中國資本市場的交易制度和交易規則起到了重要的作用。尤其是在滬深證交所成立以後，各地櫃臺交易市場的存在，彌補了主板市場容量有限、異地交易困難、信息不對稱等諸多缺陷，起到了與主板市場相得益彰的作用。但在1998年，為防範金融風險，證監會強行關閉了全國自動報價系統（STAQ）、金融市場報價、信息和交易系統（NET）和淄博報價系統，以及各地的櫃臺交易市場。至今，STAQ系統、NET系統已經被證券公司代辦股份轉讓系統所替代，淄博報價系統以及各地證券交易中心則成為歷史的遺跡。目前，櫃臺交易市場以國債交

易為主。

（2）產權交易市場。產權交易市場是中國獨有的、適應經濟改革與發展要求而產生的。其建立之初主要是為國有企業產權轉讓服務。現在各種經濟成分的企業產權轉讓都可以到產權交易市場去掛牌，以實現資源的優化配置。從 1984 年開始，全國各地逐步建立起區域性的產權交易市場，成都、樂山、武漢、淄博等一批產權交易市場進行了非上市公司股權轉讓的積極探索。1998 年，在整頓金融秩序、防範金融風險的要求下，國務院辦公廳 10 號文將拆細交易和非上市公司權證交易視為「場外非法股票交易」，產權交易市場的相關業務被關閉。2000 年以來，隨著中國國有企業改革的進一步深入，產權交易市場出現轉機並在最近幾年得到蓬勃發展，業內人士正在探索如何將非標準化產權拆細為標準化單位進行交易，從而使產權交易逐步走向規範的、標準化的、區域性的證券化交易。

（3）代辦股份轉讓系統。代辦股份轉讓是證券公司以其自有或租用的業務設施，為非上市股份公司提供股份轉讓服務，是為解決 STAQ 和 NET 系統歷史遺留問題、公司的股份流通問題於 2001 年設立的。2002 年開始，退市公司的股份轉讓也通過代辦股份轉讓系統進行。目前代辦股份轉讓試點範圍僅限於原 STAQ、NET 系統掛牌公司和滬、深證券交易所的退市公司，稱為「老三板」。公司申請委託代辦股份轉讓應具備的條件：合法存續的股份有限公司、公司組織結構健全、登記託管的股份比例達到規定的要求等。

2006 年代辦股份轉讓系統增加了中關村科技園區非上市股份有限公司股份報價轉讓試點，由此形成了中關村股份報價系統，稱為「新三板」。該系統掛牌企業逐年增多，資本市場功能逐漸完善，除交易功能外，不少企業還通過定向增發來募集資金。截至 2008 年 11 月，該系統上掛牌企業達 87 家，掛牌股票 91 只，其中原代辦股份轉讓系統掛牌的股票 55 只，中關村股份報價系統掛牌股票 36 只；共有 8 家掛牌企業進行了定向增發，共增發 1.16 億股，融資 4.35 億元。到目前為止，已有企業轉板到中小板和創業板，代辦股份轉讓系統正成為場內交易市場的有益補充。

（4）股權交易市場。股權交易市場是專注服務民營企業和創投機構的市場，致力於為私募股權投資機構的募資、投資及退出提供更多服務。2008 年，天津先後設立兩家獨立的股權交易所，即天津股權交易所和天津濱海國際股權交易所。

天津股權交易所採用公司制營運方式，主要為「兩高兩非」（高新區內高新技術企業、非上市非公眾公司）企業股權和私募股權基金的份額流動提供規範有效的場所，其服務對象主要是高成長、高科技類企業和股權投資機構。

天津濱海國際股權交易所定位於專業從事企業股權投融資信息交易的第三方服務平臺，其股權交易範圍有進一步的擴展，全國各地的股份公司和有限責任公司，包括種子期、成長期以及成熟期各個階段的企業，只要能夠滿足股權交易所的掛牌條件，均可申請掛牌。

中國場外交易市場體系見表 2-2。

表2-2　　　　　　　　　　　　　　　　中國場外交易體系

市場名稱	組成部分	交易對象	交易制度	信息披露	融資方式
產權交易市場	由全國200多家產權交易機構組成	以未上市國有獨資、控股、持股公司產權、股權掛牌轉讓為主，部分機構進行未上市高科技股份有限公司及有限責任公司股權託管及轉讓	會員代理制、會員代理買賣雙方進行場外交易，多採用網上掛牌、線下交易的形式。	一般由地方政府產權交易管理辦公室和國資委監管，披露要求不詳。	企業通過股權轉讓獲得融資，少數交易所向企業提供定向募集融資服務。
代辦股份轉讓系統	原代辦股份轉讓系統	原STAQ和NET系統遺留股份公司股份、滬深證券交易所退市公司股票	主券商代理制，投資者參與股份轉讓，應當委託證券公司營業部辦理，證券公司接受投資者委託，委託指令以集合競價方式配對成交。券商不能直接進行股份買賣。	由證券從業協會監管，按《股份轉讓公司信息披露實施細則》執行，基本參照上市公司的標準，通過指定網站披露。	無
代辦股份轉讓系統	中關村科技園區非上市股份報價轉讓系統	中關村科技園區非上市股份有限公司股份	報價券商代理制，投資者轉讓掛牌公司股份，須委託報價券商辦理，報價券商應通過專用通道，按接受投資者報價委託的時間先後順序向報價系統申報。	由證券從業協會監管，披露的信息至少應當包括股份掛牌報價說明書，年度報告和臨時報告；掛牌公司披露的信息應當通過專門網站發布。	定向募集
股權交易市場	天津股權交易所	國家級高新技術產業園區內的高新技術股份有限公司及非上市非公眾股份有限公司股權	做市商制度	N/A	N/A
股權交易市場	天津濱海國際股權交易所	任何所有制企業的股權	會員代理制，主要採用網上提供信息，線下交易。	N/A	企業通過轉讓股權融資

資料來源：清科研究中心根據公開資料整理。

2012年8月3日，證監會宣布國務院批准新三板擴容，首批擴大試點除中關村科技園外，新增上海張江、武漢東湖、天津濱海高新技術園區。2013年1月16日，全國中小企業股份轉讓系統在北京揭牌（業內人士稱之為「北京證券交易所」）。2013年12月14日，國務院發布《關於全國中小企業股份轉讓系統有關問題的決定》，明確指出全國股份轉讓系統是經國務院批准，依據證券法設立的全國性證券交易場所，主要

為創新型、創業型、成長型中小微企業發展服務。2014年1月24日，股份轉讓系統首批全國企業集體掛牌儀式舉行，285家企業參加掛牌儀式，其中266家公司正式掛牌。至此，全國股份轉讓系統掛牌企業家數達到621家，市場規模和企業質量得到提升，市場影響力和覆蓋面顯著擴大，全國股份轉讓系統步入創新、快速發展的新階段。

場外交易市場是多層次資本市場的基石。場外交易市場可以拓寬中小企業的融資渠道，較之於主板市場較低的融資門檻，可以讓更多的不同規模、不同發展階段的中小企業通過資本市場獲得發展資金，緩解融資難問題；場外交易市場能夠促進場內交易市場的健康發展，在交易制度上允許場內交易市場與場外交易市場對接，有效轉板、升板、降板，這樣既保證了場內市場的高質量上市資源，又使不符合上市條件的企業有退出渠道；場外交易市場是培育企業、整合企業的重要平臺，暫時不夠上市條件的公司股票在這個市場流通，能為新創業的企業和成長企業尋求融資流通的合法渠道，培育公開上市資源。而已上市的大宗交易股票、退市公司股票在場外市場交易，則為企業兼併收購，整合資源提供渠道。

中國多層次資本市場市場建設，場內交易市場的多層次應鞏固主板市場，發展中小板市場，壯大創業板市場；場外交易市場的多層次應發展產權交易市場、代辦股份轉讓系統和股權交易市場。場內交易市場與場外交易市場應形成一定的聯繫和制約機制。

四、股票價格指數及其計算

1. 股票價格指數的計算方法

股價指數是運用統計學中的指數方法編製而成的，反應股市總體價格或某類股價變動和走勢的指標。股價指數的計算方法，有算術平均法和加權平均法兩種。

算術平均法，是將組成指數的每只股票價格進行簡單平均，計算得出一個平均值。例如，如果所計算的股票指數包括3只股票，其價格分別為15元、20元、30元，則其股價算術平均值為$(15+20+30)\div 3=21.66$元。

加權平均法，就是在計算股價平均值時，不僅考慮到每只股票的價格，還要根據每只股票對市場影響的大小，對平均值進行調整。實踐中，一般是以股票的發行數量或成交量作為市場影響參考因素，納入指數計算，稱為權數。例如，上例中3只股票的發行數量分別為1億股、2億股、3億股，以此為權數進行加權計算，則價格加權平均值為$(15\times 1+20\times 2+30\times 3)\div(1+2+3)=24.16$元。

由於以股票實際平均價格作為指數不便於人們計算和使用，一般很少直接用平均價來表示指數水準，而是以某一基準日的平均價格為基準，將以後各個時期的平均價格與基準日平均價格相比較，計算得出各期的比值，再轉換為百分值或千分值，以此作為股價指數的值。例如，上海證券交易所和深圳證券交易所發布的綜合指數基準日指數均為100點，而兩所發布的成分指數基準日指數都為1000點。

2. 國內外著名股票價格指數

（1）境外（包括中國香港地區）的主要股價指數

道·瓊斯指數，即道·瓊斯股票價格平均指數，是世界上最有影響、使用最廣的

股價指數。它以在紐約證券交易所掛牌上市的一部分有代表性的公司股票作為編製對象，由四種股價平均指數構成，分別是：①以 30 家著名的工業公司股票為編製對象的道·瓊斯工業股價平均指數。②以 20 家著名的交通運輸業公司股票為編製對象的道·瓊斯運輸業股價平均指數。③以 15 家著名的公用事業公司股票為編製對象的道·瓊斯公用事業股價平均指數。④以上述三種股價平均指數所涉及的 65 家公司股票為編製對象的道·瓊斯股價綜合平均指數。以上四種道·瓊斯股價指數中，以道·瓊斯工業股價平均指數最為著名，它被大眾傳媒廣泛地報導，並作為道·瓊斯指數的代表加以引用。道·瓊斯指數由美國報業集團——道·瓊斯公司負責編製並發布，登載在其屬下的《華爾街日報》上。歷史上第一次公布道·瓊斯指數是在 1884 年 7 月 3 日，當時的指數樣本包括 11 種股票，由道·瓊斯公司的創始人之一、《華爾街日報》首任編輯查爾斯·亨利·道（Charles Henry Dow 1851—1902 年）編製。1928 年 10 月 1 日起其樣本股增加到 30 種並保持至今，但作為樣本股的公司已經過多次調整。道·瓊斯指數是算術平均股價指數。

日經指數，原稱為「日本經濟新聞社道·瓊斯股票平均價格指數」，是由日本經濟新聞社編製並公布的反應日本東京證券交易所股票價格變動的股票價格平均指數。該指數的前身為 1950 年 9 月開始編製的「東證修正平均股價」。1975 年 5 月 1 日，日本經濟新聞社向美國道·瓊斯公司買進商標，採用修正的美國道·瓊斯公司股票價格平均數的計算方法計算，並將其所編製的股票價格指數定為「日本經濟新聞社道·瓊斯股票平均價格指數」。1985 年 5 月 1 日在合同滿十年時，經兩家協商，將名稱改為「日經平均股價指數」（簡稱日經指數）。日經指數按其計算對象的採樣數目不同，現分為兩種：一是日經 225 種平均股價指數，它是從 1950 年 9 月開始編製的；二是日經 500 種平均股價指數，它是從 1982 年 1 月開始編製的。前一種指數因延續時間較長，具有很好的可比性，成為考察日本股票市場股價長期演變及最新變動最常用和最可靠的指標，傳媒日常引用的日經指數就是指這個指數。

倫敦金融時報指數，是「倫敦《金融時報》工商業普通股票平均價格指數」的簡稱。由英國最著名的報紙之一——《金融時報》編製和公布，用以反應英國倫敦證券交易所的行情變動。該指數分三種：一是由 30 種股票組成的價格指數；二是由 100 種股票組成的價格指數；三是由 500 種股票組成的價格指數。通常所講的英國金融時報指數指的是第一種，即由 30 種有代表性的工商業股票組成並採用加權算術平均法計算出來的價格指數。該指數以 1935 年 7 月 1 日為基期日，以該日股價指數為 100 點，以後各期股價與其比較，所得數值即為各期指數，該指數也是國際上公認的重要股價指數之一。

恒生指數，由香港恒生銀行全資附屬的恒生指數服務有限公司編製，是以香港股票市場中的 33 家上市股票為成分股樣本，以其發行量為權數的加權平均股價指數，是反應香港股市價格趨勢最有影響的一種股價指數。該指數於 1969 年 11 月 24 日首次公開發布，基期為 1964 年 7 月 31 日，基期指數定為 1000。恒生指數的成分股具有廣泛的市場代表性，其總市值占香港聯合交易所市場資本額總和的 70% 左右。為了進一步反應市場上各類股票的價格走勢，恒生指數於 1985 年開始公布四個分類指數，把 33 種

成分股分別納入工商業、金融、地產和公共事業四個分類指數中。

（2）中國證券市場上的主要股價指數

上證綜合指數，是上海證券交易所編製的，以上海證券交易所掛牌上市的全部股票為計算範圍，以發行量為權數的加權綜合股價指數。該指數自1991年7月15日起開始即時發布，基準日定為1990年12月19日，基日指數定為100點。1992年2月21日第一只B股上市後，又增設了上證A股指數和B股指數，分別反應全部A股和全部B股的股價走勢；上證綜合指數綜合反應上交所全部A股、B股上市股票的股價走勢；上證A股指數仍以1990年12月19日為基準日，基日指數定為100點；上證B股指數以1992年2月21日為基準日，基日指數定為100點。1993年6月1日起，上海證券交易所又正式發布了上證分類指數，包括工業類指數、商業類指數、房地產類指數、公用事業類指數和綜合業類指數。

上證50指數是以上海證券市場規模大、流動性好的最具代表性的50只股票組成樣本股，綜合反應上海證券市場最具市場影響力的一批龍頭企業的整體狀況的成分股指數。該指數以2003年12月31日為基日，基點為1000點，於2004年1月2日正式發布。上證50指數樣本股每半年調整一次，每次調整的比例一般情況不超過10%。樣本調整設置緩衝區，排名在40名之前的新樣本優先進入，排名在60名之前的老樣本優先保留。上證50指數成分股數量適中、成交活躍、流動性好、規模較大，適合作為金融衍生工具基礎的投資指數，以及作為指數基金和交易所交易基金的標的物。至2005年，國內最大的指數基金、ETF均跟蹤上證50指數。

上證180指數，是上海證券交易所編製的一種成分股指數，是從上市的所有A股股票中抽取具有市場代表性的180種樣本股票為計算對象，並以樣本股的調整股本數為權數進行加權計算得出的加權股價指數，綜合反應上海證券交易所全部上市A股的股價走勢。該指數取2002年6月28日為基日，以原上證30指數在當日的收盤3299.06點為基點，於2002年7月1日正式發布。上證180指數選取樣本股時綜合考慮行業代表性、流通市值的規模和交易活躍程度等因素。同時，剔除上市時間不足一個季度的股票、暫停上市股票、經營狀況異常或最近財務報告嚴重虧損的股票、股價波動較大市場表現明顯受到操縱的股票以及其他經專家委員會認定的應該剔除的股票後的上海A股股票為指數樣本空間。

深證綜合指數，是深圳證券交易所編製的，以深圳證券交易所掛牌上市的全部股票為計算範圍，以發行量為權數的加權綜合股價指數。該指數以1991年4月3日為基日，基日指數定為100點。深證綜合指數綜合反應深交所全部A股和B股上市股票的股價走勢。此外還編製了分別反應全部A股和全部B股股價走勢的深證A股指數和深證B股指數。深證A股指數以1991年4月3日為基日，1992年10月4日開始發布，基日指數定為100點。深證B股指數以1992年2月28日為基日，1992年10月6日開始發布，基日指數定為100點。

深證100指數，是以深圳市場全部正常交易的股票（包括中小企業板）作為選樣範圍，選取100只A股作為樣本編製而成的成分股指數，並保證中小企業成分股數量

不少於 10 只，屬於描述深市多層次市場指數體系核心指數。該指數於 2003 年 1 月 2 日發布，基點和發布點位為 1000 點。深證 100 指數的功能定位主要就是向市場投資者（特別是機構投資者）提供客觀的投資業績基準和指數化投資標的；深證 100 指數每半年調整一次。深圳證券信息有限公司推出的深證 100 指數是中國證券市場有史以來第一只由中立機構編製、管理和面向整個證券市場發布的股票指數，體現了指數公正、公開、客觀、透明的原則，說明中國證券市場開始向國際化接軌邁出了歷史性的一步。

深證中小企業板指數，是以中小企業板正常交易的股票為樣本股的綜合指數，首批樣本股包括已在中小企業板上市的全部 50 只股票。在計算指數時使用了最新自由流通股本數為權重參與指數計算的方法，即扣除了流通受到限制的股份後的股本數量作為權重予以計算。新股於上市次日起納入指數計算，指數成分股的加權方法沿用派氏加權，並以逐日連鎖計算的方法得出即時指數。基日為中小企業板第 50 家上市公司的上市日，即 2005 年 6 月 7 日，基日點位為 1000 點，於 2005 年 12 月 1 日正式發布。中小企業板指數定位於綜合反應中小企業板股票價格的總體變動，並可作為可交易的指數產品和金融衍生工具的標的物。

創業板指數，是以在深交所創業板上市交易的股票作為樣本股的成分股指數，包括價格指數和收益指數，價格指數為主指數。創業板指數編製方案吸收了深證系列指數成功經驗，並結合創業板市場特點有所創新。第一，指數選樣以樣本股的「流通市值市場占比」和「成交金額市場占比」兩個指標為主要依據，體現深市流通市值比例高、成交活躍等特點；第二，指數計算以樣本股的「自由流通股本」的「精確值」為權數，消除了因股份結構而產生的槓桿效應，使指數表現更靈敏、準確、真實；第三，指數樣本股調整每季度進行一次，以反應創業板市場快速成長的特點。創業板指數以 2010 年 5 月 31 日為基日，基點為 1000 點，計算方法與深證系列其他指數相同，採用自由流通量加權，並按照派氏加權法進行計算。創業板指數的初始成分股為指數發布之日已納入深證綜合指數計算的全部創業板股票。在指數樣本數量滿 100 只之後，樣本數量鎖定為 100 只，並依照定期調樣規則實施樣本股定期調樣。創業板指數的推出可為創業板市場投資者提供權威的參照指標，並為指數產品的開發提供新的標的。

隨著創業板指數的推出，中國資本市場多層次指數體系架構已經成型。多層次指數體系的架構按市場層次可以劃分為跨市場、單市場、中小板分市場和創業板分市場四種指數系列；按類別可以劃分為核心指數、規模指數、風格指數、行業指數、主題指數和綜合指數等指數類別。

❋ 本章小結

1. 證券市場是有價證券發行與流通以及與此相適應的組織與管理方式的總稱。證券市場包括證券發行市場和證券流通市場。證券市場具有以下三個基本特徵：①證券市場是價值直接交換的場所。②證券市場是財產權利直接交換的場所。③證券市場是風險直接交換的場所。

2. 證券市場的參與體系由證券市場主體、證券市場仲介、自律性組織和證券監管機構四部分構成。①證券市場主體包括證券發行人和證券投資者。②證券市場上的仲介機構包括證券經營機構和證券服務機構。③自律性組織一般是指行業協會。它發揮政府與證券經營機構之間的橋樑和紐帶作用。④證券監管機構可分為專管證券的管理機構和兼管證券的管理機構兩種形式，都具有對證券市場進行管理和監督的職能。

3. 證券市場的結構：①縱向結構關係。其是一種按證券進入市場的順序而形成的結構關係。按這種順序關係劃分，證券市場的構成可分為發行市場和流通市場。②橫向結構關係。其是依有價證券的品種而形成的結構關係。這種結構關係的構成主要有股票市場、債券市場、基金市場等。③層次結構關係。其是根據區域分佈、公司類型、上市條件、交易制度、監管要求等進行的劃分。

4. 證券市場是市場經濟中一種高級的市場組織形態，是市場經濟條件下資源合理配置的重要機制。它具有如下幾種功能：①籌集資金。證券市場的首要功能是指為資金需求者籌集資金的功能。這一功能的另一作用是為資金供給者提供投資對象。②資本定價。證券市場的第二個基本功能就是為資本決定價格。證券市場提供了資本的合理定價機制。③資本配置。證券市場通過證券價格引導資本的流動而實現資本的合理配置的功能。④宏觀調控。證券市場的存在及發展為政府實施對宏觀經濟活動調控創造了條件，為政府的宏觀經濟政策傳導提供了途徑。

5. 證券發行市場，是指證券發行人向投資者出售證券以籌集資金的市場，又稱初級市場或一級市場。證券流通市場是指已發行的證券進行流通轉讓的市場，又稱交易市場、二級市場、次級市場。證券發行市場與證券流通市場構成統一的證券市場整體。

6. 證券的發行方式按不同的劃分標準可劃分為不同的類型，最常見的證券市場分類有如下兩種：①按發行對象不同，分為公募發行與私募發行。②按有無發行仲介劃分，可分為直接發行和間接發行。證券承銷方式按照發行風險的承擔、所籌集資金的劃撥以及手續費的高低等因素劃分，包括包銷和代銷兩種。

7. 股票發行條件是指股票發行者以股票形式籌集資金時所必須具備的條件，通常包括首次公開發行條件、發行新股條件（增發和配股）。股票發行價格的確定方法有：市盈率法、競價確定法、淨資產倍率法和現金流量折現法。

8. 證券流通市場由場內交易市場——證券交易所和場外交易所市場組成。證券交易所是證券買賣雙方公開交易的場所。證券交易所的特徵有：①有固定的交易場所和交易時間；②參加交易者為具備會員資格的證券經營機構；③交易的對象限於合乎一定標準的上市證券；④通過公開競價的方式決定交易價格；⑤集中了證券的供求雙方，具有較高的成交速度和成交率；⑥實行「公開、公平、公正」原則，並對證券交易加以嚴格管理。證券交易所的組織形式大致可以分為兩類，即公司制和會員制。

9. 場外交易市場是證券交易所以外的證券交易市場的總稱。它沒有固定的場所，其交易主要利用電話進行，交易的證券以不在交易所上市的證券為主。場外交易市場的特徵有：①場外交易市場的組織較為鬆散。②場外交易的對象十分廣泛，並且數量很大。③場外交易的交易非常靈活多樣。場外交易市場可具體劃分為櫃臺交易市場、

第三市場、第四市場。

  10. 創業板是地位次於主板市場的二板證券市場，其目的主要是扶持中小企業，尤其是高成長性企業。創業板公司首次公開發行的股票申請在深交所上市應當符合下列條件：①股票已公開發行；②公司股本總額不少於 3000 萬元；③公開發行的股份達到公司股份總數的 25% 以上，公司股本總額超過 4 億元的，公開發行股份的比例為 10% 以上；④公司股東人數不少於 200 人；⑤公司最近三年無重大違法行為，財務會計報告無虛假記載；⑥深交所要求的其他條件。

❊ 復習思考題：

1. 證券市場的參與者由哪些構成？
2. 證券市場的主要功能是什麼？
3. 證券市場的運行效率如何度量？
4. 證券發行方式有哪些？證券承銷方式有哪些？
5. 股票發行價格確定方法有哪些？
6. 場外交易市場的概念及特徵是什麼？
7. 創業板上市條件與主板上市條件的區別表現在哪些方面？

第三章　股票的投資價值分析

本章學習目標：
　　理解有關股票價值的不同概念，瞭解股票投資價值的影響因素，掌握股票價值的估值方法和各種模型的計算。

第一節　股票的價值

　　股票代表一定價值量，簡稱股票價值，是投資者最為關心的因素之一。投資者總是希望花費最少的錢買到價值最高的股票。有關股票的價值有多種提法，它們在不同場合有不同含義，需要加以區分。

一、股票的票面價值

　　股票的票面價值又稱面值，即在股票票面上標明的金額。它以元/股為單位，其作用是用來表明每一張股票所包含的資本數額。在中國上海和深圳證券交易所流通的股票的面值一般為一元，即每股一元。目前，中國 A 股市場上已經出現面值不等於一元的股票，例如紫金礦業（601899），其發行面值為 0.1 元，也就是說，股東如果持有 10 元面值的股票，其股份數即為 100 股。

　　股票面值的作用之一是表明股票的認購者在股份公司的投資中所占的比例，作為確定股東權利的依據。如某上市公司的總股本為 100 萬元，則持有一股股票就表示在該公司佔有的股份為 1/1,000,000。第二個作用是簿記方面的作用，股票的票面價值在初次發行時有一定意義，即股票面值之和構成公司的實收資本，溢價部分則記入資本公積。如果以面值作為發行價，稱為平價發行，此時公司發行股票募集的資金等於股本的總和，也等於面值總和。如果發行價格高於面值，稱為溢價發行，募集的資金中等於面值總和的部分記入股本帳戶，超額部分記入資本公積金帳戶。一般來說，股票的發行價格都會高於其面值。股票面值在初次發行股票時就設計已定，一般情況下不再作變動。當股票進入流通市場後，股票的帳面價值、內在價值、市場價格會變動，因而股票面值與股票的投資價值之間沒有必然的聯繫。儘管如此，票面價值仍然是確定股東所持有的股份占公司所有權大小、核算股票溢（折）價發行、登記股本帳戶的依據。

二、股票的帳面價值

公司資產總額減去負債（公司淨資產）即為公司股票的帳面價值，再減去優先股價值，為普通股價值。以公司淨資產除以發行在外的普通股股數，則為普通股每股帳面價值，也稱股票淨值或每股淨資產。它是公司股東權益的保障，也是公司實力的主要體現。

公司的淨資產是公司營運的資本基礎。在贏利水準相同的前提下，帳面價值越高，股票的收益越高，股票就越有投資價值。因此，帳面價值是股票投資價值分析的重要指標，在計算公司的淨資產收益率時也有重要的作用。

三、股票的清算價值

股票的清算價值是指一旦股份公司破產或倒閉後進行清算時，每股股票所代表的實際價值。從理論上講，股票的清算價值應與帳面價值一致，實際上並非如此。只有當清算時的資產實際出售額與財務報表上反應的帳面價值一致時，每一股的清算價值才會和帳面價值一致。但在公司清算時，其資產往往只能壓低價格出售，再加上必要的清算費用，所以，公司終止時其資產的實際清算價值會低於其帳面價值，有時甚至是很大的差異（如公司破產時）。股票的清算價格只是在股份公司因破產或其他原因喪失法人資格而進行清算時才被作為確定股票價格的依據，在股票的發行和流通過程中沒有意義。

四、股票的內在價值

股票的內在價值即理論價值，也即股票未來收益的現值。股票的內在價值決定股票的市場價格，股票的市場價格總是圍繞其內在價值波動。研究和發現股票的內在價值，並將內在價值與市場價格相比較，進而決定投資決策是證券分析家的主要任務。但由於未來收益及市場利率的不確定性，各種價值模型計算出來的「內在價值」只是股票真實的內在價值的估計值。經濟形勢的變化、宏觀經濟政策的調整、供求關係的變化等都會影響股票未來的收益，引起內在價值的變化。內在價值的具體計算將在本章的第三部分進行闡述。

五、股票的市場價格

股票的市價，是指股票在交易過程中交易雙方達成的成交價，通常所指的股票價格就是指市價。股票的市場價格主要決定於股票的實際價值，和股票面值聯繫不大，股票的市價直接反應著股票市場的行情，是投資者購買股票的依據。由於受眾多因素的影響，股票的市價處於經常性的變化之中。股票價格是股票市場價值的集中體現，因此這一價格又稱為股票行市。

第二節　影響股票投資價值的因素

股票的投資價值主要取決於兩方面因素：一方面來自於公司本身；另一方面來自於市場。我們將公司自身的影響因素稱為內部因素，來自於市場的影響因素稱為外部因素。

一、內部因素

內部因素有兩種：一是指標類，即通過該項指標的變動來衡量股價的變動；二是事件類，即通過此類事件的發生來衡量股價的變動。

1. 指標類

（1）公司的淨資產。公司的淨資產是公司的總資產與總負債之差，它代表了全體股東的權益，是決定股票價格的重要基礎。在財務報表中，淨資產的項目中包括實收資本部分即代表上市公司的股本，而股本是淨資產的重要組成部分。理論上，股票的價格應該與淨資產的價值保持一定比例，即淨值增加，股價上漲；淨值減少，股價下跌。

（2）公司的經營業績。公司的經營業績既決定了紅利分配額多少，又對股票市場價格有重大影響。企業經營業績優良，盈利能力強，未分配利潤較多，資本公積金較多，淨資產值較高，因而派發紅利、送股及公積金轉贈的基礎紮實，使投資者能更多地獲得現金紅利或通過資本擴張獲得資本增值收益。其次，業績優良又是股票市場價格上升的重要因素，投資者又能獲取差價收益；反之，業績平平、業績較差甚至虧損的企業情況則相反。

（3）銷售收入。銷售收入增加，說明公司銷售能力增強，利潤增加，股價隨之上漲。但需根據成本、費用和負債情況進行綜合分析，例如銷售收入增加的同時，銷售成本也在隨之增加，如果成本增加更快，則銷售利潤減少，股價便會下跌；又例如，銷售收入增加是由於企業通過負債融資進行規模擴張引起的，則必須考慮企業的償債能力，如果收入的現金流無法償還因擴張而舉的債務，則股價也會下跌。

（4）原材料供應及價格變化。原材料供應情況及價格變化會影響股價的變化。例如石油價格的上漲，使得能源動力行業的原材料成本提高，從而減少行業利潤，引起該行業股票股價的下跌，在現實世界中，由於石油對於整個股票市場的關聯度很高，所以石油價格的大幅波動通常會引起股票市場的大幅波動。

2. 事件類

（1）公司的股利政策。公司的股利政策反應了公司的經營作風和發展潛力，對股票價格具有直接的影響。不同的股利政策會對各期的股息收入等產生不同的影響。一般情況下，股票價格和股利水準成正比，但也有例外，比如長期不分發股利的公司，如果其經營業績良好，便有分發股利的短期預期，即便公司不發放股利，股價也會由於這種預期而持續上升。

（2）股票分割。股票分割又稱為拆股、拆細，是將一股股票均等地拆成若干股。股票分割有很多目的，通常是由於股票絕對價格太高，管理層決定通過拆股降低價格，使得股價又有重新上漲的動力（中國早期上市的股票，由於每股面值高於 1 元，都進行了拆股）。股票分割一般在年度決算月份進行。股票分割雖然能夠促使股價的短暫上漲，但也有稀釋股份的作用。

（3）增資和減資。通常情況下，增發新股，會促使股價下跌。當公司宣布減資時，多半是因為經營不善、虧損嚴重，需要重新整頓，所以股價會大幅下降。現實中的限售股解禁就是一種典型的增資途徑，但這種方法並不是一定能引起股價下跌或上漲，如果公司限售股的解禁是在股價很高的時候，這時候增資會形成資金供給不足的壓力，導致股價下跌；如果公司限售股的解禁能夠促使公司擴大經營規模改善業績，則也可能使得股價上漲。

（4）管理層更換。公司主要管理者更換會引起投資者的猜測，改變對公司的信任程度，從而引起股價的漲跌，例如，公司的主要經營者突然中止銷售合同，使得公司的經營暫時停止，造成公司短期現金流的缺失，引起公司的債務危機，從而引發股價下跌。

（5）公司改組或合併。公司的改組或合併通常會引起公司淨資產價值的大幅度波動，前面已經提到公司的淨資產價值對股價的影響，所以改組或合併的預期一旦形成，股票的價格便會產生較大幅度的波動，具體的變動方向需要分析公司合併或改組對公司發展是否有利，重組後能否改善公司的經營狀況，這是股價變動的決定因素。

（6）意外災害。因發生不可預料和不可抵抗的自然災害或不幸事件，給公司帶來重大的財產損失又得不到相應賠償，股價會下跌。

二、外部因素

從外部看，影響股票投資的因素包括宏觀經濟因素、行業因素、市場因素和投資者心理因素等。

1. 宏觀經濟因素

宏觀經濟走向和相關政策是影響股票走勢的重要因素。經濟增長、物價水準、就業率以及國際經濟市場的變化等因素都會對股票市場產生影響，且基於上述變化而制定的財政政策、貨幣政策、產業政策以及收入分配政策都會對股票的投資價值產生影響。

2. 行業因素

行業在其發展過程中，要經歷初創期、成長期、成熟期、衰退期四個階段，這被稱為行業的生命週期。處在不同階段的行業有不同的表現。一般來說，在初創期，盈利少甚至於出現虧損，風險很大，不利於投資，因而股票價格偏低；成長期是投資機會時期，此時公司利潤穩步上升，風險逐漸降低，股票價格不斷上漲，會給投資者帶來較豐厚的資本收益；成熟期公司利潤穩定，風險小，股票價格較穩。但是，一旦投資者意識到行業開始由盛轉衰，便紛紛抽回資金，股價就會下跌。

3. 市場因素

市場因素指影響股票市場價格的各種股票市場操作。例如，看漲與看跌、買空與賣空、追漲與殺跌、獲利平倉與解套或割肉等行為，不規範的股票市場中還存在諸如分倉、串謀、輪炒等違法違規操縱股票市場的操作行為。一般而言，如果股票市場的做多行為多於做空行為，則股票價格上漲；反之，如果做空行為占上風，則股票價格趨於下跌。由於各種股票市場操作行為主要是短期行為，因而市場因素對股票市場價格的影響具有明顯的短期性質。

4. 投資者心理因素

投資者心理變化對股價變化影響很大。如果投資者對股市前景過分悲觀，就會不顧發行公司的盈利狀況大量拋售手中的股票，致使股價大跌；如果投資者對某種股票的行情持樂觀態度，就會大量買進股票，推動股價上漲；如果投資者對行情看不準，按兵不動，股市就會上下不穩定地震盪。

第三節　股票的估值

一、內在價值的估計

股票價值的估計可以分為絕對估價和相對估價。這裡，我們主要介紹絕對估價法中的股息貼現模型與自由現金流貼現模型和相對估價法中的市盈率估價模型與市淨率估價模型等。

1. 股息貼現模型

假如一位投資者買入一股股票，計劃持有一年。股份的內在價值為第一年年末收到的股息 D_1 加上預期出售價格 P_1 的貼現值。即（K 為一定風險程度下的年折現率）

$$V_0 = \frac{D_1 + P_1}{1 + K_1} \tag{3.1}$$

如果將其股息預測延伸到 n 年以後，則其價值可表示為：

$$V_0 = \frac{D_1}{1 + K_1} + \frac{D_2}{(1 + K_2)^2} + \cdots + \frac{D_n + P_n}{(1 + K_n)^n} \tag{3.2}$$

[例3-1] 假定某公司未來每股股利為1元，年折現率為10%，第三年年末的股價為10元，則該公司的內在價值為：

$$V_0 = \frac{1}{1 + 10\%} + \frac{1}{(1 + 10\%)^2} + \frac{1 + 10}{(1 + 10\%)^3} = 10（元）$$

如果將股息發放擴展到無限期，則其價值為：

$$V_0 = \frac{D_1}{1+K_1} + \frac{D_2}{(1+K_2)^2} + \cdots + \frac{D_\infty}{(1+K_\infty)^\infty} \quad (3.3)$$

從上式中可以看出，運用股息貼現模型估計股票的內在價值存在兩個困難：一個是未來的股息支付不確定；另一個是未來的內部收益率也不能確定，因為未來的現金流無法確定。所以，此模型的關鍵是確定未來的股息。而每年的紅利也不是固定不變的，在這裡，我們引入股息增長率 g_t，即 $g_t = \frac{D_t - D_{t-1}}{D_{t-1}}$，不同的股息增長率派生出不同的股息增長模型。

2. 零增長模型

零增長模型，是指股息增長率為零，即每年的股票紅利保持不變，則股票的內在價值為：

$$V_0 = D_0 \left[\frac{1}{1+K_1} + \frac{1}{(1+K_2)^2} + \cdots + \frac{1}{(1+K_\infty)^\infty} \right] \quad (3.4)$$

如果每年均以內部收益率 K 折現，則內在價值為：

$$V_0 = \frac{D_0}{K} \quad (3.5)$$

[例 3-2] 假定某公司的未來每股股利為 10 元，內部收益率為 10%，假定每年股利支付不變，則該公司股票價值等於 10/0.1 = 100 元，若該公司股票市價大於 100 元，則說明股價被高估；反之，則被低估。

從上例中，我們發現，如果在知道公司的股票內在價值和不變股利支付的情況下，可以反求出股利的內部收益率，即

$$K = \frac{D_0}{V}$$

3. 不變增長模型

不變增長模型，是指股票股利每年按固定的增長率增長。假設增長率為 g，內在價值為：

```
0        1              2                    n              ∞
         ↓              ↓                    ↓
      D₀(1+g)       D₀(1+g)²            D₀(1+g)ⁿ
```

$$V_0 = \frac{D_0(1+g)}{1+K} + \frac{D_0(1+g)^2}{(1+K)^2} + \cdots + \frac{D_0(1+g)^\infty}{(1+K)^\infty} \quad (3.6)$$

若 $g < K$，上式可簡化為：

$$V = \frac{D_0(1+g)}{K-g} \quad (3.7)$$

[例 3-3] 假定某公司當年每股股利為 10 元，內部收益率為 10%，假定每年股利以 5% 的速度穩定增長，則該公司的內在價值為：

$$V_0 = \frac{D_0(1+g)}{K-g} = \frac{10(1+5\%)}{10\% - 5\%} = 210 \text{（元）}$$

若投資者持有至第 n 期，則該模型為：

$$V_0 = \frac{D_0(1+g)}{1+K} + \frac{D_0(1+g)^2}{(1+K)^2} + \cdots + \frac{D_0(1+g)^n}{(1+K)^n} + \frac{P_n}{(1+K)^n} \qquad (3.8)$$

在無限持有的情況下，如果在內在價值 V 已知的情況下，反求內部收益率 K 為：

$$K = \frac{D_0(1+g)}{V} + g$$

[例 3-4] 假定某公司當年每股股利為 10 元，內在價值為 210 元，假定每年股利以 5% 的速度穩定增長，則該公司的內部收益率為：

$$K = \frac{D_0(1+g)}{V} + g = \frac{10(1+5\%)}{210} + 5\% = 10\%$$

使用不變增長模型時應注意以下問題：

（1）該模型的限制條件是 $K > g$。從數學角度看，如果 $K < g$，則公式推導過程中分子的增長速度快於分母的增長速度，當 n 趨於無窮大，這個 n 階多項式是發散的，股票價值便不存在。從經濟意義看，如果一家股份公司的股利增長率高於當時的市場收益率，即大部分投資者預期的目標收益率，股票無論確定多高的價格，都始終低於其實際價值。

（2）固定增長模型的運用也有一定的限制，畢竟沒有任何一只普通股票可以保持穩定不變的股利增長率。那麼，利用該模型計算股票價值的基礎在於，如果有一個股份公司具有相當長的股利派發歷史，則可通過該公司過去股利年平均增長率的歷史數據來推斷該公司股利派發的未來增長率。在這裡，可以假設未來股利增長率將等於過去平均股利增長率。雖然這個假設可能會有偏差，但如果我們沒有充分的根據來判斷未來的股利收入流量可能發生的變化，則歷史數據的平均值仍然是對未來情況的最令人信服的預期。

（3）零增長模型可以看做是固定增長模型的特例。具體而言，當月 $g = 0$ 時，零增長模型就是固定增長模型。比較兩種模型，雖然固定增長模型比零增長模型的限制少，但在許多情況下它仍然是不現實的。可是由於固定增長模型是多元增長模型的基礎，因此這種模型極為重要。

4. 可變增長模型

固定增長的股利貼現模型僅在 g 小於 K 時是正確的。如果預期股利永遠以一個比 K 快的速度增長，股票的價值將為無窮大。如果分析家得出一個比 K 更大的 g 的估計值，從長遠角度來看，這個增長率是不能維持的。在這種情況下，正確的估價模型是下面討論的多階段股利貼現模型。

假設股票股利以 g_1 的速度增長至第 N 年，而後以 g_2 的速度繼續增長，則股票的內在價值為：

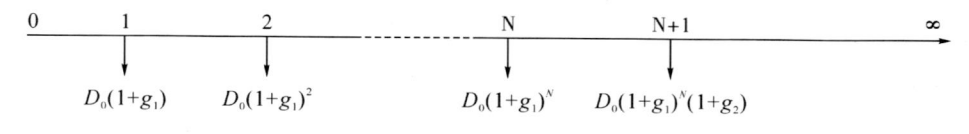

```
0        1           2              N         N+1              ∞
|--------|-----------|------ - ------|---------|----------------|
      D₀(1+g₁)  D₀(1+g₁)²       D₀(1+g₁)ᴺ  D₀(1+g₁)ᴺ(1+g₂)
```

$$V = \sum_{t=1}^{N} \frac{D_0(1+g_1)^t}{(1+K)^t} + \sum_{t=N+1}^{\infty} \frac{D_N(1+g_2)^{t-N}}{(1+K)^t}$$

$$= \sum_{t=1}^{N} \frac{D_0(1+g_1)^t}{(1+K)^t} + \frac{1}{(1+K)^N} \sum_{t=N+1}^{\infty} \frac{D_N(1+g_2)^{t-N}}{(1+K)^{t-N}}$$

$$= \sum_{t=1}^{N} \frac{D_0(1+g_1)^t}{(1+K)^t} + \frac{1}{(1+K)^N} \cdot \frac{D_{N+1}}{(K-g_2)} \quad (3.9)$$

[**例3-5**] 假定某公司當年每股股利為0.5元，內部收益率為10%，未來3年超常增長率為20%，隨後按每年5%增長，則其內在價值為：

$$V = \sum_{t=1}^{3} \frac{D_0(1+g_1)^t}{(1+K)^t} + \frac{1}{(1+K)^3} \cdot \frac{D_4}{(K-g_2)}$$

$$= \sum_{t=1}^{3} \frac{0.5(1+20\%)^t}{(1+10\%)^t} + \frac{1}{(1+10\%)^3} \cdot \frac{0.5(1+20\%)^3(1+5\%)}{(10\%-5\%)}$$

$$= 15.42(元)$$

運用該模型應注意以下幾點：

(1) 固定增長模型可以看做是多元增長模型的特殊形式。具體而言，當多元增長模型中固定增長的時間設置為零，即 $N=0$ 時，多元增長模型將等同於固定增長模型。

(2) 我們假設的多元增長模型實為二元增長模型，而有時投資者會使用三元增長模型。三元增長模型是把股利現金流量分成三部分，分別算出它們的現值，然後把它們的現值相加。例如可假定在某時點之前不變增長速度為 g_1，在 t_1 和 t_2 時點之間不變增長速度為 g_2，在 t_2 之後不變增長速度為 g_3。三元增長模型實際上也是多元增長模型的特例，它們的原理、方法和應用方式差不多，投資者可以根據自己的實際需要加以考慮。

5. 自由現金流貼現模型

自由現金流量貼現理論認為，公司價值等於公司未來自由現金流量的折現值。即選定恰當的貼現率，將公司未來的自由現金流折算到現在的價值之和作為公司當前的估算價值。該方法的基本原理是一項資產的價值等於該資產預期在未來所產生的全部現金流量的現值總和。公司內在價值表達為：

$$V = \sum_{t=1}^{n} \frac{CF_t}{(1+r)^t} \quad (3.10)$$

根據增長模式不同，自由現金流貼現模型有很多種形式，根據本書論述主題的需要，下面僅簡要討論FCFF和FCFE模型的基本原理。

(1) 公司自由現金流（FCFF）貼現模型。公司自由現金流（FCFF）是公司支付了所有營運費用、進行了必需的固定資產與營運資產投資後可以向所有投資者分派的稅後現金流量。FCFF是公司所有權利要求者，包括普通股股東、優先股股東和債權人的現金流總和。其計算公式為：

$$FCFF = EBIT \times (1-稅率) + 折舊 - 資本性支出 - 追加營運資本 \quad (3.11)$$

其中，EBIT為稅息前收入。

FCFF折現模型認為，公司價值等於公司預期現金流量按公司資本成本進行折現，將預期的未來自由現金流用加權平均資本成本折現到當前價值來計算公司價值，然後減去債券的價值進而得到股權的價值。公式可表達為：

$$V = \sum_{t=1}^{n} \frac{FCFF_t}{(1+WACC)^t} \qquad (3.12)$$

其中，加權平均資本成本（WACC）為債務資本價值與股本價值之和。

$$WACC = \frac{V_e}{V}K_e + \frac{V_d}{V}K_d(1-T) \qquad (3.13)$$

總資本價值 V = 股權資本價值 V_e + 債務資本價值 V_d；公司股權資本價值 = 公司總價值 V − 淨債務；股權資本的權重 = V_e/V =（總股本×股價）/V；債務資本的權重 = V_d/V；市價權重僅有參考意義，建議採用長期目標資本結構；債務成本 = 債務稅前成本 K_d（1 − 有效稅率）；股權成本（K_e），可以根據CAPM模型計算。由於自由現金流貼現法的依據是公司的價值等於一段時間預期的自由現金流和公司的終極價值的現值，若企業具有比較穩定的現金流量，則比較適合採用此類方法，如公用事業型公司。

（2）股權資本自由現金流（FCFE）貼現模型。股權資本自由現金流量（FCFE）在公司用於投資、營運資金和債務融資成本之後可以被股東利用的現金流，它是公司支付所有營運費用、再投資支出、所得稅和淨債務支付（即利息、本金支付減發行新債務的淨額）後可分配給公司股東的剩餘現金流量。FCFE的計算公式為：

FCFE = 淨收益 + 折舊 − 資本性支出 − 營運資本追加額 − 債務本金償還 + 新發行債務

$$\qquad (3.14)$$

FCFE折現估價模型的基本原理，是將預期的未來股權活動現金流用相應的股權要求回報率折現到當前價值來計算公司股票價值。公式表達為：

$$V = \sum_{t=1}^{n} \frac{FCFE_t}{(1+K_e)^t} \qquad (3.15)$$

其中，V為公司價值；$FCFE_t$為t期的現金流；K_e是根據CAPM模型計算的股權成本。

6. 市盈率估價模型

市盈率的計算公式為：

市盈率 = 股價/每股收益

轉換公式得：

股價 = 每股收益×市盈率

市盈率的估計有以下幾種方法：

（1）平均數法。首先，把某一行業的股票歸類，剔除市盈率過高或過低的股票，然後求出其市盈率的簡單算術平均數，得出市場賦予該行業的平均市盈率；其次，把所得估價公司的預期每股收益乘以估計的市盈率，得出市場對該類行業公司在預期收益水準上的定價；最後，適當考慮市場興趣對該股價進行修正。常常考慮的因素有：新股定價普遍偏高、流通股規模、行情走勢等。

[**例3-6**] 深發展A在2009年第三季度的每股收益為1.17元，根據表3-1，計算其內在價值。

表3-1

代碼	名稱	市盈（動）
000001	深發展A	14.91
002142	寧波銀行	28.38
600000	浦發銀行	13.37
600015	華夏銀行	17.27
600016	民生銀行	12.37
600030	中信證券	23.6
600036	招商銀行	18.41
601009	南京銀行	21.23
601166	興業銀行	14.96
601169	北京銀行	19.79
601328	交通銀行	13.5
601398	工商銀行	13.09
601939	建設銀行	11.95
601988	中國銀行	12.76

資料來源：上海證券交易所、深圳證券交易所。

根據表3-1，銀行行業的平均市盈率為16.83，所以深發展A的內在價值為：

$V = 16.83 \times 1.17 = 19.69$（元）

（2）市場預期回報率法。在不變增長模型中進一步假定：公司利潤內部保留率為固定不變的b，再投資收益率為固定不變的r，股票持有者的預期回報率與投資利潤率相當。

由第二個假設可得：$D_1 = (1-b)E_1$（E表示收益，I表示再投資，r表示再投資收益率）

由第一個假設可得：$I_{t-1} = bE_{t-1}$

代入前面的公式可得到：

$$E_t = E_{t-1} + brE_{t-1} = E_{t-1}(1+br) \qquad (3.16)$$

由此可得收益的增長率：

$g_E = (E_t - E_{t-1})/E_{t-1} = br$

由於第一個假設，股息的增長率一定與收益的增長率相同，即

$g = g_n = g_E = br$

因此，不變增長模型變為：

$$P_0 = D_0(1+g)/(k-br) \qquad (3.17)$$

在股票持有者的預期回報率與投資收益率相當的假設下，即$r = k$，則：

$$P_0 = D_0(1+g)/(r-br) \tag{3.18}$$

所以，$r = k = D_0(1+g)/[(1-b)P_0] = D_1/[(1-b)P_0] = E_1/P_0$

其中，$D_1 = (1-b)E_1$

由此可以看出，在一定的假設條件下，股票持有者預期的回報率恰好是再投資收益率的倒數。因此，可以通過對各種股票市場預期回報率的分析對市盈率進行預測。

同樣，在這個模型中存在不變增長模型中的所有不足，並且還涉及了一個不變的派息比例，這個比例在現實中也是多變的。

（3）迴歸估計。迴歸估計即是用迴歸方程對市盈率進行估計。迴歸方程的一股形式為 $Y = a + bX$，其中：Y 為市盈率；X 為影響市盈率的某種因素，如流通股規模、每股收益或者稅後利潤增長率等。用最小二乘法對迴歸方程的參數 a、b 進行估計，其公式為：

$$a = \bar{Y} - b\bar{X} \tag{3.19}$$

$$b = \frac{\sum_{i=1}^{n}(X_i - \bar{X})(Y_i - \bar{Y})}{\sum_{i=1}^{n}(X_i - \bar{X})^2} \tag{3.20}$$

我們只要得到 n 組 (X_i, Y_i) 的數據，就可以運用上述公式求出 a，b 的數值得到迴歸方程式：

$$Y = a + bX$$

b 的符號表示因素 X 對市盈率的影響方向，其數值表示對市盈率貢獻的大小。根據這個方程可以估計出特定 X 值下的市盈率值。很多分析人士據此提出投資建議，當市盈率估計值高於實際值時，建議買入股票；當市盈率估計值低於實際值時，建議賣出股票。

一般認為，市盈率與收益、股息政策、增長和風險等關係最密切。美國 Whitebeck 和 Kisor 用多重迴歸分析法發現，在 1962 年 6 月 8 日的美國股票市場中有以下規律：

$$市盈率 = 8.2 + 1.500 \times 收益增長率 + 0.067 \times 股息支付率 - 0.200 \times 增長率標準差 \tag{3.21}$$

這個方程描述了在某一時刻，這三個變量對於市盈率影響的估計。其中的關係表示了各變量的權重，正負號表示其對於市盈率影響的方向，而這些方向與我們的常識恰恰是吻合的。增長越快、股息越多、風險越低，則市盈率越大。只要將收益增長率、股息支付率和風險帶入上式，則可以得到任何股票市盈率的理論值。

但這個模型及其拓展——多元線性迴歸分析的特點是，它能解釋某一特定歷史時期股價的表現，卻不能充分解釋未來較長時期股價的變化，而這一點恰好非常重要。導致這一問題的原因可能有如下三個：第一，市場熱點的變化。當市場熱點發生變化時，表示該因素貢獻率大小的系數會發生變化，導致公式中的 b 值發生變化。第二，自變量的估計值難以準確定量，即 X 在將來如何取值是不確定的。第三，該模型可能忽視了其他重要的影響市盈率的因素。

總的來說，市盈率評估也暴露出許多不足之處：

其一，市盈率低的股票對購買者來講是有利的，因為對於同樣的企業盈利水準，所付出的投資成本相對較低。但市盈率高的股票又反應了投資者看好這類股票和企業的發展前景，因為股價反應了投資者對企業未來盈利能力的預期。

其二，每股收益與價格並不同步運動。同一股票在各個時期，市盈率各不相同，且變化的幅度很大。因此無法有標準不變的市盈率。

其三，利率對市盈率影響很大。利率處於高水準時，市盈率相對低；反之相反。當預測企業進入衰退期，市盈率低的股票缺乏吸引力，而市盈率高又受週期影響小的股票反而受到青睞。

正因為如此，在運用市盈率時，不僅要考慮靜態狀況，更要考慮動態狀況，還要考慮其他諸多因素。

7. 市淨率估價模型

帳面價值是公司淨資產的會計指標。市價/帳面價值比率（P/B）是衡量公司價值的重要指標，這就是市淨率的表達公式，即：

市淨率 = 每股市價/每股淨資產　　　　　　　　　　　　　　　　　　　　（3.22）

[例3-7] 假設某公司的市淨率為2.5，每股淨資產為10元，則該公司的內在價值為：

$V = 2.5 \times 10 = 25$（元）

相對於市盈率，市淨率在使用中有著其特有的優點：第一，每股淨資產通常是一個累積的正值，因此市淨率也適用於經營暫時陷入困難的企業及有破產風險的公司；第二，統計學證明每股淨資產數值普遍比每股收益穩定得多；第三，對於資產中也含大量現金的公司，市淨率是更為理想的比較估值指標。這樣，P/B尤其適用於公司股本的市場價值完全取決於有形帳面值的行業，如銀行、房地產公司。面對沒有明顯固定成本的服務性公司，帳面價值意義不大。

同時，市淨率在使用過程中也存在一定局限性。出於會計計量的局限，一些對企業非常重要的資產並沒有確認入帳，如商譽、人力資源等；當公司在資產負債表上存在顯著的差異時，作為一個相對值，P/B可能對信息實用者有誤導作用。

二、股票的投資價值評估

上一節我們闡述了各種內在價值的估值模型，這些模型都能給投資者一個股票內在價值的衡量，但無論是絕對估價還是相對估價都與股票的市場價格有一定的差異，投資者需要根據不同的差異對股票的買賣進行判斷。

股票投資價值評估主要是基於股票內在價值與實際價格之間的差異進行評估，由此，引入淨現值（NPV），即：

$$\text{NPV} = V - P = \sum_{t=1}^{\infty} \frac{D_t}{(1+K)^t} - P \qquad (3.23)$$

P 為 $t = 0$ 時，購買股票的成本：

如果 NPV > 0，意味著股票價格被低估，購買這種股票可行；

如果 NPV < 0，意味著股票價格被高估，應該賣出這種股票；

內部收益率，就是指使得投資淨現值等於零的貼現率。則上式可表示為：

$$NPV = V - P = \sum_{t=1}^{\infty} \frac{D_t}{(1+K)^t} - P = 0$$

所以，

$$P = \sum_{t=1}^{\infty} \frac{D_t}{(1+K)^t} \tag{3.24}$$

NPV 法的主要步驟是計算內在價值，這在上一節已經詳細闡述過，這裡我們將用一個自由現金流折現模型為例來全面解釋該方法的操作。

[例 3-8] 假設某公司股票現價為 10 元，流通股本為 1000 股，股權資本價值 V_e 為 10,000 元，債務資本價值 V_d 為 20,000 元，公司的股權回報率 K_e 為 10%，稅前債務成本 K_d 為 8%，所得稅率為 25%，公司的未來三年的財務指標如表 3-2 所示。

表 3-2　　　　　某公司 2010—2012 年財務指標

年份	EBIT	折舊	資本性支出	營運資本的增加
2010	10,000	1000	5000	2000
2011	12,000	1000	5000	2500
2012	14,000	1000	5000	3000

根據表 3-2 所提供的數據，我們進行如下步驟的計算：

第一步：計算公司每年的 FCFF。

從公司的財務數據中以及公式（3.11），我們得到每年的 FCFF 為，見表 3-3。

表 3-3

年份	EBIT	折舊	資本性支出	營運資本的增加	FCFF
2010	10,000	1000	5000	2000	1500
2011	12,000	1000	5000	2500	2500
2012	14,000	1000	5000	3000	3500

第二步：計算公司的 WACC。

根據（3.13）式，可得公司的加權資本成本為：

$$WACC = \frac{V_e}{V}K_e + \frac{V_d}{V}K_d(1-T)$$

$$= \frac{10,000}{30,000} \times 10\% + \frac{20,000}{30,000} \times 8\% \times (1-25\%)$$

$$= 7.33\%$$

第三步：計算公司股票的內在價值。

根據（3.12）式可得，公司的內在價值為：

$$V = \sum_{t=1}^{n} \frac{FCFF_t}{(1+WACC)^t}$$

$$= \frac{1500}{1+7.33\%} + \frac{2500}{(1+7.33\%)^2} + \frac{3500}{(1+7.33\%)^3}$$

$$= 6398.50(元)$$

第四步：價值評估。

由於公司的流通股本為1000股，則公司的每股價值為6398.50/1000 = 6.4元，公司的 $NPV = 6.4 - 10 = -3.2(元) < 0$，所以公司的股票價格被高估，應該賣出該公司的股票。當然，當公司的估價跌破6.4元時，則可以買入該公司股票。

❋ 本章小結

1. 股票是有價證券的一種主要形式，其發行主體是股份有限公司，它以憑證的方式證明投資者的身分和享有的權益，並據此獲取股息和紅利。股票的價值有：①票面價值；②帳面價值；③清算價值；④內在價值；⑤市場價格。

2. 股票的投資價值主要取決於兩方面因素：一方面來自於公司本身；另一方面來自於市場。我們將公司自身的影響因素稱之為內部因素，來自於市場的影響因素稱之為外部因素。內部因素有兩種，一是指標類，即通過該項指標的變動來衡量股價的變動；二是事件類，即通過此類事件的發生來衡量股價的變動。從外部看，影響股票投資的因素包括宏觀經濟因素、行業因素、市場因素和投資者心理因素等。

3. 股票價值的估計可以分為絕對估價和相對估價。其中常用的有絕對股價法中的股息貼現模型與自由現金流貼現模型和相對估價法中的市盈率估價模型與市淨率估價模型。

4. 股息貼現模型：股息預測延伸到n年以後，則：

$$V_0 = \frac{D_1}{1+K_1} + \frac{D_2}{(1+K_2)^2} + \cdots + \frac{D_n + P_n}{(1+K_n)^n}$$

5. 自由現金流貼現模型：

$$V = \sum_{t=1}^{n} \frac{CF_t}{(1+r)^t}$$

6. 股票投資價值評估主要是基於股票內在價值與實際價格之間的差異進行評估，由此，引入淨現值（NPV），即：

$$NPV = V - P = \sum_{t=1}^{\infty} \frac{D_t}{(1+K)^t} - P$$

根據內部收益率就是指使得投資淨現值等於零的貼現率，上式可表示為：

$$NPV = V - P = \sum_{t=1}^{\infty} \frac{D_t}{(1+K)^t} - P = 0$$

$$P = \sum_{t=1}^{\infty} \frac{D_t}{(1+K)^t}$$

❈ 復習思考題：

1. 關於股票的價值有哪些提法？其代表的含義是什麼？
2. 影響股票價值的內部因素有哪些？外部因素有哪些？
3. 假定某公司當年每股股利為30元，內部收益率為15%，假定每年股利以5%的速度穩定增長，計算該公司的內在價值。
4. 假定某公司的未來預期自由現金流為每年100元，加權資本成本為10%，計算該公司的內在價值。
5. 假定某公司的市盈率為20倍，每股收益為1元，利用市盈率估價模型計算該公司的股價。

第四章　債券的投資價值分析

本章學習目標：

　　瞭解和熟悉債券的票面要素和債券投資面臨的主要風險；在瞭解影響債券投資價值因素的基礎上，掌握不同種類債券的相關定價模型、收益率計算方法及利率期限結構理論。

第一節　債券概述

一、債券的票面要素

　　債券是政府、金融機構和公司企業等各類經濟主體為籌集資金而向特定或非特定投資者發行的、約定在一定期限內還本付息的證券，是表明投資者和籌資者之間債權債務關係的書面債務憑證。債券持有人有權在約定的期限內要求發行人按照特定的條件還本付息。

　　債券作為證明債權債務關係的憑證，一般用具有一定格式的票面形式來表現。通常，債券票面上的基本要素包括以下內容：

　　1. 債券的票面價值

　　在債券的票面價值中，首先要規定票面價值的幣種，即以何種貨幣作為債券價值的計量標準。幣種的選擇要依據債券的發行對象和實際需要來確定。若發行對象是國內有關經濟實體，可選擇本幣作為債券價值的計量單位；若發行對象是國外有關經濟實體，可選擇債券發行地國家的貨幣或國際通用貨幣作為債券價值的計量單位。

　　其次還要規定債券的票面金額。不同的票面金額，可以對債券的發行成本、發行數額和持有者的分佈產生不同的影響。如果票面金額較小，有利於小額投資者的購買，但可能會增加發行費用，加大發行的工作量；如果票面金額較大，債券則有利於少數大額投資者認購，降低發行費用，減輕發行工作量，但是可能會減少債券的發行量。因此要根據債券的發行對象、市場資金供給狀況及債權發行費用等綜合因素確定債券票面金額。

　　2. 債券的償還期限

　　債券的償還期限是指從債券發行之日起至清償本息之日止的時間，也就是債券發行人承諾履行合同義務的全部時間。各種債券有不同的償還期限，一般有短期債券、

中期債券和長期債券之分。發行人在確定債券期限時，要考慮多種因素的影響，主要包括資金用途、市場利率、債券的變現能力等。

3. 債券的票面利率

債券票面利率也稱名義利率，是債券年利息與債券票面價值的比率，是債券票面要素中不可缺少的內容。債券的票面利率的確定受債券的性質、信用等級、期限長短、市場利率以及付息方式等因素的影響。債券的付息方式分為一次付息與分期付息兩大類。一次付息有三種方式：單利計息、複利計息和貼現計息。分期付息一般採取按年付息、半年付息和按季付息三種方式。

4. 債券發行者的名稱

債券發行者名稱明確了該債券的債務主體，也為債權人到期追索本金和利息提供了依據。

此外，有些債券票面上還包含一些其他要素，如有的債券附有一定的選擇權，即發行契約中賦予債券發行人或持有人具有某種選擇的權利，包括附有贖回選擇權條款的債券、附有出售選擇權條款的債券、附有可轉換條款的債券、附有交換條款的債券、附有新股認購權條款的債券等。

債券票面要素的不同，直接影響債券的估值，因而明確債券的票面要素，對債券價值分析至關重要。

二、債券投資面臨的主要風險

1. 違約風險

違約風險，是指發行債券的借款人不能按時支付債券利息或償還本金，而給債券投資者帶來損失的風險。在所有債券之中，財政部發行的國債，由於有政府做擔保，往往被市場認為是金邊債券，所以沒有違約風險。但中央政府以外的地方政府和公司發行的債券則或多或少存在違約風險。因此，信用評價機構要對債券進行評價，以反應其違約風險。一般來說，如果市場認為一種債券的違約風險相對較高，那麼就會要求債券的收益率要較高，從而彌補可能承受的損失。

2. 利率風險

債券的利率風險，是指由於利率變動而使投資者遭受損失的風險。毫無疑問，利率是影響債券價格的重要因素之一。當利率提高時，債券的價格就會降低；當利率降低時，債券的價格就會上升。由於債券價格會隨利率變動，所以即便是沒有違約風險的國債也會存在利率風險。

3. 購買力風險

購買力風險，是指由於通貨膨脹而使貨幣購買力下降的風險。通貨膨脹期間，投資者實際利率應該是票面利率扣除通貨膨脹率。若債券利率是10%，通貨膨脹率是8%，則實際的收益率只有2%。購買力風險是債券投資中最常出現的一種風險。實際上，在20世紀80年代末到90年代初，由於國民經濟一直處於高通貨膨脹的狀態，中國發行的國債銷路並不好，存在購買力風險。

4. 流動性風險

流動性風險，是指投資者在短期內無法以合理的價格賣掉債券的風險。如果投資者遇到一個更好的投資機會，他想出售現有債券，但短期內找不到願意出合理價格的買主，就要把價格降到很低或者要很長時間才能找到買主，這樣，他不是遭受價格損失，就是喪失新的投資機會。

5. 再投資風險

投資者投資債券可以獲得的收益有以下三種：①債券利息；②債券買賣中獲得的收益；③臨時的現金流（如定期收到的利息和到期償還的本金）進行再投資所獲取的利息。實際上，再投資風險是針對第三種收益來說的，投資者為了實現與購買債券時所確定的收益相等的收益，這些臨時的現金流就必須按照等於買入債券時確定的收益率進行再投資。

第二節　影響債券投資價值的因素

一、影響債券投資價值的內部因素

影響債券投資價值的內部因素有：

1. 債券的期限

一般來說，在其他條件不變的情況下，債券的期限越長，其市場價格變動的可能性就越大，投資者要求的收益率補償也越高。

債券的期限具有兩層含義：①有效期限，即債券自發行之日起至償還日止的時間；②待償還期限或剩餘期限，即債券轉讓成交之日起至償還日止的時間。在計算債券的發行架構時，應使用有效期限；而在計算債券的轉讓價格時，應使用待償期限或剩餘期限。例如，假定某種債券的期限為 10 年，年利率為 8%，面值為 100 元，若持有人在持有 6 年時出售，那麼該債券的待償還期為 4 年。

2. 債券的息票率

債券的到期時間決定了債券的投資者取得未來現金流的時間，而息票率決定了未來現金流的大小。在其他屬性不變的條件下，債券的息票率越低，債券價格隨預期收益率波動的幅度越大。

例如，存在五種債券，期限均為 20 年，面值為 100 元。唯一的區別在於息票率，即它們的息票率分別為 4%、5%、6%、7%、8%。假設這些債券的必要收益率都是 7%，則當必要收益率發生變化之後（上升到 8% 和下降到 5%），這五種債券會產生新的內在價值，具體結果見表 4-1。（內在價值計算公式詳見公式 4.8）

表 4-1　　　　　　　　內在價值（價格）變化與息票率之間的關係

息票率	必要收益率			內在價值變化率 （7%到8%）	內在價值變化率 （7%到5%）
	7%	8%	5%		
4%	68	60	87	-11.30%	28.70%
5%	78	70	100	-10.50%	27.10%
6%	89	80	112	-10%	25.80%
7%	100	90	125	-9.80%	25.10%
8%	110	100	137	-9.50%	24.40%

資料來源：黃亞鈞，《現代投資銀行的業務與經營》，立信會計出版社。

從表4-1中，可以發現面對同樣的必要收益率變動，無論必要收益率上升還是下降，五種債券中息票率最低的債券（4%）的內在價值波動幅度最大，而隨著息票率的提高，五種債券的內在價值的變化幅度逐漸降低。所以，債券的息票率越低，債券價格的波動幅度越大。

3. 債券的可贖回條款

許多債券在發行時含有可贖回條款，即在一定時間內發行人有權贖回債券。事實上含有可贖回條款的主要是公司債券，國家一般不發行這種債券。這是有利於發行人的條款，當必要收益率下降並低於債券的息票率時，債券的發行人能夠以更低的成本籌到資金。這種放棄高息債券、以低息債券重新融資的行為為再融資。發行人行使贖回權時，以贖回價格將債券從投資者手中收回。初始贖回價格通常設定為債券面值加上年利息，並且隨著到期時間的減少而下降，逐漸趨近於面值。

儘管債券的贖回價格高於面值，但是贖回價格的存在制約了債券市場價格的上升空間，並且增加了投資者的交易成本，所以降低了投資者的投資收益率。為此，可贖回債券往往規定了贖回保護期，即在保護期內，發行人不得行使贖回權。通常的贖回保護期是發行之後的5～10年。可贖回條款的存在，降低了該類債券的內在價值，並且降低了投資者的實際收益率。一般而言，息票率越高，發行者行使贖回權的概率越大，即投資債券的時間收益率與債券承諾的收益率之間的差額越大。為彌補被贖回的風險，這種債券發行時通常有較高的息票率和較高的承諾到期收益率。

4. 債券的稅收待遇

在不同的國家，由於實行的法律不同，所以不僅不同種類的債券可能享受不同的稅收待遇，而且同種債券在不同的國家也可能享受不同的稅收待遇。債券的稅收待遇的關鍵，在於債券的利息收入是否需要納稅，由於利息收入納稅與否直接影響著投資的實際收益率，所以稅收待遇成為影響債券的市場價格和收益率的一個重要因素。

例如，美國法律規定，地方政府債券的利息收入可以免繳聯邦收入所得稅，所以地方政府債券的名義到期收益率往往比類似的但沒有免稅待遇的債券要低20%～40%。此外，稅收待遇對債券價格收益率的影響還表現在貼現債券的價值分析中。對於美國地方政府債券的投資者來說，儘管貼現債券具有延緩利息稅收支付的優勢，但實際上貼現式地方政府債券可以免繳聯邦收入所得稅，這使得貼現債券的稅收優勢不復存在，

所以，在美國地方政府證券市場上，貼現債券品種並不流行。對於（息票率低的）貼現債券的內在價值而言，由於具有延緩利息稅收支付的待遇，它們的稅前收益率水準往往低於類似的沒有免稅待遇的（息票率高的）其他債券，所以，享受免稅待遇的債券的內在價值一般略高於沒有免稅待遇的債券。

5. 債券的流動性

債券的流動性是指債券可以隨時變現的性質，反應債券規避市場價格波動而導致的實際價格損失的能力。如果變現的速度很快，並且沒有遭受變現所可能帶來的損失，那麼這種債券的流動性就高；反之，如果變現速度很慢，或者為了迅速變現必須為此承擔額外的損失，那麼，這種債券的流動性就比較低。例如，儘管梵高的作品在世界上享有很高的聲譽，但是，如果某收藏家計劃在一個小時內出售其收藏的梵高作品，那麼他的成交價格一定會大大低於該作品應有的價值。相比之下，債券的流動性遠遠高於上述收藏品。

通常用債券的買賣價差的大小反應債券的流動性的大小。買賣價差較小的債券的流動性比較高；反之，流動性較低。這是因為絕大多數的債券的交易發生在債券的經紀人市場。對於經紀人來說，買賣流動性高的債券的風險低於流動性低的債券，所以，前者的買賣價差小於後者。因此，在其他條件不變的情況下，債券的流動性與債券的名義的到期收益率之間呈反比關係，即流動性高的債券的到期收益率比較低；反之亦然。相應的，債券的流動性與債券的內在價值呈正比關係。

6. 債券的信用級別

債券的信用級別是指債券發行人按期履行合約規定的義務、足額支付利息和本金的可靠性程度。一般來說，除政府債券以外，一般債券都有信用風險（或稱違約風險），只是風險大小不同而已。信用級別越低的債券，投資者要求的收益率越高，債券的內在價值也就越低。

債券評級是反應債券信用級別的重要指標。美國是目前世界上債券市場最發達的國家，所擁有的債券評級機構也最多。其中，最著名的是標準普爾公司和穆迪投資者服務公司。儘管這兩家公司的債券評級分類有所不同，但是基本上都是將債券分為兩類：投資級或投機級。投資級的債券被評定為最高的四個級別，例如：標準普爾公司和穆迪投資者服務公司分別將 AAA、AA、A、BBB 和 Aaa、Aa、A、Baa 四個級別的債券定義為投資級債券，將 BB 級以下（包括 BB 級）和 Ba 級以下（包括 Ba 級）的債券定義為投機級債券。有時人們將投機級債券稱之為垃圾債券，將由發行時的投資級轉變為投機級的債券形象地稱為「失落的天使」。

二、影響債券投資價值的外部因素

影響債券投資價值的外部因素有：

1. 基礎利率

基礎利率是債券定價過程中必須考慮的一個重要因素。在證券的投資價值分析中，基礎利率一般是指無風險證券利率。一般來說，短期政府債券風險最小，可以近似地看做無風險證券，其收益率可被用作確定基礎利率的參照物。此外，銀行的信用度很

高，使得銀行存款的風險較低，況且銀行利率應用廣泛，因此基礎利率也可參照銀行存款利率來確定。

2. 市場總體利率水準

市場總體利率水準是債券利率的替代物，是投資於債券的機會成本。在市場總體利率水準上升時，債券的收益率水準也應上升，從而使債券的內在價值降低；反之，在市場總體利率水準下降時，債券的收益率水準也應下降，從而使債券的內在價值增加。

3. 其他因素

影響債券定價的外部因素還有通貨膨脹水準以及外匯匯率風險等。通貨膨脹的存在可能使投資者從債券投資中實現的收益不足以抵補由於通貨膨脹而造成的購買力損失。當投資者投資於某種外幣債券時，匯率的變化會使投資者的未來本幣收入受到貶值損失。這些損失的可能性都必須在債券的定價中得到體現，使債券的到期收益率增加、債券的內在價值降低。

第三節　債券的投資價值分析

一、債券價值的計算公式

1. 假設條件

為簡便起見，假定債券不存在信用風險，並且不考慮通貨膨脹對債券收益的影響，從而對債券的估價可以集中於時間的影響上。

2. 貨幣的終值和現值

債券投資的目的在於投資者在未來的某個時點可以取得一筆已發生增值的貨幣收入，因此，債券當前價格可表示為投資者為取得這筆未來收入目前希望投入的資金。根據這一思路，首先需要引進貨幣的時間價值、終值和現值等概念。

使用貨幣按照某種利率進行投資的機會是有價值的，該價值被稱為貨幣的時間價值。假定當前使用一筆金額為 P_0 的貨幣，按某種利率投資一定期限，投資期末連本帶利累計收回貨幣金額為 P_n。那麼稱 P_0 為該筆貨幣（或該項投資）的現在價值，簡稱貨幣的現值，稱 P_n 為該筆貨幣（或該項投資）的期末價值，簡稱貨幣的終值。

（1）貨幣終值的計算。假定當前一項投資的期限是 n 期，每期利率為 r，那麼該項投資第 n 年年末時分別按複利和單利計算的終值分別為：

$$P_n = P_0(1+r)^n \tag{4.1}$$

$$P_n = P_0(1+r \cdot n) \tag{4.2}$$

[例4-1] 某投資者將 1000 元投資於年息 10%、為期 5 年的債券（按年計息），計算此項投資的終值。

複利終值為：$P = 1000 \times (1+10\%)^5 = 1610.51$（元）

單利終值為：$P = 1000 \times (1+10\% \times 5) = 1500$（元）

可見，用單利計息的終值比用複利計息的終值低。

（2）現值的計算。根據現值和終值的逆運算關係，運用終值計算公式，可以推算出現值。從公式（4.1）中求解 P_0，得出複利現值公式：

$$P_0 = \frac{P_n}{(1+r)^n} \tag{4.3}$$

從公式（4.2）中求解 P_0，得出單利現值公式：

$$P_0 = \frac{P_n}{(1+r \cdot n)} \tag{4.4}$$

公式（4.3）是針對按複利計算終值的現值而言的，公式（4.4）是針對用單利計算終值的現值而言的。

[例4-2] 某投資者面臨以下投資機會：從現在起的7年後收入500萬元，期間不形成任何貨幣收入，假定投資者希望的年利率為10%，則投資的現值為：

複利現值為：$P_0 = 5,000,000 \div (1+10\%)^7 = 2,565,790.59$（元）
單利現值為：$P_0 = 5,000,000 \div (1+10\% \times 7) = 2,941,176.47$（元）

可見，在其他條件相同的情況下，按單利計息的現值要高於用複利計算的現值。根據終值求現值的過程稱之為貼現。

現值一般有兩個特徵：第一，當給定終值時，貼現率越高，現值越低；第二，當給定利率及終值時，取得終值的時間越長，該終值的現值就越低。

3. 債券的定價公式

收入的資本化定價方法認為，資產的內在價值等於投資者投入的資產可獲得的預期現金收入的現在價值。運用到債券上，債券的內在價值即等於來自債券的預期貨幣收入按某個利率貼現的現值。在確定債券內在價值時，需要估計預期貨幣收入和投資者要求的適當收益率（稱必要收益率）。

（1）一次還本付息債券的定價公式

對於一次還本付息的債券來說，其預期貨幣收入是期末一次性支付的利息和本金，必要收益率可參照可比債券得出。

如果一次還本付息債券按單利計息、按單利貼現，其內在價值決定公式為：

$$P = \frac{M(1+i \cdot n)}{1+r \cdot n} \tag{4.5}$$

如果一次還本付息債券按單利計息、按複利貼現，其內在價值決定公式為：

$$P = \frac{M(1+i \cdot n)}{(1+r)^n} \tag{4.6}$$

如果一次還本付息債券按複利計息、按複利貼現，其內在價值決定公式為：

$$P = \frac{M(1+i)^n}{(1+r)^n} \tag{4.7}$$

式中：P——債券的內在價值；
M——票面價值；
i——每期利率；

n——剩餘時期數；

r——必要收益率。

[例 4-3] 某公司發行債券，每期票面利率為 10%，面值 100 元，必要收益率為 8%，到期期限為 10 年，則該債券的發行價格即內在價值為：

①若單利計息，單利貼現：

$$P = \frac{100(1+10\% \times 10)}{1+8\% \times 10} \approx 111.11 \text{（元）}$$

②若單利計息，複利貼現：

$$P = \frac{100(1+10\% \times 10)}{(1+8\%)^{10}} \approx 92.64 \text{（元）}$$

③若複利計息，複利貼現：

$$P = \frac{100(1+10\%)^{10}}{(1+8\%)^{10}} \approx 120.14 \text{（元）}$$

（2）零息債券的定價公式

零息債券也是一次還本付息債券，只不過利息支付是以債券貼現發行、到期按面值償還的方式，於債券發行時發生，所以可以把面值視為貼現債券到期的本息和。參照上述一次還本付息債券的估價公式，可以算出零息債券的內在價值。

[例 4-4] 某公司發行零息債券，面值 100 元，必要收益率為 8%，到期期限為 10 年，則該債券的發行價格即內在價值為：

$$P = \frac{100}{(1+8\%)^{10}} \approx 46.32 \text{（元）（以複利貼現為例）}$$

（3）附息債券的定價公式

對於按期付息的債券來說，其預期貨幣收入有兩個來源：到期日前定期收到的息票利息和票面額。其必要收益率也可參照可比債券確定。為清楚起見，下面分別以一年付息一次和半年付息一次的附息債券為例，說明附息債券內在價值的定價公式。

對於一年付息一次的債券來說，按複利貼現的內在價值決定公式為：

$$P = \frac{C}{1+r} + \frac{C}{(1+r)^2} + \cdots + \frac{C}{(1+r)^n} + \frac{M}{(1+r)^n}$$

$$= \sum_{t=1}^{n} \frac{C}{(1+r)^t} + \frac{M}{(1+r)^n} \tag{4.8}$$

如果按單利貼現，其內在價值決定公式為：

$$P = \sum_{t=1}^{n} \frac{C}{1+r \cdot t} + \frac{M}{1+n \cdot r} \tag{4.9}$$

式中：P——債券的內在價值；

C——每年收到的利息；

M——票面價值；

n——剩餘時期數；

r——必要收益率；

t——第 t 次。

[**例4-5**] 某附息債券，面值為100元，期限為3年，每年付息一次，票面利率為10%，必要收益率為12%，則其發行價為：

$$P = \frac{100 \times 10\%}{1+12\%} + \frac{100 \times 10\%}{(1+12\%)^2} + \frac{100 \times 10\%}{(1+12\%)^3} + \frac{100}{(1+12\%)^3} \approx 95.20 \text{（元）}$$

對於半年付息一次的債券來說，由於每年會收到兩次利息，因此，在計算其內在價值時，要對公式（4.8）和公式（4.9）進行修改。第一，貼現利率採用半年利率，通常是將給定的年利率除以2；第二，到期前剩餘的時期數以半年為單位予以計算，通常是將以年為單位計算的剩餘時期數乘以2。於是，得到半年付息一次的附息債券分別按複利貼現和按單利貼現的內在價值決定公式。

按複利貼現：

$$P = \sum_{t=1}^{n} \frac{C}{(1+r)^t} + \frac{M}{(1+r)^n} \qquad (4.10)$$

按單利貼現：

$$P = \sum_{t=1}^{n} \frac{C}{1+r \cdot t} + \frac{M}{1+n \cdot r} \qquad (4.11)$$

式中：P——債券的內在價值；

C——半年支付的利息；

M——票面價值；

n——剩餘年數乘以2；

r——半年必要收益率；

t——第 t 次。

二、債券收益率的計算

債券的收益率是指債權投資者在債券上獲取的收益與其投入的本金之比。一般來講，債券收益率有多種形式，以下主要介紹債券的直接收益率、持有期收益率、最終收益率、贖回收益率的計算。

1. 直接收益率

在投資學中，直接收益率被定義為債券的年利息收入與買入債券的實際價格的比率。其計算公式為：

$$Y = \frac{C}{P} \times 100\%$$

式中：Y——直接收益率；

C——每年利息收益；

P——債券價格。

[**例4-6**] 假定某投資者以940元的價格購買了面額為1000元、票面利率為10%、剩餘期限為6年的債券，那麼該投資者的當前收益率為：

$$Y = \frac{1000 \times 10\%}{940} \times 100\% = 11\%$$

當前收益率度量的是債券年利息收益占購買價格的百分比，反應每單位投資能夠獲得的債券年利息收益，但不反應每單位投資的資本損益。

2. 最終收益率

最終收益率又稱到期收益率，是指投資者在二級市場上買入已發行的債券起到最終償還日止的全部持有期間所得的利息，與償還盈虧的合計金額折算成相對於投資本金每年能有多少收益的百分比。這一收益率考慮到了債券的名義利率、期限和資本到期後的損益問題。

（1）最終收益率有單利和複利之分，採用單利計算，其計算公式為：

$$Y = \frac{C + \frac{F-P}{T}}{P} \times 100\% \tag{4.12}$$

式中：Y——最終收益率；
　　　C——每年利息收益；
　　　P——債券價格；
　　　F——到期價值。

[例 4-7] 一張面值為 100 元的債券，年利率為 8%，到 1998 年 6 月 20 日等值償還，1990 年 6 月 20 日的市場價格為 120 元，其最終收益率為：

$$Y = \frac{10 + \frac{100-120}{8}}{120} \times 100\% = 4.58\%$$

（2）採用複利計算到期收益率，以一年付息一次的債券為例，其計算公式為：

$$P = \frac{C}{1+Y} + \frac{C}{(1+Y)^2} + \cdots + \frac{C}{(1+Y)^n} + \frac{F}{(1+Y)^n} \tag{4.13}$$

式中：P——債券價格；
　　　C——每年利息收益；
　　　Y——內部到期收益率；
　　　n——時期數（年數）；
　　　F——到期價值。

已知 P、C、F、n 的值並代入上式，在計算機上用試錯法便可計算出 Y 的數值。

對半年付息一次的債券來說，其計算公式如下：

$$P = \frac{C}{1+Y} + \frac{C}{(1+Y)^2} + \cdots + \frac{C}{(1+Y)^n} + \frac{F}{(1+Y)^n} \tag{4.14}$$

式中：P——債券價格；
　　　C——每半年利息收益；
　　　Y——半年利率；
　　　n——時期數（年數乘以 2）；
　　　F——到期價值。

就半年付息一次的債券來說，將半年利率 Y（或稱週期性收益率）乘以 2 便得到年到期收益率，這樣得出的年收益率低估了實際年收益而被稱為債券等價收益率。

複利到期收益率既考慮了利息收入，也考慮了資本損益和再投資收益。然而，暗含在到期收益率計算中的一個假設條件是債券的息票利息能夠按到期收益率再投資，因而到期收益率是一個預期收益率。也就是說，到期收益率的實現依賴於以下條件：將債券持有至期滿，且票面利息以到期收益率做再投資。如果不能同時滿足這兩個條件，投資者的實際收益率就會低於到期收益率。例如，投資者將利息收入再投資所取得的收益率低於到期收益率，則實際收益率將低於預期的到期收益率；反之，則高於預期的到期收益率。

如果再投資收益率不等於到期收益率，則債券複利到期收益率可用以下公式計算：

$$Y = \left[\sqrt[n]{\frac{V + C \cdot \frac{(1+r)^n - 1}{r}}{P}} - 1 \right] \times 100\%$$

式中：Y——複利到期收益率；
　　　C——每年利息收益；
　　　V——債券的票面價值；
　　　P——債券價格；
　　　n——時期數（年數）；
　　　r——再投資收益率。

[例4-8] 某債券的票面價值為1000元，息票利率為5%，期限為4年，現以950元的發行價向全社會公開發行，債券的再投資收益率為6%，則該債券的複利到期收益率為：

$$Y = \left[\sqrt[4]{\frac{1000 + 1000 \times 5\% \times \frac{(1+0.06)^4 - 1}{0.06}}{P}} - 1 \right] \times 100\%$$

$= 6.42\%$

相對於附息債券，無息債券的到期收益率簡單得多。由於在債券有效期內的現金流量等於到期價值，因而複利到期收益率（Y）可用以下公式計算：

$$Y = \left(\sqrt[n]{\frac{F}{P}} - 1 \right) \times 100\% \tag{4.15}$$

式中：P——當前購買價格；
　　　F——債券的到期價值；
　　　n——債券的剩餘有效年限。

[例4-9] 某無息債券的面值為1000元，期限為2年，發行價為880元，到期按面值償還。該債券的複利到期收益率為：

$$Y = \left(\sqrt{\frac{1000}{880}} - 1 \right) \times 100\% = 6.60\%$$

中國一次還本付息的債券也可視為無息債券，它的到期價值為到期本息和。可以用上述公式計算它的複利到期收益率。

[例4-10] 某一次還本付息債券面值100元，期限2年，票面利率6%，按面值

發行，則複利到期收益率為：

$$Y = \left[\sqrt{\frac{100 \times (1+6\% \times 2)}{100}} - 1\right] \times 100\% = 5.83\%$$

計算貼現債券的到期收益率相對而言要麻煩一些。貼現債券的收益是貼限額，即債券面額與發行價格之間的差額。貼現債券發行時只公布面額和貼現率，並不公開發行價格，所以，要計算貼現債券到期收益率，必須先計算其發行價格。由於貼現率通常以年率表示，為計算方便起見，習慣上貼現年率以 360 天計，在計算發行價格時還要將年貼現率換算成債券實際期限的貼現率。貼現債券發行價格計算公式為：

$$P_0 = F(1 - d \cdot N) \tag{4.16}$$

式中：P_0——發行價格；

F——債券面值；

d——年貼現率（按 360 天計）；

N——債券年化有效期限（按 360 天計）。

計算出發行價格後，方可計算其到期收益率。貼現債券的期限一般不足 1 年，而債券收益率又都以年率表示，所以要將按不足 1 年的收益計算出的收益率換算成年收益率。重要的是，為了便於與其他債券比較，年收益率要按 365 天計算。貼現債券到期收益率的計算公式為：

$$Y = \frac{F - P_0}{P_0} \times \frac{365}{剩餘年限} \times 100\% \tag{4.17}$$

式中：P_0——發行價格；

F——債券面值；

Y——到期收益率。

[**例 4-11**] 某貼現債券面值 1000 元，期限 180 天，以 10.5% 的年貼現率公開發行。發行價格與到期收益率分別為：

$$P_0 = 1000 \times (1 - 10.5\% \times \frac{180}{360}) = 947.50（元）$$

$$Y = \frac{1000 - 947.50}{947.50} \times \frac{365}{180} \times 100\% = 11.24\%$$

到期收益率高於貼現率，是因為貼現額預先扣除，使投資者實際成本小於債券面額。對於償還期在 1 年或 1 年以上的貼現債券複利收益率使用公式（4.15）計算。

3. 持有期收益率

持有期收益率是測算投資者在發行日與到期日之間買進賣出一筆債券所得的收益率。債券可以是在發行日買進的原始債券，也可以是二手貨買進，只是在到期前賣掉。這種以獲取買賣利益為目的的債券交易稱作謀求持有期收益率的短期交易。其收益率計算公式為：

$$Y = \frac{C + (P_1 - P_0)/N}{P_0} \times 100\% \tag{4.18}$$

式中：Y——持有期收益率；

C——每年利息收益；
P_1——債券賣出價格；
P_0——債券買入價格；
N——持有年限。

[**例 4-12**] 假定某投資者按 1000 元的價格買了年利息收入為 80 元的債券，並持有 2 年後以 1060 元的價格賣出，那麼該投資者的持有期收益率為：

$$Y = \frac{80 + (1060 - 1000) \div 2}{1000} \times 100\% = 11\%$$

[**例 4-13**] 假定某投資者按 870 元的價格購買了一次還本付息的債券，並持有 2 年後以 990 元的價格賣出，那麼該投資者的持有期收益率為：

$$Y = \frac{(990 - 870) \div 2}{870} \times 100\% \approx 6.90\%$$

持有期收益率度量的是持有債券期間的收益占購買價格的百分比，反應每單位投資能夠獲得的全部收益。

貼現債券也可以不等到期滿而中途出售，證券行情表每天公布各種未到期貼現債券二級市場的折扣率。投資者必須先計算債券賣出價，再計算持有期收益率。

債券賣出價的計算公式同貼現債券發行價格的計算一致，只是其中 d 為二級市場折扣率，N 為債券持有天數。持有期收益率（Y）計算公式為：

$$Y = \frac{P_1 - P_0}{P_0} \times \frac{365}{N} \times 100\% \tag{4.19}$$

式中：P_1——債券賣出價；
P_0——債券買入格；
N——持有年限。

[**例 4-14**] 若[例 4-11] 中的貼現債券在發行 60 天後，以面額 9% 的折扣在市場出售，則該債券的賣出價和持有期收益率分別為：

$$P_1 = 1000 \times \left(1 - 9\% \times \frac{120}{360}\right) = 970 \text{（元）}$$

$$Y = \frac{970 - 947.5}{947.5} \times \frac{365}{60} \times 100\% = 14.45\%$$

上例說明，貼現債券因有貼現因素，其實際收益率比票面貼現率高。投資者購入貼現債券後不一定要持至期滿，如果持有期收益率高於到期收益率，則中途出售債券更為有利。

4. 贖回收益率

可贖回債券是指允許發行人在債券到期以前按某一約定的價格贖回已發行的債券。通常在預期市場利率下降時，發行人會發行可贖回債券，以便未來用低利率成本發行的債權替代成本較高的已發債券。可贖回債券的約定贖回價格可以是發行價格、債券面值，也可以是某一指定價格或是與不同贖回時間對應的一組贖回價格。對於可贖回債券，需要計算贖回收益率和到期收益率。贖回收益率的計算與其他收益率相同，是

計算使預期現金流量的現值等於債券價格的利率。通常以首次贖回收益率為代表。首次贖回收益率是累計到首次贖回日止，利息支付額與指定的贖回價格加總的現金流量的現值等於債券贖回價格的利率。贖回收益率（y）可通過下面的公式用試錯法獲得：

$$P = \sum_{t=1}^{n} \frac{C}{(1+y)^t} + \frac{M}{(1+y)^n}$$

式中：P——發行價格；

　　　n——直到第一個贖回日的年數；

　　　M——贖回價格；

　　　C——每年利息收益。

[**例 4-15**] 某債券的票面價值為 1000 元，息票利率為 5%，期限為 4 年，現以 950 元的發行價向全社會公開發行，2 年後債券發行人以 1050 元的價格贖回，第一贖回日為付息後的第一個交易日，則贖回收益率計算如下：

$$950 = \sum_{t=1}^{2} \frac{50}{1+y} + \frac{1050}{(1+y)^2}$$

用試錯法計算，該債券的到期收益率為 10.85%。

三、債券轉讓價格的近似計算

債券投資者在買賣債券時通常根據各自對收益率的要求來確定買賣債券價格。具體講，買入者一般根據最終收益率計算債券的買入價格；賣出者一般根據持有期收益率計算債券的賣出價格。所謂最終收益率，是指投資者將債券持有到期滿時的收益率；所謂持有期收益率，是指買入債券後持有一段時期，並在債券到期前將其出售所得到的收益率。以下簡要介紹單利計息的債券轉讓價格的近似計算方法。

1. 貼現債券的轉讓價格

貼現債券的買入價格的近似計算公式為：

$$購買價格 = \frac{面額}{(1+最終收益率)^{待償年限}} \qquad (4.20)$$

貼現債券的賣出價格的近似計算公式為：

$$賣出價格 = 購買價 \times (1+持有期間收益率)^{持有年限} \qquad (4.21)$$

[**例 4-16**] 甲以 75 元的價格買入某企業發行的面額為 100 元的 3 年期貼現債券，持有 2 年以後試圖以 10.05% 的持有期收益率將其賣給乙，而乙試圖以 10% 作為其買進債券的最終收益率，那麼成交價格應該如何確定呢？

設定甲以 10.05% 作為其賣出債券所應獲得的持有期收益率，那麼他的賣價就應是：

$$75 \times (1+10.05\%)^2 = 90.83 （元）$$

設定乙以 10% 作為買進債券的最終收益率，那麼他願意支付的購買價格為：

$$100 \div (1+10\%) = 90.91 （元）$$

最終成交價則在 90.83～90.91 元之間通過雙方協商達成。

2. 一次還本付息債券的轉讓價格

一次還本付息債券買入價格的近似計算公式為：

$$購買價格 = \frac{面額 + 利息總額}{(1 + 最終收益率)^{待償年限}} \tag{4.22}$$

一次還本付息債券賣出價格的近似計算公式為：

$$賣出價格 = 購買價 \times (1 + 持有期收益率)^{待償年限} \tag{4.23}$$

[**例 4－17**] 面額 100 元、票面利率為 9%、期限 3 年的某債券，於 2007 年 12 月 31 日到期一次還本付息。持有人於 2005 年 9 月 30 日將其賣出，若購買者要求 10% 的複利最終收益率，則其購買價格應為：

$$(100 + 100 \times 9\% \times 3) \div (1 + 10\%)^{2\frac{3}{12}} = 102.42 \text{（元）}$$

如果假定該債券的出售者在 2005 年 1 月 1 日以 98 元的價格買入，並要求 8% 的持有期收益率，那麼他賣出該債券的價格應為：

$$98 \times (1 + 8\%)^{0.75} = 102.38 \text{（元）}$$

3. 附息債券的轉讓價格

附息債券的利息一般是分期支付的。對購買者來說，從發行日起到購買日止的利息已被以前的持有者領取，所以在計算購買價格時應扣除這部分利息。因此，購買價格的計算公式與（4.8）式相同，只是貼現率使用的是最終收益率。

對出售者來說，賣出價格的近似計算公式為：

$$賣出價格 = 購買價 \times (1 + 持有期間收益率 \times 持有年限) - 年利息收入 \times 持有年限$$

[**例 4－18**] 在[例 4－12]中，若債券為每 3 個月付息一次，則賣出者的賣出價格為：

$$98 \times (1 + 8\% \times 0.75) - 100 \times 9\% \times 0.75 = 97.13 \text{（元）}$$

最後需要指出的是，由於債券的實際市場價格受到市場供求狀況等諸多因素的影響，因此通過上述方式計算出來的債券價格與實際市場價格之間存在偏差是不可避免的。

第四節　債券的利率期限結構

一、利率期限結構的類型

為了更好地理解債券的收益率，我們引進收益率曲線這個概念。收益率曲線是在以期限為橫軸、以到期收益率為縱軸的坐標平面上，反應在一定時點上不同期限債券的收益與到期期限之間的關係。債券的利率期限結構是指債券的到期收益率與到期期限之間的關係。該結構可通過利率期限結構圖表示，圖 4－1 中的曲線即收益率曲線。

1. 正收益率曲線

正收益率曲線又稱上升收益率曲線，表示在正常的情況下短期債券的利率低於長期債券的利率，債券期限越長，利率越高，見圖 4－1（a）。它是在整個經濟運行正常、

不存在通貨膨脹壓力和經濟衰退條件下出現的。

  2. 反收益率曲線

  反收益率曲線又稱下降收益率曲線，表示短期債券收益率較高，長期債券收益率較低，見圖4-1（b）。它是一種反常的利率期限結構現象，實際上並不多見。它通常發生在緊縮銀根時期，由於短期資金偏緊，造成短期利率急遽上升所致。

  3. 平收益率曲線

  在正反收益率曲線相互替代的變化過程中，會出現一種長短期債券收益率接近相等的短暫過渡階段，此時債券收益率曲線同坐標系中的橫軸趨於平行，表示不同期限的債券利率相等，見圖4-1（c）。

  4. 拱收益率曲線

  拱收益率曲線又稱駝背形收益率曲線，表示在某一時期之前債券的利率期限結構是正收益率曲線，期限越長，收益率越高，在該期間之後卻成了反收益率曲線，期限越長，收益率越低，見圖4-1（d）。它是在短期資金偏緊或在中央採取嚴厲的緊縮貨幣政策時短期利率急遽上升所引起的利率期限結構。

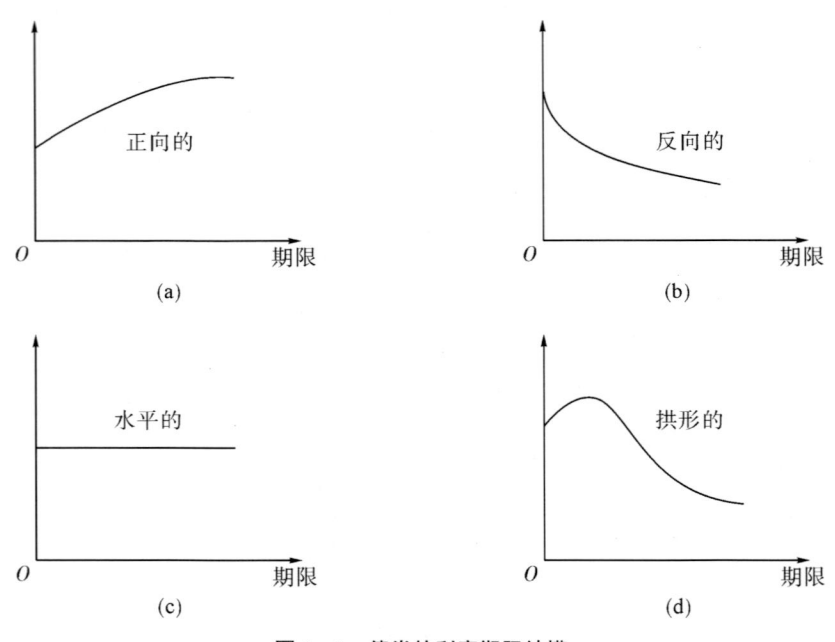

圖4-1　債券的利率期限結構

二、利率期限結構的理論

  在任一時點上，都有以下三種因素影響期限結構的形狀：對未來利率變動方向的預期、債券預期收益中可能存在的流動性溢價、市場效率低下或者資金從長期（或短期）市場向短期（或長期）市場流動存在的障礙。利率期限結構理論就是基於這三種因素分別建立起來的。

1. 市場預期理論

市場預期理論，又稱「無偏預期理論」，認為利率期限結構完全取決於對未來即期利率的市場預期。如果預期未來即期利率上升，則利率期限結構呈上升趨勢；如果預期未來即期利率下降，則利率期限結構呈下降趨勢。

要注意，在市場預期理論中，某一時點的各種期限債券的收益率雖然不同，但是在特定時期內，市場上預計所有債券都取得相同的即期收益率，即長期債券是一組短期債券的理想替代物，長短期債券取得相同的利率，即市場是均衡的。

2. 流動性偏好理論

流動性偏好理論的基本觀點是投資者並不認為長期債券是短期債券的理想替代物。這一方面是由於投資者意識到他們對資金的需求可能會比預期的早，因此他們有可能在預期的期限前被迫出售債券；另一方面，他們認識到，如果投資於長期債券，基於債券未來收益的不確定性，他們要承擔較高的價格風險。因此，投資者在接受長期債券時就會要求將與較長償還期限相聯繫的風險予以補償，這便導致了流動性溢價的存在。

在這裡，流動性溢價便是遠期利率和未來的預期即期利率之間的差額。債券的期限越長，流動性溢價越大，體現了期限長的債券擁有較高的價格風險。在流動性偏好理論中，遠期利率不再只是對未來即期利率的無偏估計，它還包含了流動性溢價。因此，利率曲線的形狀是由對未來利率的預期和延長償還期限所必需的流動性溢價共同決定的（見圖4-2）。

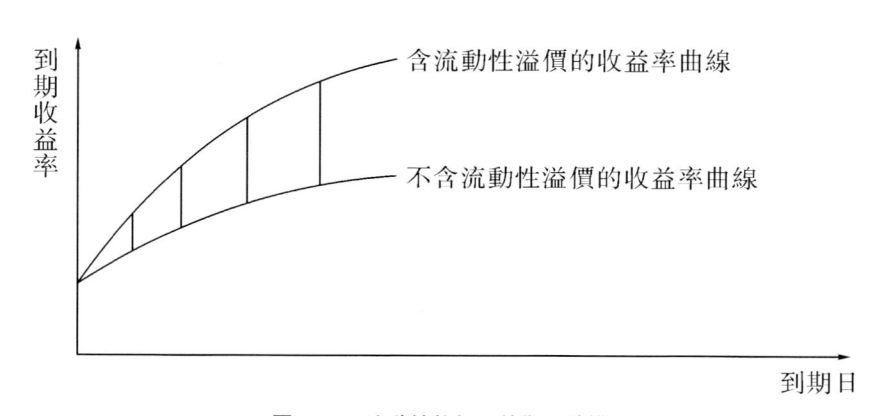

圖4-2　流動性偏好下的期限結構

由於流動性溢價的存在，在流動性偏好理論中，如果預期利率上升，其利率期限結構是向上傾斜的；如果預期利率下降的幅度較小，其利率期限結構雖然是向上傾斜的，但兩條曲線趨向於重合；如果預期利率下降較大，其利率期限結構是向下傾斜的。按照該理論，在預期利率水準上升和下降的時期大體相當的條件下，期限結構上升的情況要多於期限結構下降的情況。

3. 市場分割理論

市場預期理論和流動性偏好利率，都假設市場參與者會按照他們的利率預期從債

券市場的一個償還期部分自由的轉移到另一個償還期部分，而不受任何阻止。市場分割理論的假設卻恰恰相反。該理論認為，在貸款或融資活動進行時，貸款者和借款者並不能自由地的在利率預期的基礎上將證券從一個償還期部分替換成另一個償還期部分。在最嚴格的限制形式下，即使現行的利率水準說明如果他們進行市場間的轉移會獲得比實際要高的預期利率，投資者和借款人也不會離開自己的市場而進入另一個市場。這樣的結果使市場劃分為兩大部分：一部分是短期資金市場；另一部分是長期資金市場。於是，利率期限結構在市場分割理論下，取決於短期資金市場供求狀況與長期資金市場供求狀況的比較，或者說取決於短期資金市場供需曲線交叉點的利率和長期資金市場供需曲線交叉點的利率對比。如果短期資金市場供需曲線交叉點利率高於長期資金市場供需曲線交叉點利率，利率期限結構則呈向下傾斜的趨勢。如果短期資金市場供需曲線交叉點利率低於長期資金市場供需曲線交叉點利率，利率期限結構則呈向上傾斜的趨勢。

　　總之，從這三種理論看來，期限結構的形成主要是由對未來利率變化方向的預期決定的，流動性溢價可起到一定作用，但期限在 1 年以上的債券的流動性溢價大致是相同的，這使得期限 1 年或 1 年以上的債券雖然價格風險不同，但預期利率卻大致相同。有時，市場的不完善和資本流向市場的形式也可能起到一定作用，使得期限結構的形狀暫時偏離按對未來利率變化方向進行估計所形成的形狀。

❄ 本章小結

　　1. 債券是政府、金融機構和公司企業等各類經濟主體為籌集資金而向特定或非特定投資者發行的、約定在一定期限內還本付息的證券。債券的票面要素包括債券的票面價值；償還期限；票面利率和債券發行者的名稱。
　　2. 債券投資面臨的風險主要有：違約風險；利率風險；購買力風險；再投資風險；流動性風險。
　　3. 影響債券投資價值的內部因素包括：債券的期限；債券的票面利率；債券的提前贖回條款；債券的稅收待遇；債券的流動性；債券的信用級別。影響債券投資價值的外部因素包括：基礎利率；市場總體利率水準及其他因素。
　　4. 債券內在價值、收益率和轉讓價格的計算：債券的內在價值是指來自債券的預期貨幣收入按某個利率貼現的現值。在確定債券內在價值時，需要估計預期貨幣收入和投資者要求的適當收益率；債券的收益率是指債權投資者在債券上的收益與其投入的本金之比。其主要包括債券的當前收益率、內部到期收益率、持有期收益率及贖回收益率等；債券投資者在買賣債券時通常根據各自對收益率的要求來確定買賣債券價格。具體講，買入者一般根據最終收益率計算債券的買入價格；賣出者一般根據持有期收益率計算債券的賣出價格。
　　5. 債券的利率期限結構是指債券的到期收益率與到期期限之間的關係。利率期限結構的理論包括：①市場預期理論。市場預期理論，又稱「無偏預期理論」，認為利率期限結構完全取決於對未來即期利率的市場預期。②流動性偏好理論。流動性偏好理

論的基本觀點是投資者並不認為長期債券是短期債券的理想替代物。③市場分割理論。該理論認為，在貸款或融資活動進行時，貸款者和借款者並不能自由地的在利率預期的基礎上將證券從一個償還期部分替換成另一個償還期部分。

❊ 復習思考題：

1. 債券投資面臨的主要風險有哪些？
2. 影響債券投資價值的內部因素有哪些？外部因素有哪些？
3. 什麼是貨幣投資的終值與現值？應如何計算？
4. 某公司發行債券，每年支付利息為150元，債務面值為1000元，利率為15%，到期年限為15年，試計算該公司債券的發行價格。
5. 一筆年利率為8%，面值為1000元，期限為5年的債券，某投資者以900元價格買入，並計劃2年以後價格上漲到980元時賣出，則該投資者的持有期收益率為多少？
6. 某貼現債券面值100元，期限180天，以12%的年貼現率公開發行。發行價格與到期收益率分別是多少？
7. 面額1000元、票面利率為10%、期限3年的某債券，於2008年12月31日到期一次還本付息。持有人於2006年9月30日將其賣出，若購買者要求12%的複利最終收益率，則其購買價格應為多少？
8. 試比較三種利率期限結構理論的異同點。

第五章 其他證券的投資價值分析

本章學習目標：

　　瞭解證券投資基金、可轉換證券和權證投資價值的影響因素；掌握基金資產淨值、可轉換債券的轉換價值和轉換平價、權證的溢價率和槓桿比率等的計算方法；掌握基金、轉債和權證的投資價值分析方法。

第一節 證券投資基金的價值分析

　　證券投資基金是一種利益共享、風險共擔的集合證券投資方式。這種積少成多的組合投資方式，可以做到分散投資、趨利避險，並兼顧資金的流動性和安全性。

一、投資基金的績效評價

　　1. 影響基金績效評價的因素
　　（1）基金的投資目標
　　基金的投資目標不同，其投資範圍、操作策略及其所受的投資約束也不同。例如，價值型基金與成長型基金由於投資風格不同，在基金績效評價上也有所不同。再如，債券型基金與股票型基金由於投資對象不同，在基金績效評價上也不具有可比性。
　　（2）基金的風險水準
　　現代投資理論表明，投資收益是由投資風險驅動的，而投資組合的風險水準也影響著組合的投資表現。表現較好的基金可能是由於其承擔的風險較高所致。因此，對不同風險水準基金的投資表現的評價應與收益水準相結合，分析該基金所獲得的收益是否足以彌補其所承擔的風險水準。
　　（3）基金的比較基準
　　不同的基金投資目標不同、投資策略不同，其業績比較基準也不相同。例如，華夏基金中：股票型基金——華夏復興的業績比較基準為滬深 300 指數收益率×80％＋上證國債指數收益率×20％；指數型基金——華夏上證 50ETF 的業績比較基準為「上證 50 指數」；貨幣型基金——華夏現金增利的比較基準為同期 7 天通知存款利率。因此，在評價中應注意比較基準的合理選擇。
　　（4）基金的時期選擇
　　在基金績效比較中，計算的開始時間和所選擇的計算時期不同，衡量結果也會不

同。一些基金公司常常會選擇對自己有利的計算期進行業績的發布。因此，在評價中應注意時期選擇對績效評價可能造成的偏誤。為了客觀評價基金績效，在時期的選擇上可選擇多個時間段，可延長時間段。

（5）基金組合的穩定性

基金組合的穩定性直接影響基金績效。通常，價值型基金比成長型基金的波動性低，平衡型基金的波動介於其中，當然也有例外。在實際操作中基金操作策略的改變、資產配置比例的重新設置、基金經理的更換等都會影響到基金組合的穩定性。因此，在評價中應對這些因素加以綜合考慮。

2. 基金績效評價的指標

（1）基金單位資產淨值

基金單位資產淨值是基金管理人向基金投資者表明基金運作情況的一種方式，是基金經營業績的指示器。在開放型投資基金中，單位資產淨值還是基金在發行期滿後基金單位申購、贖回價格的計算依據。基金的單位資產淨值可用下面的公式來表示：

單位資產淨值＝(基金資產總值－各種費用)/基金單位數量

基金資產總值，是指一個基金所擁有的資產（包括現金、股票、債券和其他有價證券及提留的準備金以及實物資產等其他資產）。基金資產總值是根據各種資產不同的計算方法計算出來的資產價值總和。具體來說，根據資產種類的不同，其價格的確定方法也不同：

①對於上市股票和認股權證，以計算日集中交易的市場收盤價格為準，計算日沒有收盤價的，以上一交易日的收盤價為準；未上市的股票和認股權證，由有資格的會計師事務所或資產評估機構測算。

②已上市的債券，以計算日的收盤價為準，計算日沒有收盤價的，以上一交易日的收盤價為準；未上市的債券，一般以其面值加上至計算日為止的應計利息為準。

③對於短期票據，以買進成本加上自買進日起至計算日為止的應計利息。

④其他資產中的現金和提留的準備金直接計入，而實物資產要根據市價估值或者由有資格的會計師事務所或資產評估機構測算。

證券投資基金在設立和經營過程中發生的費用主要包括以下幾個方面：

①開辦費用。開辦費用是指投資基金在設立時所發生的各項費用。其包括可行性研究費用、註冊費、印花稅、各種文件印刷費、律師費、註冊會計師驗資費等。

②基金管理費。基金管理費是指支付給基金管理人的管理報酬。基金管理費從基金資產中直接提取，不再另外向投資者收取。基金管理費通常是按照每個估值日基金淨資產的一定比例（年率），逐日計算，按月支付。費率的大小通常與基金規模成反比，與風險成正比。不同國家及不同種類的基金，管理費率也不完全相同。中國基金目前的年管理費率為基金資產淨值的 1.5%。為了激勵基金管理公司更有效地運用基金資產，有的基金還規定可以向基金管理人支付基金業績報酬。

③基金託管費用。基金託管費用是指支付給基金託管人（商業銀行）的費用。基金託管費也是從基金資產中直接提取，不再另外向投資者收取。基金管理費通常是按照每個估值日基金淨資產的一定比例（年率），逐日計算，按月支付。不同國家及不同

種類的基金，管理費率也不完全相同。一般來說基金規模越大，託管費率越低。新興市場的國家和地區的託管費率相對較高。目前國際上託管年費率一般在0.2%左右。美國為0.2%，中國內地及臺灣地區、香港地區則為0.25%。

④運作費用。運作費用包括廣告宣傳支出，基金進行各項交易時所需支付的佣金、稅項、手續費、法律費、稽核監督費；註冊會計師費，律師費；召開年會費用；中期和年度報告的印刷費以及其他費用。運作費占基金資產淨值的比例較小，通常要在基金契約或者章程中事先確定，並按照有關規定支付。運作費率的高低是投資者衡量基金運作效率及表現的依據。

應該注意的是，基金的單位資產淨值是經常發生變化的，受到基金資產總值和費用兩方面的共同作用。一般來說，它與基金單位的價格從總體上看趨向是一致的，成正比例關係。基金的資產淨值越高，其基金單位的價格也就越高；基金的資產淨值越低，其基金單位的價格也就越低。但這種情形也不絕對成立，如封閉式基金會出現折價。一般來說，這種關係在開放式基金中得到較好體現。

例如：截至2009年12月31日，2009年度基金收益率排行榜結果揭曉，開放式偏股型基金——華夏大盤精選證券投資基金（簡稱：華夏大盤精選）奪得年度基金排名榜冠軍，收益率達到116.16%。根據該基金淨值2009年整體走勢圖可以看出它的價格是波浪起伏的，見圖5-1。12月31日該基金的份額淨值為9.975元，前後4個交易日的基金淨值見表5-1。

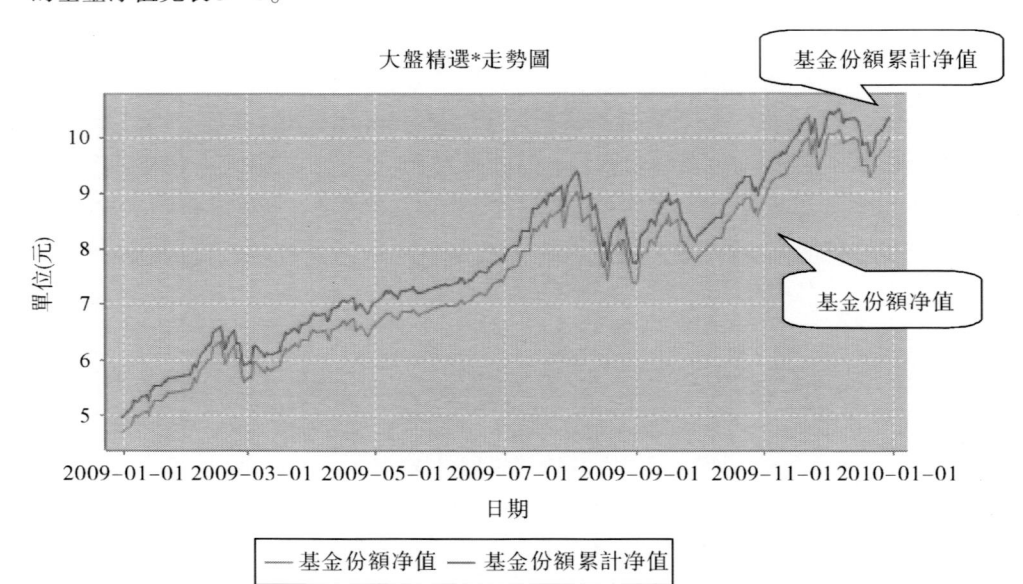

圖5-1　2009.01.01～2010.01.01 **華夏大盤精選基金淨值走勢圖**

註：圖片資料來源於華夏基金網站。

表 5-1　　　　2009.12.25—2010.01.07 華夏大盤精選基金（000011）淨值表

日期	單位淨值	累計淨值	增長值	增長率
2010-01-07	9.8690	10.2490	-0.1700	-1.69%
2010-01-06	10.0390	10.4190	-0.0850	-0.84%
2010-01-05	10.1240	10.5040	0.1230	1.23%
2010-01-04	10.0010	10.3810	0.0260	0.26%
2009-12-31	9.9750	10.3550	0.0510	0.51%
2009-12-30	9.9240	10.3040	0.0880	0.89%
2009-12-29	9.8360	10.2160	0.0420	0.43%
2009-12-28	9.7940	10.1740	0.1280	1.32%
2009-12-25	9.6660	10.0460	0.0570	0.59%

註：表中數據來源於華夏基金網站。

（2）基金淨值收益率

簡單（淨值）收益率：簡單淨值收益率的計算不考慮分紅再投資影響，其計算公式與股票持有期收益率的計算公式類似。

$$R = \frac{NAV_t + D - NAV_{t-1}}{NAV_{t-1}} \times 100\%$$

公式中：R——簡單收益率；

NAV_t、NAV_{t-1}——期末、初期基金的單位淨值；

D——在考察期內，單位基金的分紅金額。

[例 5-1] 某基金在 2008 年 12 月 3 日的單位淨值為 1.4848 元/單位，2009 年 9 月 1 日的單位淨值為 1.7886 元/單位，期間基金曾經在 2009 年 2 月 28 日每 10 單位派息 2.75 元，則這一階段該基金的簡單收益率為：

$$R = \frac{1.7886 + 0.275 - 1.4848}{1.4848} \times 100\% = 38.98\%$$

此外，若考慮分紅再投資，可用時間加權收益率能更準確地對基金的真實投資表現做出衡量；若要對多期收益率進行衡量與比較，可用算術平均收益率與幾何平均收益率；若對階段收益率進行評價，可轉換為年化收益率。

3. 基金的收益與風險

投資基金的收益來源主要包括以下幾個方面：

（1）股利收益。股利收益是指基金投資於股票從股份公司獲得的收益，包括現金和紅股兩種形式。

（2）利息收入。利息收入是指基金投資於債券獲得的利息收入。另外，包括基金在其運作過程中可能沉澱的現金存入銀行，而獲得的利息收入。

（3）資本利得。資本利得是通過基金經理人在證券市場上低買高賣賺取的差價。

（4）資金增值。資金增值是指由於資金所投資的證券、房地產等項目價值的上漲所導致的基金淨資產價值的增加。

（5）其他收入。其他收入是指基金參與其他領域的投資，如高科技項目的開發、房地產項目投資等獲得的收入。

投資基金是一種集中資金、專家管理、分散投資、降低風險的投資工具，但仍存在以下風險：

（1）市場風險。基金投資具有專家理財、分散投資的優勢，雖能在一定程度上消除來自個別公司的非系統性風險，但無法消除市場的系統性風險。因此，證券市場價格因經濟因素、政治因素等各種因素的影響而產生波動時，將導致基金收益水準和淨值發生變化，從而給基金投資者帶來風險。

（2）管理能力風險。基金管理人作為專業投資機構，雖然能較好地認識風險的性質、來源和種類，能較準確地度量風險，並通常能夠按照自己的投資目標和風險承受能力構造有效的證券組合，在市場變動的情況下，及時地對投資組合進行更新，從而將基金資產風險控制在預定的範圍內；但是，不同的基金管理人的基金投資管理水準、管理手段和管理技術存在差異，從而對基金收益水準產生影響。

（3）技術風險。當計算機、通信系統、交易網絡等技術保障系統或信息網絡支持出現異常情況時，可能導致基金日常的申購或贖回無法按正常時限完成、註冊登記系統癱瘓、核算系統無法按正常時限顯示基金淨值、基金的投資交易指令無法及時傳輸等風險。

（4）巨額贖回風險。巨額贖回風險是開放式基金所特有的風險。若因市場劇烈波動或其他原因而連續出現巨額贖回，並導致基金管理人出現現金支付困難時，基金投資者申請贖回基金份額，可能會遇到部分順延贖回或暫停贖回等風險。

（5）價格未知風險。開放式基金的申購金額和贖回金額以基金交易日的單位資產淨值加減有關費用計算。投資者在當日行申購、贖回基金單位時，所參考的數據是上一個交易日的數據，存在價格未知風險，特別是市場價格劇烈波動的情況下。

二、開放式基金的價值分析

1. 開放式基金的認購、申購、贖回

投資者在開放式基金募集期間，基金尚未成立時購買基金單位的過程稱為認購。通常認購價為基金單位面值（1元）加上一定的銷售費用。基金初次發行時一般會對投資者有費率上的優惠。投資者在認購基金時，應在基金銷售點填寫認購申請書，交付認購款項，註冊登記機構辦現有關手續並確認認購。只有當開放式基金宣布成立後，經過規定的日期，基金才能進入日常的申購和贖回。

在基金成立後，投資者通過基金管理公司或其銷售代理機構申請購買基金單位的過程稱為申購。投資者辦理申購時，應填寫申購申請書並交付申購款項。申購基金單位的金額是以申購日的基金單位資產淨值為基礎計算的。

投資者為變現其基金資產，將手持基金單位按一定價格賣給基金管理人，並收回現金的過程稱為贖回。贖回金額是以當日的單位基金資產淨值為基礎計算的。

2. 開放式基金申購、贖回的限制

根據有關法規及基金契約的規定，開放式基金的申購與贖回主要有如下限制：

（1）基金申購限制

基金在刊登招募說明書等法律文件後，開始向法定的投資者進行招募。依據國內基金管理公司已披露的開放式基金方案來看，首期募集規模一般都有一個上限。在首次募集期內，若最後一天的認購份額加上在此之前的認購份額超過規定的上限時，則投資者只能按比例進行公平分攤，無法足額認購。開放式基金除規定有認購價格外，通常還規定有最低認購額。另外，根據有關法律和基金契約的規定，對單一投資者持有基金的總份額還有一定的限制，如不得超過本基金總份額的10%等。

（2）基金贖回限制

開放式基金贖回方面的限制，主要是對巨額贖回的限制。根據《開放式證券投資基金試點辦法》的規定，開放式基金單個開放日中，基金淨贖回申請超過基金總份額的10%時，將被視為巨額贖回。巨額贖回申請發生時，基金管理人在當日接受贖回比例不低於基金總份額的10%的前提下，可以對其餘贖回申請延期辦理。也就是說，基金管理人根據情況可以給予贖回，也可以拒絕這部分的贖回，被拒絕贖回的部分可延遲至下一個開放日辦理，並以該開放日當日的基金資產淨值為依據計算贖回金額。當然，發生巨額贖回並延期支付時，基金管理人應當通過郵寄、傳真或者招募說明書規定的其他方式，在招募說明書規定的時間內通知基金投資人，說明有關處理方法，同時在指定媒體及其他相關媒體上公告。通知和公告的時間，最長不得超過三個證券交易日。

（3）開放式基金的價格決定

開放式基金由於經常不斷地按客戶要求購回或者賣出基金單位。因此，開放式基金的價格分為兩種，即申購價格和贖回價格。開放式基金申購和贖回的價格是建立在每份基金淨值基礎上的，以基金淨值再加上或減去必要的費用，就構成了開放式基金的申購和贖回價格。

①申購價格。開放式基金一般不進入證券交易所流通買賣，而是主要在場外進行交易，投資者在購入開放式基金單位時，除了支付資產淨值之外，還要支付一定的銷售附加費用。也就是說，開放式基金單位的申購價格包括資產淨值和一定的銷售費用。但是，對於一般投資者來說，該附加費是一筆不小的成本，增加了投資者的風險，因此，國外出現了一些不計費的開放式基金，其銷售價格直接等於資產淨值，投資者在購買該種基金時，不須交納銷售費用。

申購費用一般是申購金額的一定百分比，目前有兩種模式：前端收費和後端收費。前端收費是指投資人在申購基金時繳納的費用。後端收費或稱遞延銷售費，是投資人在贖回時繳納的費用。前端收費按投資金額劃分費率，而後端收費以持有時間劃分費率檔次。後端收費的本意是鼓勵投資人長期持有該公司的基金，並根據持有時間的延長逐步降低認購費，並到一定年限後就不用再交這筆費用，例如5年。如果持有基金時間短，後端收費的基金往往手續費費率會高於前端收費的，但如果你持有基金時間長，如5年以上，則贖回時所扣費用就很少，有的可能為0。具體費率要看所申購基金的相關規定。

申購價格＝單位資產淨值×（1＋申購費率）

[例5-2] 某投資者用100萬元申購開放式基金，假定申購費率為2%，單位基金淨值為1.5元，則申購價格為：

申購價格 = 1.5 × (1 + 2%) = 1.53 (元)

②贖回價格。開放式基金承諾可以在任何時候根據投資者的個人意願贖回其所持基金單位。對於贖回時不收取任何費用的開放式基金來說，贖回價格等於資產淨值。有些開放式基金贖回時是收取費用的，費用的收取是按照基金投資年數不同而設立不同的贖回費率。持有該基金單位時間越長，費率越低，當然也有一些基金收取的是統一費率。例如：華夏大盤精選證券投資基金的費率結構，見表5-2。

表5-2　　　　　華夏大盤精選證券投資基金的費率結構

申購費率				
前端申購費		後端申購費	
申購金額	前端申購費率	持有期	後端申購費率
100萬以下	1.50%	1年以內	1.80%
^	^	滿1年不滿2年	1.50%
100萬（含）以上至500萬以下	1.20%	滿2年不滿3年	1.20%
^	^	滿3年不滿4年	1.00%
500萬（含）以上	1.00%	滿4年不滿8年	0.50%
^	^	滿8年以後	0
贖回費率			
贖回總額的0.5%			
基金管理費 年費率為基金淨值的1.50%			
基金託管費 年費率為基金淨值的0.25%			

贖回價格 = 單位資產淨值 × (1 − 贖回費率)

[例5-3] 某投資者要求贖回100萬份基金單位，假定贖回費率為1%，單位基金淨值為1.5元，則贖回價格為：

贖回價格 = 1.5 × (1 − 1%) = 1.485 (元)

由於開放式基金可以按基金資產淨值贖回，相對於封閉式基金沒有折價風險，體現了開放式基金的優勢，其贖回價格的高低取決於單位資產淨值和贖回費率。

三、封閉式基金的價值分析

1. 封閉式基金的上市申請及審批

封閉式基金的交易方式為在證券交易所掛牌上市，因此，封閉式基金在募集成立後，應及時向證券交易所申請上市。上市申請及主管機關審批的主要內容包括：基金的管理和投資情況；基金管理人提交的上市可行性報告；信息披露的充分性；內部機制是否健全，能否確保基金章程及信託契約的貫徹實施等。上述材料必須真實可靠，無重大遺漏。

2. 封閉式基金的交易規則

封閉式基金的交易規則包括：

（1）基金單位的買賣遵循「公開、公平、公正」的「三公」原則和「價格優先、時間優先」的原則。

（2）以標準手數為單位進行集中無紙化交易，電腦自動撮合，跟蹤過戶。

（3）基金單位的價格以基金單位資產淨值為基礎，受市場供求關係的影響而波動，行情即時揭示。

（4）基金單位的交易成本相對低廉。

3. 影響封閉式基金價格變動的因素

基金單位淨資產和市場供求關係是影響封閉式基金市場價格的主要因素，但其他因素也會導致其價格波動。

（1）基金單位資產淨值

基金單位資產淨值是指某一時點上某一基金每份基金單位實際代表的價值，是基金單位的內在價值。由於基金單位資產淨值直接反應一個基金的經營業績和相對於其他證券品種的成長性，同時，也由於基金單位資產淨值是基金清盤時，投資者實際可得到的價值補償，因此，基金單位資產淨值構成影響封閉式基金市場價格的最主要因素。在一般情況下，基金單位的市場價格應圍繞基金單位淨資產值而上下波動。

（2）市場供求關係

由於封閉式基金成立後，在存續期內其基金規模是穩定不變的，因此，市場供求狀況存在對基金交易價格產生重要影響。一般而言，當市場需求增加時，基金單位的交易價格就上升；反之，就下跌，從而使基金價格相對其單位淨值而言出現溢價或折價交易的現象，而折價交易是較普遍現象。

（3）市場預期

市場預期通過影響供求關係而影響基金價格。當投資者預期證券市場行情看漲，或基金利好政策將出抬，或基金管理人經營水準提高基金淨資產值將增加時，將增加基金需求從而導致基金價格上漲；反之，將減少基金需求從而導致基金價格下跌。

此外，證券市場狀況、基金管理人的管理水準以及政府有關基金的政策也是影響封閉式基金的因素。其中，確定基金交易價格的基礎是基金單位資產淨值，而證券市場狀況對基金交易價格影響較大。

4. 封閉式基金的價格決定

封閉式基金的價格和股票價格一樣，可以分為發行價格和交易價格。

封閉式基金的發行價格由兩部分組成：一部分是基金的面值；另一部分是基金的發行費用，包括律師費、會計師費等。

發行價格 ＝ 基金面值 + 基金發行費用

封閉式基金的交易價格和股票價格的表現形式一樣，可以分為開盤價、收盤價、最高價、最低價、成交價等。封閉式基金的交易價格主要受到上述因素的影響，在基金的實際交易中，封閉式基金一般是折價交易，即市場價格低於基金單位資產淨值。

例如：安順證券投資基金（簡稱華安安順封閉），由華安基金管理的封閉式基金，

成立於 1999 年 6 月 15 日，到期日是 2014 年 6 月 14 日。根據圖 5-2 和圖 5-3，我們可以看出基金績效的走勢與基金淨值基本一致，也就是說封閉式基金交易價格最根本的決定因素是基金淨值。同時可見基金績效的走勢與上證指數走勢基本一致，說明證券市場狀況對封閉式基金交易價格的影響。

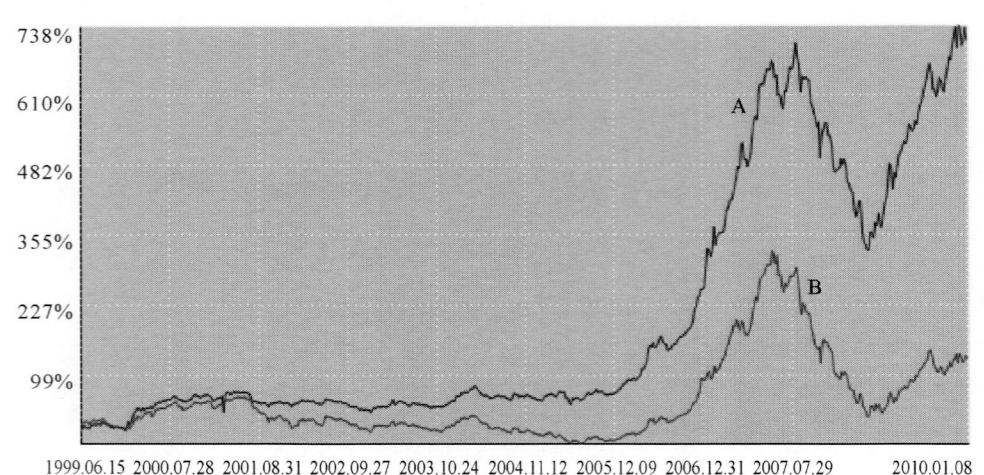

A —— 基金績效　　B —— 上證指數

圖 5-2　華安安順封閉基金績效（1999.06.15－2010.01.08）

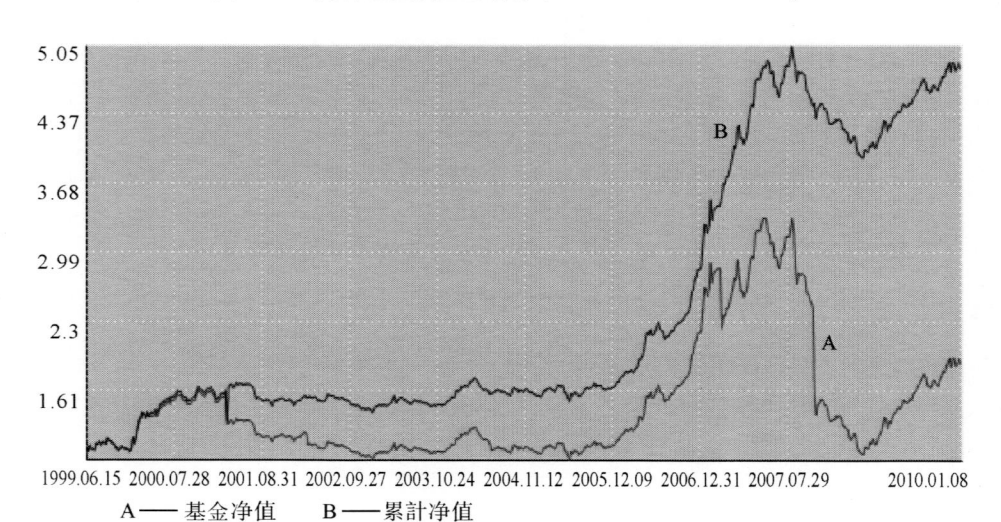

A —— 基金淨值　　B —— 累計淨值

圖 5-3　華安安順封閉基金淨值（1999.06.15－2010.01.08）

註：圖片來源於華安基金網站。

第二節　可轉換證券的價值分析

可轉換證券是指可在一定時期內、按一定比例或價格轉換成一定數量的另一種證券（簡稱「標的證券」）的特殊公司證券。根據標的證券的不同可以分為可轉換債券和可轉換優先股票。可轉換債券是可將債券轉換為該公司的普通股股票，可轉換優先股是可將優先股轉換為該公司的普通股股票。本節以可轉換債券為分析對象。

可轉換債券是在普通公司債券的基礎上發展起來的一種金融衍生品種，是由普通公司債附加了該公司股票的看漲期權，即可轉債價值 ＝ 純債券價值＋期權價值。

一、可轉換債券的主要條款

可轉換債券的發行條款除了發行額、期限、利率及付息、轉股價格、配售比例、轉股時間等條款外，能影響可轉債投資價值的條款主要有：

1. 修正條款

修正條款是指當股票二級市場價格在某一個區域內運行一段時間，則允許或者必須根據標的股票的市場價格對轉換價格進行調整，這個調整既可能是向下調整，也可能是向上調整。但大多部分情況下都只能向下修正轉股價。當股價下跌時，向下修正條款重新賦予轉債期權價值，客觀上保護了轉債投資者的利益。

2. 贖回條款

贖回條款是指發行人為了保護股票投資者的利益，並保證債券持有人加速轉股而設置的限制性條款。往往是公司股票價格達到某一個高位區域時，公司有權以一定的價格贖回可轉換債券。贖回條款的限制實質上限定了轉債投資者向上盈利的空間，轉債投資者不能因股價的不斷上漲而獲得無限的收益。

3. 回售條款

回售條款是指債券持有人在轉股價值無法實現時保障其持有債券本金安全和利息補償的條款，這也是對轉債投資者利益保護的一個重要條款。其實質是通過提高債券持有人實際獲得的利率，增加轉債的債券價值。由於隱含債券價值上漲，轉債的價值也會上漲。

4. 利率補償條款

利率補償條款是指債券持有人如果在期末還沒有轉股，除了獲得債券票面利率外，還將獲得一部分額外的利率補償。補償利率的實質與回售條款一致，增加轉債的債券價值，只不過在期末無條件回售，而回售可能有多個限制條件。

二、可轉換債券的價值分析

由於可轉換債券賦予持有人具有按發行時規定的轉換比例或轉換價格將其轉換成普通股的選擇權，因此可轉換債券的價值有投資價值、轉換價值、理論價值及市場價值之分。

1. 可轉換債券的投資價值

可轉換債券的投資價值是指當它作為不具有轉股選擇權的一種證券的價值。估計可轉換債券的投資價值，首先應估計與它具有同等資信和類似投資特點的不可轉換證券的必要收益率，然後利用這個必要收益率折算出它未來現金流量的現值。

[例5-4] 假定某轉換債券的面值為1000元，票面利率為8%，剩餘期限為5年，同類債券的必要收益率為9%，則該可轉換債券當前的投資價值為：

$$P = \sum_{t=1}^{5} \frac{80}{(1+0.09)^t} + \frac{1000}{(1+0.09)^5} = 961.11 \text{（元）}$$

2. 可轉換債券的轉換價值

可轉換債券的轉換價值是指實施轉換時得到的標的股票的市場價值，它等於標的股票每股市場價格與轉換比例的乘積，計算公式為：

轉換價值 = 標的股票市場價格 × 轉換比例

$$轉換比例 = \frac{可轉換債券面額}{轉換價格}$$

[例5-5] 接[例5-4]，若可轉換債券的轉換比例為40，實施轉換時標的股票的市場價格為每股26元，則該可轉換債券的轉換價值為：

轉換價值 = 26 × 40 = 1040（元）

3. 可轉換債券的理論價值

可轉換債券的理論價值也稱內在價值，是指將可轉換債券轉股前的利息收入和轉股時的轉換價值按適當的必要收益率折算的現值。計算公式為：

$$P = \sum_{t=1}^{n} \frac{C}{(1+r)^t} + \frac{CV}{(1+r)^n}$$

式中：P——可轉換債券的當前理論價值；

　　　t——時期數；

　　　n——持有可轉換債券的時期總數；

　　　r——必要收益率；

　　　C——可轉換債券每期支付的利息；

　　　CV——可轉換債券的轉換價值。

[例5-6] 接[例5-5]，假定投資者當前準備購買可轉換債券，並計劃持有該可轉換債券到未來某一時期，且在收到最後一期的利息後便立即實施轉股，則可轉換債券的當前理論價值為：

$$P = \sum_{t=1}^{5} \frac{80}{(1+0.09)^t} + \frac{1040}{(1+0.09)^5} = 987.11 \text{（元）}$$

4. 可轉換債券的市場價值

可轉換債券的市場價值也就是可轉換債券的市場價格。可轉換債券的市場價值一般保持在可轉換債券的投資價值和轉換價值之上。

如果可轉換債券市場價值在投資價值之下，該轉債價值被低估，購買該轉債並持有到期，就可獲得較高的到期收益率；如果可轉換債券市場價值在轉換價值之下，購

買該轉債並立即轉化為標的股票，再將標的股票出售，就可獲得無風險套利。因此，無論上述兩種情況中的哪一種情況發生，投資者的踴躍購買行為都會使該可轉換債券的價格上漲，直到可轉換債券的市場價值不低於投資價值和轉換價值為止。圖5－4描述了可轉換債券的債性與股性的關係。

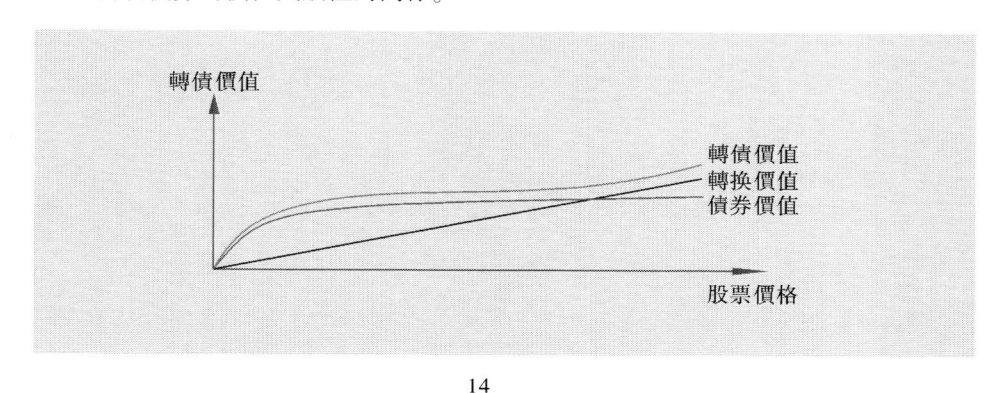

圖5－4 可轉換債券的債性與股性關係

圖5－4說明：

（1）當股價較低時，轉債的價值主要由債券價值構成，此時轉債可被視為一般債券（債性轉債）。

（2）當股價較高時，轉債的價值主要由轉換價值決定，轉債可被視為股票（股性轉債，轉換的可能性較大）。

由此可推：

$$轉股溢價率 = \frac{可轉換債券的市場價格 - 轉換價值}{轉換價值}$$

$$純債溢價率 = \frac{可轉換債券的市場價格 - 債券價值}{債券價值}$$

一般而言：

轉股溢價率＞純債溢價率 —— 債性轉債；

轉股溢價率＜純債溢價率 —— 股性轉債；

轉股溢價率＝純債溢價率 —— 平衡型轉債。

表5－3為上市公司可轉債股性與債性對比分析表。

表5－3　　上市公司可轉債股性與債性對比分析表（2008－4－24）

名稱	轉債價格	正股價格	轉股價格	轉換價值	轉股溢價率	債券價值	純債溢價率	股性	債性
赤化轉債	125.94	27.76	24.93	111.35	13.10	89.65	40.48	中	弱
金鷹轉債	127.40	6.99	6.20	112.74	13.00	98.98	28.72	中	弱
五洲轉債	108.56	8.04	10.14	79.29	36.92	83.62	29.82	弱	弱

表5－3(續)

名　稱	轉債價格	正股價格	轉股價格	轉換價值	轉股溢價率	債券價值	純債溢價率	股性	債性
山鷹轉債	110.22	5.92	7.31	80.98	36.10	89.31	23.42	弱	弱
大荒轉債	133.06	20.42	14.32	142.60	－6.69	87.78	51.58	強	弱
恒源轉債	115.98	38.94	50.88	76.53	51.54	91.42	26.86	弱	弱
海馬轉債	108.37	9.50	18.33	51.83	109.10	88.17	22.92	弱	弱
唐鋼轉債	110.40	17.69	20.80	85.05	29.81	92.20	19.74	弱	弱
錫業轉債	146.60	32.49	29.30	110.89	31.67	96.31	51.60	弱	弱
巨輪轉債	126.00	8.33	7.55	110.33	14.20	99.02	27.24	中	弱

數據來源：凱龍財金可轉債評價暨分析系統（CBPA）。

三、可轉換債券的轉換平價

1. 轉換平價

可轉換債券的轉換平價是指轉債的持有人在轉換期限內，依據可轉換債券市場價格和轉換比例，把轉債轉換成標的股票而對應的每股價格。計算公式為：

$$轉換平價 = \frac{可轉換債券的市場價格}{轉換比例}$$

轉換平價可視為可轉換債券轉換為標的股票的盈虧平衡點，當轉換平價大於標的股票的市場價格時，可轉換債券的市場價格大於可轉換證券的轉換價值，如果不考慮標的股票價格未來變化，此時轉股對持有人不利；當轉換平價小於標的股票的市場價格時，可轉換證券的市場價格小於可轉換證券的轉換價值，如果不考慮標的股票價格未來變化，此時轉股對持有人有利。

［例5－7］接［例5－6］，可轉換債券當前市場價格為1200元，轉換比例為40股，標的股票的市場價格為26元，則該可轉換債券當前的轉換平價為：

轉換平價＝1200÷40 ＝ 30（元）

由於標的股票當前的市場價格26元，小於按當前該債券市場價格1200元計算的轉換平價30元，所以按當前的1200元價格購買該債券並立即轉股顯然對投資者不利。

如何評價轉債對投資者是否有利，可進一步計算轉換升水與轉換貼水。

2. 轉換升水與轉換貼水

當可轉換債券的市場價格大於可轉換證券的轉換價值時，前者減後者所得的數值被稱為可轉換證券的轉換升水。計算公式為：

轉換升水＝可轉換債券的市場價格－可轉換債券的轉換價值

$$轉換升水比率 = \frac{轉換升水}{可轉換債券的轉換價值} \times 100\%$$

$$= \frac{轉換平價 - 標的股票的市場價格}{標的股票的市場價格} \times 100\%$$

當可轉換證券的市場價格小於可轉換證券的轉換價值時，後者減前者所得到的數

值被稱為可轉換證券的轉換貼水。計算公式為：

轉換貼水 = 可轉換債券的轉換價值 - 可轉換債券的市場價格

$$轉換貼水比率 = \frac{轉換貼水}{可轉換債券的轉換價值} \times 100\%$$

$$= \frac{標的股票的市場價格 - 轉換平價}{標的股票的市場價格} \times 100\%$$

[**例 5-8**] 接[**例 5-7**]，可轉換債券當前市場價格為 1200 元，轉換價值為 1040 元，轉換平價為 30 元，標的股票的市場價格為 26 元。該可轉換債券轉換升水或貼水？
由於該債券 1200 元的市場價格大於其 1040 元的轉換價值，因此該債券當前處於轉換升水狀態。

轉換升水 = 1200 - 1040 = 160（元）

轉換升水比率 =（160 ÷ 1040）× 100%

　　　　　　=（30 - 26）÷ 26 × 100%

　　　　　　= 15.38%

一般來說，投資者二級市場在購買可轉換債券時都要支付一筆轉換升水。

第三節　權證的價值分析

一、權證概述

權證是指標的證券發行人或其以外的第三方發行的，約定持有人在規定期間內或特定到期日，有權按約定價格向發行人購買或出售標的證券，或以現金結算方式收取結算差價的有價證券。權證本質上是證明持有人擁有特定權利的契約。

1. 權證的分類

權證有很多種分類方法：

（1）按照未來權利的不同，權證可分為認購權證和認沽權證。其中認購權證是指發行人發行的，約定持有人在規定期間內或特定到期日，有權按約定價格向發行人購買標的證券的有價證券；認沽權證是指發行人發行的，約定持有人在規定期間內或特定到期日，有權按約定價格向發行人出售標的證券的有價證券。

（2）根據權證存續期內可否行權，權證分為歐式、美式和百慕大式。歐式權證的持有人只有在約定的到期日才可以行權（即行使買賣標的股票的權利），如 2005 年 11 月 23 日上市的武鋼 JTP1，在 2006 年 11 月 16 日至 22 日行權；而美式權證的持有人在到期日前的相當一段時期內隨時都可以行權，如 2005 年 12 月 23 日上市的機場 JTP1，在 2006 年 3 月 23 日後，直至 2006 年 12 月 22 日之前的這段期間，投資者隨時都可以行權；百慕大式權證則可以在存續期內的若干個時間段行權，如馬鋼 CWB1 設定了 2007 年 11 月 15 日到 11 月 28 日和 2008 年 11 月 17 日到 11 月 28 日兩段行權期。

（3）按照發行人的不同，還可分為公司權證和備兌權證。其中公司權證是指標的

證券發行人所發行的權證，備兌權證是指標的證券發行人以外的第三方（如大股東、券商等金融機構）發行的權證。

（4）按照結算方式的不同，權證可分為現金結算權證和實物交割權證。現金結算權證行權時，發行人僅對標的證券的市場價與行權價格的差額部分進行現金結算；實物交割權證行權時則涉及標的證券的實際轉移，需要權證持有人按約定支付行權價款或交付證券。

（5）按照權證行權價格與標的證券的關係，權證可分為價內權證、價平權證和價外權證。價內權證是指權證持有人行權時，權證行權價格與行權費用之和低於標的證券結算價格的認購權證；或者行權費用與標的證券結算價格之和低於權證行權價格的認沽權證；反之，則叫價外權證。在實際投資中，一般將權證行權價與標的證券收盤價對比評價，見表5-4。

表5-4　　　　　　　　權證行權價格與標的證券價格的關係

價格關係	認購權證	認沽權證
行權價格＞標的證券收盤價格	價外	價內
行權價格＝標的證券收盤價格	價平	價平
行權價格＜標的證券收盤價格	價內	價外

2．權證的風險

權證投資的主要風險有：

（1）槓桿效應風險。權證是一種高槓桿投資工具，其價格只占標的資產價格的較小比例。投資者投資於權證，有機會以有限的成本獲取較大的收益，一旦判斷失誤，投資者也有可能在短時間內蒙受較大的損失。權證投資在放大收益的同時也放大了風險。

（2）價格誤判風險。權證價格受到標的證券的價格走勢、行權價格、到期時間、利率、權益分派和權證市場供求等諸多因素的影響，權證持有人對此等因素的判斷失誤也可能導致投資損失。

（3）時間風險。與其他一些有價證券不同，權證有一定的存續期限，且其時間價值會隨著時間消逝而快速遞減。到期以後，權證將成為一張廢紙。

（4）錯過到期日風險。除了現金結算型權證交易所在到期日會自動將有執行價值的權證進行結算外，採用證券給付形式結算的權證均必須由投資者主動提出行權要求，過期不行權的權證將被註銷。因此投資者必須留意所投資權證的行權期。

（5）履約風險。權證實質是發行人和持有人之間的一種合同關係，雖然交易所對權證發行規定了一定的條件，但發行人在到期日還是可能因各種原因而無法向權證持有人給付約定的證券或現金，持有人有可能面臨發行人不能履約的風險。

3．影響權證價值的因素

影響權證價值的因素有：

（1）標的資產價格。由於權證是以標的資產為基礎而產生的衍生產品，因此標的

資產價格也就成了確定權證發行價格及其交易價格走勢的最主要因素。標的資產價格越高，意味著認購（沽）權證持有人執行權證所獲收益越大（小）。因此標的資產價格越高的認購（沽）權證，其發行或交易價格往往越高（低）。

（2）權證行權價格。與標的資產價格相反，權證所約定的行權價格越高的認購（沽）權證，其發行或交易價格往往越低（高）。

（3）權證有效期。權證有效期越長，權證的時間價值越高，因此權證發行價格或交易價格一般也就越高。

（4）標的資產價格波動性。標的資產價格波動性越大，標的資產價格出現異常高的可能性越大，那麼權證處於價內的機會也就越多，因此權證發行價格或交易價格一般也就越高。

（5）無風險利率。無風險利率的高低，決定著標的資產投資成本的大小。無風險利率越高，投資於標的資產的成本越大，因而認購權證變得較具吸引力，而認沽權證的吸引力則相應變小，故認購（沽）權證的發行或交易價格就會越高（低）。

（6）預期股息。中國權證管理暫行辦法中規定，標的證券派息時將調整行權價，調整公式為：新行權價格＝原行權價格×（標的股票除息價/除息前一日標的股票收盤價）。而標的證券除權時，對行權價格和行權比例都將進行調整。

除了以上影響權證理論價值的因素外，市場中供求關係的影響，可能會使權證價格和理論價值產生一定的偏離，從而導致價內和價外現象。各因素的變動對權證價值的影響方向如表5－5所示。

表5－5　　　　　　一個因素增加而其他因素保持不變對權證價值的影響

影響權證價值的因素	認購權證價值	認沽權證價值
股票價格	＋	－
行權價格	－	＋
到期期限	＋	＋
波動率	＋	＋
無風險利率	＋	－
預期股息	－	＋

二、權證的價值分析

1. 權證的定價

權證的理論價格是根據 Black－Scholes 模型（簡稱 BS 模型）計算出來的，通過選取股票價格、權證條款（行權價格、存續期、行使比例等）和股票價格波動率等參數計算得出權證的定價。標準 BS 模型定價公式為：

認購權證的理論價值 $= C = S \cdot N(d_1) - X \cdot e^{-rt} \cdot N(d_2)$

認沽權證的理論價值 $= P = X \cdot e^{-rt} \cdot [1 - N(d_2)] - S \cdot [1 - N(d)]$

式中：$d_1 = \dfrac{\ln\left(\dfrac{S}{X}\right) + (r + 0.5\sigma^2) \cdot t}{\sigma\sqrt{t}}$；

$d_2 = d_1 - \sigma\sqrt{t}$；

S——計算時標的股票的價格；

X——行權價格；

r——無風險利率；

$N(\cdot)$——累積正態分佈概率；

σ——標的股票價格的波動率；

t——權證的存續期限（以年為單位）。

計算方法為：首先，從市場上獲得標的證券在固定時間間隔（如每天、每週或每月等）上的價格；其次，對於每個時間段，求出該時段末的股價與該時段初的股價之比的自然對數，即對數收益率；最後，求出這些對數收益率的標準差，得到的即為歷史波動率。許多行情統計軟件都會揭示證券的歷史波動率。

通過 BS 模型得到權證的定價，將權證的理論價格與市場價格對比，如果權證當前的市場價格高於理論價格就可以說權證價格被市場高估，否則就是被低估。中國新權證上市首日的參考價就是該權證的主承銷商根據標準 BS 模型（或調整後的 BS 模型）進行計算定價的。

例如：2005 年 8 月 22 日上市的寶鋼認購權證，認購權證行權價為 4.5 元，假設寶鋼股份公司股價年波動率為 30.5%（根據最近一年的歷史股價波動率估計），無風險收益率為 3.3%（參照 7 年期國債到期收益率），則對應寶鋼股份公司不同股價，根據 Black - Scholes 模型計算的認股權證理論價值如表 5 - 6 所示。

表 5 - 6　　　　　　　　　　寶鋼認購權證理論價格

寶鋼股份公司股價（元/股）	4.2	4.5	4.8	5
認購權證理論價格（元/股）	0.46	0.62	0.82	0.96

數據來源：寶鋼集團公司認購權證上市公告書。

權證漲幅價格 = 權證前一日收盤價格 +（標的證券當日漲幅價格 - 標的證券前一日收盤價）×125% ×行權比例

權證跌幅價格 = 權證前一日收盤價格 -（標的證券前一日收盤價 - 標的證券當日跌幅價格）×125% ×行權比例

8 月 21 日，寶鋼股份收盤價 4.62 元，根據 BS 模型，8 月 22 日，寶鋼權證參考開盤價為 0.688 元，根據權證漲跌幅價格計算公式，當日波幅為 0.113 ~ 1.263 元，實際開盤價為 1.263 元，實際波幅為 1.26 ~ 1.263 元，漲幅達 83.58%，可見寶鋼權證已遠遠偏離了合理定價。

寶鋼權證漲幅價格 = 0.688 + 0.46 × 125% = 1.263（元）

寶鋼權證跌幅價格 = 0.688 - 0.46 × 125% = 0.113（元）

權證的合理價格是在權證的理論價值附近變動，兩者並不完全相同。權證理論價值的計算由於選取的參數不同，其計算的結果也會不同。同時由於權證的市場價格還要受到市場供求關係的影響，因而，權證的理論價值只是確定權證價格的重要參考。

2. 權證的理論價值

權證的理論價值構成包含兩部分：權證理論價值＝內在價值＋時間價值。

第一部分稱作「內在價值」，是股票現價減去行權價格得到的差價與零之間的較大值（認購權證），或行權價格減去股票現價得到的差價與零之間的較大值（認沽權證），它的直觀含義是立刻行權可以獲得的差價。比如，若寶鋼股份的價格為4.56元股，則行權價為4.50元的寶鋼認購權證的內在價值為0.06元。對認購權證而言，如果正股價格低於行權價格則內在價值為零，認沽權證則相反。

為了對權證價格的合理性進行初步的判斷，可運用一種簡單明了、易於掌權的方法。為了表述方便，用符號 S 表示權證到期日標的股票的價格，X 表示權證的行權價格，則認購權證的未來收益為 $\text{Max}(S-X, 0)$，認沽權證的未來收益為 $\text{Max}(X-S, 0)$，其中，Max（ ）為最大值函數。可見，權證的未來收益主要取決於標的證券的未來價格。顯然，如果權證的價格接近於該權證未來收益的現值，該權證就是合理定價的；如果權證的價格小於該權證未來收益的現值，則該權證是被低估的。因此，判斷權證的定價是否合理，主要取決於對其標的證券未來價格判斷的準確程度。

對於歐式認購權證，權證最後交易日前（包含最後交易日）標的證券價格越高，則權證的內在的價值越大，其上限為當日的標的證券價格。如2007年11月2日武鋼股份的收盤價為15.55元，那麼其認購權證武鋼CWB1當日的價格上限即為15.55元；對於歐式認沽權證而言，權證最後交易日前（包含最後交易日）標的股票的價格越低，則權證的內在價值越大，其上限為行權價的連續複利現值。

第二部分稱作「時間價值」，它是權證的理論價值減去內在價值。它的直觀含義是由於權證到期前股票價格存在朝有利方向變動的可能，從而使得權證具有或有價值。顯然，隨著到期時間的臨近，這部分價值是逐漸減少的，直至到期時降低為零，這也就是它被稱作「時間價值」的原因。

因此，只要權證沒有到期，股票價格就有可能朝著對權證持有人有利的方向變動，其時間價值就大於零。仍以武鋼CWB1為例，2007年11月2日，武鋼股份股票收盤價格為15.55元，行權價格10.20元，因此，武鋼CWB1的內在價值為5.35元（15.55－10.20），而其當日收盤價為6.735元，表明市場認可的時間價值大於零。

但是，權證的時間價值會隨著到期日的臨近而衰減，直到到期時降低到0。對於權證價格遠高於理論價值的權證，在臨近最後交易日前，可能加速迴歸理論價值，價格波動也隨之加劇。以寶鋼JTB1為例，2006年8月30日是寶鋼權證的行權日，當天寶鋼股份的收盤價4.14元，全天股價在4.13～4.17元之間波動，始終低於寶鋼認購權證4.2元的行權價（調整後的行權價），寶鋼權證已淪為價外權證，當天權證收盤價0.022元。即便如此，仍有554.2559萬份權證持有人選擇行權，占權證發行量3.877億份的1.43%左右。

3. 權證的溢價率

權證的溢價率是指在不考慮交易費用的前提下，以當前價格買入權證並持有至到期行權，正股股價需要上漲（認購權證）或下跌（認沽權證）多少百分比時投資者才能保本。溢價率反應了到期行權的盈虧平衡概念，同時也是權證市場衡量權證價格風險的指標之一。溢價率越高，達到盈虧平衡越不容易，權證投資的風險就越大。

對權證溢價率的分析建立在評估盈虧平衡點的基礎上。權證盈虧平衡點是指在不考慮交易費用的前提下，使得權證持有人能夠實現盈虧平衡的正股股價格，即標的證券的價格達到多少，購買的權證才能保持盈虧平衡。其計算公式為：

盈虧平衡點價格（認購權證）＝行權價＋權證價格×行權比例

盈虧平衡點價格（認沽權證）＝行權價－權證價格×行權比例

評估權證盈虧平衡點價格，在考慮權證買入成本的情況下，認購權證持有者行權時，只有當標的證券價格高於該盈虧平衡點價格時，權證行權所獲的收益才能彌補其權證買入成本，並獲得正的收益；相反，認沽權證持有者行權時，只有當標的證券價格低於該盈虧平衡點價格時，才能獲得正的收益。

溢價率計算公式：

溢價率（認購權證）＝[（行權價＋權證價格×行權比例）－正股價]/正股價

溢價率（認沽權證）＝[正股價－（行權價－權證價格×行權比例）]/正股價

一般而言，溢價率低的權證容易達到盈虧平衡點，投資風險要小一些，投資者應選擇溢價率低的權證。例如：2007年7月18日收盤時，五糧YGC1價格為28.700元，五糧液股價為28.45元，行權價為4.9元，行權比例為1：1.402，則五糧YGC1的盈虧平衡點和溢價率為：

盈虧平衡點價格（認購權證）＝4.9＋28.7×1/1.402＝25.37（元）

溢價率（認購權證）＝(4.9＋28.7×1/1.402－28.45)/28.45＝－10.83%

溢價率為－10.83%，表示正股五糧液股價在現有28.45元的水準上下跌10.83%，達到盈虧平衡點25.37元。由此，負溢價的五糧YGC1已經具備一定的投資價值，即五糧YGC1相對於五糧液股票更具投資價值。從理論上講，投資者可選擇長期持有認購權證策略。

溢價率反應了市場對正股在權證存續期內價格的預期，因此影響溢價率水準主要有兩個因素：一是正股價格走勢；二是權證剩餘期限。其中，正股價格走勢的預期尤為重要。投資者必須明白，以當前價格買入權證，不僅是看好正股，而且反應了投資者認同該權證可以在存續期內達到溢價率要求的水準。剩餘存續期對溢價率的影響較為直接，因為從整個權證存續期來看，理論上溢價率應該是一個從高位向零迴歸的過程。而正的溢價率實質上反應了權證的時間價值，在其他條款相同的前提下，存續期較長的權證溢價率一般都較高。而臨近到期日的權證，內在價值的變化懸念越來越小，權證價格主要受時間價值影響，表現在溢價率逐漸收縮，權證價格向內在價值迴歸。一般而言，隨著權證剩餘時間的減少，權證的溢價率也同時逐步縮減，當權證是價內權證時，權證溢價率最終會向零迴歸。當權證為價外權證時，則即使權證跌至0.001

元，溢價率也不會為零，並且價外程度越高，溢價率也越高。因此，投資者持有接近到期日的價外權證應仔細權衡風險。

溢價率作為衡量權證投資價值的一個主要指標，其使用的前提條件是投資者持有權證至到期行權。如果投資者在到期日前已沽出手上的權證，溢價的參考作用便大大下降。事實上，極少數投資者會持有權證等待到期行權，因為期間正股走勢未必完全符合預期，而且時間價值的損失非常明顯。因此，如果買入權證的目的只是做中短線，則溢價的參考價值有限，此時最好使用實際槓桿等指標來代替溢價指標。

4. 權證的槓桿作用

權證的槓桿作用是指權證的市場價格要比其標的證券的市場價格上漲或下跌的速度快得多，體現其高槓桿性。假設股票 A 的權證行權價為 8 元，比較表 5-7 中標的股票和權證的收益。

表 5-7　　　　　　　　　　標的股票和權證的收益對比表

	2008 年 7 月 1 日	2008 年 8 月 1 日	收益率
股票 A	10	11	10%
股票 A 的權證	2.2	3.1	41%

權證的高槓桿性是「雙刃劍」，在放大了收益的同時也放大了風險。在權證投資中如何評價風險，選擇適合的權證，投資者可以通過槓桿比率和有效槓桿比率兩個指標來度量權證的槓桿效應。

槓桿比率也叫槓桿倍數（名義槓桿比率），衡量的是標的證券價格相對於權證價格的倍數，即用一份標的資產價格可以購入多少份權證。指標值越大，則說明槓桿效應越強。其計算公式為：

槓桿比率 =（標的證券價格）/（權證價格/行權比例）

以石化 CWB1 為例，2008 年 3 月 20 日的槓桿比率為 3.02，即同樣的資金投入，通過購買權證控制的正股數量是直接買入正股的 3.02 倍。槓桿比率反應了權證財務槓桿的大小，但要預計權證放大正股漲跌幅度，還應從有效槓桿著手。

有效槓桿比率也叫彈性系數（實際槓桿比率），衡量的是權證價格對正股價格變化的敏感度，表示正股價格每變化百分之一，權證價格變化的百分比。由於考慮了時間價值，從衡量收益的角度來說，實際槓桿比率能更為準確地反應槓桿效應強弱。其計算公式為：

有效槓桿 = 槓桿比率 × 對沖值

對沖值（Delta 值）表示當標的資產價格變動時，權證的理論價格將產生的相應變動。其值通常是一個介於 -1~1 之間的數字，認購權證的 Delta 值為正，認沽權證的 Delta 值為負。其計算公式為：

Delta 值 =（權證理論價格/行權比例）的變動/標的資產價格的變動

Delta 值並不是來自市場上實際發生的變動比率，而是通過 Black-Scholes 模型計算得到的理論變動比率。投資者可在交易所及專業機構網站上查到權證有效槓桿指標

數據。

有效槓桿反應權證與正股價格變動的理論關係，例如，某認購證的有效槓桿為5，則正股每上漲1%，理論上權證應該上漲5%。有效槓桿越高，代表權證的潛在升幅（回報）/跌幅（虧損）越大，投資者需承受的風險越高；有效槓桿越低，投資者需承受的風險越低。從理論上來說，有效槓桿水準的大小和影響權證價格的各個要素都有關係，如正股價格、引申波幅、剩餘期限等。通常，其他條件相同的情況下，越趨價外的權證有效槓桿水準越高，剩餘期限越短的權證有效槓桿水準亦越高。

權證的槓桿比率和有效槓桿比率的變動不一定一致，投資權證應以有效槓桿作為回報/風險的參考，而不是用槓桿比率。比如南航JTP1，2008年3月20日收盤時槓桿比率高達14.84，但是有效槓桿只有0.3，表示權證對正股價格變化極不敏感，即權證價格已經基本不受正股價格變化影響，隨時間流逝歸零不可避免，對於這類高風險權證，投資者切勿只看槓桿比率而盲目參與。若投資者風險承受能力強，可以選擇有效槓桿較大的權證；而風險承受能力低的投資者，可以選擇有效槓桿低一點的權證。

有效槓桿和溢價率在一定程度上代表了權證的收益和風險，通常，投資者應該選擇溢價率較低，而有效槓桿水準較高的權證。權證市場數據見表5-8。

表5-8　　　　　　2008年5月19日權證市場數據

權證簡稱	權證價格（元）	漲跌幅（%）	行權價格（元）	溢價率（%）	有效槓桿	到期日	行權比例
馬鋼CWB1	4.527	0.31	3.33	-10.21	1.9	2008-11-28	1.000
武鋼CWB1	6.400	-1.33	9.91	-5.34	2.4	2009-04-16	1.000
深高CWB1	5.454	1.21	13.85	124.73	0.7	2009-10-29	1.000
日照CWB1	7.088	-0.06	14.25	41.03	1.4	2008-12-02	1.000
上汽CWB1	5.738	-1.51	27.43	134.40	0.9	2010-01-07	1.000
贛粵CWB1	6.457	-1.01	20.53	86.12	1.1	2010-02-27	1.000
中遠CWB1	8.224	-0.45	40.38	45.45	1.5	2009-08-25	0.500
石化CWB1	1.730	-1.42	19.68	94.62	1.5	2010-03-03	0.500
上港CWB1	3.240	0.22	8.40	75.57	0.9	2009-03-06	1.000
青啤CWB1	7.031	0.50	28.32	47.72	1.4	2009-10-19	0.500
南航JTP1	0.363	1.11	7.43	41.91	-0.4	2008-06-20	0.500

數據來源：廣發證券網站。

❈ 本章小結

1. 證券投資基金是一種利益共享、風險共擔的集合證券投資方式。影響基金績效評價的因素有：基金的投資目標、基金的風險水準、基金的比較基準、基金的時期選擇和基金組合的穩定性。基金績效評價的指標有：基金的單位資產淨值和基金淨值收益率，其中基金淨值是衡量證券投資基金價值的關鍵。

2. 基金的單位資產淨值 =〔基金資產（包括現金、股票、債券和其他有價證券及提留的準備金以及實物資產等其他資產）－各種費用（開辦費、管理費、託管費和運作費用等）〕／基金單位數量。

3. 開放式基金的價值由基金資產淨值決定，申購價格與贖回價格的高低在基金資產淨值的基礎上，要考慮費用。申購價格＝基金單位淨值＋申購費用，贖回價格＝基金單位淨值－贖回費用。

4. 封閉式基金的價值主要受到六個方面的影響：基金單位資產淨值、市場供求關係、宏觀經濟狀況、證券市場狀況、基金管理人的管理水準以及政府有關基金的政策。其中，確定基金交易價格的基礎是基金單位資產淨值，而證券市場狀況對基金交易價格影響較大。

5. 可轉換債券是一種衍生性金融商品，其價格和標的股票的價格呈高度相關：當股價處於低位時，投資人轉股不劃算，因此會以債券方式持有，其價格會趨於純債券價值；一旦股價升高，可轉債開始有了較高的轉股價值，因此可轉債的價格也會升高，其價格便會趨於轉股平價。

6. 可轉換債券的主要條款有：修正條款、贖回條款、回售條款和利率補償條款。可轉換債券的價值有投資價值、轉換價值、理論價值及市場價值之分。通過可轉換債券的價值分析，投資者可作出持債或轉股的選擇。

7. 權證是約定持有人在規定期間內或特定到期日，有權按約定價格向發行人購買或出售標的證券。權證投資的主要風險有：①槓桿效應風險；②價格誤判風險；③時間風險；④錯過到期日風險；⑤履約風險。影響權證價值的因素有：①標的資產價格；②權證行權價格；③權證有效期；④標的資產價格波動性；⑤無風險利率；⑥預期股息等。

8. 權證的理論價值構成包含兩部分：權證理論價值＝內在價值＋時間價值。權證有很高的槓桿性，所以風險比較大，投資者在分析其投資價值時要考慮到該權證正股的價值和市場行情等多方面的因素，評價溢價率和有效槓桿。

❋ 復習思考題：

1. 影響基金績效評價的因素有哪些？評價的指標有哪些？
2. 開放式基金與封閉式基金的價格決定有何不同？
3. 可轉換債券的價值應從哪些方面分析？其相互關係是怎樣的？
4. 某公司可轉換債券面值1000元，轉換價格10元，該轉債市場價格990元，標的股票市場價格8元/股，則該轉債當前轉換價值為多少？
5. 某公司可轉換債券的轉換比例為50，標的股票市場價格為21元，該轉債的市場價格為1200元，試分別計算該轉債的轉換價值、轉換平價、轉換升水或貼水。
6. 權證投資的主要風險有哪些？影響權證投資價值的因素有哪些？
7. 什麼是權證的溢價率？如何運用溢價率分析權證的投資價值？
8. 什麼是權證的槓桿比率？什麼是有效槓桿比率？如何評價權證的風險？

第六章　證券投資基本分析

本章學習目標：
　　瞭解基本分析的概念及理論基礎，熟悉宏觀經濟環境對證券市場的影響因素，熟悉財政政策與貨幣政策的工具及對證券市場的影響；瞭解行業分析的概念和行業分類，熟悉行業的市場結構，掌握行業分析方法；掌握財務分析的內容、指標和分析方法，掌握經營狀況分析方法。

第一節　基本分析概述

　　證券投資分析是指投資者通過各種專業性分析方法，對影響證券價值或價格的各種信息進行綜合分析，以判斷證券價值或價格及其變動的行為，是證券投資過程中不可或缺的重要環節。進行證券投資所採用的分析方法主要有三大類：第一類是基本分析，主要根據經濟學、金融學、投資學等基本原理推導出結論的分析方法；第二類是技術分析，主要根據證券市場自身變化規律得出結果的分析方法；第三類是證券組合分析法，以多元化投資來有效降低非系統性風險是該方法的出發點，數量化分析成為其最大特點。本章介紹的是基本分析方法。

一、基本分析的理論基礎

　　1. 基本分析的含義
　　基本分析又稱基本面分析，是指根據經濟學、金融學、財務管理學及投資學的基本原理，通過對決定證券投資價值的基本要素，如宏觀經濟指標、經濟政策走勢、行業發展狀況、公司經營及財務狀況等的分析，對證券的投資價值及市場定價作出評估判斷的一種分析方法。
　　2. 基本分析的理論基礎
　　基本分析的理論基礎在於內在價值理論：①任何一種投資對象都有一種可以稱之為「內在價值」的固定基準，且這種內在價值可以通過對該種對象的現狀和未來前景的分析而獲得。②市場價格和內在價值之間的差距最終會被市場所糾正，因此市場價格低於（或高於）內在價值之日，便是買（賣）機會到來之時。
　　基本分析的關鍵在於估計證券的內在價值，通過分析找到證券價值和價格的背離機會，在市場價格低於內在價值的時候買入，高於內在價值的時候賣出。而證券內在

價值的估計的條件是市場中的信息都是公開的；投資者可以及時準確地獲得信息；投資者都會理性地分析並做出投資決策。這些條件與現實存在一些差距，致使一些投資者質疑基本分析的有效性，但總的來說，基本分析適用於全球大部分資本市場。中國A股市場是一個新興的資本市場，還存在信息披露不完全，信息獲得成本較高等問題，因此基本分析的有效性還弱於歐美等成熟市場，隨著監管力度的加大和A股市場的逐步發展，基本分析將得到越來越廣泛的應用。

3. 基本分析的結構

基本分析大致分為三個層次，即宏觀、中觀、微觀。宏觀層面圍繞一國乃至全球的經濟形勢及政策變動的影響；中觀層面側重於各個行業的發展前景；微觀層面涉及具體的投資對象——上市公司的經營財務狀況。這三個層次的作用各不相同，但彼此依託、相輔相成，單獨進行其中某項分析都不能獲得最理想的基本面分析結果。基本分析存在一定的技術難度，三個層次對投資者的要求也不相同，宏觀層面要求投資者有能力把握經濟運行的方向，知道各項經濟數據的定義和用途，以此幫助找準現階段處於經濟週期的什麼位置；中觀層面要求投資者對行業基本情況有一定的瞭解，能合理推斷行業的生命週期和發展前景；微觀層面要求投資者掌握財務知識，結合財務數據分析公司的盈利能力，有時甚至需要通過登門調研、試用產品等方法去瞭解公司的經營狀況。

二、基本分析的方法

現在的主流基本分析方法是「由上至下」（Top To Down）三步驟分析法，所謂由上至下是指，先進行宏觀經濟的總體分析，再進入中觀的行業分析，最後進行微觀的公司分析。通過這三個步驟，將一個公司的外部環境和內部經營狀況等方方面面都做了較為細緻的分析。

首先，宏觀經濟分析主要考察國內和國際的整體經濟條件，主要分析經濟指標、經濟政策和經濟環境對證券價格的影響。從長期來看，股票市場的走勢和變化是由一國經濟發展水準和經濟景氣狀況所決定的，股票市場價格波動也在很大程度上反應了宏觀經濟狀況的變化。從國外證券市場歷史走勢不難發現，股票市場的變動趨勢大體上與經濟週期相吻合。在經濟繁榮時期，企業經營狀況好，盈利多，其股票價格也在上漲。把握了宏觀經濟形勢可以幫助把握好證券市場的變化趨勢，對於指數基金等投資產品來說意義尤其明顯。

其次，處於中觀的行業分析也是至關重要的。行業分析主要分析行業所屬的不同市場類型、所處的不同生命週期及行業業績、行業政策對於證券價格的影響。當某個行業處於蕭條的境況時，行內的企業也很難獨善其身；行業發展階段、行業結構和行業內競爭狀況都是投資分析的重點考察對象。另外行業分析還是聯繫宏觀經濟分析和公司分析的紐帶，沒做好行業分析，那麼宏觀經濟分析就顯得失去了意義，公司分析也難以入手。

最後，微觀的公司分析，從具體的上市公司入手，主要分析公司的經營狀況和財務狀況，評估和預測其證券的投資價值、價格及其變化趨勢。影響個股價位高低的主

要因素在於公司本身的內在素質，包括財務狀況、經營情況、管理水準、技術能力、市場大小、行業特點、發展潛力等一系列因素。

第二節　宏觀經濟分析

在「由上至下」三步驟分析中，宏觀經濟分析的作用舉足輕重，因為宏觀經濟的走勢往往決定了證券市場趨勢的方向。國際經濟環境和國民經濟的發展等因素直接決定了證券市場的投資價值，企業是國民經濟的一環，其未來的經營業績也和宏觀經濟形勢息息相關，證券市場參與者可以通過把握宏觀經濟的走勢找到證券的價值的增長點。另外，瞭解中國經濟規律還需要觀察相關的宏觀經濟政策，這些經濟政策將會影響到國民經濟的增長速度和質量，甚至於扭轉經濟運行的方向，掌握其和證券市場的聯動規律，才能準確判斷投資機會。

本節著重介紹宏觀經濟分析的特徵和方法，以及結合中國證券市場的實際情況瞭解轉型市場的特殊性，為進一步瞭解行業分析和公司分析打下基礎。

一、宏觀經濟特徵

1. 宏觀經濟的基本指標

宏觀經濟的基本指標包括：

（1）國內生產總值（GDP）。GDP是一個國家或地區生產的產品與服務的總和，是衡量一個國家經濟形勢最常見的指標。國內生產總值的高速增長期也是該國經濟的高速發展期，往往也是進行證券投資的黃金時期。

GDP是一個地域概念，在國土範圍內的本國和外國居民在一定時期內生產的產品和勞務都包括在內。與之相對應的國民生產總值（GNP）則是國民概念的指標，包含所有居住在本國和外國的本國居民的全部產出。兩者之間的公式是：

GDP = GNP － 本國居民在國外的產出 + 外國居民在本國的收入

　　　= GNP － 外國要素淨產出

中國目前在經濟核算中採取GDP指標，這為國際上大多數國家所使用，但這種核算方法也存在明顯的缺陷，因為國內生產總值核算法反應經濟的量的變化，而沒有體現出經濟質量和經濟結構的變化，必須結合其他經濟指標進行分析，才能得出更全面的結果。

（2）失業率（Unemployment）。失業率是指失業人數占勞動力的百分比。該指標測度了一個經濟體生產能力的利用程度，反應了目前的生產力和潛在生產力（最大生產能力）的差距。低失業率通常是經濟高速增長的表現。中國公布的失業率是城鎮登記失業率，即城鎮登記失業人數占城鎮勞動力的百分比。由於中國二元經濟的特殊國情，沒有將農村勞動力考慮進去。

失業率除了經濟指標的職能外，還可以反應社會的安定程度，高失業率常伴隨一系列社會問題，而這些社會問題同樣對該國的經濟發展有反饋影響作用，所以失業率

是國家經濟政策制定者不得不考慮的因素，有時不得不犧牲一些經濟效益以保證較高的就業率。

（3）通貨膨脹（Inflation Rate）。通貨膨脹指物價水準持續、全面的上漲程度，常用的衡量指標有消費物價指數（CPI）、生產者價格指數（PPI）、國內生產總值物價平減指數（GDP Deflator）。消費物價指數是對選定的固定一籃子商品價格的衡量，反應商品和勞務的價格變化；生產者價格指數是從生產者角度出發的物價指數，測度初級市場上交易的商品（如鋼鐵、煤炭、電力、石油等）價格變動的指數，反應產業鏈中上游商品價格的變動情況；國內生產總值物價平減指數是指將名義國民生產總值平減而成為實質國民生產總值的物價指數，也稱「隱性物價指數」。各通脹指標在衡量物價水準時各有優劣，一般根據不同情況不同時點選用適當的指標，更廣泛來說，消費價格指數的使用最為普遍。

高通脹扭曲商品的名義價格，致使財富差異化的再分配，降低資源配置效率，引發的泡沫經濟無論是其形成或者破滅都對國民經濟產生重大負面影響，決策者者必然會把控制通脹率視為重要目標之一。資本市場參與者應當注意到，控制物價水準的政策出抬往往也有打壓資本市場的效果。

（4）國際收支（International Payments）。國際收支是指本國與其他國家在經濟往來中產生的交易資金結餘。國際收支包含經常項目和資本項目；經常項目發生在國家對外貿易和勞務的往來中，包含貿易收支、勞務收支和單方面轉移支付（如援助、捐助等）；資本項目發生在國家同外國的資金往來中，反應對外投資、利用外資以及資本償還等方面。

一國的國際收支情況也是衡量該國經濟的重要指標，尤其是中國這樣外貿依存度較高的國家，對外貿易是拉動經濟增長的關鍵環節。國際收支平衡也是決策者所考慮的因素，過分逆差會導致國民經濟喪失活力，過分順差則會引發外貿糾紛和貨幣升值壓力。

（5）其他經濟指標。其他經濟指標諸如匯率、利率、財政赤字、貨幣供應量、工業增加值等，都會對國民經濟產生重大影響，進而改變證券市場的走勢。由於其涉及內容較廣較多，部分指標會在其他章節中被提及，這裡不再贅述。

2. 宏觀經濟形勢對證券市場的影響

宏觀經濟受到很多因素的影響，整體來看可以分為需求衝擊和供給衝擊。需求衝擊包括政府增加投資，貨幣供給量增大，外國對本國商品需求增加等。一般這類事件會使總產出增加，刺激經濟發展，但伴隨通脹壓力，也會增加社會對資金的需求，推高利率；供給衝擊反應在生產環節，如自然災害或者資源危機引起的成本增加，往往造成總產出減少，同時物價和利率降低。之前提到宏觀經濟的方向決定了證券市場的趨勢，這種性質決定了宏觀經濟分析在證券投資分析中的重要性，也就讓證券市場參與者不得不考慮影響宏觀經濟運行的因素，以及宏觀經濟與資本市場的相關性。宏觀經濟對證券市場的影響主要體現在兩個方面，經濟總量和經濟週期，前者側重於經濟體中長期發展趨勢，後者側重於經濟短期波動。

（1）經濟總量，通常表示為國內生產總值（GDP），從長期來看（10年以上），一

國的證券市場趨勢和 GDP 增速保持大致同方向變動，但在短期內會有很多不確定性，眾所周知中國 2008 年證券市場大幅下挫，但是 GDP 仍然有超過 9% 的高增長。證券市場參與者應當從不同的角度來分析經濟總量走勢。通常來說，持續高速的經濟增長使人們對經濟形勢的預期轉好，會產生更多的消費，讓企業經營環境逐步改善，上市公司的利潤增加，員工收入增加，有更多結餘資本流入證券市場，推動股價上揚；停滯不前的經濟體會產生相反的結果。如果經濟長期高速增長而導致經濟過熱，產生高通脹，資本品價格居高不下，企業、居民收入下降，引起決策層出抬抑制經濟的政策，這樣資本市場轉入下行的可能性增大。另外要關注 GDP 增速的變化，毫無生機的一個財政年過後如果緊接著的是高速增長的黃金時期，那麼資本市場也會呈現出上升的勢頭。

中國經濟處於制度轉軌的關鍵時期，證券市場是不成熟的新興市場，和歐美、日本等成熟市場相比還有一定差距，股市指數和經濟景氣程度的相關性還不明顯，不過隨著中國經濟的飛速發展，股市市值的不斷擴大，這一差距在逐漸縮小，相信總量分析在證券市場各項指標分析中的地位會變得越來越重要。

（2）經濟週期，宏觀經濟在運行中，會重複地出現擴張和緊縮，就像波浪起伏一樣，這種現象就被稱為經濟的週期性。從圖 6-1 中可以清晰地看到，1978—2009 年這 30 年中，中國經濟出現了三個完整的週期波動，而最近的一個週期是從 1992 年開始至 2009 年，現在仍然處於這個週期的上升階段，沒有達到頂峰。

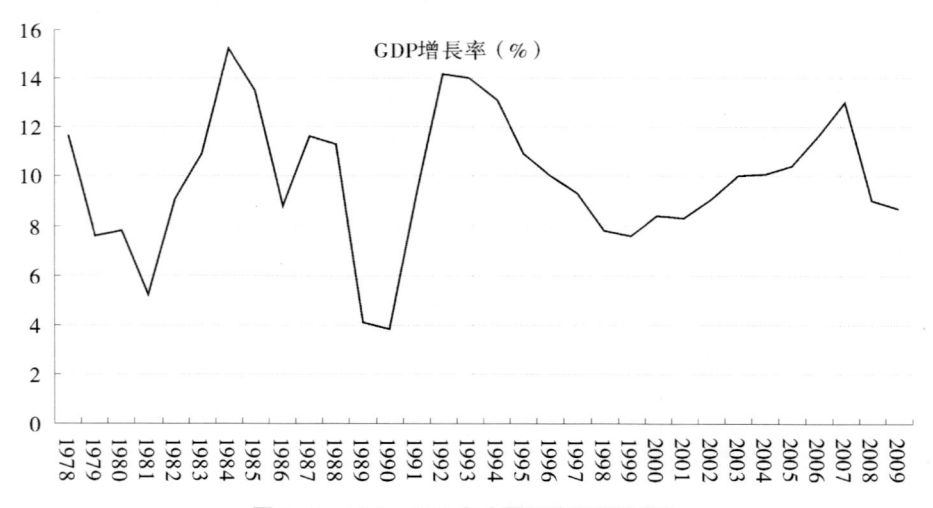

圖 6-1　1978—2009 年中國經濟週期性變化

經濟週期總是這樣連綿起伏，經濟擴張和經濟收縮不斷交替出現，在經濟擴張時期裡，社會產出和需求增加，失業率降低，產品和利率上升，經濟總量隨之攀升，整個社會一片欣欣向榮，在到達頂點之後，隨即進入衰退期，剛剛列舉的各項指標均反向變動，導致經濟環境一片蕭條，持續一段時間之後，又開始進入復甦。

股票市場被稱為宏觀經濟的「晴雨表」，正是因為股價前瞻性地反應了經濟週期的

變動，而在經濟週期的不同時段，不同的行業表現也不盡相同，在經濟從低谷開始復甦，一些敏感度較高的行業（汽車、資源）便會率先高速發展，經過一輪快速增長後早於經濟週期達到峰頂，之後開始快速下跌；相反，一些防禦型板塊（零售、運輸）受到經濟週期的影響就很小，通常是預期經濟進入下行通道時的理想投資品，對經濟週期階段有出色判斷能力的投資者，只需要在他認為經濟走強的時候買入週期性板塊的股票，在經濟衰退時換成防禦型板塊，就能有不錯的投資收益。板塊和經濟的相關性在後面的章節中會有更為具體的闡述。

前面提到經濟陷入低谷的時候往往是進入股票市場的好時機，實際上，在經濟週期的不同階段，都會有理想的投資產品，如果分析到位，踩對了節奏，可以獲得超額的收益，我們可以從圖6－2中看到，在高通脹預期下選擇投資於大宗商品，在經濟衰退時選擇投資於債券都能獲得收益，這也提醒證券市場參與者，要在合適的時點退出股票市場，不然就面臨經濟大環境衰退帶來的風險。值得一提的是，投資於像黃金這樣的硬通貨，在經濟不景氣的時候會有不錯的效果，人們對貨幣失去信心，便把注意力放在了保值能力更強的硬通貨上，需求拉動其價格上漲。2007年以來的全球性金融危機使得各國的股票市值大幅縮水，若提前將手中的股票換成黃金，則不僅不會承受資本損失，還能有可觀的收益。（金價從當時的700美元/盎司到現在突破了1000美元/盎司）

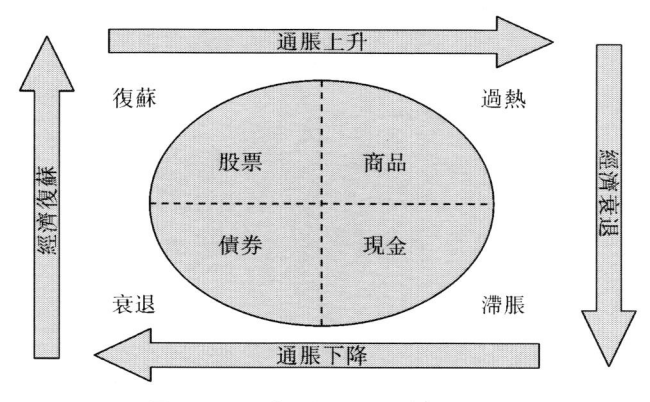

圖6－2 經濟週期不同時點的投資品

（3）國際經濟環境。在經濟全球化大背景下，國際間金融市場的相互依賴變得越來越明顯，跨國融資現象頻現，美國納斯達克（NASDAQ）市場成就了騰訊、百度這樣的優秀中國企業，中石油、建設銀行、中國銀行、工商銀行、農業銀行等巨頭在香港聯交所上市。中國2001年加入WTO，對外貿易、對外投資引資上取得了輝煌的成就，資本市場在朝著國際靠攏，人民幣自由兌換也被提上了日程，外國公司在中國證券交易所上市只是時間問題。2007年金融危機爆發，滬深股市雖晚於世界上其他市場開始下跌，但70%以上的跌幅超過了歐美等市場。在這樣的大背景下，就更加不能忽視國際經濟環境對中國證券市場的影響。

現階段，國際金融市場大致以三種方式影響中國證券市場：①人民幣升值預期。

從長期來看，人民幣有升值的壓力，對中國實體經濟和資本市場產生較大影響，首先是貨幣升值導致國內出口產品競爭力下降，打壓中國實體經濟；其次貨幣升值預期吸引大量熱錢湧入中國從事投資活動，可能加劇中國資本市場的不穩定，有助漲助跌效應。在中國資本市場完全開放之前，如何控制好人民幣匯率走勢，也是中國經濟面臨的難題之一。②國際金融市場影響中國證券市場的信心，在信息越來越發達的今天，獲得全球主要資本市場的第一手信息不再是難事，中國證券市場的投資者往往會參考別國證券市場的走勢來進行投資決策，同樣中國證券市場的大漲大跌也對其他國家的金融市場形成衝擊，通過對以往數據的研究，A 股與 H 股的相關係數由以往的 0.6 升至了 0.9，同時也發現全球金融市場的聯動效應明顯，經濟全球化早已深入資本市場。③國際金融市場通過上市公司滲透中國證券市場，隨著中國企業不斷地走出國門，國際經濟形勢對這些跨國企業的投資收益產生較大影響，進而影響該企業股票在 A 股市場上的走勢。以 2007 年的國際金融危機為例來看國際金融市場影響中國證券市場的過程，首先是國際經濟環境轉惡，中國企業的出口額下降，企業利潤減少；其次國外金融市場持續下跌，對中國證券市場產生示範效應，進一步打擊中國投資者信心；最後中國企業的對外投資在惡劣的經濟環境下遭受損失，反應在這些企業的財務報表上，所有這些因素共同促使中國證券市場下跌。

　　由於中國資本市場的不完全開放，一些投資產品被設計出來以滿足投資國際金融市場和接收外來資金的需求，這裡值得一提的是 QDII 和 QFII 兩類投資者，這兩類投資者是在過渡性政策安排下產生的，針對還沒完全開放資本項目的國家和地區，作為其逐步開放資本市場的臨時辦法。QDII 是合格境內投資者的簡稱，允許在資本市場未完全開放的條件下境內投資者直接投資於國外資本市場，目的是為了鼓勵國內投資者走出國門，在世界範圍內投資以分散風險的同時找到可能的獲利機會。中國 QDII 有起步晚、規模小等特點，但隨著中國資本市場發展日趨完善，在投資產品多元化的目標下，QDII 產品有著廣闊的前景。QFII 是合格境外投資者的簡稱，QFII 被允許將一定數量的外匯資金匯入並兌換為當地貨幣，通過專門設立的帳戶進行投資，任何有意願投資境內資本市場的投資者必須通過合格機構進行證券買賣，在境內有關部門的嚴格監管下進行投資活動，這樣減少了資本流動尤其是短期「遊資」對國內經濟和證券市場的衝擊。中國 QFII 從 2002 年 11 月 5 日起正式啟動，之後發展迅速，截至 2010 年 6 月，已有 96 家 QFII 在中國從事投資業務，其中包括瑞士銀行、摩根士丹利、花旗、高盛等世界知名的金融機構。

二、宏觀經濟政策分析

　　政府相關部門制定的經濟政策對宏觀經濟有較大影響，甚至會左右經濟運行的方向。中國政府調控經濟的頻率較高，力度較大，這就要求分析者投入更多的關注，經濟政策有比經濟指標更為明確的信號，特別是在經濟趨勢即將轉向的時候，一紙政府文件往往就是「導火索」。證券市場對於這些政策的變動也是非常敏感的，縱觀以往，很多重要政策的出抬都伴隨著股市的巨大波動。經濟政策主要包括財政政策和貨幣政策，其他教材文獻還提到了收入政策、供給政策等，其實本質上也是屬於財政政策和

貨幣政策的範疇，且在實施的時候也要用到財政政策和貨幣政策工具。所以這裡主要闡述財政政策和貨幣政策對經濟運行的影響，以及它們如何作用於證券市場。

1. 財政政策（Fiscal Policy）

財政政策指政府指導收入、支出行為的一系列措施，包括預算安排、稅收制度、財政補貼、轉移支付、發行國債等。財政政策是刺激經濟發展最直接的方式，政府支出的增長，可以迅速影響社會對產品和勞務的需求，不過在實際操作中，財政政策也受到多方面的制約，比如政府不能完全自由地調整其財政預算，醫保和社保等會穩定占據財政支出的一部分，這樣當政府需要大量增加支出以刺激經濟時，只有通過舉債或預算赤字的方式，但無論舉債還是赤字，都不可能是無限額的，這樣就降低了財政政策的靈活性。財政政策的工具及對證券市場的影響：

（1）稅收。稅收是國家財政收入的最主要來源，也可以用來調節宏觀經濟。稅收制度的變化可以促進或者限制某些行業的發展。出口退稅政策扶持了一大批沿海外貿生產商；提高個稅起徵點增加了居民可支配收入，刺激國內消費；而提高高污染、高排放行業的稅收是中國經濟結構調整的重要手段。關注稅收結構的調整可以幫助分析者找到未來具有高增長前景的行業。

（2）財政預算。財政預算是政府最基本的收入支出計劃，也是財政政策的最主要手段。政府通過制定和實施財政預算，全面調控宏觀經濟。財政預算的規模和收入支出的平衡狀態會對整個宏觀經濟產生深度影響，擴張性的財政政策引發預算赤字，是刺激經濟的有效手段，收縮性的財政政策常在抑制通脹的時候使用。合理實施擴張性政策和收縮性政策有利於經濟平穩、快速發展。

（3）財政補貼。財政補貼是指財政直接針對企業或者個人的經濟補助，主要形式有價格補貼、虧損補貼、財政貼息、住房補貼等。財政補貼廣泛應用於一些新興行業或者提供公共產品的企業，個人補貼的對象則主要是一些生活條件較差的居民和進城務工的民工等。

（4）轉移支付。轉移支付是指中央財政劃撥資金給地方財政的行為，主要目的是調節地區間的財政收入，使之趨向平衡。一些經濟試點會經常在轉移支付中獲益（如上海建設國際金融中心，成渝地區城鄉一體化試點等），這些地區有機會獲得較快發展，分析者應當關注相關板塊。

（5）國債發行。國債發行是指國家通過舉債向民間籌集財政資金的行為。政府通過發行國債來調節資金流動性，籌集到的資金通常用於投資基礎設施和財政補貼。分析者要留意國債發行的規模和頻率，在證券市場較為火爆時如果政府大規模發行國債，往往是要收緊流動性的信號，預示風險的到來；但在經濟低迷的時候政府舉債可能是用於刺激經濟，一般是買入信號。

（6）財政政策對證券市場的影響。財政政策分為擴張性、緊縮性和中性，我們以擴張性財政政策為例闡述其對證券市場的影響，同理可以分析緊縮性和中性財政政策。實施擴張性財政政策，政府加大投資力度，減少稅收，增加財政赤字，減少國債發行。這樣的政策組合會增加個人的可支配收入，促進消費，拉動企業利潤上漲，刺激企業擴大投資和生產規模，進一步增加利潤，在業績的支撐下，公司股票上漲，企業經營

環境的改善降低了企業的還債風險，也就降低了企業債券的風險溢價，拉升債券價格；同時，居民在經濟向好的情況下，信心增加，收入的上漲也激發了投資需求，越來越多的人參與證券投資，推動股市繼續上揚；但經濟持續的高增長容易引發經濟過熱，這時就要留意政府是否有跡象收緊財政，緊縮的財政政策對證券市場的影響相反。

2. 貨幣政策（Monetary Policy）

貨幣政策是指中央銀行以控制貨幣供應量為手段，以調控宏觀經濟運行為目的的一系列政策。貨幣政策的核心是對利率的控制，貨幣供應量增大使得利率下降，以此來刺激投資和消費。相比財政政策，貨幣政策對經濟的影響更為間接，貨幣政策的改變可能要經過好幾個月才能真正影響到實體經濟，而過於激進的貨幣政策往往帶來高通脹，給決策層留下另外的難題。貨幣政策的工具及對證券市場的影響：

（1）公開市場操作（Open Market Operation）。中央銀行在金融市場公開買賣有價證券（以國債、其他政府債、金融債券和外匯為主）的行為，主要目的是調節貨幣供應量。公開市場操作由於其操作便捷，起效較快，成為各國中央銀行最頻繁使用的貨幣政策。中國中央銀行在1996年4月9日開展了第一批國債公開市場操作，之後10年來，公開市場操作發展迅速，截至2008年年底，總規模已逾10萬億元。

（2）再貼現率（Rediscount Rate）。再貼現率是指商業銀行利用未到期票據向中央銀行進行短期融資時需要支付的利率。中央銀行通過對金融市場供需關係的分析，調整商業銀行的融資成本，進而控制整個社會的貨幣供應量。如果央行認為有必要限制貨幣供應，則提高再貼現率，那麼商業銀行獲得資金的成本增加，為了保證收益，商業銀行會調高放貸利率，這樣便收縮了信貸規模。

（3）法定準備金率（Reserve Ratio）。中央銀行規定，商業銀行等金融機構為保證客戶取款和資金清算需要，必須將一部分資金存放於中央銀行帳戶，我們稱這一部分資金為法定準備金。法定準備金率是法定準備金占該金融機構存款總額的比例。當央行提高法定準備金率時，商業銀行需拿出更多的資金存放於中央銀行的帳戶中，而不能再用這筆錢進行放貸，這樣市場貨幣供給就會減少。變動法定準備金率是一項效果很劇烈的政策，一般只有在高通脹或者央行認為急需控制信貸規模的時候才會使用。表6-1中列出了中國中央銀行2007—2010年裡22次調整存款準備金率及股市的變動情況，其中，整個2007年的10次上調存款準備金率凍結了約1.66萬億元的流動性；2010年上半年三次上調存款準備金率凍結銀行資金逾8000多億元。足見此項政策對股票市場的影響。

表6-1　　　　2007年以來歷次存款準備金率調整及對股票市場的影響

次數	公布時間	調整前	調整後	調整幅度（百分點）	首個交易日滬指表現
22	2010年5月2日	大型金融機構16.5% 中小金融機構13.5%	17% 不調整	0.5	-1.23%
21	2010年2月12日	大型金融機構16% 中小金融機構13.5%	16.5% 不調整	0.5 —	-0.49%

表6-1(續)

次數	公布時間	調整前	調整後	調整幅度（百分點）	首個交易日滬指表現
20	2010年1月12日	大型金融機構15.5% 中小金融機構13.5%	16% 不調整	0.5	-3.09%
19	2008年12月22日	大型金融機構16% 中小金融機構14%	15.5% 13.5%	-0.5 -0.5	-4.55%
18	2008年11月26日	大型金融機構17% 中小金融機構16%	16% 14%	-1 -2	1.05%
17	2008年10月8日	大型金融機構17.5% 中小金融機構16.5%	17% 16%	-0.5 -0.5	-0.84%
16	2008年9月15日	大型金融機構17.5% 中小金融機構17.5%	不調整 16.5%	— -1	-4.47%
15	2008年6月7日	16.5%	17.5%	1	-7.73%
14	2008年5月12日	16.0%	16.5%	0.5	-1.84%
13	2008年4月16日	15.5%	16.0%	0.5	-2.09%
12	2008年3月18日	15.0%	15.5%	0.5	2.53%
11	2008年1月16日	14.5%	15.0%	0.5	-2.63%
10	2007年12月8日	13.5%	14.5%	1	1.38%
9	2007年11月10日	13.0%	13.5%	0.5	-2.4%
8	2007年10月13日	12.5%	13.0%	0.5	2.15%
7	2007年9月6日	12.0%	12.5%	0.5	-2.16%
6	2007年7月30日	11.5%	12.0%	0.5	0.68%
5	2007年5月18日	11.0%	11.5%	0.5	1.04%
4	2007年4月29日	10.5%	11.0%	0.5	2.17%
3	2007年4月5日	10.0%	10.5%	0.5	0.13%
2	2007年2月16日	9.5%	10.0%	0.5	1.40%
1	2007年1月5日	9.0%	9.5%	0.5	2.49%

資料來源：中國人民銀行網站和大智慧網站有關數據整理。

（4）其他貨幣政策工具。其他貨幣政策工具包括道義勸說、規定信用配額、限制流動性比例等，這些工具的出現讓央行的貨幣政策實施更加靈活，提高了貨幣政策的效果。

（5）貨幣政策對證券市場的影響。貨幣政策通常表述為從緊和寬鬆，以貨幣供給量的多少為依據劃分的。我們還是以寬鬆的貨幣政策為背景來分析其對證券市場的影響。央行實施寬鬆貨幣政策的工具包括降低再貼現利率和法定準備金率，在公開市場操作中買入債券，這樣就在降低利率的同時增加了貨幣供給量。利率降低在以下幾個方面影響股票價值：首先利率降低讓企業融資成本降低，增加公司帳面利潤，提升公司股票價值；其次利率降低讓人們不願意把錢放在銀行裡從而選擇股權投資，推高股

價；最後，利率的變動往往是宏觀經濟政策轉向的標誌，會對人們的預期產生影響，簡單來說就是影響人們的信心。貨幣供給量的增加提高了整個社會的流動性，會有很多資金通過各種途徑流入股市和債市，拉升股票和債券價格。總之，資金量是決定證券價格的核心因素，而資金量被貨幣政策所左右，所以貨幣政策對證券市場的影響力度往往大於財政政策。在大多數情況下，政府不會選擇單一的政策作為經濟調控的工具，一般是貨幣政策和財政政策共同來發揮作用，這便要求投資者在進行政策分析時考慮得更為全面。

第三節　行業分析

行業分析的目標是瞭解某行業在國民經濟中所處的地位，研究影響行業發展的宏觀和微觀因素，之後預測行業的未來發展趨勢，最終給該行業的投資價值下一個定論，包含短期投資價值和長期投資價值。行業分析是宏觀的經濟分析和微觀的公司分析之間的橋樑，關鍵之一是如何做好承上啓下，所以很多地方都要和經濟分析或者市場分析結合進行。這裡主要介紹行業分類、行業的市場結構、行業生命週期理論和行業分析方法。

一、行業分類

1. 國際行業分類方法

國際行業分類方法包括：

（1）道—瓊斯（Dow－Jones）分類法。最早開始的行業分類法是應用於紐約證券交易所（NYSE）的道—瓊斯（Dow－Jones）分類法，開始於 19 世紀末。在當時的產業發展背景下，共有 3 個大的基本行業分類，即工業、運輸業和公共事業。自 1897 年起，道瓊斯股票價格平均指數開始分成工業與運輸業兩大類，其中工業股票價格平均指數包括 12 種股票，運輸業平均指數則包括 20 種股票，並且開始在道瓊斯公司出版的《華爾街日報》上公布。在 1929 年，道瓊斯股票價格平均指數又增加了公用事業類股票，使其所包含的股票達到 56 種，並一直延續至今。

（2）國際標準行業分類法。聯合國經濟和社會事務統計局曾制定了一個《全部經濟活動國際標準行業分類》，簡稱《國際標準行業分類》，建議各國採用。它把國民經濟劃分為 10 個門類，對每個門類再劃分大類、中類、小類。其中大類包括：①農林牧漁；②採掘業；③製造業；④水電氣；⑤建築業；⑥零售、餐飲、旅遊業；⑦運輸、通訊業；⑧金融、保險、房地產業；⑨政府、社會、個人服務業；⑩其他。其中大類下的中類及小類的劃分較為細緻，如有興趣可查閱相關資料。

2. 中國行業分類方法

（1）產業劃分。從 1985 年開始，國家統計局把中國的所有經濟行業劃分為三大產業：①農林牧漁即農業，劃為第一產業；②採掘、製造、水電氣、建築業即工業，劃分為第二產業；③服務性行業劃分為第三產業。三大產業的劃分方法在當時符合了行

業規劃和統計工作的需要，但是隨著中國經濟的迅猛發展，經濟結構的不斷變化，需要對產業劃分法作出調整。

（2）中國上市公司分類，2001年4月4日，中國證監會公布《上市公司行業分類指引》，在以前分類方法的基礎上作出一定調整，結合國際標準分類法和北美行業分類法制定而成。此方法將國民經濟劃分為13個部門：①農林牧漁；②採掘業；③製造業；④水電氣；⑤建築業；⑥運輸、倉儲業；⑦信息技術業；⑧批發零售業；⑨金融保險業；⑩房地產業；⑪社會服務業；⑫文化傳播業；⑬綜合類。

（3）上交所行業劃分，2007年5月31日，上海證券交易所根據在2006年4月28日發布的最新全球行業劃分標準，綜合考慮了上市公司經營範圍的變化情況，發布了滬市上市公司的行業分類，將行業劃分為10個部門：①能源；②原材料；③工業；④可選消費；⑤主要消費；⑥醫療衛生；⑦金融地產；⑧信息技術；⑨電信服務；⑩公用事業。

二、行業結構特徵分析

一個行業的競爭程度決定了行業中企業的發展前景，是投資時需要考慮的重要因素。根據行業中生產者的數量和行業產品的差異性，把行業市場結構分為：完全競爭、壟斷競爭、寡頭市場、壟斷市場。在不同的市場結構中，企業的經營方式各有不同，把握好這些市場結構的特徵有助於更全面的分析行業形勢。

1. 市場結構種類

（1）完全競爭（Perfect Competition）。完全競爭指所有廠商自由競爭的市場狀態。完全競爭市場必須滿足幾個條件：①市場上有眾多消費者和生產者，且任何消費者、生產者都不能單獨影響產品價格，他們都是價格的接受者。②行業中產品不存在差異性，即產品的質量、性能、價格都是相同的，廠商不能通過產品差異性來取得超額收益。③生產者可以自由進入、退出該行業，沒有進入門檻，也沒有退出成本，資本完全流動。④信息完全對稱，市場參與者均擁有完全信息，包括生產者相關的技術、交易資料，消費者相關的價格、質量、市場信息等。⑤交易自由，沒有任何人為限制，任何生產者均可銷售，任何消費者均可購買。

農產品市場和完全競爭市場較為接近，但現實中沒有標準完全競爭市場的例子，所以這種情況更多出現在理論研究中。

（2）壟斷競爭（Monopolistic Competition），指有很多廠商生產帶有差別性產品的市場。其特徵是：①行業中廠商的產品都是很相似的替代品，他們在質量、性能、品牌上有差異性，所以有的廠商憑藉其產品的獨特性可以進行區別定價，即在壟斷競爭中廠商對價格有一定的控制能力。②生產廠商數量較多，任何一家廠商對於市場控制力都微不足道，競爭對手之間的影響力也甚微。③由於廠商的規模較小，他們進入或者退出的成本很低，但不像完全競爭那樣沒有成本。

壟斷競爭的典型例子是餐飲業，不同的產品之間差異很小，對市場的控制力很弱，但是消費者又存在差異，造成市場認可度的不同，在針對這種行業進行投資的時候，要選取產品差異化最為明顯的企業，這樣就更容易在激烈的競爭中樹立自己的地位，

獲得較高的收益。

（3）寡頭壟斷（Oligopoly），指少數幾家企業主導一個行業的市場狀態。寡頭壟斷的特徵有：①行業參與者很少，一般是兩家至數家企業在市場中競爭。②企業間的相互作用明顯，一家企業的戰略變化會對其他企業構成影響，企業會將對手的行為視為自己戰略調整的重要考慮因素。企業間可以是競爭關係也可以是合作關係。③產品通常有明顯差異，彼此之間的替代性不高，企業可以通過產品的特殊性確立市場地位。④進入門檻高，退出成本高，幾家寡頭將長期占據某一行業很長時間。

原油、汽車、通信營運商等是寡頭市場的典型例子，企業之間的關係總是很微妙，既競爭又要防止過度競爭帶來的損害。

（4）壟斷市場（Monopoly），指一家廠商控制了所有的市場供給份額。壟斷市場的特徵包括：①市場上只有一個賣家，它控制著整個行業的全部供給，廠商即等於整個行業。②壟斷廠商的產品沒有十分近似的替代品，它與其他產品的替代彈性是非常低的，所以壟斷廠商能憑藉其產品的特殊性來決定市場價格。③進入門檻極高，壟斷廠商要麼有政府的授權或者稅收優惠政策，要麼有某項專利保護，要麼完全控制某些資源，要麼前期進行了巨額的投資或擁有尖端科技。

壟斷廠商可以憑藉對市場的控制獲得超額利潤，但是也會受到政府部門的約束，壟斷廠商可能會尋找其他途徑來逃避這些約束進而引起其他的問題（如尋租），變相提高社會成本。中國的鐵路部門是較為典型的壟斷企業，雖然只此一家，但是國家頒布了政策控制車票價格，所以居民仍能買到合理價位的車票，但是售票者私下販賣高價票等現象又變相抬高了價格。

在一般的行業結構中，很少有完全壟斷和完全競爭的情況，壟斷競爭和寡頭居多，在做投資分析的時候，如何判斷一家企業在行業中的競爭力，還需要考慮其他的因素。

2. 判斷行業競爭力

一個行業內部存在競爭，在這個行業從新興到成熟的過程當中，競爭環境不斷地發生變化，企業也要不斷調整其競爭策略以保證盈利能力。哈佛教授邁克爾·波特認為行業內部競爭主要取決於五個因素：進入威脅、現有競爭、替代品壓力、買方議價能力、賣方議價能力。

（1）進入威脅（Threat of New Entrants），指新競爭者加入的可能。新進入者對現有市場的利潤產生很大壓力，現有廠商在沒有實質新進入者時也要隨時調整價格以降低進入威脅，因為高利潤額往往是其他企業進入該行業的原因。判斷行業裡的企業會受到多大的進入威脅主要是看這個行業的進入門檻，長期形成的商業關係、品牌認知度、知識產權和累積的經驗都是現有廠商的優勢。

（2）現有競爭（Rivalry Among the Existing Competitors），指已經處於某一行業裡的企業之間的競爭。在逐利性的驅使下，一個行業只要不是完全壟斷，那麼行業裡的個體都會不斷試圖占據較大市場份額，由於商品供給增大，帶動價格下跌，擠壓了利潤空間。特別是一些較為成熟的行業，增長率下降，企業之間只有相互搶奪市場份額。

（3）替代品壓力（Threat of Substitute Products），指一個行業的產品面臨來自其他行業具有替代性商品的競爭。替代品的出現對整個行業的發展產生了限制，需要特別

關注。

（4）買方議價能力（Bargaining Power of buyers），指商品購買者對於價格的控制能力。如果購買者在市場中占據主導地位，通常是數量很少的買家面對數量龐大的賣家，這樣買方就有能力壓低價格，對該行業產生不利影響。

（5）賣方議價能力（Bargaining Power of Suppliers），指商品生產者對於價格的控制能力。和買方議價能力效果相反，賣方議價能力越強，則對該行業越有利。

3. 行業對經濟週期的敏感度

在宏觀經濟分析裡介紹過經濟週期的變化，不同類型的行業受到經濟週期的影響程度是不同的，根據這項差異，可以把行業分為三種類型：增長型行業、週期型行業和防禦型行業。增長型行業在經濟週期的不同時段總是表現出強勁的增長勢頭，不難發現，20世紀90年代初的信息技術產業就是典型的例子，投資於增長型行業通常能獲得很高的收益，但是也伴隨潛在的風險，因為一般增長型行業都是新興行業，有著較大的不確定性；週期型行業的最大特徵就是隨著週期的起伏，行業的效益也會呈現出對應的週期性變化，大多數的消費品都屬於週期型行業，因為經濟週期的變化會改變人們的收入和消費，這些行業創造出較多的投資機會，在經濟低迷的時候進行投資，在經濟繁榮的時候賣出；防禦型行業是在週期各個階段都保持穩定效益的行業，公共服務業和交通運輸業屬於這種類型，防禦型行業適合追求低風險、長時期的投資者。

三、行業生命週期理論

觀察國民經濟中的各項產業，會發現有些產業已經沒落（如收音機），有些正在成熟時期（如汽車），而有些才剛剛興起（新能源）。隨著時代的發展，所有的行業都會走過由興轉盛、由盛轉衰的過程，衰退的產業逐漸被新的產業代替。

1. 行業發展階段

（1）創業階段（Pioneering），又稱幼稚期或導入期，指一個行業剛剛形成的初始階段。通常伴隨著新技術的誕生或者市場需求的產生。這一階段，新行業剛剛出現，行業裡的企業數量很少，市場份額很小，消費者對新產品的認知度很低，使得新企業的業績偏低，甚至是虧損經營。在這個階段進行投資往往面臨較大的風險，新湧現出的企業可能在幾年之後成為行業龍頭給投資者帶來巨額收益，也可能在很短的時間內破產，讓投資者血本無歸，這一階段的企業是風險投資者所熱衷的投資目標。

（2）成長階段（Rapid Growth），指行業從新生到走向穩定的發展階段。從創業階段後期開始，生產技術逐漸成熟，企業的生存能力得到保證，進入市場擴張的階段。這個時候企業的業績和行業的業績緊密相連，行業的成長性成為大部分企業成長性的標尺。成長階段中企業的技術含量和生產能力穩步提升，利潤穩步增長，受到高額利潤的吸引越來越多的廠商加入到該行業中來，加快了行業的發展，也加快了市場份額的搶占速度。發展到一定階段，企業很難再通過擴大生產來搶占市場，這時競爭加劇，企業必須更加注重產品質量、品牌認知度和服務質量的提升，以此來確立行業領導者的地位。這也是兼併收購盛行的一段時期，有實力的廠商通過收購來鞏固自己的地位，中小廠商通過合併以求繼續生存的空間。在成長階段，有大量的投資者湧入，高成長

性帶給投資者巨大回報，重組機會留給投資者想像空間。這時的風險主要體現在企業間的競爭上，在競爭中輸掉的企業往往面臨被淘汰的命運。

（3）成熟階段（Mature Growth），指在競爭中存活下來的企業平穩發展的一段時期，這一階段是行業生命週期中最長的階段，通常形成寡頭市場的局面，生產能力和消費能力都達到飽和，行業不會再經歷爆發性增長。不再有新的廠商進入，行業競爭力度下降，投資風險相對較低。處於成熟期的行業在國民經濟中占據重要地位，為國民創造大量的財富。投資者要特別注意，大部分行業在這一階段可能會從增長型轉變為週期型。

（4）衰退階段（Decline），指行業競爭力開始下降直至行業消失的一段時期。在這個階段，由於技術進步，更加滿足消費者需求的產品出現，該行業產品市場份額開始下降，資本轉移至盈利能力更強的領域，行業中存在的廠商逐步減少，直至全部退出。這一階段不推薦任何投資者進入，但一個行業是否進入衰退階段需要綜合判斷，並非行業內企業盈利能力降低、股價大幅下跌就代表行業開始衰退，有可能只是經濟週期的影響，投資者要注意分析，不要錯過了投資良機。圖6-3展示了行業各個階段產品需求量的變化情況。

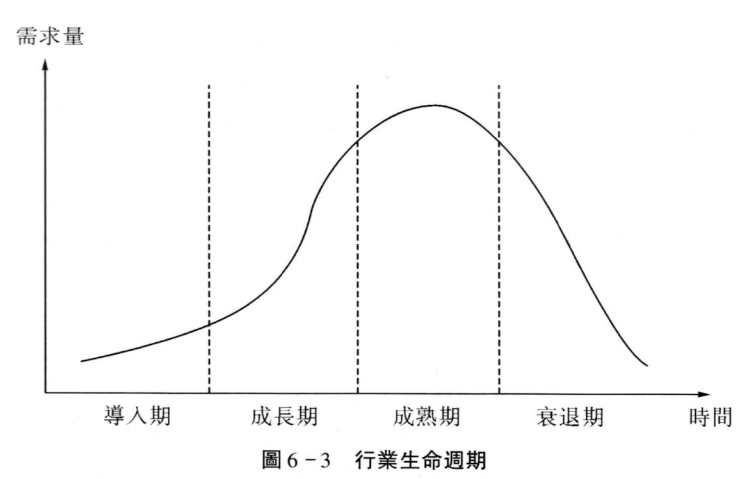

圖6-3　行業生命週期

2. 影響行業興衰的因素

行業的興衰受到技術革新、產業政策、消費習慣和經濟全球化等因素的影響，這些因素促使行業從生命週期的一個階段快速步入另一個階段，甚至於倒退或者消亡。

（1）技術革新。技術的進步對行業的發展影響深遠，新的技術孕育新的產業，或者對舊的設備改造和改進舊工藝，表現為生產能力和成本控制能力的提高。擁有先進技術的行業也成為一國最有競爭力的核心行業。20世紀90年代的計算機信息技術，進入2000年以來的生物技術，和即將成為熱點的新能源技術，都是技術革新帶來爆炸性增長的例子。

（2）產業政策。產業政策指政府對某些產業的扶持或者打壓的行為，一般以產業保護和財政補貼的形式出現。產業保護主要是保護新興行業免受國外競爭者的威脅，

像中國對於進口汽車徵收較高的關稅，也就保護了國內汽車廠商的生存空間；財政補貼的對象大多是處於衰退中的行業或者公共性質的行業，這些行業的盈利能力較弱，但又是國民經濟中不可或缺的一環，為了保障這些企業的生存，政府只有以財政補助或者減稅的方式給予扶持。另外，產業政策還包括限制壟斷和鼓勵出口等政策，目的是確保國內市場的秩序，讓企業在良好的環境中經營。

（3）消費習慣。消費習慣指居民的消費需求的變化對於行業的影響。產生這些變化的原因多種多樣，總的來說決定於社會習俗、居民生活水準和受教育程度。像自行車在日本的市場份額很小，但在中國卻有大量的需求。

（4）經濟全球化。通過國際分工來影響一國的產業結構，資本的全球流動導致產業的全球性轉移，勞動密集型的製造業開始流向發展中國家，每個國家擁有自己的優勢產業的格局得以確立，這些優勢產業由於高技術高資本需求形成的門檻，讓其他國家很難進入，這些產業也成為各自國家的支柱產業。國際分工促使全球經濟都得到了快速發展，但同時也加劇了發達國家對發展中國家的經濟剝削，一條產業鏈中，發達國家一般處於研發、銷售等高利潤環節，而發展中國家由於其技術和管理能力等條件的限制，只能進入製造等利潤微薄的環節。經濟全球化對投資者的行業分析能力提出了更高的要求，需要把握該國在國際分工中的地位。

第四節　公司分析

作為「由上至下」分析法中最微觀的一步，公司分析對證券投資最具有指導意義。公司分析又稱企業分析，是基本分析的重點。公司分析側重對公司的競爭能力、盈利能力、經營管理能力、財務狀況、經營業績以及潛在風險等進行分析，借此評估和預測證券的投資價值、價格及其未來變化的趨勢。公司分析名目較多，大體可以分為財務分析和經營狀況分析，其中財務分析是最重要的，財務報表中的信息是評價上市公司投資價值的主要依據，而經營狀況分析就公司各項基本情況在行業內進行比較，便於發現公司的增長點。

一、公司財務分析

1. 公司財務報表

公司定期（通常每個季度）公布的財務報表是財務分析資料的最主要來源，投資者據此來進行基本面分析，兩期財務報表的對比尤其重要，可以分析一個商業週期內公司經營業績的變動，直接指導股票投資。最常用到的財務報表包括資產負債表、利潤表和現金流量表。

（1）資產負債表（Balance Sheet）。資產負債表是表示企業在一定日期內的財務狀況的主要會計報表。資產負債表利用會計平衡原則，將資產、負債、股東權益交易科目分為「資產」和「負債及股東權益」兩部分，以特定日期的靜態情況為基準，合併成一張報表，遵循「資產＝負債＋股東權益」的恒等關係。資產負債表主要提供有關

企業財務狀況方面的信息，諸如某一特定日期資產的總額及其結構，或者負債總額及其結構，表明企業擁有或控制的資源及其分佈情況和企業未來需要用多少資產或勞務清償債務以及清償時間；還可以反應所有者所擁有的權益，據以判斷資本保值、增值的情況以及對負債的保障程度。資產負債表能提供進行財務分析的基本資料，如將流動資產與流動負債進行比較，計算出流動比率；將速動資產與流動負債進行比較，計算出流動比率；計算出速動比率等，可以表明企業的變現能力、償債能力和資金週轉能力，有助於報表使用者作出投資決策。

表 6-2　　　　　　　　　　蘇寧電器資產負債表

××××年×月×日　　　　　　　　　　單位：萬元

報告期	期末	期初		期末	期初
資產			負債及股東權益		
流動資產			流動負債		
貨幣資金	1,785,911.1	1,735,989.6	短期借款	0	0
應收票據	107.9	9.2	應付票據	1,380,940.3	1,165,676
應收股利	0	0	應付帳款	600,123.8	422,565.9
應收利息	3408.4	1904.5	預收帳款	36,750.5	15,582.4
應收帳款	0	0	代銷商品款	0	0
應收帳款淨額	23,209.2	22,428.1	應付工資	13,563.5	14,168.4
其他應收款	0	0	應付福利費	0	0
其他應收款淨額	12,422.1	8669.6	應付股利	0	0
壞帳準備	0	0	應交稅金	8709.1	35,961.7
應收款項淨額	35,631.3	31,097.7	其他應交款	0	0
預付帳款	142,852	129,177.3	其他應付款	57,964.4	61,066
存貨	0	0	預提費用	0	0
存貨跌價準備	0	0	預計負債	0	0
存貨淨額	712,663	384,960.9	一年內到期的長期負債	8200.5	9314.7
待攤費用	0	0	其他流動負債	11,411	12,018.4
其他流動資產	36,369.8	38,982.6	職工獎勵及福利基金	0	0
流動資產合計	2,716,943.5	2,322,121.8	國內票據結算	0	0
長期股權投資	59,894.5	100.4	流動負債合計	2,117,663.1	1,736,353.5
長期債權投資	0	0	長期負債		
長期投資合計	0	0	長期借款	0	0
長期投資減值準備	0	0	應付債券		
長期投資淨額	59,894.5	100.4	長期應付款	0	0
股權投資差額	0	0	住房週轉金		
固定資產			專項應付款		
固定資產原價	0	0	其他長期負債	12,132.1	9548.5

表6-2(續)

報告期	期末	期初		期末	期初
累計折舊	0	0	長期負債合計	12,132.1	9548.5
固定資產淨值	0	0	遞延稅項貸項	435.9	449.1
固定資產淨額	325,931.6	328,747.5	負債合計	2,130,231.1	1,746,351.1
工程物資	0	0	少數股東權益	42,561.7	39,495.7
在建工程	0	0	股東權益		
在建工程淨額	26,118.2	22,400.3	股本	448,651.2	448,651.2
待處理固定資產淨損失	0	0	已歸還投資	0	0
固定資產清理	0	0	股本淨額	448,651.2	448,651.2
固定資產合計	352,049.8	351,147.8	資本公積金	18,888.9	18,888.9
無形資產及其他資產			盈餘公積金	36,427	36,427
無形資產	0	0	公益金	0	0
長期待攤費用	22,909.3	21,915	未確認的投資損失	0	0
無形資產及其他資產合計	79,456.6	78,496.7	未分配利潤	561,606.4	491,124.9
遞延稅項			貨幣換算差額	-0.6	-0.2
遞延稅項借項	21,244.7	20,822.8	股東權益合計	1,065,572.9	995,091.8
資產總計	3,238,365.7	2,780,938.6	負債及股東權益總計	3,238,365.7	2,780,938.6

在分析資產負債表時，要從數據中找到有用的信息：①注意公司的資產及其分佈結構，從流動資產，可瞭解公司在銀行的存款以及變現能力；從長期投資，掌握公司從事的是實業投資還是股權債權投資，判斷這些投資是否存在新的利潤增長點或潛在風險；將固定資產與前期比較，掌握固定資產消長趨勢；通過瞭解無形資產與其他資產，可以掌握公司資產潛質。②公司的資產來源及其構成。根據資產、負債、所有者權益之間的關係，如果公司負債比重高，相應的所有者權益就低，還可進一步分析流動負債與長期負債，如果短期負債多，若對應的流動資產中貨幣資金低於流動負債，說明公司還債壓力較大。③通過期初數與期末數據的對比，有助於投資者對資產負債進行動態的比較，進一步分析公司經營管理水準及發展前景。

（2）利潤表（Profit Statement）。利潤表也稱損益表，是反應公司在一定時期內收入的會計報表。可以通過利潤表瞭解公司實現的主營業務收入有多少，或者其他業務收入有多少；也可以瞭解公司同期的費用耗費情況，如耗主營業務成本、管理費用、財務費用等各有多少，據此分析企業生產經營活動的成果。利潤表主要反應了構成財務營業收入和營業利潤的各項要素，並以此計算出的淨利潤，這些信息與資產負債表中的信息結合使用，可用於進行基本的財務比例分析，如將淨利潤與資產總額進行比較，計算出資產收益率，並進一步計算出每股收益，最終影響公司股價。表6-3為某年度蘇寧電器利潤表，供大家參閱。

表 6-3　　　　　　　　　　　　蘇寧電器利潤表

×××× 年 × 月 × 日　　　　　　　　　　　　　　單位：元

項目	本期金額	上期金額
主營業務收入	24,927,394,920	15,936,391,188
減：折扣與折讓	0	0
主營業務收入淨額	24,927,394,920	15,936,391,188
減：主營業務成本	22,329,718,638	14,393,441,388
主營業務稅金及附加	44,923,064.65	23,389,260.36
主營業務利潤	2,552,753,217	1,519,560,539.8
其他業務利潤	1,268,095,249.2	912,034,275.49
減：存貨跌價損失	0	0
營業費用	2,252,328,162.6	1,536,435,208.2
管理費用	395,044,022.93	314,071,890.67
財務費用	50,747,993.48	26,461,616.1
營業利潤	1,122,728,287.3	554,626,100.33
加：投資收益	-1,098,542.42	-770,618.56
補貼收入	5,908,842.42	3,340,491.53
營業外收入	7,501,414.84	6,667,433.01
減：營業外支出	13,094,104.84	13,852,413.58
以前年度損益調整	0	0
營業外收支淨額	-5,592,690	-7,184,980.57
利潤總額	1,121,945,897.3	550,010,992.73
減：所得稅	366,093,774.34	177,472,775.92
財政返還	0	0
少數股東權益	35,552,013.94	21,908,346.54
購買日前淨利潤	0	0
未確認的投資損失	0	0
淨利潤	720,300,108.98	350,629,870.27
加：年初未分配利潤	523,364,645.7	280,932,387.26
調整以前年度損益	0	0
盈餘公積轉入	0	0
住房週轉金轉入	0	0
其他轉入	0	0
可分配利潤	1,243,664,754.7	631,562,257.53
減：提取法定盈餘公積	104,446,809.43	49,740,170.7
提取法定公益金	0	49,141,441.13
職工獎金福利	0	0
提取儲備基金	0	0

表6-3(續)

項目	本期金額	上期金額
提取企業發展基金	0	0
可供股東分配的利潤	1,139,217,945.3	532,680,645.7
減：應付優先股股利	0	0
提取任意盈餘公積金	0	0
應付普通股股利	0	9,316,000
轉作股本的普通股股利	0	0
未分配利潤	1,139,217,945.3	523,364,645.7

(3) 現金流量表（Cash Flow Statement），是反應企業指定時期（通常為一年）的現金流入和流出的財務報告（見表6-4）。資產負債表中各項目的現金變化都通過現金流量表來表現，根據這些項目的作用，將現金流劃分為經營現金流、投資現金流和融資現金流。通過現金流量表的信息，分析者可以瞭解公司的資金週轉情況，包括盈利能力和償債能力。

表6-4　　　　　　　　　蘇寧電器現金流量表
××××年　　　　　　　　　　　　　　　　單位：元

項目	本期金額	上期金額
一、經營活動產生的現金流量		
銷售商品、提供勞務收到的現金	55,016,517,000	41,069,865,000
收到的除增值稅以外的其他稅費返還	0	0
收到的其他與經營活動有關的現金	540,445,000	371,693,000
經營活動現金流入小計	55,574,037,000	41,445,683,000
購買商品接受勞務支付的現金	44,423,817,000	33,146,342,000
經營租賃所支付的現金	0	0
支付給職工以及為職工支付的現金	1,546,296,000	942,532,000
支付的各項稅費	2,021,435,000	1,139,068,000
支付的其他與經營活動有關的現金	3,763,348,000	2,721,265,000
經營活動現金流出小計	51,754,896,000	37,949,207,000
經營活動產生的現金流量淨額	3,819,141,000	3,496,476,000
二、投資活動產生的現金流量		
收回投資所收到的現金	0	0
取得投資收益所收到的現金	0	0
處置固定無形和長期資產收回的現金	3,745,000	4,032,000
收到的其他與投資活動有關的現金	0	0
投資活動現金流入小計	3,745,000	4,032,000
購建固定無形和長期資產支付的現金	2,454,061,000	1,361,625,000
投資所支付的現金	0	0

表6-4(續)

項目	本期金額	上期金額
支付的其他與投資活動有關的現金	0	0
投資活動現金流出小計	2,454,061,000	1,361,625,000
投資活動產生的現金流量淨額	-2,450,316,000	-1,357,593,000
三、籌資活動產生的現金流量		
吸收權益性投資所收到的現金	0	0
發行債券所收到的現金	0	0
借款所收到的現金	466,000,000	440,000,000
收到的其他與籌資活動有關的現金	0	0
籌資活動現金流入小計	2,928,362,000	451,050,000
償還債務所支付的現金	450,000,000	576,000,000
發生籌資費用所支付的現金	0	0
分配股利或利潤所支付的現金	0	0
償付利息所支付的現金	0	0
融資租賃所支付的現金	0	0
減少註冊資本所支付的現金	0	0
支付的其他與籌資活動有關的現金	0	537,000
籌資活動現金流出小計	904,669,000	592,058,000
籌資活動產生的現金流量淨額	2,023,693,000	-141,008,000
四、匯率變動對現金的影響	0	0
五、現金及現金等價物淨增加額	3,392,518,000	1,997,875,000
附註		
1. 不涉及現金收支的投資和籌資活動		
2. 將淨利潤調節為經營活動的現金流量		
淨利潤	2,170,189,000	1,465,426,000
少數股東損益	89,739,000	57,742,000
計提的資產減值準備	52,389,000	10,159,000
計提的壞帳準備或轉銷的壞帳	0	0
固定資產折舊	162,519,000	79,073,000
無形資產攤銷	70,075,000	7,460,000
遞延資產攤銷	0	0
長期待攤費用攤銷	147,225,000	131,484,000
處置固定無形和其他長期資產的損失	912,000	-109,000
固定資產報廢損失	0	0
財務費用	16,598,000	15,324,000
投資損失（減收益）	0	0
存貨的減少（減增加）	-398,517,000	-1,167,093,000

表6-4(續)

項目	本期金額	上期金額
經營性應收項目的減少（減增加）	10,007,000	-161,940,000
經營性應付項目的增加（減減少）	1,589,340,000	3,077,536,000
經營活動產生之現金流量淨額	3,819,141,000	3,496,476,000
3. 現金及現金等價物淨增加情況		
貨幣資金的期末餘額	6,893,738,000	3,501,220,000
貨幣資金的期初餘額	3,501,220,000	1,503,345,000
現金及現金等價物淨增加額	3,392,518,000	1,997,875,000

對現金流量表的分析，要結合損益表和資產負債表進行綜合分析，以求全面、客觀地評價企業的財務狀況和經營業績。因此，現金流量表的分析可從以下幾方面著手：①經營現金流，將出售商品與服務收入的現金與生產中留出的現金進行比較，比值越大，越說明企業的銷售利潤豐厚。②投資現金流，當企業擴大投資規模時，投資活動產生的淨現金流入量為負，數年之後此項投資可以創造收益，增加企業投資現金流，因此，做此項分析的時候，應結合企業目前的投資計劃，不能簡單地以現金淨流入還是淨流出來下定論。③融資現金流，一般來說，籌資活動產生的現金淨流量越大，企業面臨的償債壓力也越大，但如果現金淨流入量主要來自於股權融資，則不僅不會面臨償債壓力，資金實力反而增強。因此，在分析時，可將股權融資額與籌資活動現金總流入比較，所占比重大，說明企業資金實力增強，財務風險降低。④現金流量結構分析，分別計算經營現金流、投資現金流和融資現金流占現金總流入的比重，瞭解現金的主要來源。通常，經營現金流占現金總流入比重大的企業，經營狀況較好，財務風險較低，現金流入結構較為合理；其次，分別計算經營現金支出、投資現金支出和融資現金支出占現金總流出的比重，能具體反應出企業的現金的支出結構。一般來說，經營活動現金支出比重大的企業，其生產經營狀況正常，現金支出結構較為合理。

二、財務比率分析

公司財務報表的使用人群主要包含三類：公司管理層、公司的債權人、政府等監管部門和投資分析人員。投資者主要用財務報表傳達的信息來瞭解公司的財務狀況，計算各種財務比率是其中重要的一個環節，以此做出投資決策。進行投資分析時要結合整個行業，整個經濟環境來進行。許多財務數據由於行業不同，經營性質不同，差異很大，企業內部指標和數據由於經濟環境的變化，也會存在著一定差異，因此在分析過程中要剔除各項因素，把不可比或存在差異的地方糾正過來，使分析的數據真實可靠。在使用財務比率的時候，更多的要注意這些指標跟公司過去相比的變化情況，以及和行業內其他公司相比較，最好是知道一個行業的平均水準，這樣更有利於分析公司的經營情況。財務比率的名目繁多，歸為幾個大類：償債能力、營運能力、盈利能力和投資收益。

1. 償債能力

償債能力反應債務到期時，公司將資產轉變為現金用於償還債務的能力，又分為

短期償債能力和長期償債能力。短期償債能力包括流動比率、速動比率和現金比率；長期償債能力包括資產負債率、產權比率和權益比率。

(1) 流動比率

$$流動比率 = 流動資產/流動負債 \qquad (6.1)$$

從公式中可以一目了然地看到公司的可變現資產和短期內需要償還的債務，流動資產和流動負債的差為營運資金數額，可以用來衡量公司的資金利用狀況。流動資產既可以用於償還流動負債，也可以用於支付日常經營所需要的資金。所以，流動比率高一般表明企業短期償債能力較強，但如果過高，則會影響企業資金的使用效率和獲利能力，一般認為流動比率為 2 對於公司來說較為安全。

(2) 速動比率

$$速動比率 = (流動資產 - 存貨)/流動負債 \qquad (6.2)$$

存貨被認為是流動資產中最難以變現的部分，因此速動比率在判斷公司短期償債能力時更加準確。一般來說，速動比率為 1 被認為是安全的，低於 1 說明償債能力不足，若公司應收帳款數額較大，則認為公司需要有更大的速動比率；否則，被認為是償債能力不足。

(3) 現金比率

$$現金比率 = (現金 + 現金等價物)/流動負債 \qquad (6.3)$$

該指標直接反應公司的償債能力。對於公司債權人來說，現金比率越大越好，但是該值越大越說明公司的現金利用不夠充分，盈利能力沒有得到最大限度發揮，影響公司的業績。

(4) 資產負債率

$$資產負債率 = 總負債/總資產 \qquad (6.4)$$

該比率反應公司資產中負債所占據的比例，若該值較大，說明公司淨資產額相對不足，營運風險較大且主要由債權人承擔，這樣公司將很難再次舉債融資，對於公司未來的流動性構成威脅。但就投資分析來看，只要公司的利潤率超過借債成本，就應該盡最大可能去借債，以實現股東利益最大化。所以對資產負債率的分析不能過於片面，針對比率較高的公司，還要具體分析借款有沒有投資於好的項目，如果新的項目可以在未來產生高額現金流，那麼該公司很值得投資。

(5) 產權比率

$$產權比率 = 總負債/所有者權益 \qquad (6.5)$$

這是衡量公司基本財務結構是否穩定的指標，一般認為股東出資額大於舉債額（產權比率小於 1）是比較健康的財務結構，該比率過大表明公司的營運風險較高。

(6) 權益比率

$$權益比率 = 總資產/所有者權益 \qquad (6.6)$$

該指標反應股東出資在多高的槓桿下運作，是判斷公司營運風險的重要依據。除了這些比率指標，還要注意公司信用額度、或有負債發生的可能性以及公司的資產租賃行為等，它們都會影響償債能力。表 6-5 為蘇寧電器的償債能力分析表，供大家

分析。

表6−5　　　　　　　　　　蘇寧電器的償債能力分析表

財務指標	期初	期末
流動比率	1.34	1.28
速動比率	1.12	0.95
現金比率	0.99	0.84
資產負債率	0.63	0.66
產權比率	1.75	2.00
權益比率	2.79	3.04

從表6−5中可看出，雖然公司的流動比率沒有達到普遍認為的安全值，但是速動比率和現金比率基本穩定在安全值以上，公司的短期償債能力不存在問題，且公司的流動資產存在形式多為現金和現金等價物，這對於公司債權人來說是個好消息；從分析長期償債能力的幾項指標來看，負債一項占資產的比例較大，產權比例也高於了1這個安全值，公司在較高的槓桿下經營，存在一定的風險，公司有必要降低負債的比例；但結合公司的經營方式和投資項目進行分析，蘇寧電器在過去幾年中保持了高速增長，與之相伴的高負債比率仍然在一個合理的範圍之內，且公司的資產和淨資產也在穩步增長，綜合以上因素，我們認為蘇寧電器擁有大量的貨幣資金，完全有能力償還債務。

2. 營運能力

營運能力是指公司控制資產的能力，主要包括對資金的利用和對存貨的管理能力。好的營運能力是公司業績的保證，也是投資分析時需要參考的重要方面，和公司營運能力相關的指標有存貨週轉率、應收帳款週轉率、流動資產週轉率、固定資產週轉率和總資產週轉率等。

（1）存貨週轉率

存貨週轉率＝銷售成本/平均存貨　　　　　　　　　　　　　　　　　（6.7）

存貨週轉天數＝365天/存貨週轉率　　　　　　　　　　　　　　　　　（6.8）

其中平均存貨是期初存貨餘額和期末存貨餘額的算術平均值。存貨週轉率是公司時期內存貨週轉次數，該值越大說明公司對於存貨的管理能力越強，也說明公司存貨的變現能力越強，這樣公司的償債能力也可相應提高。

（2）應收帳款週轉率

應收帳款週轉率＝營業收入/平均應收帳款　　　　　　　　　　　　　（6.9）

應收帳款週轉天數＝365天/應收帳款週轉率　　　　　　　　　　　　（6.10）

其中平均應收帳款是期初應收帳款額和期末應收帳款額的算術平均數。該指標反應公司時期內將應收帳款變現的次數，應收帳款週轉天數表示公司平均需要多長時間將應收帳款收回。收回應收帳款的效率直接決定了公司的流動性，同時也要留意管理層借由控制應收帳款的方式來操縱利潤，虛高或者壓低收益率都會增加投資風險。

（3）流動資產週轉率

流動資產週轉率＝營業收入／平均流動資產 (6.11)

其中平均流動資產為期初和期末流動資產的算術平均。該指標反應時期內公司流動資產的週轉次數，用以衡量公司的流動性好壞，但該指標沒有一個明確的判斷標準。結合公司前期的流動資產週轉率，以及行業內其他公司的該項指標進行比較分析，可以更好地瞭解公司流動性的變化情況。

（4）固定資產週轉率

固定資產週轉率＝營業收入／平均固定資產 (6.12)

其中平均固定資產為期初和期末固定資產額的算術平均。這項指標主要用於分析公司管理固定資產的能力，該值越高說明公司對固定資產的利用效率越高。但這項指標會隨著公司固定資產的折舊情況變動而產生較大波動，特別是一些固定資產較多的行業（如鋼鐵、汽車行業），可能一家企業的設備已經經過長時間的折舊，而另外一家公司剛進行了新的固定資產投資，分析時要區別對待。

（5）總資產週轉率

總資產週轉率＝營業收入／平均總資產 (6.13)

其中平均總資產為期初和期末總資產的算術平均。該指標從整體角度反應公司對於資產的利用效率，總的來說，總資產收益率越高說明公司的資產管理能力越強。表6-6為蘇寧電器營運能力分析表，供大家分析、參閱。

表6-6　　　　　　　　　　蘇寧電器營運能力分析表

財務比率	計算結果
存貨週轉率	4.1
應收帳款週轉率	236.4
流動資產週轉率	1
固定資產週轉率	7.6
總資產週轉率	0.8

分析表6-6中的財務比率，可以看出蘇寧電器作為一家以電器零售為主營業務的企業，在存貨週轉率這一項上表現不錯，確保了較低的存貨占用水準；同樣，公司保持了很高的收帳款週轉率，展示了較強的流動資產管理能力。在資產利用效率方面，受到蘇寧電器擴張經營策略的影響，由於固定資產和總資產的不斷擴大，致使這幾項財務比率並不算理想，但我們還是結合公司總資產和淨資產的逐年增長這一事實，斷定公司的營運能力處於合理的水準。

3. 盈利能力

盈利能力是指公司營運獲取利潤的能力。公司給投資者帶來回報的多少終究要歸結到盈利能力上，好的投資對象必然有較高的盈利能力或者潛在盈利能力，才能給投資者帶來穩定高額的投資收益。盈利能力指標包括銷售毛利率、銷售淨利率、資產報酬率、淨資產收益率等幾項。

(1) 銷售毛利率

銷售毛利率 =（營業收入 - 營業成本）/營業收入 (4.14)

毛利率是公司的基本利潤率，是淨利率的基礎，也體現了公司對成本的控制能力。

(2) 銷售淨利率

銷售淨利率 = 淨利潤/銷售收入 (4.15)

淨利潤是息稅後利潤，反應公司的最終受益水準，分析淨利潤的變化，有助於瞭解公司業務拓展能力和管理水準，擁有穩定增長的淨利潤的公司投資前景值得關注。

(3) 資產報酬率

資產報酬率 = 淨利潤/平均總資產 (4.16)

該指標反應公司資產利用效率，是一個綜合性的指標。公司如何運作債權人和股東的資金來產生效益，這是投資者和債權人共同關注的。資產總量和結構對資產報酬率有一定影響，穩定的資產報酬率還需要管理層的正確決策，包括產品定價、成本控制和市場佔有率等因素都是判斷公司資產報酬率變化的重要因素。

(4) 淨資產報酬率

淨資產報酬率 = 淨利潤/平均淨資產 (4.17)

該指標反應了股東資產的報酬水準，在判斷公司獲利能力的時候有很大的參考價值，也是投資分析時用到的主要指標之一。表6-7為蘇寧電器的相關財務比率分析表，供大家分析、參閱。

表6-7　　　　　　　　　蘇寧電器的相關財務比率分析表

財務比率	期初	期末
銷售毛利率	9.50%	10.20%
銷售淨利率	2.20%	2.90%
資產報酬率	1.20%	2.40%
淨資產報酬率	3.40%	6.90%

從表6-7中的期初和期末的數據對比可以看出，蘇寧電器的盈利能力呈現上升趨勢，淨資產報酬率增長幅度較大，得益於公司主營業務的快速增長，公司的擴張性經營策略效果明顯。另外，從利潤表（表6-3）中可以看到，公司盈利能力的增加也得益於非主營業務收益的增長，非主營業務的增長不具有主營業務那樣的可持續性，在分析的時候要特別留意。對於投資者來說，淨資產報酬率是一項重要的指標，公司在這一時期的經營中實現了該比率的大幅增長，投資者應該能夠獲得可觀的收益。

4. 投資收益

投資者在做分析時可以用到的最直觀的財務比率就是投資收益比率，包括每股收益、每股淨資產、股利發放率、市盈率和市淨率等。

(1) 每股收益

每股收益 =（淨利潤 - 優先股股利）/（普通股股數 - 優先股股數） (4.18)

該指標反應股東投資的獲利能力，也是公司經營狀況的衡量指標，該比率越高，

說明公司的增長能力越強，股東獲得高收益的可能性越大。

(2) 每股淨資產

每股淨資產＝股東權益/普通股股數　　　　　　　　　　　　　　　　　　(4.19)

每股淨資產也稱為每股帳面價值，由於該指標並不能反應公司的盈利情況，所以分析時只做適當參考。

(3) 股利發放率

股利發放率＝每股股利/每股收益　　　　　　　　　　　　　　　　　　　(4.20)

該指標取決於公司的股利發放計劃，通常來說該指標越高的公司股價也會越高，但不能一概而論，若公司有好的投資項目，管理層往往選擇不發放或者少發放股利進而將資金用於再投資，以追求高速增長。美國微軟公司長年沒有發放股利，但是其股價依然節節攀升，正是因為股民看到了公司的增長性而選擇暫時放棄獲得股利的權利。

(4) 市盈率

市盈率＝每股市場價格/每股收益　　　　　　　　　　　　　　　　　　　(4.21)

市盈率是在股票投資時經常用到的財務比率。通常市盈率高的股票表明市場對公司的前景越看好，但是面臨的風險也越大。每股收益率高的股票市盈率低，可以作為追求股利的投資者的考慮對象。高科技類股票的市盈率一般高於其他行業，這類股票的特點就是高成長性和高投資風險。

(5) 市淨率

市淨率＝每股市場價格/每股淨資產　　　　　　　　　　　　　　　　　　(4.22)

該指標表示股價在以淨資產多少倍的溢價交易，若市淨率過高，有可能該公司的股價被高估，應當考慮賣出；反之亦然。

投資收益類比率更多的需要在行業內進行橫向比較，各個行業均有不同的標準，像蘇寧電器以電器零售為主營業務，應該以其他的電器連鎖零售企業（比如國美）為比較對象，下面給出一組蘇寧電器與國美電器的投資收益比率的數據（見表6-8）：

表6-8　　　　　　蘇寧電器與國美電器的投資收益比率分析表

財務比率	蘇寧	國美
每股收益率	1.02	0.46
每股淨資產	3.21	3.13
股利發放率	0.196	0.065
市盈率	70.44	10.5
市淨率	6.38	0.54

通過表6-8的數據，能夠看出蘇寧的投資收益和股利發放率均高於國美，這樣就更加吸引投資者，但蘇寧的市盈率和市淨率均大幅度高於國美，在每股淨資產差別不大的情況下，我們可以推斷蘇寧的每股股價大幅高於國美，這一方面說明投資者更加看好蘇寧電器，另一方面也意味著蘇寧較國美產生了更大的投資風險。

5. 財務比率分析的不足

財務比率分析的不足表現在：

（1）數據主要來源於過去所發生的會計核算資料，是企業過去經濟活動的結果和總結，對於控制現在預測將來，使企業作出某種決策的財務分析來說，只有參考價值。

（2）數據不一定反應真實情況。財務報表是按會計準則和規範編製的，但不一定完全反應企業的客觀實際，依據這些資料分析，容易產生「假報表真分析的情況」或包含人為因素，報表體現管理者某種意願，不能真實的分析企業財務狀況和經營成果。

（3）同行業內的會計數據存在著差異。不同企業可選擇不同的會計核算程序，企業內部前期後期不同的操作人員存在著不同的計算方法，數據存在著不同的解釋，數據本身也就存在著一定的差異。

（4）數據在信息傳遞上存在著缺陷。會計報表所反應的數據和會計信息是有限的，因此必然會影響分析結果的準確性。

（5）財務比率分析方法只能提供有限的信息，企業經營業務所形成的數據是複雜的，分析只能回答「是什麼」，不能回答「為什麼」。單憑分析的結果，很難準確地判斷企業經營狀況的好壞。

三、經營狀況分析

1. 公司管理分析

公司管理分析包括：

（1）公司治理結構。公司治理結構又稱公司內部管理體制，是現代企業制度的主要組織形式。治理結構分為四個層次：股東大會、董事會、監事會、經理，其中董事會是股東大會選舉出來維護股東合法利益的股東，監事會負責對公司的管理者和財務部門進行監控，保證公司有序營運，經理是董事會聘任的公司管理者，受股東大會和董事會約束。治理結構主要以下幾個方面發揮作用：

①公司治理結構框架應當維護股東的權利。

②公司治理結構框架應當確保包括小股東和外國股東在內的全體股東受到平等的待遇；如果股東的權利受到損害，他們應有機會得到補償。

③公司治理結構框架應當確認利益相關者的合法權利，並且鼓勵公司和利益相關者為創造財富和工作機會以及為保持企業財務健全而積極地進行合作。

④公司治理結構框架應當保證及時準確地披露與公司有關的任何重大問題，包括財務狀況、經營狀況、所有權狀況和公司治理狀況的信息。

⑤公司治理結構框架應確保董事會對公司的戰略性指導和對管理人員的有效監督，並確保董事會對公司和股東負責。

（2）管理層素質。管理層素質包括公司經理人員的道德水準、專業知識、內部協調和溝通能力。管理人員的素質決定了企業的盈利能力和成長性。在道德方面，關注企業高層是否有過侵害股東利益的行為，是否任人唯親，是否從事過違法活動；在企業管理方面，關注企業高層是否有明確的發展方向，是否專注於拓展主營業務等。管理高層的行事作風也會影響企業文化的形成。企業文化是指公司全體職工在長期的生產和經營活動中逐漸形成的共同遵循的規則、價值觀、人生觀和自身的行為規範準則。對企業文化的分析應著重瞭解公司文化對全體員工的指導作用、凝聚作用、激勵功能

和約束作用。

（3）企業員工素質。企業員工素質包括企業各層員工的專業知識能力、團隊合作精神、主觀能動性、忠誠度等。員工素質很大程度上由企業文化、企業運行制度和在職培訓力度決定，這些因素表現出較大的行業性差異，但是在同行業中，擁有更高素質的員工無異於占得了先機。

（4）激勵約束制度。激勵約束制度指激發人的主觀能動性和創造力，同時規範人的行為的制度。企業經營者激勵與約束的不對稱，既嚴重損害股東、公司和員工的合法權益，也助長經營者在企業投資決策方面的不負責任的短期性、投機性和盲目性等僥倖心理，使公司發展充滿風險。激勵約束制度的目的是讓企業管理者的經營目標、績效考核和激勵約束有機結合起來，以實現投資者的利益最大化。

2. 公司產品分析

在中國市場經濟的大背景下，絕大部分行業都處於一個競爭的狀態，瞭解企業在行業中的競爭形勢最直觀的切入點就是對企業產品的分析，產品的市場佔有率、成本控制能力、產品認知度等指標反應了企業在行業中的地位。

（1）產品的市場佔有分析。產品的市場佔有情況是判斷企業競爭力的最直觀因素，包括了兩個方面的內容：①市場佔有率，指該公司的產品在同類產品市場中所佔有的份額；②市場覆蓋率，指產品在各個地區的覆蓋和分佈。兩者考慮的方向不同。若市場佔有率高而市場覆蓋率低，說明公司的產品在某個地區受歡迎，有競爭能力，但大面積推廣缺乏銷售網絡；市場佔有率低而市場覆蓋率高，說明公司的銷售網絡強，但產品的競爭能力較弱。

（2）產品的類型。產品的類型，指把握好企業產品的市場生命週期和市場定位。產品和行業一樣具有生命週期，例如電視行業，CRT 電視逐漸被等離子電視和液晶屏電視所取代，可以預見一家沒有引入等離子和液晶電視生產線的企業會被市場淘汰。

（3）產品的品牌認知度。品牌是企業的旗幟，好的品牌就是值得信賴的象徵，甚至有的消費者只會去購買某些固定的品牌，這就是所謂品牌忠誠度。在一個產業進入成熟階段的時候，打造品牌通常是行業內企業提高競爭力的重要手段，擁有成功的品牌戰略的企業可以給投資者帶來豐厚回報。

（4）產品的銷售能力。產品的銷售能力主要考察上市公司的銷售渠道、銷售網絡、銷售人員、銷售策略、銷售成本和銷售業績。銷售環節的成本極大地影響公司的利潤。雖然上市公司在建立銷售網絡的初期將投入巨資，但在以後的經營中可減少中間環節的費用，從而增加企業的利潤，但同時管理費用又將大大增加。如果借助另一個公司的網絡銷售產品，又必須讓出一定的利潤空間給銷售公司、使管理費用大大降低。這兩種銷售方法各有利弊，要進行綜合比較分析。

（5）產品的技術水準。產品的技術水準主要體現在生產的技術水準和產品的技術含量上，前者可以降低生產成本，擴大產量；後者可以提高產品質量，使其加大與替代產品的差異。企業技術水準和自主研發能力以及員工素質密切相關。在分析產品技術水準的時候要注意判斷企業對所擁有的技術的獨占性（是否足夠尖端，並有專利保護），其次是判斷該項技術的盈利前景，不能轉化為利潤的技術不值得投資。

❈ 本章小結

1. 基本分析是強調證券內在價值的分析方法，基於對經濟形勢、行業發展前景、公司經營環境及其對證券價格走勢造成的影響加以研究，以做出投資決策的分析方法。研究對象包括經濟、政治、法律、軍事、突發事件等方面，一般用以判斷長期價格變化的趨勢。基本分析的內容主要包括宏觀經濟分析、行業分析和公司分析三部分。

2. 證券投資的宏觀經濟分析主要是分析各種宏觀基本因素對證券投資的影響。這些宏觀基本因素包括國際宏觀經濟環境、國內宏觀經濟環境、經濟週期、經濟政策等許多方面。國際宏觀經濟環境包括國際政治經濟關係分析和國際金融市場環境分析；國內宏觀經濟環境分析包括對國內生產總值、失業率、通貨膨脹率、利率等方面的分析。經濟政策分析包括貨幣政策分析和財政政策分析等。

3. 行業分析的主要任務包括：解釋行業本身所處的發展階段及其在國民經濟中的地位，分析影響行業發展的各種因素以及判斷對行業影響的力度，預測並引導行業的未來發展趨勢，判斷行業投資價值，揭示行業投資風險，從而為政府部門、投資者及其他機構提供決策依據或投資依據。行業分析是對上市公司進行分析的前提，也是宏觀的經濟分析和微觀的公司分析之間的橋樑，是基本分析的重要環節。

4. 行業特點分析包括行業的市場結構分析。經濟週期與行業分析和行業生命週期分析。行業基本上可分為四種市場結構：完全競爭、壟斷競爭、寡頭壟斷和壟斷市場。根據行業生命週期理論，行業的發展階段可分為四個階段：①創業階段；②成長階段；③成熟階段；④衰退階段。

5. 公司分析又稱企業分析，是基本分析的重點。公司分析側重對公司的競爭能力、盈利能力、經營管理能力、財務狀況、經營業績以及潛在風險等進行分析，借此評估和預測證券的投資價值、價格及其未來變化的趨勢。公司分析名目較多，大體可以分為財務分析和經營狀況分析，其中財務分析是最重要的，財務報表中的信息是評斷上市公司投資價值的主要依據，而經營狀況分析就公司各項基本情況在行業內進行比較，便於發現公司的增長點。財務比率歸為幾個大類：償債能力、營運能力、盈利能力和投資收益。

❈ 復習思考題：

1. 什麼是基本分析？其理論基礎是什麼？主要內容包括哪幾個方面？
2. 宏觀經濟形勢如何影響證券市場？
3. 財政政策的工具有哪些？財政政策如何影響證券市場？
4. 貨幣政策的工具有哪些？貨幣政策如何影響證券市場？
5. 行業分析的主要內容包括哪些？
6. 行業的市場結構有哪些種類？其特徵是什麼？如何進行市場結構分析？
7. 公司財務分析從哪些方面進行？
8. 財務比率分析的指標歸為幾大類？如何進行財務比率分析？

第七章　證券投資技術分析

本章學習目標：

　　瞭解技術分析的概念、要素與假設條件；熟悉量價關係及變化規律，掌握量價關係的基本判斷；熟悉 K 線分析、形態分析、趨勢分析和指標分析的內容，掌握其技術要點及運用規則。

第一節　技術分析概述

　　1882 年道瓊斯指數的創始人之一，道（Dow）首次正式提出了技術分析理論。這一理論在長期觀察和實踐修正的基礎上，以市場的交易量和歷史價格作為依據，通過歸納總結對未來證券市場價格做出預測。技術分析和基本分析是證券投資分析的兩大基本方法，基本分析法能比較全面地把握證券價格的基本走勢，解決「買什麼證券」的問題，但不能給出適合的買賣時點和價位，對短線投資者的指導作用較小。技術分析法對市場的反應比較直觀，分析的結論時效性較強，能給出較好的買賣時點和價位，解決「什麼時候買證券」的問題，因而在證券投資中，技術分析法廣為機構投資者和個人投資者使用。

一、技術分析的假設條件

　　1. 技術分析的含義

　　技術分析是以證券市場過去和現在的行為為分析對象，應用數學和邏輯的方法，概括出一些典型的市場行為，並據此預測證券市場未來變化趨勢的分析方法。其特徵表現為：①運用歷史資料進行分析；②大量採用統計指標和圖形方法；③許多技術分析方法包含著對人們心理活動的定量分析。由於技術分析運用了廣泛的數據資料，並採用了各種不同的處理方法，因此為投資者所接受。技術分析不但適用於證券市場，還廣泛運用於外匯、期貨和其他金融市場。

　　2. 投資分析的假設條件

　　技術分析的理論前提是市場是弱有效的，因此其主要包括三個假設：市場行為包容一切信息、價格變動有趨勢性、歷史會重演。

　　（1）市場行為包容一切信息

　　這一假設是技術分析的基礎，其主要思想是影響證券的每一種因素都會通過證券

的價格反應出來，這些因素包括了政策因素、經濟因素、公司因素、投資者心理因素等各個方面。比如，中央銀行公布調高準備金率，利率水準上升，證券價格下跌，那麼中央銀行調高準備金率就是利空消息；反之則為利好消息。A 公司公布的每股收益（EPS）高於 B 公司，且具有良好的市場前景，那麼 A 公司的證券價格高於 B 公司；反之亦然。投資者使用技術分析時只需要考察這些因素對證券價格的影響效果，而沒有必要具體研究導致這一變化的原因。

（2）價格變動有趨勢性

這一假設是技術分析的前提，其主要思想是證券價格的上漲或者下跌是有一定趨勢的，在未來一段時間內，如果沒有足夠的外力改變這一趨勢，那麼證券價格將沿襲這一趨勢的變化。其暗含了一個思想即所有投資者的行為都是建立在理性基礎之上的，從而在經過分析後如果投資者對證券市場持樂觀態度，那麼只要沒有新的因素改變這一態度，投資者就不會大量拋售所持有證券，證券價格也就會延續前期的趨勢；反之亦然。如果沒有理性投資者的前提，這一假設不能成立。

（3）歷史會重演

這一假設的基本思想是投資者在作出抉擇時會參考其過去的經歷和他人的經驗。證券市場中參與交易的是每一個具體的人，因而證券價格會受到人類心理學中某些規律的影響。比如投資者在某種情況下按某一種方法取得了成功，那麼以後遇到類似或者相同的情況，他也會採取同樣的投資策略。因此，技術分析法認為投資者可以通過對歷史資料和數據的分析，來概括證券市場中的某些心理規律，從而制定出有效的投資策略。

技術分析的有效性是基於三大假設而存立，針對三大假設市場上有頗多爭議。針對假設之一——市場行為包容一切信息，但市場行為反應的信息同原始的信息存在差異，信息損失是必然的；針對假設之二——價格變動有趨勢性，但什麼時候漲、什麼時候跌，卻是沒有規律可循的；針對假設之三——歷史會重演，但證券市場的市場行為是千變萬化的，不可能有完成相同的情況重複出現。總之，技術分析的假設與現實之間是存在差異的。因此，技術分析不是萬能的，應結合基本分析進行，以彌補其不足。

3. 技術分析的要素

證券市場中價格、成交量、時間和空間是進行技術分析的要素。技術分析實質上就是通過分析價格與成交量的時空關係，對價格未來的變動趨勢進行預測。

（1）價格與成交量

量價關係是技術分析的基本要素，市場行為最基本的表現就是成交價和成交量。過去和現在的成交價和成交量涵蓋了過去和現在的市場行為。通過分析證券價格的漲跌是否能得到成交量的認同，從而預測未來的證券價格趨勢，為投資決策提供依據。

（2）時間與空間

時間分析是分析隨著時間推移，價、量的變動趨勢。當趨勢已經形成後，在短時間內不會發生根本的改變，中途出現的反方向波動，不會改變原有的趨勢；但已經形成的趨勢也不可能永遠不變，經過一段時間又會出現新的趨勢。空間分析是分析某一

時點上價、量變動的空間範圍和極限。通過時間與空間的分析，以便於把握證券行情的運作週期和漲跌幅度。

技術分析方法和基本分析方法的主要區別是：①技術分析是對股票價格變動趨勢的分析，其目的是預測股價變動的方向和幅度；基本分析是對股票價值的分析，其目的是判斷股票價格相對於價值的高低。②技術分析是根據歷史資料分析股票價格的未來變化；基本分析是根據預期股息和貼現率決定股票的價值。③技術分析側重於短期分析和個股分析；基本分析著重於長期分析和大勢分析。

二、技術分析的方法

1. 量價類

葛蘭碧在長期分析成交量和證券價格趨勢關係的基礎上，提出了葛蘭碧九大法則。法則通過對成交量和價格關係的總結，提出了九種比較經典的關係組合，進而在實務中加以應用，試圖以成交量和價格關係作為工具，判斷證券市場未來的發展趨勢。

2. K線類

K線類是根據若干天的K線組合情況，推測證券市場中多空雙方力量的對比，進而判斷證券市場走勢的方法。K線圖是進行各種技術分析的最重要的圖形。人們經過不斷總結經驗，得到了一些對於證券交易有意義的K線組合。

3. 形態類

形態類是根據證券價格過去一段時間走過的軌跡形態來預測證券價格未來趨勢的方法。價格走過的形態是市場行為的重要部分，從價格軌跡的形態中，我們可以推測出證券市場處在一個什麼樣的大方向中，由此對今後的投資給予一定的指導。常見的形態有M頭、W底、頭肩頂、頭肩底等。

4. 趨勢類

趨勢類是按一定方法和原則，在根據證券價格數據所繪製的K線圖中做出一些直線，然後根據這些直線的情況預測證券價格的未來趨勢，為投資者的操作行為提供參考。其包括了趨勢線、軌道線、黃金分割線、甘氏線、角度線等。

5. 指標類

指標類是根據收盤價、成交量的歷史資料，通過建立一個數學模型，給出數學上的計算公式，得到一個體現證券市場的某個方面內的實質的數字指標。根據計算出的指標值，進一步分析得到這些具體數字值的相互關係，從而為投資者的操作行為提供指導。常見的指標有平滑異同移動平均線（MACD）、相對強弱指標（RSI）、隨機指標（KDJ）、心理線（PSY）、乖離率（BIAS）等。

6. 波浪類

波浪理論是把股價的上下變動和不同時期的持續上漲、下跌看做是波浪的上下起伏，認為股票的價格變動遵循波浪起伏的規律，波浪的形態構成為五上三落，八浪循環。通過數浪規則對浪型進行分析判斷，預計一輪行情的底和頂，為投資決策提供指導。波浪理論是一種神奇的、理想的、難以把握的技術分析方法。

第二節　量價分析

　　證券市場最基本的表現形式就是成交量和成交價格，它們也是量價分析的基本要素，是技術分析的基礎。成交量和成交價格的歷史數據涵蓋了證券市場過去的所有信息。技術分析的量價分析就是利用成交量和成交價格的資料，通過圖形和技術指標來分析預測未來證券市場的價格走勢。在某一時點上的量價關係，反應的是買賣雙方在這一時點上的市場行為，是該時點上的均衡點，隨著時間的推移，均衡點也在不斷地變化，這就形成了完整的量價關係趨勢。一般來說，成交量是成交價格確認的認同度，成交量大則認同度高，成交量小則認同度低。

一、成交量和價格趨勢的關係特性

　　技術分析在對成交量與股價趨勢關係研究之後，總結出了以下幾種常見的特性：
　　（1）證券價格上升，成交量放大。這種特性被簡單地稱為量價齊升，表明在成交量的認同下，證券價格將進一步的上升。
　　（2）證券價格持續上升，但成交量先上升後下降。這種特性表現為在上漲過程中，證券價格不斷上漲突破了前一個高點，繼續創出新高，此時的成交量在價格突破之前不斷上升，但在突破之後出現回落。這一情形意味著上漲支持力度不足，是潛在的反轉信號。
　　（3）證券價格上升，成交量下降。這一特性被稱之為價升量減，表現為證券價格逐漸上升，然而成交量卻在不斷下降，意味著價格上升的動力不足，是潛在的反轉信號。
　　（4）證券價格和成交量突然激增，之後又急遽下降。這一特性的具體變現是證券價格隨著成交量的上升而上升，接著上升速率突然加快出現井噴行情，成交量和價格急速上升，但繼之而來的是成交量的大幅萎縮和股價的迅速回落。這種現象表明此輪漲勢已到末期，繼續上漲乏力，是反轉信號，反轉力度視前一波價格上漲幅度和成交量增幅而定。
　　（5）在一個長期的下跌趨勢並形成谷底後，證券價格回升，成交量卻沒有回升。這種特性表現為價格短暫上升後又回到谷底附近，如果再次回到谷底附近時的成交量明顯小於前一底點的成交量，則形成價格將要上升的信號。
　　（6）證券價格下跌，同時成交量不斷放大。這一特性被稱為價跌量升，表現為證券價格下跌突破趨勢線或者支撐線，同時成交量不斷上升，這是證券價格將要繼續下跌的信號。
　　（7）證券價格持平，成交量增加。這種情況應當具體分析。如果是經歷了一段上漲期後，出現這一特性，則表明逢高減持的投資者增多，價格將會出現反轉。如果是經歷一段下跌期後，出現這一特性，則表明逢低吸納的投資者增多，股價有可能在將來出現反彈，是潛在的上漲信號。

二、漲跌停板制度下的量價關係

由於漲跌停板制度限制了證券一天的漲跌幅度，使得多空的能量得不到徹底的釋放，容易形成單邊市場。很多投資者存在潛在的追漲殺跌意願，而漲跌停板制度下的漲跌幅度比較明確，在證券價格接近漲跌幅限制時，很多投資者可能判斷出現失誤，盲目地追漲殺跌，形成漲時助漲，跌時助跌的趨勢。並且，漲跌停板的限制幅度越小，這種情況就越是明顯。比如中國股市中的 ST 股票，由於漲跌幅限制在 5%，因而它的投機性特點就比其他股票要強得多。

在實行漲跌停板制度下，漲停和跌停的趨勢繼續下去，是以成交量大幅萎縮為條件的。比如在沒有漲跌限制的情況下，價格和成交量大幅上升是後市繼續上升的信號，價格上升成交量下降是後市上漲乏力的信號，但是在漲跌停板制度下，如果某種股票在漲停板時成交量放大，則表明想賣出的投資者增加，後市有可能出現反轉；如果在漲停板時成交量縮小，則表明賣方認為股票價格依舊被低估，其會等到價格進一步上漲之後再做決定，而更多的買方因此無法在漲停價格購買到股票，這樣的價升量減依舊是後市上漲的信號。

類似的，沒有漲跌停板制度時，價跌量減說明了賣方惜售，是後市看好的信號；價跌量增是後市將要延續下跌的信號。但在漲跌停板制度下，如果跌停，市場認為其還有下跌的空間，將表現為成交量減少，則價跌量減是繼續下跌的信號；如果跌停，市場認為其價格已經被低估，將表現為成交量放大，則價跌量增是後市反轉上升的信號。

例：圖 7-1 是西飛國際（000768）2009 年 10～12 月的 K 線圖。由於中國的股票市場是有漲跌幅限制的，從圖 7-1 中可以看出在 A 點處：12 月 10 日和 11 日該股票漲停，但是成交量很小，意味著賣方認為股票價格低估，而更多的買方無法買入，其後市依舊上升。12 月 14 日，該股開盤漲停，但是成交量不斷放大，最終成了逆轉的信號，股價開始下跌。

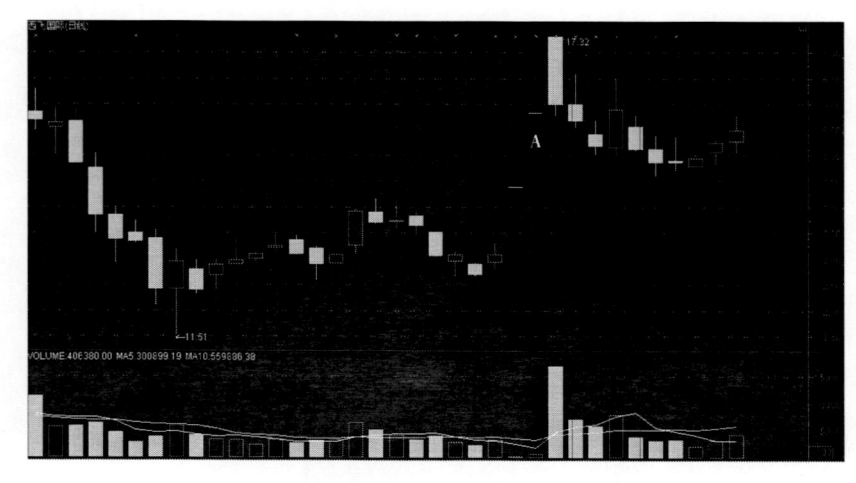

圖 7-1　西飛國際 2009 年 10～12 月 K 線圖

總而言之，在漲跌停板制度下，量價關係的基本判斷如下：

（1）漲停量小，將繼續上揚；跌停量小，將繼續下跌。

（2）漲跌停途中被打開次數越多、時間越久、成交量越大，則趨勢繼續的可能性越大。

（3）漲跌停到達時間越早，次日繼續保持原來趨勢的可能性越大。

（4）封住漲停和跌停的數量越大，則繼續原來趨勢的可能性越大，並且幅度也會越大。

證券市場很多時候都是一個博弈的過程，加之證券市場又是一個零和游戲（Zero Game），因此在分析時也要考慮其他投資者是不是也在利用這一規律進行操作或是反向操作。在利用量價關係進行證券分析時，應當注意具體問題具體分析，不能盲目照搬理論。

第三節　K線分析

K線分析起源於200多年前日本的米市，由於其記錄了市場過去的信息，通過分析K線形態，可以得出過去市場的行為特點，因而其成為了技術分析的重要手段。經過上百年的運用和變更，K線分析已經形成了一套完整的理論，得到了廣泛的運用。

一、K線的畫法

證券價格一天的變動主要體現在四個價格上：開盤價、收盤價、最低價和最高價，因此利用這四個特殊的價格點，可以繪製出當天的證券價格波動特性。一根K線表示一天的價格變動狀況，把每一天的K線連接起來就形成了完整的K線圖。

首先，在圖紙上標出開盤價、收盤價、最低價和最高價四者的位置；其次，用實體的長方形連接開盤價和收盤價；最後，用直線分別連接最高價與實體，以及最低價與實體，這樣就形成了一根完整的K線，如圖7-2所示。其中收盤價高於開盤價稱之為陽線（白色），收盤價低於開盤價稱之為陰線（黑色），實體的上下兩條線段分別稱之為上影線和下影線。

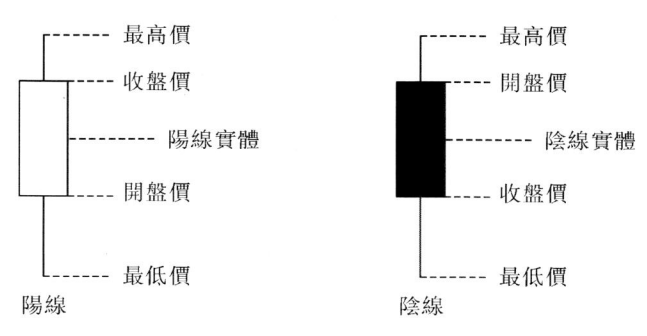

圖7-2

二、K線形狀分析

K線由開盤價、收盤價、最低價和最高價四個價位組成，將買賣雙方實際交戰的結果用圖表示出來，代表著多空雙方力量對比。在K線圖中，陽線實體的長短代表多方力量的強弱，陰線實體的長短代表空方力量的強弱，上影線表示上方拋壓，影線的長短代表拋壓的大小，下影線表示下方接盤，影線的長短代表承接力量的大小。在實際交易中，由於多空雙方力量的較量，四個價格處於不同的位置，會產生多種形狀的K線，反應市場行情的變化，可以用於對證券價格走勢的分析預測。以下介紹六種典型的單根K線分析：

1. 光頭光腳的大陽線和大陰線

光頭光腳的大陽線和大陰線是沒有上下影線的K線。當陽線收盤價或陰線開盤價正好與最高價相等，陽線開盤價或陰線收盤價正好與最低價相等時，就會出現這種K線。光頭光腳大陽線表示，從開盤，買方就積極進攻，中間也可能出現買方與賣方的鬥爭，買方始終占優勢，使價格一路上揚，直至收盤。表示強烈的漲勢。光頭光腳大陰線表示從一開始，賣方就占優勢，握有股票者不限價瘋狂拋出，造成恐慌心理。市場呈一面倒，直到收盤、價格始終下跌，表示強烈的跌勢。光頭光腳的大陽線和大陰線如圖7-3（1）、圖7-3（2）所示。

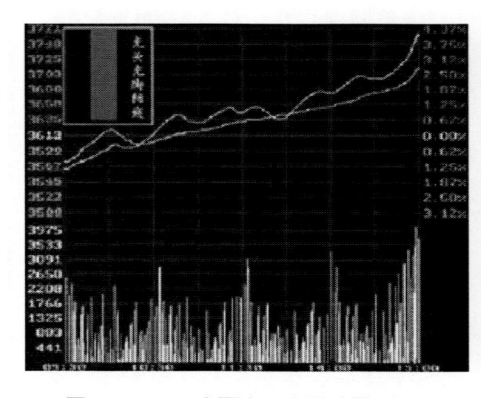

圖7-3(1)　光頭光腳大陽線圖示 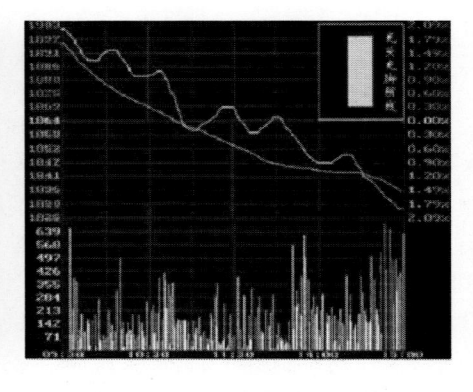　　圖7-3(2)　光頭光腳大陰線圖示

2. 光腳陽線和光腳陰線

光腳陽線和光腳陰線是指沒有下影線的K線。當開盤價正好與最低價相等或收盤價正好與最低價相等時，就會出現這種K線。光腳陽線分為兩種情況：一種（光腳陽線）是表示上升勢頭很強，但在高價位處多空雙方有分歧，買進時應謹慎；另一種（上影陽線）表示多方上攻受阻回落，上檔拋盤較重，能否繼續上升局勢尚不明朗。光腳陽線的出現，如果陽線實體越長，說明多方上攻力度越大；反之，則有見頂的可能。光腳陰線的含義與之相反，表示股價雖有反彈，但上檔拋壓沉重；空方趁勢打壓使股價以陰線報收。所以，光腳陰線的實體越大，則表明空方的勢力越強，打壓的動能越大，後市看淡的可能性越多。上影陽線與光腳陰線示意圖如圖7-4（1）、圖7-4（2）所示。

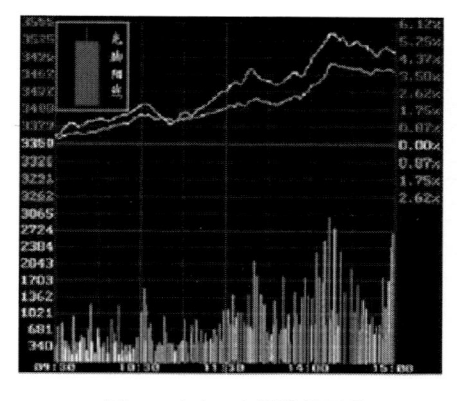

圖 7-4(1)　上影陽線圖示　　　　　　　圖 7-4(2)　光腳陰線圖示

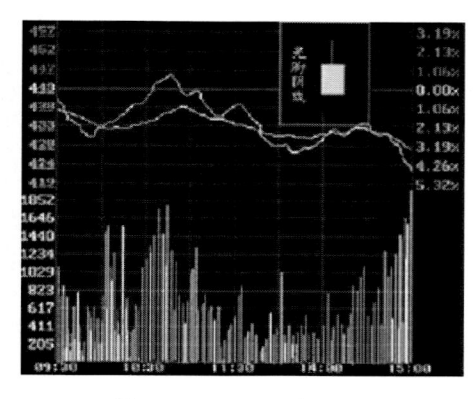

3. 光頭的陽線和陰線

　　光頭的陽線和陰線 K 線沒有上影線。當開盤價與最高價相同或收盤價與最高價相同時，就會出現這種 K 線，如圖 7-5（1）、圖 7-5（2）所示。光頭陽線是一種帶下影線的紅實體，最高價與收盤價相同，表示開盤後，出現先跌後漲，總體看來，買方力量較大，但實體部分與下影線長短不同，買方與賣方力量對比不同。光頭陰線是一種帶下影線的黑實體，屬下跌抵抗型的 K 線，表示開盤價是最高價，開盤賣方力量就特別大，價位一直下跌，但在低價位上遇到買方的支撐，後市可能會反彈，實體部分與下影線的長短不同也反應了買方與賣方力量對比不同。

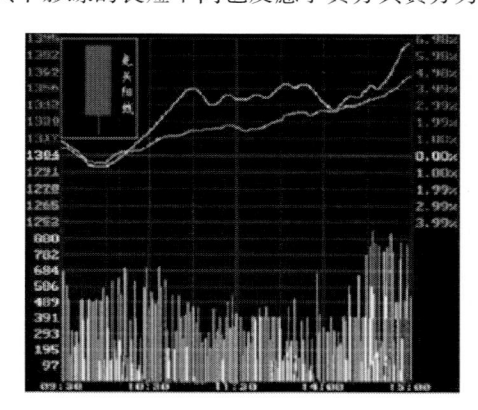

圖 7-5(1)　光頭陽線圖示　　　　　　　圖 7-5(2)　光頭陰線圖示

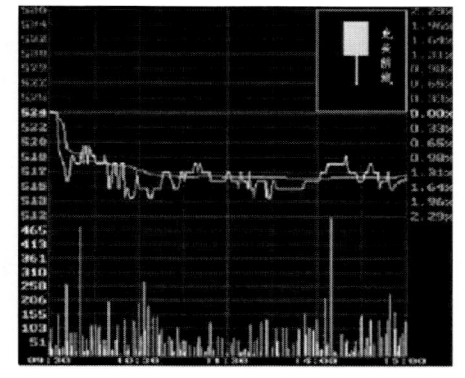

4. 十字星

　　當收盤價與開盤價相同時，就會出現十字星型 K 線如圖 7-6 所示，它的特點是沒有實體。表示在交易中，股價出現高於或低於開盤價成交，但收盤價與開盤價相等。買方與賣方幾乎勢均力敵。其中：上影線越長，表示賣壓越重；下影線越長，表示買方旺盛。上下影線看似等長的十字線，可稱為轉機線，在高價位或低價位，意味著出現反轉。

161

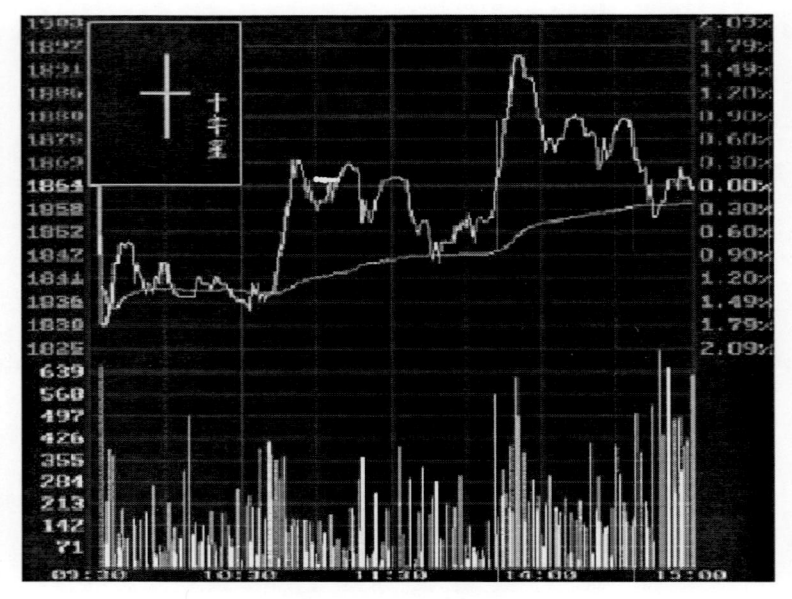

圖 7-6　十字星圖示

5. T 字形和倒 T 字形

在十字星的基礎上，如果再加上光頭和光腳的條件，就會出現這兩種 K 線，如圖 7-7（1）、圖 7-7（2）所示。它們沒有實體，而且沒有上影線或者沒有下影線，形狀像英文字母 T。「T」圖形又稱多勝線，開盤價與收盤價相同，當日交易以開盤價以下之價位成交，又以當日最高價（即開盤價）收盤。賣方雖強，但買方實力更大，局勢對買方有利，如在低價區，行情將會回升。

倒 T 字形又稱空勝線，開盤價與收盤價相同。當日交易都在開盤價以上之價位成交，並以當日最低價（即開盤價）收盤，表示買方雖強，但賣方更強，買方無力再挺升，總體看賣方稍占優勢，如在高價區，行情可能會下跌。

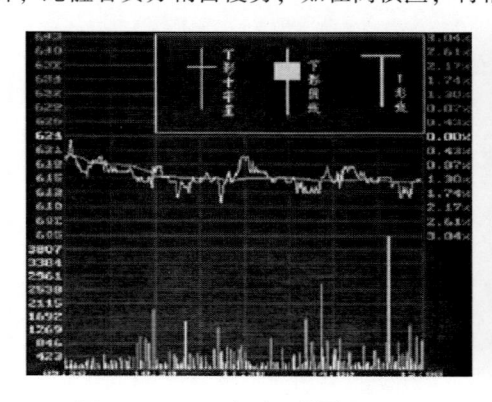

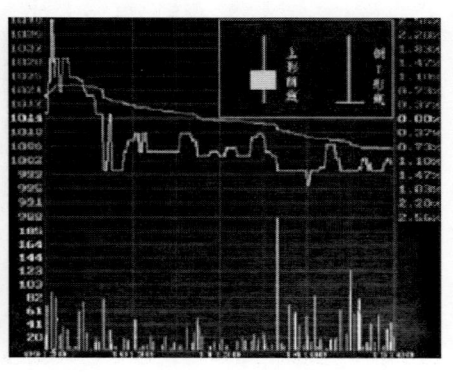

圖 7-7(1)　T 字形 K 線圖示　　　　　圖 7-7(2)　倒 T 字形 K 線圖示

6. 一字形

一字形是一種非常特別的K線形狀（如圖7－8所示），它的四個價格在同一價位上，無K線實體，無上下影線。這種情況在實行漲跌停板制度的股市存在，往往是由於突發性的利好（利空），而導致股價跳空高開（低開），直接打在漲停板（跌停板）上。對行情的研判如前面量價分析所述，應結合成交量的變化進行分析。

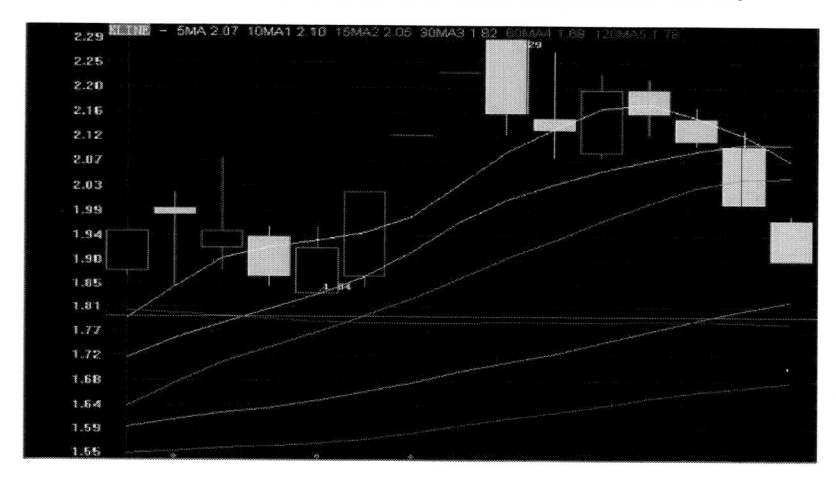

圖7－8 一字形圖示

三、K線組合分析

K線圖是過去一段時間證券市場各種行為的記錄，因而從各種不同的K線組合中可以總結出市場變動的規律。

K線的組合是千變萬化的，尤其是在考察的K線數量不斷增加的情況下，K線形成的組合種類也不斷增加，但是掌握其中一些基本的規律，有利於投資者舉一反三，最終熟練應用K線分析方法。就一個K線組合來說，時間上越靠後的K線其含義越大，並且後一根K線的相對位置越高，越有利於上漲行情；反之亦然。K線組合形態有許多種，以下介紹六種典型的K線組合分析：

1. 希望之星和黃昏之星

希望之星，也稱早晨之星，為買進信號。它由三根K線組成：第一天在下跌過程中已形成一根陰線，第二天呈缺口下跌，K線實體較短，構成星的主體部分，陽線和陰線均可，上下影線也不重要，關鍵是第三天必須是陽線，且其長度至少要升至第一根陰線實體的二分之一處，若包容第一根陰線就更是明確無誤的買進信號，見圖7－9（1）。關於希望之星必須注意的是它預示著市場已見底，因此在其出現之前應該股價已經下跌一段時間，否則不能視為買進信號。黃昏之星的出現，意味著股價將回落，為賣出信號。黃昏之星也由三根K線組成，第一天股價繼續上升，拉出一根陽線，第二天則波動較小，僅形成一根小陽線或小陰線，為星的主體部分，重要的是第三天拉出一根陰線並至少下跌到第一天陽線實體的二分之一處，見圖7－9（2）。必須注意

的是，黃昏之星的出現只有當股價已上升了較大幅度後才為賣出信號。若股價下跌時出現黃昏之星則無參考價值。

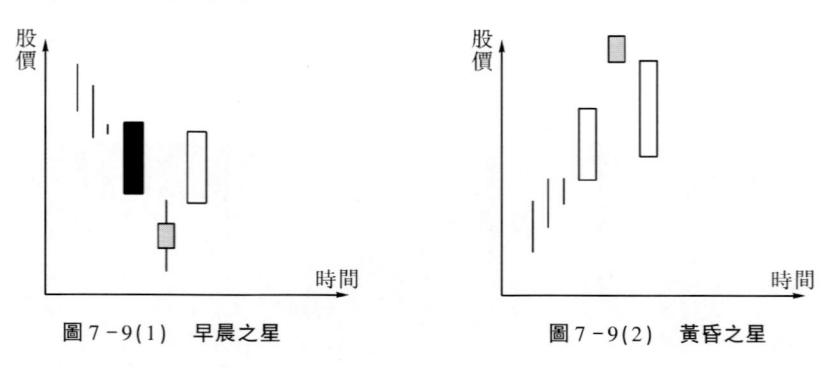

图 7-9(1)　早晨之星　　　　　图 7-9(2)　黄昏之星

2. 射擊之星和倒錘線

射擊之星是一個實體較小的陽線或陰線，其上影線較長，至少是實體的三倍，表明開盤價較低，在開市後被買方將股價炒得較高，但最終又被賣方壓回開盤價附近，因此，下影線可以短到可以認為不存在。它常出現於市場的頂部，預示著股價將反轉，為賣出信號，見圖 7-10（1）。必須注意的是只有在股價已出現較大的升幅後，射擊之星才為正確的賣出信號。

倒錘線的形態特點是，小實體在價格區域的較低部分形成，一般不要求有缺口，只要在一個趨勢之後下降就可以。上影線的長度一般大於實體的兩倍長，下影線短到可以認為不存在。對於倒錘線，當市場以跳空向下開盤時，已經有了下降趨勢。當天上衝失敗了，市場最後收盤在較低的位置。如果第二天開盤高於倒錘線實體，潛在的反轉將引起對空頭頭寸的覆蓋，它也是支持上升的。相似地倒錘線可能很容易成為早晨之星的中間一天。倒錘線如圖 7-10（2）所示。

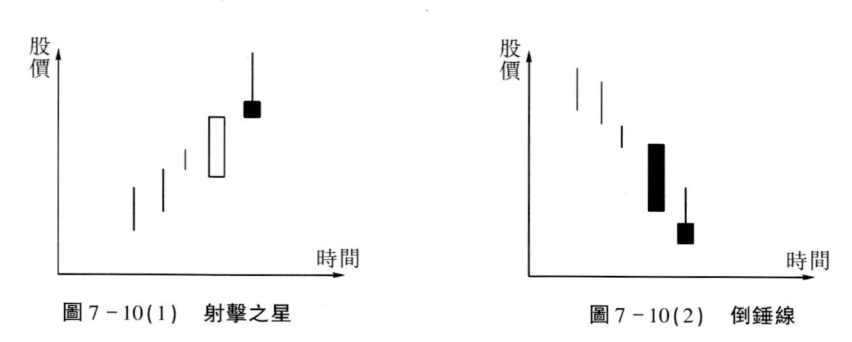

图 7-10(1)　射擊之星　　　　　图 7-10(2)　倒錘線

3. 包含線（鯨吞形）與被包含線（孕育形）

這兩種圖形形成之前，股價運行趨勢已經確立了相當長一段時間。

包含線又稱鯨吞形，是指第二天的 K 線實體完全包含了前一日的實體，前一日的實體反應了股價前期趨勢。若前一日是陰線，則是下降趨勢；若是陽線則是上漲趨勢。包含線的顏色應與前一日的顏色相反。熊市包含線，表明上升趨勢處在只有小成交量

配合的小陽線實體發生的地方，第二天，以新的更高的價格開盤，之後是迅速的賣出狂潮。賣出狂潮被大成交量支持，最後以比前一天更低的價格收盤。從情緒上講，上升的趨勢已破壞，如果第二天的價格仍保持在較低位置，那麼上升趨勢的小反轉已形成。牛市包含線與之正好相反，表明下降趨勢得到了逆轉。包含線如圖7-11（1）所示。

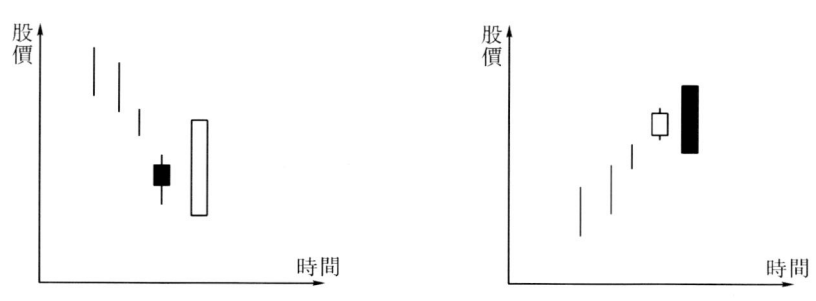

圖7-11(1)　包含線

被包含線又稱孕育形，是指前一日K線實體的顏色是反應市場趨勢的顏色，長實體之後是小實體，它的實體完全被前一日長實體所包含，小實體的顏色與長實體的顏色相反。牛市被包含線表示一個下降趨勢已經展開了相當時日，一根伴隨成交量出現的長陰出現了，它維持了熊市的含義。第二天，價格高開，動搖了空頭。這一天的成交量如果超過前一日，這就強烈證明了多頭將顛覆空頭，第三日趨勢反轉須得到確認。熊市包含線與之正好相反，表示一個上升趨勢已經展開了相當時日，一根伴隨成交量出現的長陽線出現了，它維持了牛市的含義。第二天，價格低開，動搖了多頭。這一天的成交量如果超過前一日，這就強烈證明了空頭將顛覆多頭，第三日趨勢反轉須得到確認。這種組合的特殊形態是十字胎，即第二天的實體為十字星，這種形態的反轉意義更強烈。被包含線如圖7-11（2）所示。

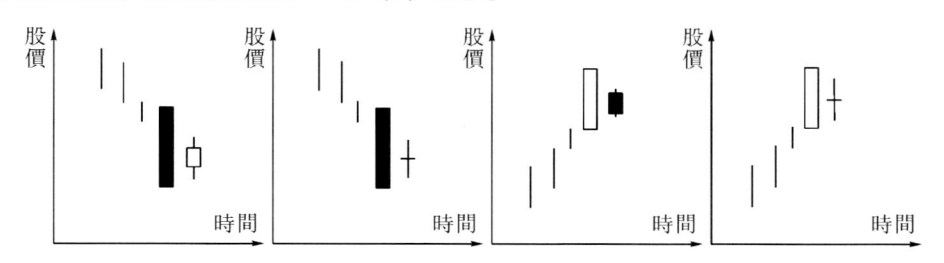

圖7-11(2)　被包含線

4. 刺穿線與烏雲蓋頂

刺穿線與烏雲蓋頂是對稱的圖形，是分別發生在下降與上升市場的兩根K線組合形態。刺穿線發生在下降趨勢中，在形態上第一天是反應繼續下降的長陰實體。第二天市場反彈了，是陽線實體，開盤價低於前一日的最低價，收盤價在第一天的實體內，但高於第一天的烏雲蓋頂陰線實體中點，體現出價格反轉的趨勢。刺穿線的兩根K線應該都是長實體線。烏雲蓋頂與刺穿線正好相對，發生在價格上升的趨勢中，在形態

上第一天是反應繼續上漲的長陽實體。第二天市場回落了，是陰線實體，開盤價高於前一日陰線的最高價，收盤價在第一天的實體內，但低於第一天的陽線實體中點，體現出價格反轉的趨勢。刺穿線與烏雲蓋頂分別如圖 7－12（1）、圖 7－12（2）所示。

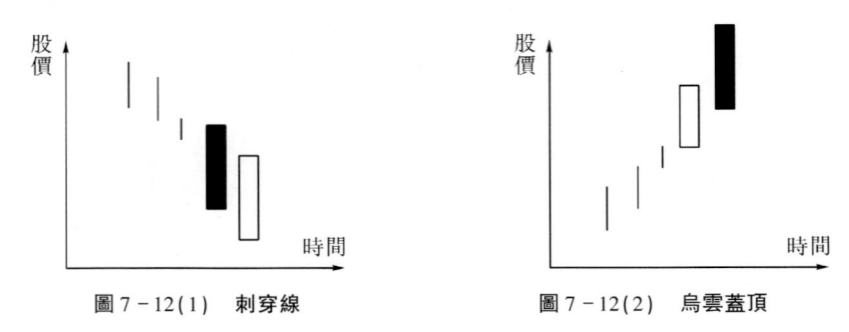

圖 7－12(1)　刺穿線

圖 7－12(2)　烏雲蓋頂

5. 三白兵與三烏鴉

三白兵與三烏鴉都是股價運動趨勢反轉的一個形態。三白兵是發生在股價下降趨勢末期的一種形態，表明股價經過一段時間的下跌，人心思漲，在近日出現了連續三根的長陽線，每天出現了更高的收盤價，且每日開盤價都在前一日的 K 線實體的中點以上，而連續三日每日收盤價在當天的最高價或接近最高價。三白兵是股價止跌上漲的信號，但必須指出的是三白兵的形態必須是在價格下降趨勢的末端才有指示意義。如果是在上升趨勢進行到了一定時期之後出現，則有可能是下跌的信號了。而三烏鴉則與之相對，一般是指股價在上漲的末期出現的，是看跌的圖形組合。三烏鴉的確立，必須是出現了連續三根的長陰線，每天收盤價出現了新低，且每日的開盤價在前一日實體之內，每日收盤價在當天的最低價或接近最低價。表明市場在經歷一段時間的上漲之後，價格已有了一定的高度，出現了第一根長陰線，說明趨勢走向了下降的一面，後邊連續的陰線是賣方獲利了結，引起市場進一步下跌的結果。三白兵與三烏鴉示意圖如圖 7－13（1）、圖 7－13（2）所示。

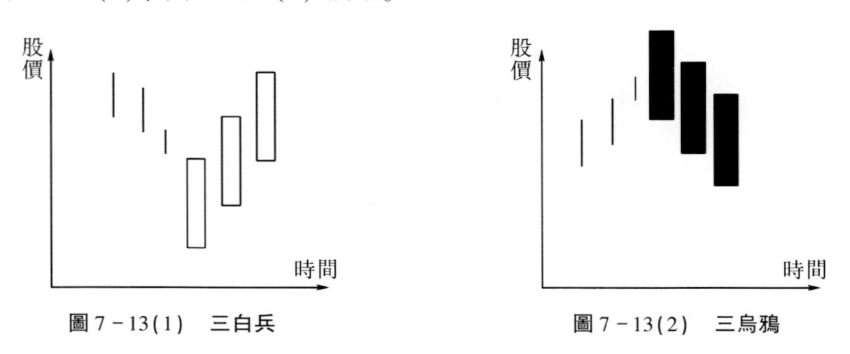

圖 7－13(1)　三白兵

圖 7－13(2)　三烏鴉

6. 大陽線三根型與大陰線三根型

當股價出現連續三次向上跳空上漲，說明買方勢道已盡，是很強烈的賣出信號。典型的大陽線三根型，要求連續三日出現光頭光腳陽線，次日的 K 線開盤價都高於前日的收盤價。買方雖然全力推進股價上漲，但在三次向上跳空之後，其力量已消耗殆

盡，賣方會趁機入市，股價必將下降。反之，當股價出現連續三次跳空下降，說明賣方勢道已盡，是很強烈的買進信號。賣方雖然全力使股價下跌，但在三次向下跳空之後，其力量已消耗殆盡，買方趁機入市，股價必將反彈。大陽線三根型與大陰線三根型示意圖如圖7-14（1）、圖7-14（2）所示。

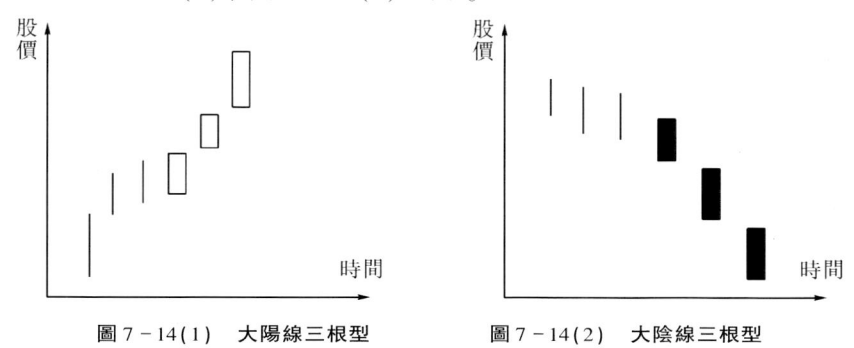

圖7-14(1)　大陽線三根型　　圖7-14(2)　大陰線三根型

K線的典型組合在實際的證券市場分析中，還有許多種，各個不同的投資分析師還在不斷地創新研究出多種不同的組合研判方法，在這裡不能完全包含所有的內容，有待進一步分析研究。

四、應用K線組合應注意的問題

K線分析法是一種常見的技術分析法，但在具體的分析中，如果把握不當，就有可能給投資者造成誤判，從而影響K線分析的準確性與可信度。

1. K線分析應遵循的四原則

K線分析應遵循的四原則包括：

（1）K線分析要與K線或K線組合中股價所處的相對位置相結合。同樣的K線在股價的高位區與低位區出現，發出的信號可能完全相反，這一點在前面的K線分析中已作過具體說明。

（2）K線分析一定要與股價趨勢結合。無論進行單個K線還是K線組合分析，都應服從於股價趨勢，比如，對於處在上升趨勢中的股票來說，K線組合的向下可能只是大趨勢中的小波折。

（3）K線分析一定要與股價所處階段相結合。此處所謂階段即大資金的進、洗、出三大階段，同樣的K線或K線組合在這三個階段會有不同的含義。

（4）K線分析一定要注意成交量這一重要的參數。

2. 應用K線理論應注意的問題

用K線描述市場有很強的視覺效果，是最能體現市場行為的圖表之一。儘管如此，一些常見的K線組合形態只是根據經驗總結了一些典型的形狀，沒有嚴格的科學邏輯，在應用K線的時候要記住以下幾點：

（1）K線分析的錯誤率是比較高的。市場的變動是複雜的，而實際的市場情況可能與我們的判斷有距離。從K線的使用原理上看，K線理論只涉及短時間的價格波動，

容易為某些非市場行為提供條件。

（2）K線分析只能作為戰術手段，且要與其他分析方法相結合。K線分析更多情況下是選時和選擇價格的判斷工具，而不是選股的工具。

（3）K線分析中，要根據實際情況，不斷「修改、創造和調整」組合形態。組合形態只是總結經驗的產物，實際市場中，完全滿足以上所介紹的K線組合形態的情況是不多見的。在運用中要根據實際情況適當地改變組合形態。

（4）為了更深刻地理解K線組合形態，應該瞭解每種組合形態的內在和外在的原理。K線分析是靠人類的主觀印象而建立的，並且是基於對歷史的形態組合進行表達的分析方法之一，因此K線分析中人的因素也非常重要。

第四節　形態分析

K線分析中已經說明了一些對市場進行研判的方法，通過對這些方法的總結和完善，技術分析理論進一步提出了形態分析方法。相比而言，形態分析更加注重對長期主要趨勢的分析和研究。形態分析是通過對K線圖的分析，找到K線軌跡的一些有特殊意義的點，連接這些特殊點，形成不同形態，再進一步對這些形態予以區別和研究，從而得出更加可靠的分析結果。

一、反轉突破形態

反轉突破形態描述了價格軌跡方向的反轉，是技術分析中要特別注意的形態變化，其主要包括了雙重底（頂）、頭肩底（頂）、圓弧底（頂）以及V字反轉等多種形態。

1. 雙重底（頂）

雙重底（頂）因為酷似英文字母W和M，因而又被稱作W底和M頂。這兩種形態在實際中出現的頻率較高，由於雙重底和雙重頂在量價關係和形態上原理相同，只是方向相反，所以這裡只介紹雙重頂，雙重底的形態以此反推。

雙重頂圖形的主要特點是兩個最高點的高度相等，有時候股價在跌破頸線後出現回抽現象而產生平臺，然後下降趨勢才告形成，如圖7－15所示。雙頂形有時會繼續延長而變成三頂形或多頂形，這表示下降的阻力較大，但一旦突破頸線下降，則顯示多頭退出市場，買氣減少，股價的移動軌跡就像M字。這就是雙重頂，又稱M頭走勢。股價下降的幅度可能會較大。雙重頂也是股市見頂的一種形態。當第二個高點形成後，即是賣出的信號，頸線的突破是賣出的強烈信號。

與雙重頂相對，雙重底是市場見底的一種形態，當第二個低點形成後，便是買進的信號，頸線的突破是買進的強烈信號，因此交易量會逐步增大，表示投資者紛紛進場吸納股票。雙重底的進一步延伸會形成三底形。

技術要點：一個真正雙重頂的出現，除了必要的兩個相同高度的高點以外，還應該向下突破B點的支撐線。雙重頂反轉形態一旦得到確認，還具有測算功能，即從突破點算起，證券價格至少要跌到與形態高度相同的距離。

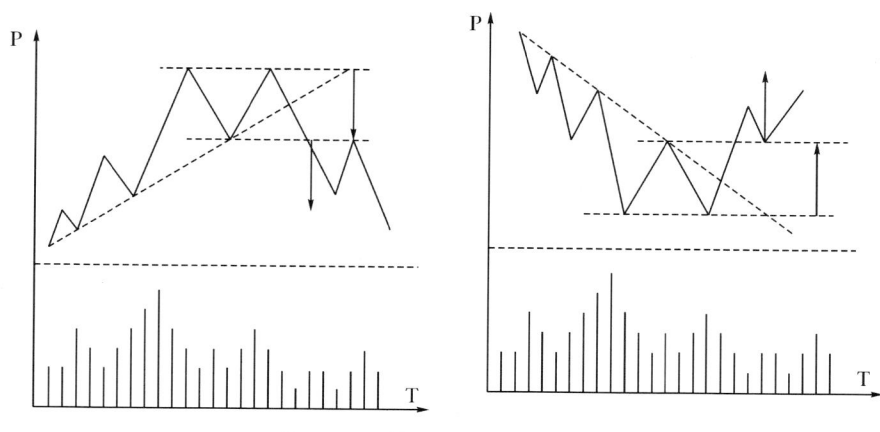

圖 7－15　雙重頂和雙重底示意圖

在應用雙重頂時應當注意，如果雙重頂的兩個高點不在同一個高度，那麼則不能判定為雙重頂，經驗數據顯示，如果兩個高點相差超過 3% 則不構成雙重頂。此外，當價格向下突破頸線時，不一定會伴隨有大的成交量，但是日後繼續下跌時，成交量會逐步放大。最後，雙重頂形態完成後的最小幅度度量方法是由頸線開始的，至少會跌頸線和高點的差價距離。

例：圖 7－16 為 2009 年第三季度上證指數 K 線圖。從圖中可以看出：上證指數在 2009 年上半年的一波漲勢中，於 2009 年 7 月 29 日到創出新高點 3454.02 點後正常回落，7 月 29 日收盤下調至上升趨勢線（黃色斜線）處之後開始回升，但由於動力不足在與前期高點相同的位置遇到壓力（8 月 4 日高點 3478.01，與上一高點 3454.02 相差小於 3%），之後開始下跌，並突破了 A 點處的支撐線（過 A 點的水準黃色直線）。突破頸線時成交量不大，但是突破後成交量逐步放大。

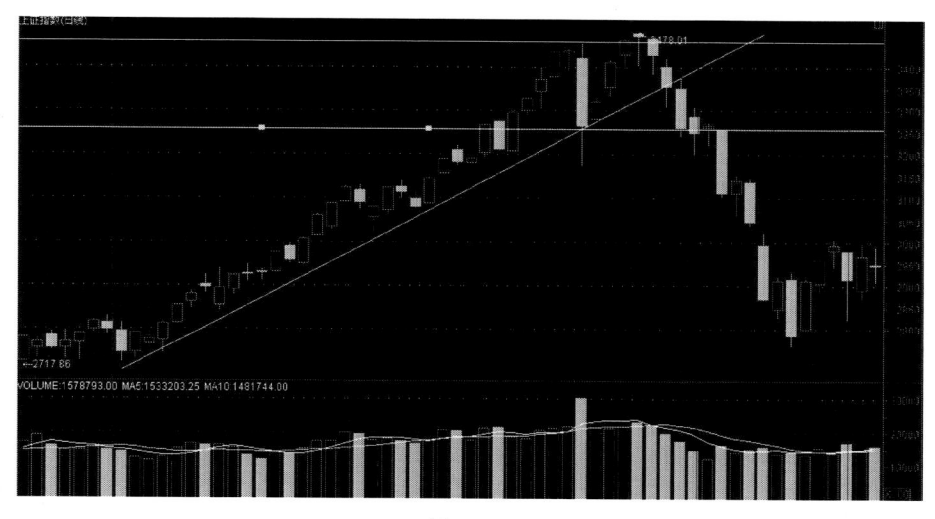

圖 7－16

2. 頭肩頂和頭肩底

　　頭肩頂形是一個典型的股價見頂形態，由一個最高點（頭）和兩個次高點（左肩和右肩）組成，如圖 7-17 所示。在頭肩頂形中，由兩個峰底連成的支撐線被稱為頸線。頸線一旦被跌破，而且回抽無力再超過頸線，頭肩頂形反轉形態便形成。

　　在頭肩頂形的圖形中，交易量從左肩到右肩，一直呈下降趨勢。尤其是右肩形成後，交易量會有明顯的下降，顯示市場主力開始退出，股市買氣減弱；當頸線跌破後，交易量增加，空方打壓堅決，股票拋售力量大增，股價主要的上升趨勢結束，下降趨勢正式形成。這時，當出現技術性反彈時，交易量減少，顯示反彈力量薄弱，股市一路下瀉，下降幅度至少等於頭到頸線的垂直距離。投資者可在右肩形成後賣出手中持有的股票；頸線跌破時，繼續賣出，直至清倉。

　　頭肩底形是一個典型的股價見底的形態，由一個最低點（頭）和兩個次底點（左肩和右肩）組成，是頭肩頂形的倒轉。在頭肩底形圖形中，由於市場見底回升，因此交易量逐步增加，顯示從左肩到右肩，多頭力量在增強；在突破頸線時，交易量驟增，走勢則由熊市逐漸轉為牛市；而未來的上升幅度至少等於頭到頸線的垂直距離（CD = AB）。所以，投資者可以在右肩形成以後，進行建倉，頸線突破以後，增加持倉量，進行全面投資。頭肩頂和頭肩底形示意圖如圖 7-17 所示。

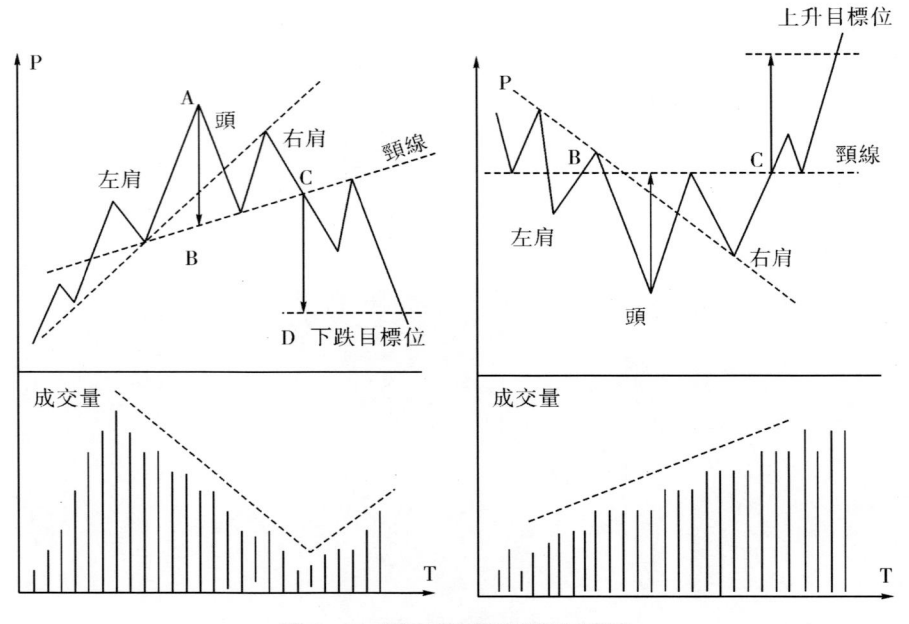

圖 7-17　頭肩頂和頭肩底形示意圖

3. 圓弧頂和圓弧底

　　圓弧頂和圓弧底在實際操作中比較少見，但是一旦出現則是絕好的機會。由於圓弧頂和圓弧底形態在原理上完全形同，故這裡只對圓弧頂做出說明，圓弧底的情形請讀者自行推敲。

將證券價格一段時期內的局部高點連接起來，就可以得到一個類似圓弧的曲線，如圖 7－18 所示。

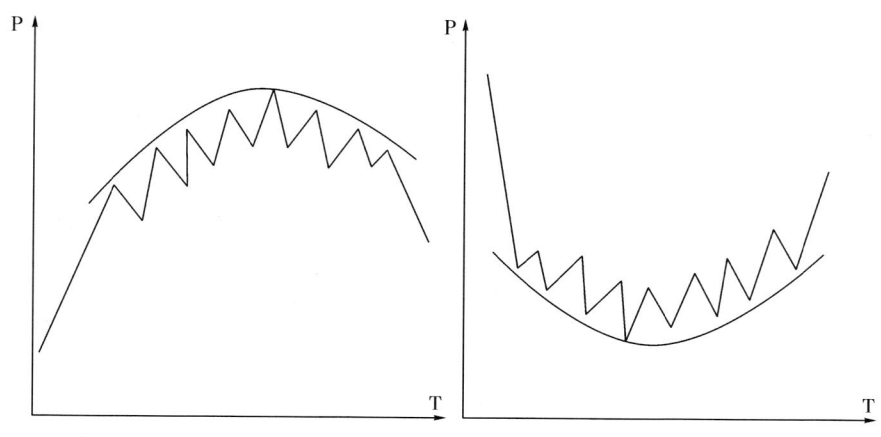

圖 7－18　圓弧頂和圓弧底示意圖

技術要點：首先，在圓弧頂形態完成後，行情多屬於爆發性質的，跌速極快，持續時間較短，中間很少出現反彈和回調；其次，圓弧頂的形成過程中，一般會出現兩頭的成交量多而中間部分的成交量小，到達頂部時成交量最小，在突破的後一階段會出現較大的放量；最後，圓弧頂形成所花費的時間比越長，其反轉的力度就越大，可行度也就越強。

二、持續整理形態

與反轉形態不同，持續整理形態反應的是在價格向一個方向經過一段時間的運行後，不再繼續原有的趨勢，而在一定的區域內上下震盪，之後再繼續沿原有趨勢運動的狀態。其主要形態有三角形、矩形、旗形以及楔形等。

1. 三角形

三角形形態主要分為三種：對稱三角形、上升三角形和下降三角形。

（1）對稱三角形

對稱三角形大多出現在一個大趨勢中部，表示原有的趨勢暫時處於調整期，之後還要繼續延續原有趨勢，如圖 7－19 所示。

從圖 7－19 中可以看出，對稱三角形有兩條聚攏的直線，上面的向下傾斜，起到壓力線的作用，下面的向上傾斜，起到支撐線的作用。兩條線的焦點稱為頂點。一般來說，三角形的壓力線和支撐線需要三個點來確認。

技術要點：對稱三角形是原有趨勢的調整狀態，所以持續時間不會太長，如果持續時間過長，就會失去保持原有趨勢的能力。一般來說，越靠近三角形的頂點，三角形的功能越弱，對分析的意義就越小。由經驗可知，突破的位置一般在三角形的橫向寬度的二分之一至三分之一處，三角形的寬度是指三角形頂點到底邊的距離。與前面的方法類似，三角形的突破也有真假的問題，可以採用百分比法等原則確認，並且三角形

圖 7－19　對稱三角形

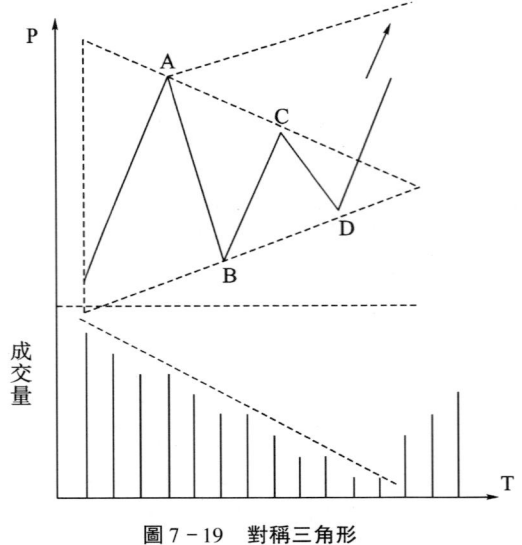

在突破的時候一般會伴隨著大的成交量，沒有成交量的確認，突破的真偽也很難判斷。

對稱三角形突破之後，具有測算功能，方法包括以下兩種：第一種，從突破點開始，價格至少要達到和三角形底邊長度相同的距離；第二種，如圖 7－19 所示，過 A 點做平行於 BD 的直線（圖中虛線），則虛線的位置就是未來價格能達到的高度。

例：圖 7－20 是中國石油（601857）2008 年 3～8 月的 K 線圖，圖中三角形形態更接近後面要講到的上升三角形。從圖中可以看出，三角形形成之後起到了壓力線和支撐線的作用，三角形突破之後繼續延續了前期的下跌趨勢，並且伴隨了放大的成交量。

圖 7－20

（2）上升三角形

上升三角形是對稱三角形的變形，和對稱三角形的區別在於其上邊是水準的，如圖 7－21 所示。

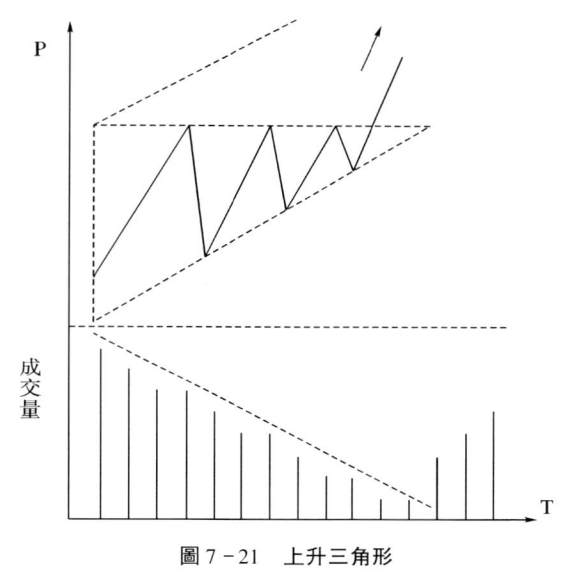

圖 7－21　上升三角形

如前所述，三角形的上邊線起壓力線的作用，下邊線起支撐作用。在上升三角形中，由於壓力線是水準的，而支撐線的支撐位越來越高，從而上升三角形預示未來價格上升的概率很大，並且突破後價格逆轉的可能性很小。其突破後的測算和對稱三角形類似。

（3）下降三角形

下降三角形和上升三角形正好相反。其原理與上升三角形一樣，唯一需要注意的是，下降三角形在突破時，成交量不一定會有明顯的增加。下降三角形示意圖如圖 7－22 所示。

2. 旗形

在股價走勢中，出現小幅度的方向相反的調整形態，類似於長方形，稱為旗形。旗形有上升旗形和下降旗形兩種。

（1）上升旗形是一種在股價上升的走勢中出現向下調整的長方形，表示交易量由大變小，股價突破阻力線後，交易量大增；上升幅度是原突破點到旗杆最高點的垂直距離，即 CD＝AB。上升旗形是後市展望良好的一種調整形態，因而當股價突破阻力線向上時，是買進的信號，如圖 7－23（1）所示。

（2）下降旗形是一種在股價下降的走勢中出現向上調整的長方形，表示交易量由大變小，股價突破支撐線以後，交易量大增；下降幅度是原突破點到旗杆最低點的垂直距離，即 CD＝AB。下降旗形是後市展望不佳的一種調整形態，因而當股價突破支撐線向下時，是賣出的信號，如圖 7－23（2）所示。

图 7-22　下降三角形

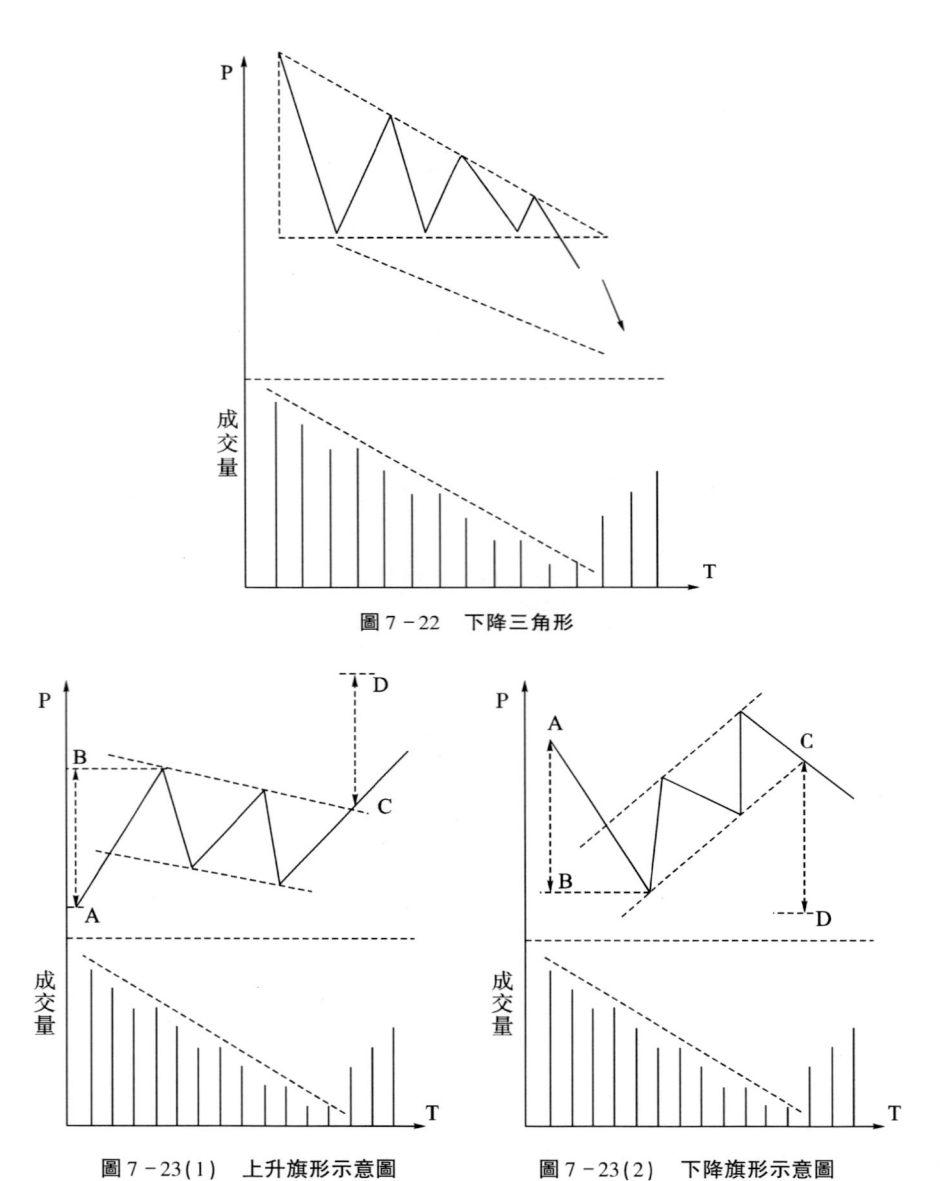

图 7-23(1)　上升旗形示意图　　　图 7-23(2)　下降旗形示意图

3. 楔形和菱形

（1）楔形。在股价走势中，出现一种类似楔形的整理形态，其外形类似既不对称也没有直角的三角形。楔形也可分成上升楔形和下降楔形两种。下降楔形是在股价上升走势中常出现的调整形态。这种形态展示后市走势良好，是一种表示可以买进的图形，如图 7-24（1）所示。上升楔形是在股价下降走势中常出现的一种调整形态。这种图形展示后市走势不乐观，是一种表示可以卖出的图形，如图 7-24（2）所示。

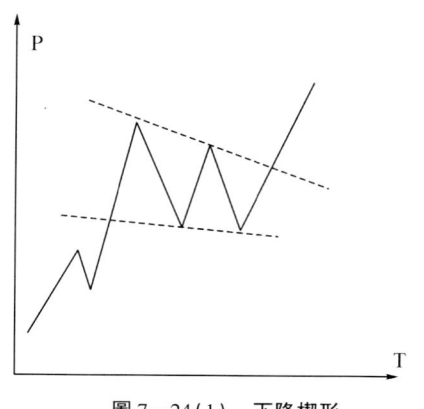

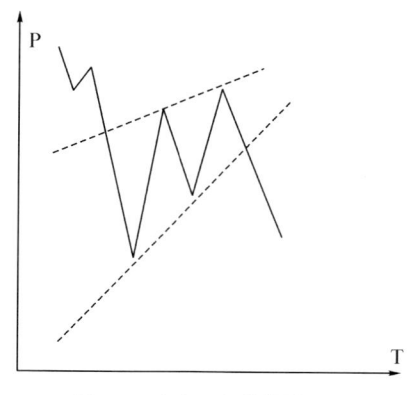

圖 7-24(1)　下降楔形　　　　　　　圖 7-24(2)　上升楔形

（2）菱形。菱形也叫鑽石形，是由兩個對稱三角形合併組成的一種調整形態。它是顯示股價在調整期間變化很大，市場走勢不穩定，因而後市展望不確定的一種圖形調整形態。菱形的測算功能是以菱形的最寬處的高度為形態高度的。今後下跌的深度從突破點算起，至少有一個形態的高度，如圖 7-25 所示。

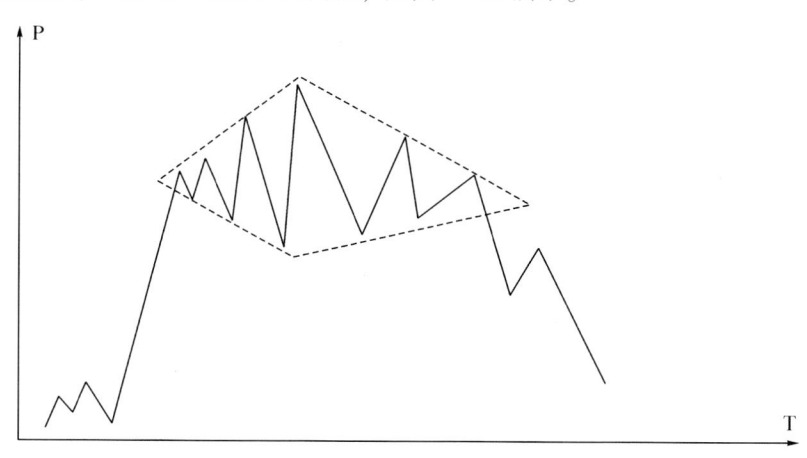

圖 7-25　菱形（鑽石形）示意圖

第五節　趨勢分析

趨勢就是證券價格的主要運動方向，按照道氏理論，趨勢可以分為主要趨勢、次要趨勢和短期趨勢。按類型劃分，趨勢可以分為上升趨勢、下降趨勢和水準趨勢。

175

一、支撐線和壓力線

1. 支撐線和壓力線的含義

支撐線又稱抵抗性，是指價格下降到某個位置時，買入量增加、賣出量減少，從而使價格停止下跌，出現反彈。支撐線起著阻止價格進一步下跌的作用，這個阻止價格繼續下跌的價格水準，就是支撐線。支撐線示意圖如圖 7-26（1）所示。

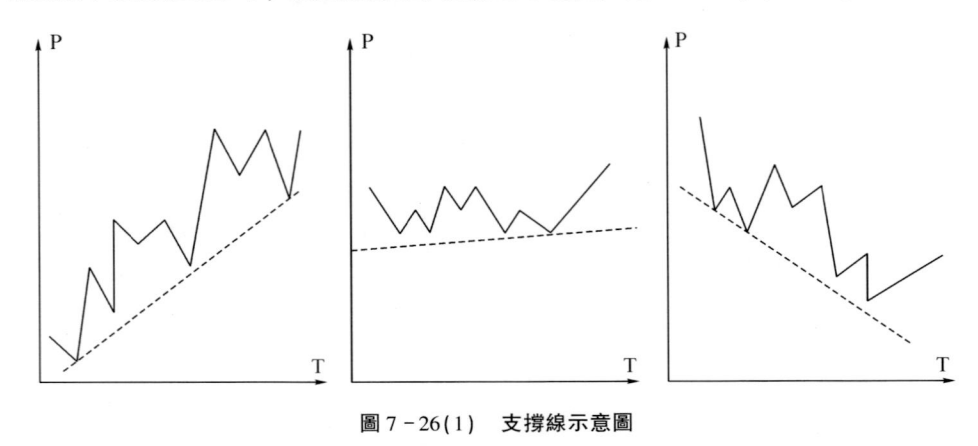

圖 7-26(1)　支撐線示意圖

壓力線又稱阻力線，是指當價格上升到某個位置時，賣出量增加、買入量減少，從而使價格停止上升，出現回調。壓力線起著阻止價格進一步上升的作用，這個阻止價格繼續上升的價格水準，就是壓力線。壓力線示意圖如圖 7-26（2）所示。

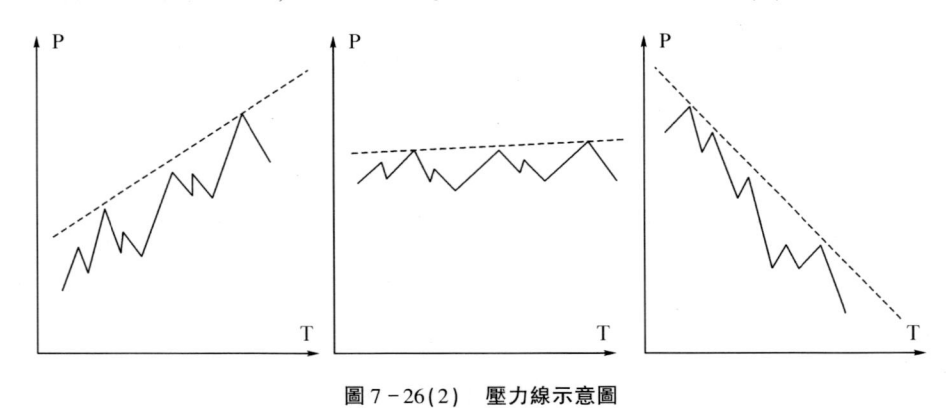

圖 7-26(2)　壓力線示意圖

在某一價位處之所以會有壓力線或支撐線，主要是由投資者的籌碼分佈、持有成本以及投資者的心理因素決定的。當價格下跌到投資者的持倉成本價位附近，或價格從較高的價位下跌一定比例，或價格變化到前期高點（低點）等情況出現時，都會導致價格由於買賣量的變化而停止前期的趨勢，從而形成壓力線或支撐線。

2. 支撐線和壓力線的內涵

支撐線對一定時期內的行情起著支撐作用，即股價回落到此附近由於大量買方承接，使股價向上回升。一般而言，股價低點觸及支撐線的次數越多，或者說行情下跌至支撐線後隨即反彈的次數越多，則表明該支撐線對行情的支撐作用越強，該支撐線越不容易被跌破。因此，從投資研究角度分析，在沒有跌破支撐線的情況下，股價回落到支撐線附近，就可以認為顯示買入信號。但當行情跌破支撐線時，特別是配合了成交量的放大，則顯示賣出信號。實際上，此時原有的支撐線便應成為新的一輪行情的阻力（或稱壓力）位。

同理，在壓力線沒有被突破的情況下，當股價上升到壓力線附近，可以認為顯示賣出信號，投資者可以考慮賣出股票。一旦行情衝破壓力線，則表明升勢有力，股市進入新的一輪上升行情，此時則顯示買入信號，投資者可考慮買入股票。這裡需要特別指出，行情衝破壓力線，必須要配合明顯的成交量增加，才可以確認顯示買入信號，如果沒有配合成交量的增大，買入信號不夠可靠，甚至有可能是市場著手設置的「假突破」圈套。

3. 支撐線和壓力線的相互轉換

壓力線和支撐線是相對而言，它們並非一成不變，隨著行情的變化其趨勢線的性質有可能發生變化。換句話說，對於相同的一條趨勢線，在這一波行情中該線是支撐線，而在另一波行情中，該線可能成為壓力線，即壓力線與支撐線可以互相轉化。如圖 7-27（1）、圖 7-27（2）所示。

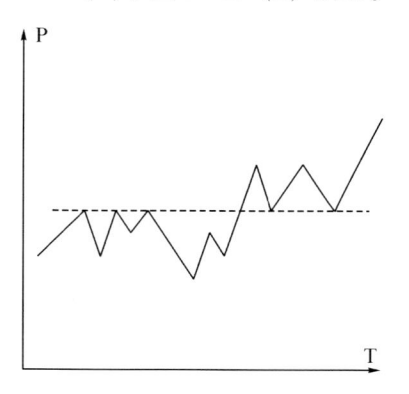

圖 7-27(1)　壓力線轉換為支撐線 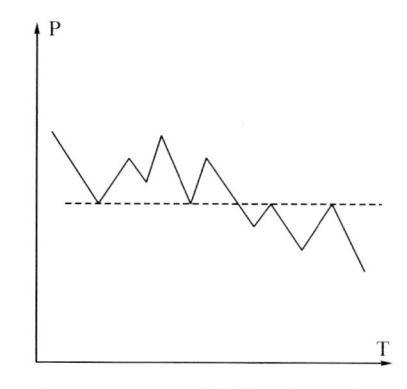　　　　圖 7-27(2)　支撐線轉換為壓力線

支撐線和壓力線都是認為確定的，一般來說，其重要性主要由三方面的因素決定：
（1）價格在這個阻力位置停留時間的長短；
（2）價格在這個阻力位置停留期間，成交量的大小；
（3）阻力位置距離當前時間的遠近，越近意義越大。

例：圖 7-28 為上證指數 2009 年下半年 K 線圖，圖中的水準虛線均可以被看做支撐線或者是壓力線，投資者可以結合實際並按照上述理論方法分析圖中各支撐線或壓力線是否具有重要意義。

圖 7-28　上證指數 2009 年下半年 K 線圖

二、趨勢線和軌道線

趨勢線是衡量價格趨勢的。趨勢線的方向可以明確地看出價格的運動趨勢。在上升趨勢中，將兩個低點連成一條直線，就得到上升趨勢線，在下跌趨勢中，將兩個高點連成一條直線就得到下降趨勢線，如圖 7-29 所示。

上升趨勢線　　　　　　　下降趨勢線

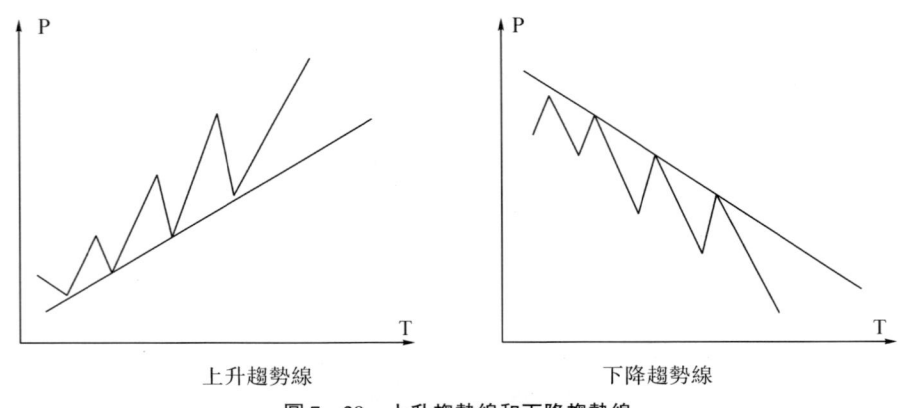

圖 7-29　上升趨勢線和下降趨勢線

要得到一條真正的趨勢線，須經過多方面的檢驗。首先，趨勢必須是客觀存在的；其次，在連接兩點做出趨勢線後，還必須要有第三個點的確認才能判斷趨勢線是有效的。所做出的趨勢線被觸及的次數越多，其可信度就越高，從而其分析價值也就越大。另外，趨勢線延續的時間越長，有效性也就越強。

一般來說，趨勢線有兩種作用：一是對今後的價格有約束作用，使價格保持在這條趨勢線的上方（上升趨勢線）或下方（下降趨勢線），從而起到支撐線和壓力線的作用；二是如果趨勢線被突破，說明價格將要反轉，越重要的趨勢線被突破，其反轉的信號就越強。

例：圖 7－30 是青島海爾（600690）2009 年下半年的 K 線圖。從圖中連接 9 月 29 日和 11 月 2 日的低點可以得出一條斜線，這條斜線就形成了一條上升趨勢線，在後來的走勢中，股價一直沿趨勢上升，並且多次觸及，持續時間較長，因此可以說這是一條可信度比較高的趨勢線。

圖 7－30　青島海爾（600690）2009 年下半年 K 線圖

軌道線又稱通道線或者管道線，是基於趨勢線的一種分析方法。在已經得到趨勢線之後，通過第一個峰谷可以作出這條趨勢線的平行線，這條平行線就是軌道線。兩條平行線形成了一個軌道，其作用是限制價格的變動範圍。如果軌道線被突破，則意味著價格將有一個大的變化，如圖 7－31 所示。

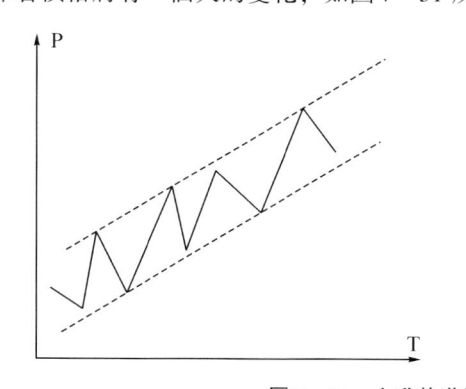

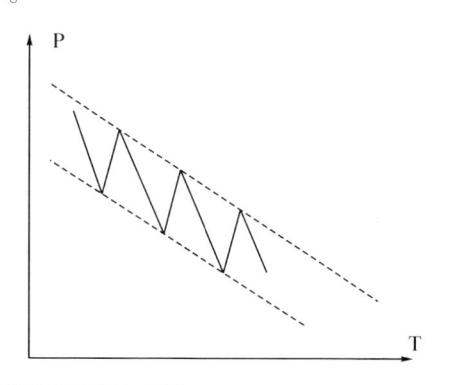

圖 7－31　上升軌道線和下降軌道線示意圖

與趨勢線一樣，軌道線也有被確認的問題。軌道線被觸及的次數越多，其認可度也就越高，延續時間越長，其分析的意義也就越大。與趨勢線不同的是，如果軌道線被突破，並不是趨勢反轉的開始，而是趨勢加速的開始，即原來的趨勢線的斜率將會增加，趨勢線的方向將會更加陡峭。軌道線的另一個作用，就是提供趨勢變化逆轉的信號，如果在一次波動中未觸及到軌道線，離得很遠就開始掉頭，則要警惕趨勢的轉向，說明市場已經沒有力量繼續維持原有的上升或下降的趨勢了。

三、黃金分割線和百分比線

黃金分割線和百分比線是兩類重要的趨勢線，往往在行情中起到支撐線和壓力線的作用。它們的共同點是：都是水準的直線，它們的位置是相對固定的，並且在應用時，經常可以畫出多條支撐線和壓力線，在確定一條後，可以用其來分析未來市場的價格。

1. 黃金分割線

黃金分割線是一種將黃金分割率應用到證券研究中的方法，以此來探討價格未來的支撐和壓力位，進而預測價格未來的漲跌幅度。

判斷黃金分割線的第一步是確定由黃金分割率（0.618 和 0.382）衍生出的一組重要數字（見表 7-1）。

表 7-1

0.191	0.382	0.5	0.618	0.809
1.191	1.382	1.618	1.809	2

第二步是找到上一波行情的結束點，從而畫出黃金分割線。

例：上證指數上一波牛市行情的高點為 6124.04（2007 年 10 月 16 日），前一個低點為 3404.15（2007 年 6 月 5 日），上漲了 2719.89 點，則可以得到：

$5604.54 = 6124.04 - 2719.89 \times 0.191$

$5085.04 = 6124.04 - 2719.89 \times 0.382$

$4764.10 = 6124.04 - 2719.89 \times 0.5$

$4443.15 = 6124.04 - 2719.89 \times 0.618$

從而由黃金分割法可以得到，上證指數在 5604.54、5085.04、4764.10、4443.15 處均會有可能成為支撐線，這一法則在 2008 年下跌行情中得到了證實。

2. 百分比線

百分比線考慮問題的出發點是人們的心理因素和一些整數的分界點，當價格持續上漲到一定程度，肯定會遇到壓力，從而向下回調。百分比線為這種情況提供了幾個可能的回調位置。百分比法是用前期低點和前期高點（最近一次）的差，分別乘以一組百分比數，從而得到未來可能出現的支撐位。這一組數是：

0.125 0.25 0.375 0.5 0.625 0.75 0.825 1 0.33 0.67

其中，0.5、0.33 以及 0.67 是最重要的三條線，這主要是由於人們的心理預期所決定的。

應用此類方法，需要注意的問題是，用上述方法得到的支撐線和壓力線均有被突破的可能，因而不能把它們當成萬能的工具，只是能當做一種其他方法的輔助參考。

第六節　指標分析

　　指標分析是指按確定的方法對原始數據進行處理，將處理的結果制成圖表，並用制成的圖表對市場進行分析的方法。原始數據指的是開盤價、收盤價、最高價和最低價以及成交量相關信息。對原始數據的不同處理方法，產生了不同的技術指標，主要包括：趨勢型指標、超買超賣型指標、人氣型指標等。

　　技術指標的應用主要通過以下幾個方面來體現：一是指標的背離；二是指標的交叉；三是指標的相對位置；四是指標的震盪；五是指標的轉折。指標的背離是指指標與價格的發展方向不一樣。指標的交叉是指指標圖中兩根線相交的情況。指標的相對位置是指指標的圖形進入了敏感區域。指標的震盪是指指標在一個範圍內徘徊，無法判斷趨勢。指標的轉折是指標趨勢逆轉。

　　每一個技術指標都是從一個特定的方面來考察市場的行為，都是通過一定的數學公式來計算得到的。指標分析的特點是不僅提供了定性的分析，還具有定量分析的功能，是對前面幾種分析方法的有效補充。技術指標由於種類繁多，涵蓋面很廣，且每一種指標都有自己的使用範圍，機械地照搬理論是行不通的。因此，瞭解不同的技術指標是很有必要的，在具體應用時，要用不同的指標相互論證，提高預測的準確率。

一、趨勢性指標

1. MA（移動平均線）

　　MA 是用統計分析的方法，將一定時期內的證券價格加以平均，並把不同時間的平均值連接起來，形成一根 MA，用以觀察證券價格變動趨勢的一種技術指標。作為趨勢性指標，移動平均線與趨勢線不同的是，MA 是用曲線來反應價格變動的趨勢性，比趨勢線更具有客觀性和真實性。

（1）MA 的計算公式

　　根據對數據處理方式的不同，移動平均可以分為算術移動平均、加權移動平均和指數移動平均。

　　算術移動平均的計算公式是：

$$MA(N) = (C_1 + C_2 + C_3 + \cdots + C_n) \div N \tag{7.1}$$

指數移動平均的計算公式是：

$$MA_t(N) = C_t \times \frac{1}{N} + EMA_{t-1} \times \frac{N-1}{N} \tag{7.2}$$

其中：C_t 表示 t 日的收盤價，MA_t 表示 t 日的移動平均，N 代表移動平均天數。

　　天數 N 是參數，一般分析軟件選用 5、10、20 等，即我們常說的 5 日均線、10 日均線、20 日均線等。

　　根據 N 的選擇，MA 可以分為短期、中期和長期移動平均。通常以 5 日和 10 日線觀察短期走勢，以 30 日和 60 日觀察中期走勢，以 120 日和 200 日觀察長期走勢。

(2) MA 的特點

MA 的基本思想是消除價格波動的隨機影響，從而找到價格發展的趨勢。MA 具有如下特點：一是趨勢性，MA 能夠表示股價的趨勢方向並追蹤這個趨勢，如果能從股價的圖表中找到上升或者下跌的趨勢，那麼 MA 將與趨勢的方向保持一致；二是滯後性，從 MA 的計算方法可以看出，其變化要滯後於實際股價的變化，這是 MA 的一個弱點；三是助漲助跌性，當股價突破 MA 時，無論是向上還是向下突破，股價都有繼續向突破方向發展的願望；四是支撐線和壓力線的特性，MA 在股價的變化中起到支撐線和壓力線的作用，MA 被突破實際上是支撐線和壓力線被突破。

(3) 葛蘭維爾法則（Granvile）的應用

MA 在股價走勢預測中的運用，經典的是葛氏法則。葛氏法則的內容可以分為買入信號和賣出信號兩部分。

買入信號：平均線從下降開始走平，股價從下上穿平均線；股價連續上漲遠離平均線，之後突然下跌，在平均線上方又調頭向上；股價在平均線以下，並連續暴跌，不斷遠離平均線（如圖 7-32 所示）。

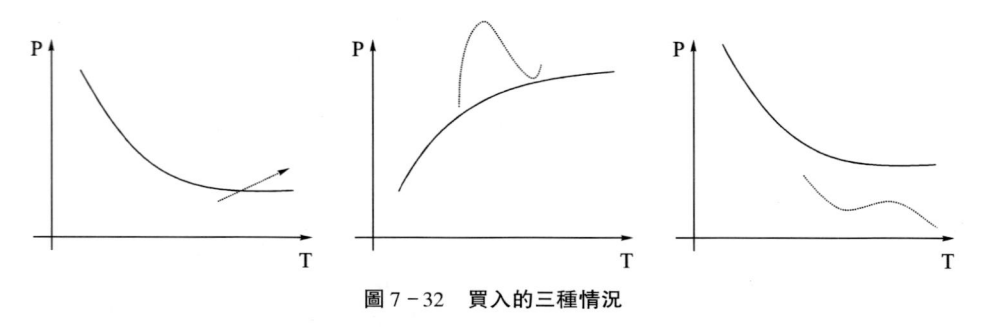

圖 7-32　買入的三種情況

賣出信號：平均線從上升平始走平，股價從上下穿平均線；股價連續下跌遠離平均線，之後突然上升，在平均線下方又調頭下跌；股價在平均線以上，並連續暴漲，不斷遠離平均線（如圖 7-33 所示）。

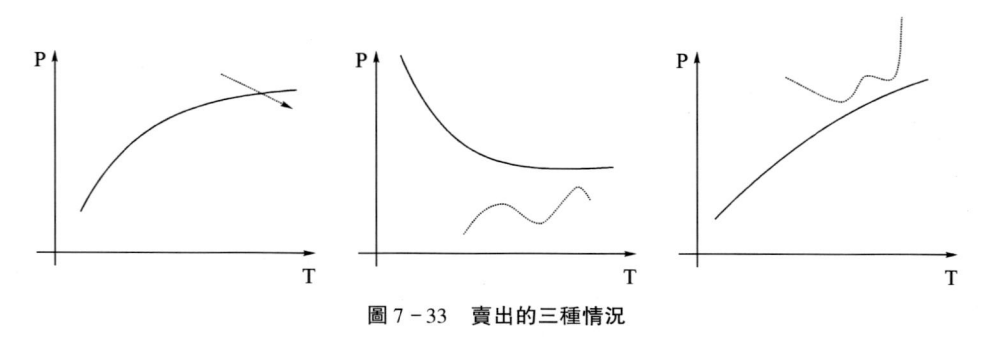

圖 7-33　賣出的三種情況

MA 的運用除了葛氏法則，以股價與 MA 的關係研判股價走勢外，還可運用 MA 的組合，以短期 MA 與長期 MA 的交叉情況來決定買進時機和賣出的時機，即黃金交叉與死亡交叉，見圖 7-34。

黃金交叉：當現在股價站穩在長期與短期 MA 之上，短期 MA 又向上突破長期 MA 時，為買進信號。此種交叉稱之為黃金交叉。

死亡交叉：當現在股價位於長期與短期 MA 之下，短期 MA 又向下突破長期 MA 時，為賣出信號。此種交叉稱之為死亡交叉。

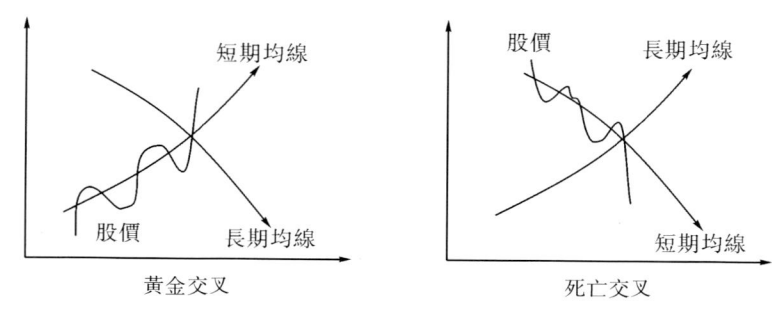

圖 7-34　移動平均線的交叉

值得注意的是，MA 的使用是在趨勢確實存在的前提下才成立的，在盤整階段、趨勢的休整階段和局部反彈回調階段，MA 往往容易發出錯誤的信號。

2. MACD（平滑異同移動平均）

平滑異同移動平均線是利用快速移動平均線與慢速移動平均線之間離差值的變化來預測股價走勢，研判買賣時機的技術分析方法。MACD 與 MA 相比，具有相對穩定性，是判斷中期趨勢的技術指標。

(1) MACD 的計算公式

MACD 是由正負差（DIF）和異同平均數（DEA）兩部分組成，其中 DIF 是核心，DEA 是輔助。DIF 和 DEA 的計算方法：

DIF 是快速移動平均數與慢速移動平均數之差，DIF 的正負差名稱由此而來。快速和慢速是根據平滑時採用參數的大小進行區分的，快速是短期的 MA，慢速是長期的 MA。快速 MA 一般選用 N = 12，慢速 MA 一般選用 N = 26，帶入公式（7.2）可以得到 MA（12）和 MA（26）。從而得到 DIF：

$$DIF = MA(12) - MA(26) \tag{7.3}$$

DIF 也能進行行情的預測，但為了使信號更加可靠，該指標又引入了 DEA。DEA 是 DIF 的移動平均，也就是連續數日的 DIF 的算術平均。這樣，DEA 自己又有了一個參數，那就是進行算術平均的 DIF 的個數。對 DIF 作移動平均就像對收盤價作移動平均一樣，是為了消除隨機因素，使結論更加可靠。

(2) MACD 的應用

從 DIF 和 DEA 的取值以及這兩者之間的相對取值可以對行情進行預測。其應用法則如下：一是 DIF 和 DEA 均為正值時，屬於多頭市場。DIF 向上突破 DEA 是買入信號，反之是賣出信號；二是 DIF 和 DEA 均為負值時，屬於空頭市場，DIF 的向下突破 DEA 是賣出信號，反之是買入信號。DIF 的上升和下降是價格上升和下降的信號，DIF 為正值，說明短期 MA 高於長期 MA，因而是多頭市場。

利用 DIF 的形態也可進行分析，這裡主要是用背離原則。如果 DIF 的走向與股價相背離，則是採取行動的信號，DIF 上升而股價下降，則是賣出信號，反之亦然。

MACD 的優點是去除了 MA 頻繁出現的買入信號，避免了假信號的發出。其缺點和 MA 一樣，在趨勢不明顯的時候失誤很多。

例：圖 7-35 為金風科技（002202）2008 年 11 月至 2009 年 5 月的 K 線圖，其中圖下半部分為 MACD 指標的形態。

從 2008 年十一月中旬開始，DIF 和 DEA 取值均大於 0，表示這一時期該股票處於上漲趨勢中。在 A 點（2009 年 1 月 5 日）處，DIF 上穿 DEA 是買入信號，在 B 點處（2009 年 2 月 24 日）DIF 向下突破 DEA 是賣出信號。但是從 B 點開始之後的一段時間（2009 年 3 月期間），該股票進入了盤整階段，從圖中可以看出，這一時期 MACD 指標發出的信號並不準確，這也就是 MACD 指標的一大缺陷，即在股價盤整階段失誤較多。

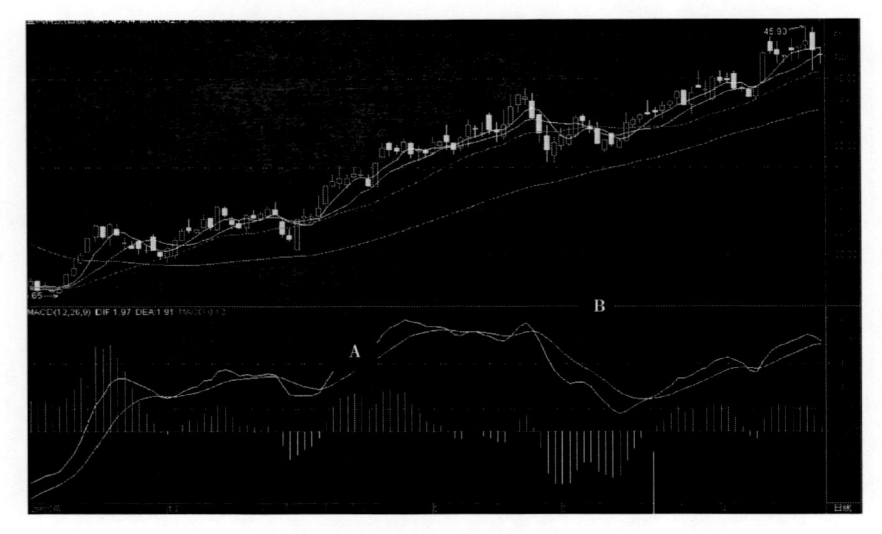

圖 7-35　金風科技（002202）K 線圖

二、超買超賣型指標

1. WMS（威廉指標）

威廉指標是威廉姆斯（Larry Williams）1973 年創立的，首先應用於期貨市場。指標的含義是測算市場目前處於超買還是超賣狀態。

（1）WMS 的計算

$$\text{WMS}(n) = \frac{H_n - C_n}{H_n - L_n} \times 100 \tag{7.4}$$

其中，n 為天數，C 表示當天的收盤價，H 表示 n 日內最高價，L 表示 n 日內最低價。

（2）WMS 的應用

最高價和最低價隨著時間的推移在不斷地變化，這就涉及參數選擇的問題。在

WMS 出現的初期，人們認為期貨市場出現一次週期循環大約是 4 周，那麼取週期的全長或一半就一定能包含循環的最低點和最高點。這樣 WMS 習慣上是取 10 或 20。

WMS 的運用可以從數值和形狀兩個方面來考慮：

一是數值。WMS 處於 80 以上時，是超賣狀態，應當考慮買入；WMS 處於 20 以下時，是超買狀態，應當考慮賣出。

二是形狀。當 WMS 進入高位後一般要回頭，如果這個時候股價繼續下降，這就是頂背離，是買入信號；WMS 進入低位時一般要反彈，如果這個時候股價繼續上升，這就是底背離，是賣出信號。

例：圖 7-36 為中海發展（600026）2009 年下半年的 K 線圖。圖中下半部分為威廉指標的圖形，從圖中可以看出：8 月 3 日威廉指標已經小於 20 並且在 8 月 4 日出現頂背離，是賣出的信號，說明該股當前處於超買狀態，應當賣出；8 月底，威廉指標高於 80，並且股價依舊持續下跌，出現頂背離，是買入信號，應當買入。

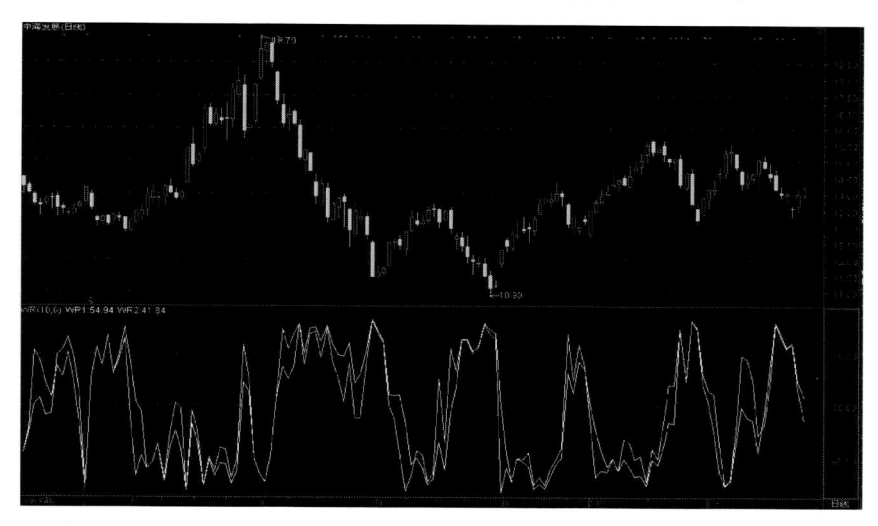

圖 7-36　中海發展（600026）2009 年下半年的 K 線圖

2. KDJ 隨機指標

KDJ 指標由 George Lane 率先提出，和威廉指標一樣最初在期貨市場應用，其理論方法和威廉指標一樣，只是在計算上略有不同。

（1）KDJ 的計算

首先計算未成熟隨機值 RSV：

$$\text{RSV}(n) = \frac{C_n - L_n}{H_n - L_n} \times 100 \tag{7.5}$$

其中，n 表示天數，L 表示 n 日內最低價，H 表示 n 日內最高價，C 表示當天的收盤價。

利用 RSV 的計算結果計算 K 值和 D 值：

$$K_n = \frac{2}{3} K_{n-1} + \frac{1}{3} \text{RSV}(n) \tag{7.6}$$

$$D_n = \frac{2}{3}D_{n-1} + \frac{1}{3}K(n)$$

再用 K 值和 D 值計算 J：

$$J = 3D - 2K \tag{7.7}$$

KDJ 指標是在威廉指標的基礎上發展起來的，其計算公式也就是威廉指數的倒數，因而其具有威廉指數的一些特性。在反應市場變化時，RSV 最快，K 其次，D 最慢，J 是 D 的一個修正值。

（2）KDJ 的應用

KDJ 的應用從四個方面進行考慮：

一是數值。按照一般的說法，當其取值高於 80 時，是賣出信號，低於 20 是買入信號，其餘時間為徘徊期。但是僅僅依據數值應用極容易出錯。

二是曲線形態。當指標的曲線在高位形成頭肩形態或是多重頂形態時，是賣出信號，反之亦然。前面章節中提到形態分析的方法這裡依舊適用。

三是指標的交叉。K 與 D 的關係與前面介紹的股價同 MA 的關係一樣，只是在使用時要附加一些條件。比如 K 上穿 D 是買入信號，其附加條件是二者的交點應該在 20 以下，且越低越好，同時相交的次數應當大於兩次，越多越好，第三個條件是 K 是在 D 已經上升才同 D 相交，即右側相交。

四是指標的背離。當 KDJ 在高位時，如果股價繼續上升，則出現頂背離，是賣出信號；當 KDJ 在低位時，如果股價繼續下降，則出現底背離，是買入信號。

例：圖 7-37 為萬科 A（000002）2009 年 7~9 月的 K 線圖，圖中下半部分為 KDJ 指標圖形。從圖中可以看出，2009 年 9 月 1 日（圖中 A 點出），KDJ 指標值均小於 20，並且在 KDJ 數值前期低於 20 後股票價格繼續下跌，K 線在此處從右側上穿 D 線，出現了買入信號，應當在此時買入。

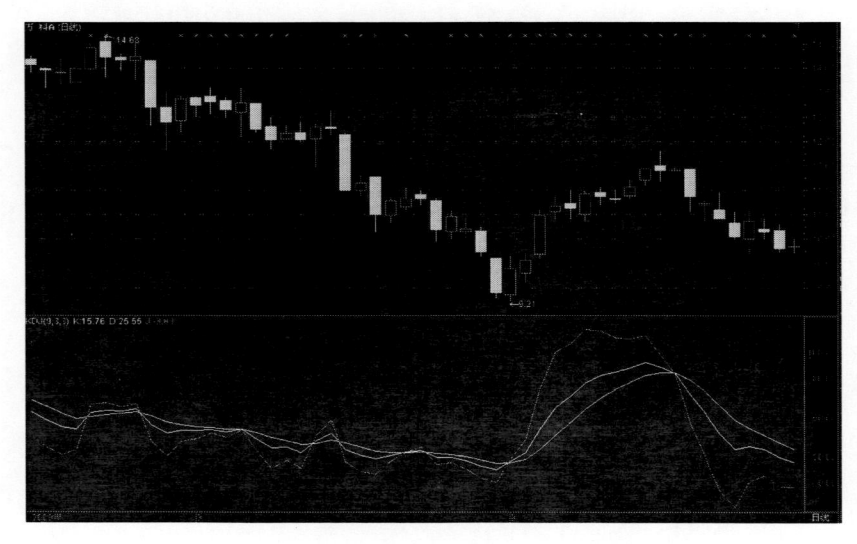

圖 7-37　萬科 A（000002）K 線圖

3. RSI（相對強弱指數）

RSI 指標以特定時期內股價的變動情況推測價格未來的變動方向，並根據股價漲跌幅度顯示市場的強弱。

（1）RIS 的計算

$$RSI(n) = \frac{A}{A+B} \times 100$$

$$RS = \frac{A}{B} \tag{7.8}$$

其中，RS 為相對強度，n 為參數。如果 n 去 14，則先找到連續 14 天的收盤價，用每一天的收盤價減去上一天的收盤價，得到 14 個。A 為正數的個數，B 為負數的個數，從而得到 RIS（14）。RIS 的計算只涉及收盤價，並可以選擇不同的參數，其值在 0～100 之間。

（2）RIS 的應用

一是根據 RIS 的取值判斷行情：可以根據投資者的偏好將 100 劃分為四個區域，如表 7-2 所示：

表 7-2

RSI 的取值	市場特徵	投資操作
80～100	極強	賣出
50～80	強	買入
20～50	弱	賣出
0～20	極弱	買入

二是根據長短期 RSI 的關係：如果短期 RIS 大於長期 RSI 則是多頭市場，反之亦然。

三是根據曲線的形狀：前面介紹的形態分析這裡亦然適用，比如在高位 RSI 出現頭肩形態則是賣出信號，出現的位置越高越可靠。

四是指標的背離：同前面幾個指標一樣，出現頂背離是賣出信號，出現底背離是買入信號。

三、人氣型指標

1. PSY（心理線指標）

PSY 是從投資者的買賣趨向心理方面，將一定時期內投資者看多或看空的心理事實轉換為數值，來研判股價未來走勢的技術指標。

（1）PSY 的計算

$$PSY(n) = \frac{A}{N} \times 100 \tag{7.9}$$

其中，N 表示天數，A 表示 N 天中上漲的天數。

（2）PSY 的應用

①PSY 取值在 25～75 之間，說明市場處於平衡狀態。如果 PSY 小於 10 則是買入信號，大於 90 是賣出信號。

②PSY 一般要在其取值多次進入行動區間後才能採取行動。

③PSY 同樣適用形態分析和背離原則。

心理線所顯示的買賣信號一般為事後顯現，事前並不能十分確定的預測。同時由於市場中不確定因素較多，因此 PSY 的運用局限性很大。

✻ 本章小結

1. 技術分析理論的前提是市場是弱有效的，因此其主要包括三個假設：市場行為包容一切信息、價格變動有趨勢性、歷史會重演。一般說來，可以將技術分析方法分為以下六類：量價類、K 線類、切線類、形態類、指標類、波浪類。技術分析的重要理論有：道氏理論、波浪理論及循環週期分析、江恩理論。其他技術分析理論有：隨機漫步理論、相反理論、混沌理論等。

2. 量價分析是利用成交量和成交價格的資料，通過圖形和技術指標來分析預測未來證券市場的價格走勢。一般來說，成交量是成交價格確認的認同度，成交量大則認同度高，成交量小則認同度低。在漲跌停板制度下，量價關係的基本判斷如下：①漲停量小，將繼續上揚；跌停量小，將繼續下跌。②漲跌停途中被打開次數越多、時間越久、成交量越大，則趨勢繼續的可能性越大。③漲跌停到達時間越早，次日繼續保持原來趨勢的可能性越大。④封住漲停和跌停的數量越大，則繼續原來趨勢的可能性越大，並且幅度也會越大。

3. K 線分析是將證券價格的變動用開盤價、收盤價、最低價和最高價四個價位用圖表示出來，直觀、形象地反應多空雙方力量對比。通過對 K 線形狀的分析和 K 線組合的分析，對證券市場的價格走勢進行分析預測。

4. 形態分析是在 K 線分析的基礎上，根據歷史總結的一些經典形態來分析多空雙方力量對比，從而發現和預測證券價格運動的方向。形態分析包括反轉突破形態分析和持續整理形態分析。反轉突破形態描述了價格軌跡方向的反轉，主要包括了雙重底（頂）、頭肩底（頂）、圓弧底（頂）以及 V 字反轉等多種形態。持續整理形態反應的是價格在一定的區域內上下震盪，之後再繼續沿原有趨勢運動的狀態。其主要形態有三角形、矩形、旗形以及楔形等。

5. 趨勢分析是對證券價格的主要運動方向進行分析，按照道氏理論，趨勢可以分為主要趨勢、次要趨勢和短期趨勢。按類型劃分，趨勢可以分為上升趨勢、下降趨勢和水準趨勢。

6. 指標分析是指按確定的方法對原始數據進行處理，將處理的結果制成圖表，並用制成的圖標對市場進行分析的方法。對原始數據的不同處理方法，產生了不同的技術指標，主要包括：趨勢型指標、超買超賣型指標、人氣型指標等。

※ **復習思考題：**

1. 什麼是技術分析，其假設條件是什麼？如何評價技術分析的有效性與局限性？
2. 技術分析方法包括哪些種類？技術分析與基本分析的區別表現在哪些方面？
3. 量價分析中常見的特性有哪些？
4. 如何根據 K 線形態來分析預測證券價格走勢？
5. 反轉突破形態包括哪些典型形態？分析的技術要點是什麼？
6. 持續整理形態包括哪些典型形態？分析的技術要點是什麼？
7. 趨勢線和軌道線是如何形成的？研判的技術要點是什麼？
8. 技術指標分析主要包括哪些大類？分析的技術要點是什麼？

第八章　證券組合理論

本章學習目標：
　　瞭解證券組合理論的形成和發展；瞭解證券組合管理的基本步驟；掌握單個證券和證券組合收益、風險的計算；掌握馬柯維茨證券組合理論，能夠描述和應用該理論解決實際問題。

第一節　證券組合理論概述

　　現代證券組合理論最早是由美國著名經濟學家馬柯維茨（Markowitz）於 1952 年系統地提出的，開創了對投資進行整體管理的先河。在此之前，經濟學家和投資管理者一般僅致力於對個別投資對象的研究和管理。20 世紀 30 年代，偶爾有人也曾在論文中提出過組合的概念，但缺乏系統的理論支持，沒有引起人們注意。馬柯維茨在創立組合理論的同時，也用數量化方法提出了確定最佳資產組合的基本模型。在以後的歲月中，經濟學家們一直在利用數量化方法不斷豐富和完善組合管理的理論和實際投資管理方法，並使之成為投資學中的主流理論。

　　目前，在西方發達國家，有三分之一投資管理者在利用數量化方法進行組合管理，利用傳統的基本分析和技術分析進行投資管理的人也各占三分之一。這三種投資管理者的業務在總體上也不分勝負，只不過在科學化的投資管理時代，數量化方法更合乎時代的發展趨勢。

一、證券組合的含義和類型

　　投資學中的組合一詞通常是指個人或機構投資者所擁有的各種資產的總稱。特別地，證券組合是指個人或機構投資者所持有的各種有價證券的總稱，通常包括各種類型的債券、股票及存款單等。

　　證券組合的分類通常以組合的投資目標為標準。以美國為例，證券組合可以分為避稅型、收入型、增長型、收入和增長混合型、貨幣市場型、國際型及指數化型等。

　　避稅型證券組合通常投資於市政債券，這種債券免交聯邦稅，也常常免交州和地方稅。

　　收入型證券組合追求基本收益（即利息、股息收益）的最大化。能夠帶來基本收益的證券有：附息債券、優先股及一些避稅債券。

增長型證券組合以資本升值（即未來價格上升帶來的價差收益）為目標。投資於此類證券組合的投資者往往願意通過延遲獲得基本收益來求得未來收益的增長。這類投資者會購買很少分紅的普通股，投資風險較大。

收入和增長混合型證券組合試圖在基本收入與資本增長之間達到某種均衡，因此也稱為均衡組合。二者的均衡可以通過兩種組合方式獲得：一種是使組合中的收入型證券和增長型證券達到均衡；另一種是選擇那些既能帶來收益，又具有增長潛力的證券進行組合。

貨幣市場型證券組合是由各種貨幣市場工具構成的，如國庫券、高信用等級的商業票據等，安全性很高。

國際型證券組合投資於海外不同國家，是組合管理的時代潮流。實證研究結果表明，這種證券組合的業績總體上強於只在本土投資的組合。

指數化型證券組合模擬某種市場指數。信奉有效市場理論的機構投資者通常會傾向於這種組合，以求獲得市場平均的收益水準。根據模擬指數的不同，指數化型證券組合可以分為兩類：一類是模擬內涵廣大的市場指數，這屬於常見的被動投資管理；另一類是模擬某種專業化的指數，如道·瓊斯公共事業指數，這種組合不屬於被動管理之列。

二、證券組合的意義和特點

證券投資者構建證券組合的原因是為了降低風險。投資者通過組合投資可以在投資收益和投資風險中找到一個平衡點，即在風險一定的條件下實現收益的最大化，或在收益一定的條件下使風險盡可能地降低。

1. 降低風險

構建證券組合為什麼可以降低證券投資風險呢？人們常常會用籃子裝雞蛋的例子來說明：如果我們把雞蛋放在同一個籃子裡，萬一這個籃子不小心掉在地上，所有的雞蛋就都可能被摔碎。如果我們把雞蛋分放在不同的籃子裡，一個籃子掉了，不會影響到其他籃子裡的雞蛋。證券組合理論證明，證券組合的風險隨著組合所包含的證券數量的增加而降低，資產間關聯性極低的多元化證券組合可以有效地降低非系統風險。

2. 實現收益最大化

理性投資者的基本行為特徵是厭惡風險和追求收益最大化。投資者力求在這一對矛盾中達到可能的最佳平衡。如果投資者僅投資於單個資產，他只有有限的選擇。當投資者將各種資產按不同比例進行組合時，其選擇就會有無限多種。這為投資者在給定風險水準的條件下獲取更高收益提供了機會。當投資者對證券組合的風險和收益作出權衡時，他能夠得到比投資單個資產更為滿意的收益與風險的平衡。

三、現代證券組合理論的形成與發展

現代證券投資組合理論，也有人將其稱為證券組合理論或投資分散理論，由馬柯維茨教授首開先河。1952年，馬柯維茨教授發表了一篇題為《證券組合選擇》的論文，對充滿風險的證券市場的最佳投資問題進行了開創性的研究，雖然在當時的條件

下，由於建立在馬柯維茨理論基礎上的應用模型涉及大量而複雜的計算，應用成本高，時效性也差，極大地限制了該理論的應用，未在金融投資界引起很大反響。但馬柯維茨的科學理論並沒有因此而遜色；相反，隨著時間的推移，馬柯維茨理論的革命性意義在各方研究的推動和實踐的檢驗下卻日漸突顯出來。

馬柯維茨提出和建立的現代證券投資組合理論，核心思想是要解決長期困擾證券投資活動的兩個根本性問題。

第一個問題是雖然證券市場上客觀地存在著大量的證券組合投資，但為何要進行組合投資，組合投資究竟具有何種機制和效應，在現代證券投資組合理論提出之前，誰也無法作出令人信服的回答。

針對這一問題，現代證券投資組合理論給出了邏輯嚴密並能經得起實踐檢驗的正確答案，即證券的組合投資是為了實現風險一定條件下的收益最大化或收益一定條件下的風險最小化，具有降低證券投資活動風險的機制。當然，人們用不著學習現代證券投資組合理論就知道「不要把所有雞蛋放在一個籃子裡」可以分散和降低風險，但此謂知其然而不知其所以然。現代證券投資組合理論不僅是要告訴人們「不要把所有雞蛋放在一個籃子裡」，更重要的是要告訴人們「不要把所有雞蛋放在一個籃子裡」為什麼是真理而不是謬誤。

第二個問題是證券市場的投資者除了通過證券組合來降低風險之外，將如何根據有關信息進一步實現證券市場投資的最優選擇。對於這一問題，馬柯維茨的現代證券投資組合理論運用數理統計方法全面細緻地分析了何為最優的資產結構和如何選擇最優的資產結構。

在馬柯維茨所做研究的基礎上，現代證券投資組合理論沿著三個方向發展，使自身的理論體系不斷地得到豐富和完善。

1. 現代證券投資組合理論沿著實用化方向發展

馬柯維茨雖然在理論上科學地闡明了組合投資能夠分散風險的重要機制，但是，在實際運用中，證券組合的選擇和確定面臨大量繁重和複雜的計算，因為證券市場價格變動十分頻繁，證券價格每變動一次，為了保持投資組合能夠獲得一個滿意和穩定的收益與風險的關係，則整個計算程序又需要重複進行一次。這不僅使缺乏數學基礎和計算技術的投資者深感困難，即便對具備良好數學基礎和計算技術的投資者而言，也不勝其煩。基於這一情況，1963年威廉‧夏普（William F. Sharp）發表了《對於「證券組合」分析的簡化模型》一文，提出簡化證券組合分析的單指數模型和多指數模型，使現代證券投資組合理論的運用成本大大降低。夏普認為，只要投資者知道每種股票的年收益與市場年收益之間的關係，就可以得到與馬柯維茨複雜模型相似的結果。夏普利用迴歸方程式 $Y = \alpha + \beta x + \varepsilon$ 來表示這種關係，並著重對其中的 β 作用進行了分析和說明。

2. 現代證券投資組合理論沿著資本資產定價方向發展

資本資產定價問題由美國三位經濟學家威廉‧夏普、約翰‧林特耐（John Lintner）和簡‧摩辛（Jan Mossin）在各自對資本市場研究的基礎上共同提出，並發展成為資本資產定價模型（Capital Assets Pricing Moder，簡稱CAPM），它與馬柯維茨的現代證券投

資組合理論有著極其緊密的關係。馬柯維茨的證券組合理論表明，資本市場上的投資者應該從自身的偏好出發，結合衡量收益和風險的期望收益率和標準差所組成的有效集，對證券組合的最優資產結構進行選擇。資本資產定價模型正是在馬柯維茨的證券組合理論基礎上，進一步提出了一個極具現實意義的問題，即如果資本市場上的投資者人人都根據馬柯維茨的證券組合理論進行投資決策，那麼資本這種資產的價格將由什麼決定以及如何決定。資本資產定價模型最終用資本市場線（CML）和證券市場線（SML）對上述問題進行了分析和解釋。

3. 現代證券投資組合理論沿著套利定價方向發展

套利定價理論（Arbitrage Pricing Theory，簡稱 APT）是由美國經濟學家斯蒂芬·羅斯（Stephen Ross）於 1976 年首先提出，它從一個更廣泛的角度來研究和說明風險資產的均衡定價問題。與資本資產定價模型一樣，套利定價理論是以完全競爭和有效資本市場為前提，分析和探討風險資產的收益發生過程。它與資本資產定價模型的不同之處在於，套利定價理論假定收益是由一個因素模型所產生，因而，用不著像資本資產定價模型那樣對投資者偏好作出較強的假定，如將投資者假定為風險迴避者，也用不著像資本資產定價模型那樣依據預期收益率和標準差來尋找資產組合，它僅僅要求投資者是一個偏好擁有財富多多益善者即可，對風險資產組合的選擇也僅依據收益率，即使該收益率跟風險有關係，風險也不過是影響資產組合收益率的眾多因素中的一個因素。比較而言，套利定價模型較之資本資產定價模型在內涵和實用性上更具廣泛意義，但在理論的嚴密性上卻相對不足。

總之，現代證券投資組合理論通過以馬柯維茨、夏普等為首的眾多經濟學家的努力，在基本概念的創新、理論體系的完善、重要結論的實證和理論應用的拓展上都取得了重大進展。

四、證券組合管理的基本步驟

1. 確定組合管理目標

所謂組合管理目標，從大的方面講，可以是以收入、增長或均衡為目標；從小的方面講，可以是在大目標下具體設定收益率水準等。

組合管理目標對外是證券組合及其管理者特徵的反應，在組合營銷時為組合管理者吸引特定的投資者群體；反過來說，則是便於投資者根據自身的需要和情況選擇基金。例如，養老基金因其定期有相對固定的貨幣支出的需要，因此，要求有穩定的資產收入，收入目標就是最基本的。

組合管理目標對內可以幫助組合管理者明確工作目標，以便為實現一定風險下的收益最大化而努力，也可為組合管理者的業績評估提供一種依據。

2. 制定組合管理政策

組合管理政策是為實現組合管理目標、指導投資活動而設立的原則和方針。證券組合的管理政策首先要規定的是投資範圍，即確定證券組合所包含的證券種類。例如，是只包含股票，還是進行股票、債券等多種證券的混合投資。更具體一些，還要決定投資於哪些行業和板塊的股票、哪些種類的債券，亦即資金在它們之間的分配。

確定投資政策還要考慮客戶要求和市場監管機構限制，考慮稅收因素等。

3. 構建證券組合

證券組合的構建首先取決於組合管理者的投資策略。投資策略大致可以分為積極進取型、消極保守型和混合型三種。採取積極進取型投資策略的組合管理者會在選擇資產和買賣時機上下功夫，努力尋找價格偏離價值的資產；採取消極保守型投資策略的組合管理者則相反，只求獲得市場平均的收益率水準，一般模擬某一種主要市場指數進行投資；混合型的組合管理者則介於兩者之間。

選擇哪一種投資策略主要取決於兩個因素：一是組合管理者對市場效率的看法，相信市場是有效率的管理者就會選擇消極保守型，反之就會選擇積極進取型；二是組合負債的性質和特點，如養老基金就比較適合消極保守型的投資策略，因為其有定期的負債支付要求。

傳統投資管理和組合管理的組合形成過程是不同的。現代組合管理構建證券組合的程序是：確定整體收益和風險目標→進行資源配置→確定個別證券投資比例。而傳統證券投資管理則是：證券分析→資產選擇→自發形成一種組合。進行證券分析可選擇的方法主要是基本分析方法和技術分析方法。

4. 修訂證券組合資產結構

證券組合的目標是相對穩定的，但是個別證券價格及收益風險特徵是可以變動的。根據上述原則構建的證券組合，在一定時期內應該是符合組合的投資目標的，但是，隨著時間的推移和市場條件的變化，證券組合中一些證券的市場情況與市場前景也可能發生變化，如某一企業可能出現重組併購事件，導致生產和經營策略發生變化等。當某種證券收益和風險特徵的變化足以影響到組合整體發生不利的變動時，就應當對證券組合的資產結構進行修訂，或剔除該證券，或增加有抵消作用的證券。

5. 證券組合資產的業績評估

對證券組合資產的經濟效果進行評價是組合管理的最後一環，也是十分關鍵的一環，它既涉及對過去一個時期組合管理業績的評價，也關係下一個時期組合管理的方向。評價經濟效果並不是僅僅比較一下收益率就行了，還要看資產組合所承擔的風險。風險度不同，收益率也不同，在同一風險水準上的收益率數值才具有可比性。而資產組合風險水準的高低應取決於投資者的風險承受能力，超過投資者的風險承受能力進行投資，即使獲得高收益也是不可取的。對於收益的獲得也應區分哪些是組合管理者主要努力的結果，哪些是市場客觀因素造成的。

第二節　單個證券的收益和風險

一、收益、風險及其度量

收益和風險是投資者進行投資時所時刻面臨的問題，也是投資者最為關心的問題。投資者在處理收益率與風險的關係時，總是希望在風險既定的情況下，獲得最大的收

益率；或在收益率既定的條件下，使風險最小。由此，對收益率和風險的度量也就成為一個重要而現實的問題。

任何一項投資的結果都可用收益率來衡量，通常收益率的計算公式為：

收益率(%) = (收入 - 支出)/支出 × 100%

投資期限一般用年來表示，如果期限不是整數，則轉換為年。在股票投資中，投資收益等於期內股票紅利收益和價差收益之和，其收益率的計算公式為：

r = (紅利 + 期末市價總值 - 期初市價總值)/期初市價總值 × 100%

在通常情況下，收益率受許多不確定因素的影響，因而是一個隨機變量。我們可假定收益率服從某種概率分佈，即已知每一收益率出現的概率，如表 8-1 所示。

表 8-1

收益率 r_i (%)	r_1	r_2	r_3	r_4	…	r_n
概率 p_i	p_1	p_2	p_3	p_4	…	p_n

數學中求期望收益率或收益率平均數的公式如下：

$$E(r) = \sum_{i=1}^{n} r_i p_i$$

如果投資者以期望收益率為依據進行決策，那麼他必須意識到他正冒著得不到期望收益率的風險，實際收益率與期望收益率會有偏差，期望收益率是使可能的實際值與預測值的平均偏差達到最小（最優）的點估計值。可能的收益率越分散，它們與期望收益率的偏離程度就越大，投資者承擔的風險也就越大，因而風險的大小由未來可能收益率與期望收益率的偏離程度來反應。在數學上，這種偏離程度由收益率的方差來度量。如果偏離程度用 $[r_i - E(r)]^2$ 來度量，則平均偏離程度被稱為方差，記為 δ^2。

$$\delta^2(r) = \sum_{i=1}^{n} [r_i - E(r)]^2 p_i$$

其平方根稱為標準差，記為 δ。

[**例 8-1**] 假設國家經濟政策可能有重大的調整，有關部門將根據政策變化採取重大措施。投資者認為這次政策調整可能涉及 a、b、c、d、e、f、g、h 8 個方面中的任何一個方面。涉及 a、b、c、d、e、f、g、h 的概率分別為 10%、20%、10%、25%、15%、10%、5%、5%。對於證券 Y 來說，無論涉及其中的哪一方面，投資者都會改變對證券 Y 的未來前景的預期，從而引起證券 Y 的價格和投資收益率的變化。投資者經過認真分析以後預測：當政策調整涉及 a 時，證券 Y 的收益率為 40%；當政策調整涉及 b、c、d、e、f、g、h 時，證券 Y 的投資收益率分別為 42%、40.5%、41%、38%、40.5%、45%、40.5%。求證券 Y 的期望收益率和收益率的方差。

解：E_y = 10% × 40% + 20% × 42% + 10% × 40.5% + 25% × 41% + 15% × 38% + 10% × 40.5% + 5% × 45% + 5% × 40.5% = 40.73%

即證券 Y 的期望收益率為 40.73%。

$$\delta = 10\% \times (40\% - 40.73\%)^2 + 20\% \times (42\% - 40.73\%)^2 + 10\% \times (40.5\% - 40.73\%)^2 + 25\% \times (41\% - 40.73\%)^2 + 15\% \times (38\% - 40.73\%)^2 + 10\% \times (40.5\% - 40.73\%)^2 + 5\% \times (45\% - 40.73\%)^2 + 5\% \times (40.5\% - 40.73\%)^2$$
$$= 0.053\% + 0.323\% + 0.005\% + 0.018\% + 1.118\% + 0.005\% + 0.912\% + 0.003\%$$
$$= 2.437\%$$

即證券 Y 收益率的方差為 2.4368%。

二、風險的分類

不同的投資方式會帶來不同的投資風險，風險產生的原因和程度也不盡相同，按風險產生的原因可將風險分為：

1. 市場風險

市場風險來自於市場買賣雙方供求不平衡引起的價格波動，這種波動使得投資者在投資到期時可能得不到投資決策時所期望的收益率。

2. 偶然事件風險

偶然事件風險是突發性風險，其劇烈程度和時效性因事而異。如自然災害、異常氣候、戰爭危險的出現；法律訴訟、專利申請、高層改組、兼併談判、產品未獲批准、信用等級下降等意外事件的發生可能引起證券價格的急遽變化，這些都是投資者在進行投資決策時無法預料的。

3. 通貨膨脹風險

投資收益可分為名義收益和實際收益，由於投資者所期望的是實際收益，因而名義收益和實際收益的差別亦至關重要。這種差別通過通貨膨脹來反應。通貨膨脹可分為「期望型」和「意外型」，前者是投資者根據以往的數據資料對未來通貨膨脹的預計，也是他們對未來投資索求補償的依據；後者則是他們始料不及的。短期債券和具有浮動利率的中長期債券由於考慮了通貨膨脹補償，因而可以降低期望型貶值風險；股票和固定利率的長期債券的投資者則同時承受這兩種風險，期限越長，貶值風險越大。其關係為：

$$\frac{C_0(1+MS)}{C_1} = 1 + SS$$

式中：C_0 為年初通貨膨脹水準；C_1 為年末通貨膨脹水準；MS 為名義收益率；SS 為實際收益率。

$$\frac{C_0(1+MS)}{C_1} = \frac{1+MS}{1+TC} = 1 + SS$$

TC 為通貨膨脹水準的變化率，即通貨膨脹率。

$$TC = \frac{C_1 - C_0}{C_0}$$

為簡便計算，也可以：

$$SS \approx MS - TC$$

4. 破產風險

　　破產風險是股票、債券特別是中小型或新創公司的投資者必須面對的風險。當公司由於經營管理不善或其他原因導致負債累累，難以維持時，它可能申請破產法的保護，策劃公司的重組，甚至宣布倒閉。因此破產風險表現為當公司宣布破產時，股票、債券價格急遽下跌，以及在公司真正倒閉時，投資者可能血本無歸。

5. 違約風險

　　違約風險是投資於「固定收入證券」的投資者所面臨的風險。這類證券在發行時向投資者保證，可以在未來一段時間內得到確定金額的收入，金額可能是在證券到期時一次性發放，也可能在有效期內多次性發放。然而當公司現金週轉不靈，財務出現危機時，這種事先承諾可能無法兌現。

6. 利率風險

　　利率提高，債券的機會成本增加，因而債券的價格與利率成反向變動，利率升高，債券價格下降。相對而言，違約與破產風險僅是少數債券的不良表現，而利率風險比違約風險和破產風險涉及面更廣，影響力更大，時效更長。債券價格更頻繁、更強烈地受到利率變化的影響，從對利率變化的敏感度講，長期債券要大於短期債券，無息債券要大於有息債券，低息債券要大於高息債券，一次性付息債券要大於分期付息債券。

7. 政治風險

　　各國的金融市場都與其政治局面、經濟運行、財政狀況、外貿關係、投資環境等息息相關，因此投資於外國有價證券時，投資者除了承擔匯率風險外還面臨這種宏觀風險。

　　按風險的性質以及應付的措施可以將總風險分為系統風險和非系統風險兩個部分，在數量上風險等於這兩者之和。

　　系統風險是與市場整體運動相關聯的。通常表現為某個領域、某個金融市場或某個行業部門的整體變化。它涉及面廣，往往使整個一類或一組證券產生價格波動。政治類風險因其來源於宏觀因素變化對市場整體的影響，所以亦稱為「宏觀風險」。前面提及的市場風險、通貨膨脹風險、利率風險和政治風險均屬系統風險。

　　非系統風險只同某個具體的股票、債券相關聯，而與其他有價證券無關，也就同整個市場無關。這種風險來自於企業內部的微觀因素，所以亦稱為「微觀風險」。前面提到的偶然事件風險、破產風險、違約風險等均屬此類。

　　應付這兩類風險的措施是不同的，對於非系統風險，可採用分散投資來弱化甚至消除，令人遺憾的是分散投資絲毫不能改變系統風險，人們通常可以看到當股市劇烈波動時，只有極少數股票能幸免，即便是投資完全分散化的指數型證券投資基金也不例外。完全分散化可以消除非系統風險，同時系統風險趨於正常的平均水準──即市場整體水準。那麼如何才能有效地降低系統風險呢？一種辦法是將風險證券與無風險證券進行投資組合，當增加無風險證券的投資比例時，系統風險將降低，極端的情況是將全部資金投資於無風險證券上，這時風險便全部消除。但是絕對的無風險證券實際上是不存在的。另一種辦法是套期保值，基本思想是在現貨和衍生工具市場上進行數量相等、方向相反的操作，使它們互為消長。

第三節 證券組合的收益和風險

一、兩種證券組合的收益率和方差

設有兩種證券 A 和 B，某投資者將一筆資金以 x_A 的比例投資於證券 A，以 x_B 的比例投資於證券 B，且 $x_A + x_B = 1$，稱該投資者擁有一個證券組合 P。如果到期時，證券 A 的收益率為 r_A，證券 B 的收益率為 r_B，則證券組合 P 的收益率為：

$$r_P = x_A r_A + x_B r_B$$

證券組合中的權數可以為負，比如 $x_A < 0$，則表示該組合賣空了證券 A，並將所得的資金連同自有資金買入證券 B，因為 $x_A + x_B = 1$，故有 $x_B = 1 - x_A > 1$。

投資者在進行投資決策時並不知道 r_A 和 r_B 的確切值，因而 r_A、r_B 應為隨機變量，對其分佈的簡化描述是它們的期望值和方差。為得到投資組合 P 的期望收益率和收益率的方差，我們除了要知道 A、B 兩種證券各自的期望收益率和方差外，還須知道它們的收益率之間的關聯性——相關係數或協方差，這是因為：

$$E(r_P) = x_A E(r_A) + x_B E(r_B) \tag{8.1}$$

$$\begin{aligned}\delta_P^2 &= \mathrm{cov}(r_P, r_P) \\ &= \mathrm{cov}(x_A r_A + x_B r_B, x_A r_A + x_B r_B) \\ &= x_A^2 \delta_A^2 + x_B^2 \delta_B^2 + 2 x_A x_B \mathrm{cov}(r_A, r_B) \\ &= x_A^2 \delta_A^2 + x_B^2 \delta_B^2 + 2 x_A x_B \delta_A \delta_B \rho_{AB}\end{aligned} \tag{8.2}$$

選擇不同的組合權數，可以得到包含證券 A 和證券 B 的不同的證券組合，從而得到不同的期望收益率和方差，投資者可以根據自己對收益率和方差（風險的）的偏好，選擇自己最滿意的組合。

[**例8-2**] 假設，某位投資者同時買下 A、B 兩種證券。A、B 兩種證券各占投資總額的比重為 $X_A = 45\%$、$X_B = 55\%$；而且，兩種證券的期望收益率分別為：$E_A = 10\%$，$E_B = 20\%$。求該證券組合的期望收益率。

解：$E_P = X_A E_A + X_B E_B$
$= 45\% \times 10\% + 55\% \times 20\%$
$= 15.5\%$

[**例8-3**] 通過歷史數據統計，已知證券 A 三年的收益率分別為 5%，15%，25%；證券 B 三年的收益率分別為 25%，15%，5%。求兩者的協方差，相關係數。假設證券 A 投資 60%，證券 B 投資 40%，求投資組合的方差。

解：證券 A 的收益率均值 $= (0.05 + 0.15 + 0.25)/3 = 0.15$
證券 B 的收益率均值 $= (0.25 + 0.15 + 0.05)/3 = 0.15$
$\mathrm{Cov}(X_A, X_B) = [(0.05 - 0.15)(0.25 - 0.15) + 0 + (0.25 - 0.15)(0.05 - 0.15)]/3$
$= -0.0067$

$$\delta_A = \{[(0.25-0.15)^2 + 0 + (0.05-0.15)^2]/3\}^{\frac{1}{2}}$$
$$= 0.0816$$
$$\delta_B = 0.0816$$
$$\rho_{AB} = \frac{Cov(X_A, X_B)}{\delta_A \delta_B} = \frac{-0.0067}{0.0816 \times 0.0816} = -1$$
$$\delta_P^2 = 0.6^2 \times 0.0816^2 + 2 \times 0.6 \times 0.4 \times (-0.0067) + 0.4^2 \times 0.0816^2$$
$$= 0.000,246$$

二、兩種證券組合的圖形

如果用前述兩個數字特徵——期望收益率和標準差來描述一種證券，那麼任意一種證券可用以期望收益率為縱坐標和標準差為橫坐標的坐標系中的一點來表示。相應地，任何一個證券組合也可以由組合的期望收益率和標準差確定出坐標系中的一點，這一點將隨著組合的權數變化而變化，其軌跡將是經過 A 和 B 的一條連續曲線，稱為證券 A 和證券 B 的結合線。可見，結合線實際上在期望收益率和標準差的坐標系中描述了證券 A 和證券 B 所有可能的組合。

根據式（8.1）和（8.2）及 $x_A + x_B = 1$，A、B 的證券組合 P 的結合線由下述方程所確定：

$$E(r_P) = x_A E(r_A) + (1-x_A) E(r_B) \tag{8.3}$$
$$\delta_P^2 = x_A^2 \delta_A^2 + (1-x_A)^2 \delta_B^2 + 2x_A(1-x_A)\delta_A \delta_B \rho_{AB} \tag{8.4}$$

給定證券 A、證券 B 的期望收益率和方差，證券 A 與證券 B 的不同的關聯性將決定 A、B 的不同的結合線。

1. 完全正相關下的結合線

在完全正相關下，$\rho_{AB} = 1$，方程（8.3）和（8.4）變為：
$$E(r_P) = x_A E(r_A) + (1-x_A) E(r_B)$$
$$\delta_P^2 = x_A^2 \delta_A^2 + (1-x_A)^2 \delta_B^2 + 2x_A(1-x_A)\delta_A \delta_B$$
$$\delta_P = |x_A \delta_A + (1-x_A)\delta_B|$$

假定不允許賣空，即 $0 \leq x_A, x_B \leq 1$，則：
$$\delta_P = x_A \delta_A + (1-x_A)\delta_B \tag{8.5}$$

因為，$E(r_P)$ 與 x_A 是線性關係，而 δ_P 與 x_A 是線性關係，所以，δ_P 與 $E(r_P)$ 之間也是線性關係。為了得到該直線，令 $x_A = 1$，則 $x_B = 0, E(r_P) = E(r_A), \delta_P = \delta_A$，得到直線上的一點；令 $x_B = 1$，則 $x_A = 0, E(r_P) = E(r_B), \delta_P = \delta_B$，得到直線上的另一點，連接這兩點得一直線（見圖 8-1）。

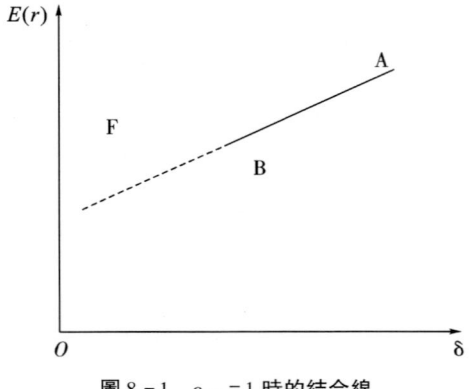

图 8-1　$\rho_{AB}=1$ 时的结合线

假设证券 A 与 B 风险状况不同，即 $\delta_A \neq \delta_B$（此时 A、B 不会落在一条垂直于横坐标的直线上），由式（8.5），令 $\delta_P = 0$ 解得：

$$x_A = \frac{\delta_B}{\delta_B - \delta_A} \qquad x_B = 1 - x_A = \frac{-\delta_A}{\delta_B - \delta_A} \tag{8.6}$$

在图 8-1 中，$\delta_B < \delta_A$，故 $x_B < 0$，为得到无风险组合，需卖空证券 B，卖空占自有资金的比例是 $x_B = \frac{-\delta_A}{\delta_B - \delta_A}$，无风险组合将落在自 A 到 B 连线的延长线的 F 点上。将式（8.6）代入式（8.3）得无风险收益率为：

$$E(r_P) = \frac{\delta_B E(r_A) - \delta_A E(r_B)}{\delta_B - \delta_A}$$

所以图 8-1 中，无风险组合的坐标为 $(0, \frac{\delta_B E(r_A) - \delta_A E(r_B)}{\delta_B - \delta_A})$。

综上所述，在 A、B 完全正相关的情形下，只要 $\delta_A \neq \delta_B$，无论将来证券 A 和证券 B 的收益率状况如何，总可以选择组合得到一个恒定的无风险收益率，我们称该组合为一个无风险组合或 0 方差组合。为了得到这个无风险组合，要卖空方差较小的证券。因为证券 A 与证券 B 完全正相关时，它们完全同向变化，通过卖空一种证券，使得它们成为完全反向的证券，从而可以通过组合抵消风险。

2. 完全负相关下的结合线

在完全负相关情况下，$\rho_{AB} = -1$，方程（8.3）和（8.4）变为：

$$E(r_P) = x_A E(r_A) + (1 - x_A) E(r_B)$$
$$\delta_P^2 = x_A^2 \delta_A^2 + (1 - x_A)^2 \delta_B^2 - 2x_A(1 - x_A)\delta_A \delta_B$$
$$\delta_P = |x_A \delta_A - (1 - x_A)\delta_B| \tag{8.7}$$

这时，δ_P 与 $E(r_P)$ 是分段线性关系，其结合线如图 8-2 所示。

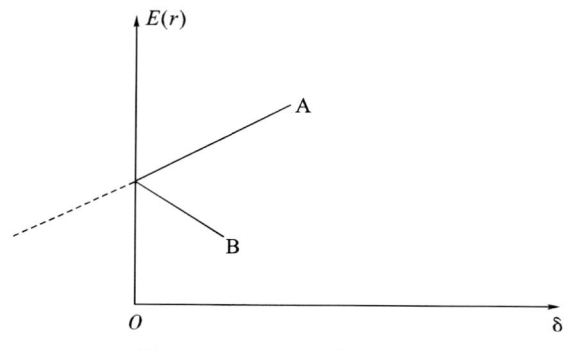

图 8-2　$\rho_{AB}=-1$ 時的結合線

從圖 8-2 可以看出，在完全負相關的情況下，按適當比例買入證券 A 和證券 B 可以形成一個無風險組合，得到一個穩定的收益率。這個適當比例通過令式（8.7）中 $\delta_P=0$ 得到：

$$x_A = \frac{\delta_B}{\delta_A + \delta_B} \qquad x_B = \frac{\delta_A}{\delta_A + \delta_B}$$

因為 x_A，x_B 均大於 0，所以必須同時買入證券 A 和 B。這一點很容易理解，因為證券 A 和 B 完全負相關，二者完全反向變化，因而同時買入兩種證券可抵消風險。所能得到的無風險收益率為：

$$E(r_P) = \frac{\delta_B E(r_A) + \delta_A E(r_B)}{\delta_B + \delta_A}$$

3. 不相關情形下的結合線

當證券 A 與證券 B 的收益率不相關時，$\rho_{AB}=0$，方程（8.3）和（8.4）變為：

$$E(r_P) = x_A E(r_A) + (1-x_A) E(r_B)$$
$$\delta_P^2 = x_A^2 \delta_A^2 + (1-x_A)^2 \delta_B^2 \tag{8.8}$$

該方程確定的 δ_P 與 $E(r_P)$ 的曲線是一條經過 A 和 B 的雙曲線，如圖 8-3 所示：

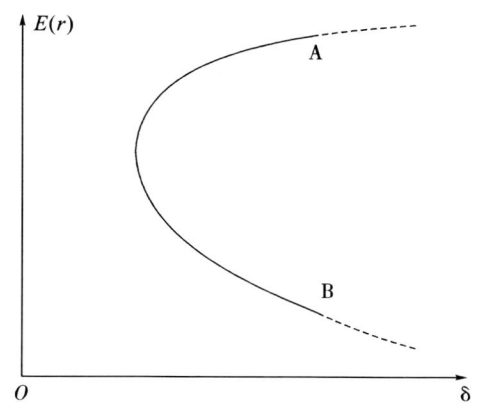

圖 8-3　$\rho_{AB}=0$ 時的結合線

為了得到方差最小的證券組合，對（8.8）式求極小值：

$$\frac{d\delta_P^2}{dx_A} = 2x_A\delta_A^2 - 2(1-x_A)\delta_B^2$$

令 $\frac{d\delta_P^2}{dx_A} = 0$，解出 x_A：

$$x_A = \frac{\delta_B^2}{\delta_A^2 + \delta_B^2} \qquad\qquad x_B = \frac{\delta_A^2}{\delta_A^2 + \delta_B^2}$$

顯然有 $0 \leq x_A, x_B \leq 1$，分別以 x_A, x_B 買入證券 A 和 B，可獲得最小方差 $\frac{\delta_A^2\delta_B^2}{\delta_A^2+\delta_B^2} <$ $\min(\delta_A^2, \delta_B^2)$，即可以通過按適當比例買入兩種證券，獲得比兩種證券中任何一種風險都小的證券組合。

圖 8-3 中，C 點為最小方差組合。結合線上介於 A 與 B 之間的點代表的組合由同時買入證券 A 和證券 B 構成，越靠近 A，買入 A 越多，買入 B 越少。而 A 點的東北部曲線上的點代表的組合由賣空 B，買入 A 形成，越向東北部移動，組合中賣空 B 越多；反之，B 的東南部曲線上的點代表的組合由賣空 A，買入 B 形成，越向東南部移動，組合中賣空 A 越多。

三、結合線的一般情形及性質

現在討論一般的情況，在不完全相關的情形下，由於 $0 \leq |\rho_{AB}| \leq 1$，方程（8.3）、（8.4）不會有任何簡化，方程（8.3）、（8.4）在一般情形下所確定的曲線是一條雙曲線。相關係數決定結合線在 A 與 B 之間的彎曲程度，隨著 ρ_{AB} 的增大，彎曲程度將降低。當 $\rho_{AB} = 1$ 時，彎曲程度最小，呈直線；當 $\rho_{AB} = -1$ 時，彎曲程度最大，呈折線；不相關是一種中間狀態，比正完全相關彎曲程度大，比負完全相關彎曲程度小（見圖 8-4）。

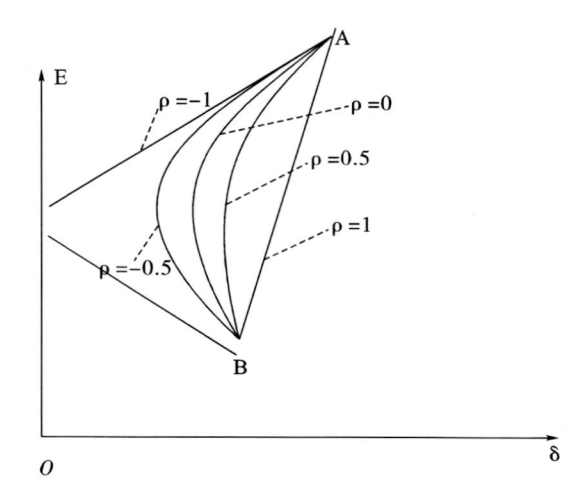

圖 8-4 相關係數不同的證券組合

從圖 8-4 的結合線的形狀來看，相關係數越小，在不賣空的情況下，證券組合可獲得越小的風險，特別是負完全相關的情況下，可獲得無風險組合。在不相關的情況下，雖然得不到一個無風險組合，但可得到一個組合，其風險小於 A、B 中任何一個單個證券的風險。當 A 與 B 的收益率不完全負相關時，結合線在 A，B 之間比不相關時更彎曲，因而能找到一些組合（不賣空）使得風險小於 A 和 B 的風險，比如圖 8-4 中 $\rho_{AB}=-0.5$ 的情形；但圖中 $\rho_{AB}=0.5$ 時，則得不到一個不賣空的組合使得風險小於單個證券的風險。可見不賣空的情況下，組合降低風險的程度由證券間的關聯程度決定。

實際上可以證明：設 $\delta_A > \delta_B$，當且僅當 $\rho_{AB} < \dfrac{\delta_B}{\delta_A}$ 時，才能在不賣空的情況下獲得一些組合，使其風險小於單個證券的風險；當 $\rho_{AB} = \dfrac{\delta_A}{\delta_B}$ 時，將資金全部投資於單個證券 B（即 $x_B=1$，$x_A=0$）時風險最小；如果 $\rho_{AB} = \dfrac{\delta_B}{\delta_A}$，則必須賣空證券 B 才能獲得某些組合，使得風險小於單個證券的風險。從整體上看，如果不允許賣空，ρ_{AB} 越小，在同等風險的情況下，證券組合的期望收益率越大；或從另一個角度來說，在相同的期望收益率下，承擔的風險越小。由此可見，證券間的相關性越小，證券組合創造的潛在收益率越大。

第四節 馬柯威茨的均值方差模型

一、模型概述

1952 年，馬柯威茨在一篇題為《證券組合選擇》的論文中討論了如下問題：投資者將一筆資金在給定時期（持有期）裡進行投資。期初，他購買一些證券，然後在期末全部賣出。那麼在期初他將決定購買哪些證券，資金在這些證券上如何分配。在現代投資理論中，將資金按一定比例投資於若干種證券上稱為一個證券組合。因此投資者實際上需要在期初從所有可能的證券組合中選擇一個最優的證券組合進行投資。這一問題被馬柯威茨稱為證券組合選擇問題。在考慮這一問題時，馬柯威茨指出，投資者的選擇應該實現兩個相互制約的目標——預期收益率最大化和收益率不確定性（風險）的最小化之間的某種平衡。

馬柯威茨的投資組合理論基於一些基本的假設。下面對這些假設作以描述並予以簡要評說。

（1）投資者事先就已知道投資證券的收益率的概率分佈。這個假設蘊涵證券市場是有效的（有效市場假設（EMH）由 Eugence Fama 於 1965 年提出，後成為公司理財學說中的著名假設）。因為只有當證券市場是有效市場時，證券的價格才能反應證券的內在經濟價值，每個投資者都掌握充分的信息，瞭解每種證券的期望收益率及其標準差。

（2）投資風險用證券收益率的方差或標準差來度量。影響投資決策的主要因素是期望收益率和方差（風險），即證券投資者以期望收益率和方差作為選擇投資方案的依據，如果要他們選擇風險（方差）較高的方案，他們都要求有額外的投資收益率作為補償。

（3）投資者都遵守最優原則。同一風險水準下，選擇收益率較高的證券；同一收益率水準下，選擇風險較低的證券。這就是說投資者都是厭惡風險的。這個假設條件實際蘊涵著投資者是理性的，他會在有效邊界上選擇投資組合。具體選擇有效邊界上哪一個投資組合，依賴於其厭惡風險的程度。

（4）各種證券的收益率之間有一定的相關性，它們之間的相關程度可以用相關係數或收益率之間的協方差來表示。這個假設條件不僅要求每種證券收益率是相互關聯的，它還要求這種關聯的相對平穩性。馬柯威茨是根據歷史上各種證券之間的關聯方式和關聯程度來推測它們未來的關聯情況。由於投資者之間博弈的影響，證券之間的關聯情況常常會發生較大的變化，於是由歷史數據計算出來的證券收益率的協方差矩陣未必能夠代表未來的情況。

（5）每種證券的收益率都服從正態分佈。這是一個隱含的假設，它與實際情況不符，至少存在兩個缺陷。其一，大部分金融證券以有限的負債形式出現，所以投資者能夠意識到的最大損失僅僅是他的全部投資，也就是說最大損失為投資的 100%，即最小淨收益率為 -100% 或 -1。這顯然與正態分佈的定義範圍（$-\infty$，$+\infty$）不符。其二，如果人們認為單期的收益率服從正態分佈，那麼多期的收益率就不可能服從正態分佈，因為多期的收益率與所有單期收益率之間呈現乘積關係。

（6）每一個證券都是無限可分的。這意味著，如果投資者願意的話，他可以購買一個股份的一部分。

（7）投資者可以以一個無風險利率貸出或借入資金。

這兩個假設條件也與實際情況不符，例如中國股票的最小交易單位是一手（100股），因此無限可分之假定在實際中可能會產生較大的偏差，同時投資者可以無限制地以一個無風險利率貸出（即投資）或借入資金的假設不現實。

（8）稅收和交易成本均忽略不計，即認為市場是一個無摩擦的市場。

以上假設條件中，（1）~（4）為馬柯威茨的假設，（5）~（8）為其隱含的假設。

在上述假設和馬柯威茨所提供的方法中牽涉兩個最基本也是最核心的概念——期望收益率和收益率的方差。前面第二節對其已經進行了詳細的介紹，這裡不再贅述。下面，我們來看看馬柯威茨所給的假設意味著什麼。

根據假設 1、2，證券或證券組合的特徵完全由期望收益率和方差來描述。在圖形上，以方差為橫坐標、以期望收益率為縱坐標建立一個坐標系，那麼每一種證券或證券組合由平面上的一點來表示。假設 3、4 則設定了判斷點的「好」與「壞」的標準。由於投資者被假定偏好期望收益率而厭惡風險，因而在給定相同方差水準的那些組合中，投資者會選擇期望收益率最高的組合。而在給定相同期望收益率水準的組合中，投資者會選擇方差最小的組合。這些選擇會導致產生一個所謂的有效邊界。所謂馬柯威茨均值方差模型，就是在上述假設下導出投資者只在有效邊界上選擇證券組合併提

供確定有效邊界的技術路徑的一個數理模型。

馬柯威茨的假設並沒有對所有證券之間的比較作出限定。馬柯威茨認為最終的比較依賴於每個投資者對收益和風險（方差）的偏好個性。也就是說，在通過馬柯威茨方法確定出有效邊界（相應地確定有效組合）之後，投資者須根據其個人對均值和方差的更具體、精細的偏好態度（用無差異曲線來描述）在有效邊界上選擇他看來最滿意的點，即最滿意的證券組合。該點是投資者的無差異曲線與有效邊界的切點。

二、有效邊界

在馬柯威茨均值方差模型中，每一種證券或證券組合可由均值方差坐標系中的點來表示。那麼所有存在的證券和合法的證券組合在平面上就構成一個區域，這個區域被稱為可行區域。可行區域的圖形看起來像什麼呢？也就是說，它會具有一些什麼特徵呢？

首先應指出，在我們的討論中通常將方差改為標準差作為橫坐標，即方差 $\sigma^2(r)$ 的算術根 $\sigma(r)$。這時可行區域本身形狀有些變化，但對應的組合併不改變，有效邊界對應的有效組合也不改變，因而這種改變並不引起本質變化。

在允許賣空的情況下，如果只考慮投資於兩種證券 A 和 B，投資者可以在結合線上獲得任意自己滿意的位置，即結合線上的組合均是可行的（合法的）。如果不允許賣空，則投資者只能在結合線上介於 A、B 之間（包括 A 和 B）獲得一個組合，因而投資組合的可行域就是結合線上的 AB 曲線段。而當一個證券組合中有多種證券時，證券組合的可行域就會是平面上一個真正的區域。如圖 8-5 所示，三種證券 A、B、C 在不允許賣空的情形下所有可能的組合布滿了三條結合線（每兩種證券形成）圍成的區域。為什麼會如此呢？很容易理解，區域內每一點可以通過三種證券的組合來得到。例如，F 點可通過 B 與某個 A 和 C 的組合 D 的再組合得到。

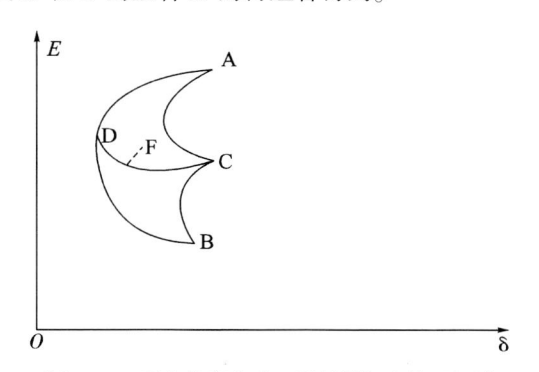

圖 8-5　不允許賣空時三種證券組合的可行域

當允許賣空時，A、B、C 三種證券的組合的可行區域便不再是一個有限區域，而是一個包含該有限區域的無限區域，如圖 8-6 所示。

投資學

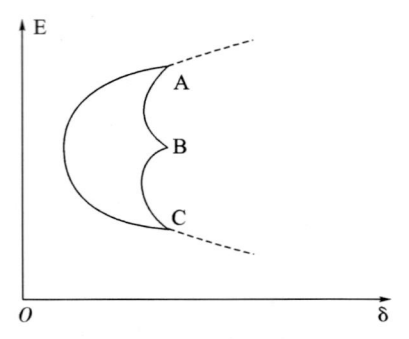

```
        E
        │        ╱ ‾ ‾
        │      ╱  A
        │    ╱   ╲
        │   │     B
        │    ╲   ╱
        │      ╲  C
        │        ╲ _ _
        O─────────────── δ
```

圖 8-6　允許賣空時三種證券組合的可行域

　　證券組合的可行域是所有合法證券組合構成的 $E-\sigma$ 坐標系中的一個區域。這個區域的形狀依賴於可供選擇的單個證券的特徵（$E(r_i)$ 和 δ_i）以及它們收益率之間的相互關係（ρ_{ij}），另外還依賴於投資組合中權數的約束，比如，權數除滿足基本約束 $\sum_{i=1}^{N} x_i = 1$ 以外，還滿足約束 $h_i \leq x_i \leq H_i$，h_i 和 H_i 為投資比例的上、下限，約束表明（$x_1, x_2, x_3, \cdots, x_N$）局限於 N 維空間的有限區域，這時可行組合將局限於 $E-\sigma$ 坐標系中的一個有限區域內，最常見的約束是不允許賣空，即要求權數（$x_1, x_2, x_3, \cdots, x_N$）滿足 $0 \leq x_i \leq 1$，最極端的情況是允許對任意證券無限制地賣空，也就是權數除滿足基本約束之外沒有其他約束。

　　可行域滿足一個共同的特點：左邊緣必然向外凸或呈線性，也就是說不會出現凹陷。圖 8-7 左邊緣自 W 到 V 之間出現凹陷，由於 W、V 是可行組合，W 與 V 的組合也是可行的，而 W、V 的結合線是連接 W、V 的直線段，或者是向外彎曲的曲線，W、V 的組合作為一個可行組合卻落在圖中區域的右面，因而該區域不可能是一個可行域。

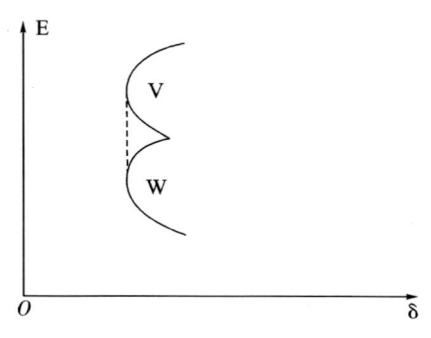

```
        E
        │
        │      ╱‾╲
        │     │  V
        │      ╲
        │       ╲
        │      ╱
        │     │  W
        │      ╲_╱
        O─────────────── δ
```

圖 8-7　可行域外凸或線性

三、投資者的共同偏好與有效組合

　　證券組合的可行域表示了所有可能的證券組合，它為投資者提供了一切可行的投資組合機會，投資者需要做的是在其中選擇自己最滿意的證券組合進行投資，不同的投資者由於對期望收益率和風險的偏好有區別，因而他們所選擇的最佳組合將不同。

但投資者的偏好具有某些共性，在這個共性下，某些證券組合將被所有投資者視為差的，因為按照偏好的共性總存在比它更好的證券組合，我們需要把大家都認為差的證券組合剔除掉。

大量事實表明，投資者普遍喜好期望收益率而厭惡風險，因而人們在投資決策時希望期望收益率越大越好，風險越小越好。這種態度反應在證券組合的選擇上可由下述規則來描述：①如果兩種證券組合具有相同的收益率方差和不同的期望收益率，即 $\delta_A^2 = \delta_B^2$，而 $E(r_A) > E(r_B)$，那麼投資者選擇期望收益率高的組合，即 A，馬柯維茨把它稱為「不滿足假設」；②如果兩種證券組合具有相同的期望收益率和不同的收益率方差，即 $E(r_A) = E(r_B)$，而 $\delta_A^2 < \delta_B^2$ 那麼他選擇方差較小的組合，即 A，馬柯維茨把它稱為「風險厭惡假設」。這種選擇原則，我們稱為投資者的共同偏好規則。

人們在所有可行的投資組合中進行選擇，如果證券組合的特徵由期望收益率和收益率標準差來表示，則投資者需要在 $E - \sigma$ 坐標系中的可行域中尋找最好的點，但不可能在可行域中找到一點被所有投資者都認為是最好的。按照投資者的共同偏好規則，可以排除那些被所有投資者都認為差的組合，我們把排除後餘下的這些組合稱為有效證券組合。簡言之，有效證券組合是指這樣一個證券組合，沒有其他的證券組合在與之同樣的風險水準下，給予更高的收益率；或在同樣的收益率水準下，給予更小的風險。根據有效組合的定義，有效組合不止一個，描繪在可行域的圖形中，如圖 8－8 所示粗實線部分，它是可行域的上邊緣部分，我們稱它為有效邊緣。對於可行域內部及下邊緣上的任意可行組合，均可以在有效邊緣上找到一個有效組合比它好。但有效邊緣上的不同組合，比如 B 和 C，按共同偏好規則不能區分好差。因而有效組合相當於有可能被某位投資者選作最佳組合的候選組合，不同投資者可以在有效邊緣上獲得任一位置。作為一個理性投資者，且厭惡風險，則他不會選擇有效邊緣以外的點。此外，A 點是一個特殊的位置，它是上邊緣和下邊緣的交匯點，這一點所代表的組合在所有可行組合中方差最小，因而被稱作最小方差組合。

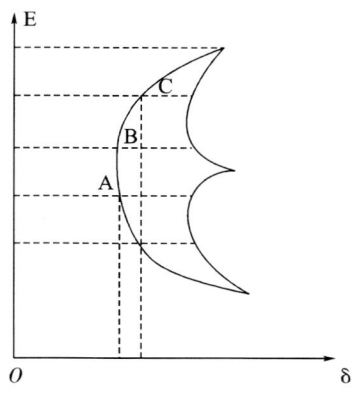

圖 8－8　有效邊緣

對於有效邊緣的確定，有很多種方法，最簡單的一種就是確定左邊緣，左邊緣的頂部即為有效邊緣。左邊緣上任何一點均對應於某個給定期望收益率下的最小方差組合，因而也稱左邊緣為最小方差集合。而從數學角度而言，求解最小方差集合就是求解優化問題：

$$\min_x (\sum_{i=1}^{N} x_i^2 \delta_i^2 + 2 \sum_{1 \leq i \leq j \leq N} x_i x_j \delta_i \delta_j \rho_{ij})$$

$$E(r_P) = \sum_{i=1}^{N} x_i E(r_i)$$

$$\sum_{i=1}^{N} x_i = 1$$

對每一個給定的期望收益率值 $E(r_P)$，求解上述問題得一組解 $(x_1, x_2, x_3, \cdots, x_N)$，該組合為給定 $E(r_P)$ 下的最小方差組合。$E(r_P)$ 取遍所有可能值，則可得到最小方差集合。

四、最優證券組合

1. 投資者無差異曲線

按照投資者的共同偏好規則，有些證券組合之間不能區分好差，其根源在於投資者個人除遵循共同的偏好規則外，還有其特殊的偏好。那些不能被共同偏好規則區分的組合，不同投資者可能得出完全不同的比較結果。共同規則不能區分的是這樣的兩種證券組合 A 和 B，見圖 8-9。該組合中 $\delta_A^2 > \delta_B^2$，而 $E(r_A) > E(r_B)$。

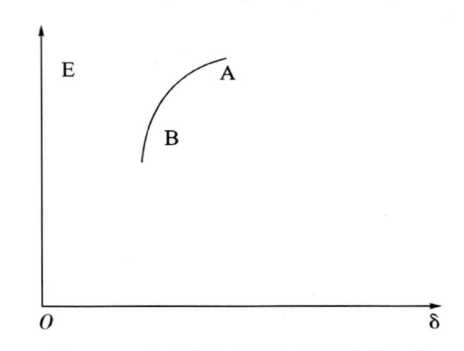

圖 8-9 共同偏好規則不能區分的組合

如圖 8-9 所示，證券組合 A 雖然比 B 承擔著大的風險，但它同時帶來更高的期望收益率，這種期望收益率的增量可認為是對增加的風險的補償。由於不同投資者對期望收益率和風險的偏好不同，當風險從 δ_B 增到 δ_A 時，期望收益率將補償 $E(r_A) - E(r_B)$，是否滿足投資者個人的風險補償要求因人而異，從而按照他們各自不同的偏好對兩種證券作出不同的比較結果。

投資者甲（中庸）認為：增加的期望收益率恰好能補償增加的風險，所以 A 與 B 兩種證券組合的滿意程度相同，證券 A 與證券 B 無差異。投資者乙（保守）認為：增加的期望收益率不足以補償增加的風險，所以 A 不如 B 更令他滿意。投資者丙（進

取）認為：增加的期望收益率超過對增加風險的補償，所以 A 更令人滿意，即 A 比 B 好。在同樣風險狀態下，要求得到期望收益率補償越高，說明該投資者對風險越厭惡。上述三位投資者中乙最厭惡風險，因而他最保守；甲次之；丙對風險厭惡程度最低，最具冒險精神。

一個特定的投資者，任意給定一個證券組合，根據他對風險的態度，按照期望收益率對風險補償的要求，可以得到一系列滿意程度相同（無差異）的證券組合。比如圖 8-10 中，某投資者認為經過 A 的那一條曲線上的證券組合對他的滿意程度相同，那麼，我們稱這條曲線為該投資者的一條無差異曲線。有了這條無差異曲線，任何證券組合均可與證券 A 進行比較。比如按該投資者的偏好，組合 B 與 A 無差異；C 比無差異曲線上的任何組合都好；相反，D 比 A 差，因為它落在無差異曲線的下方。

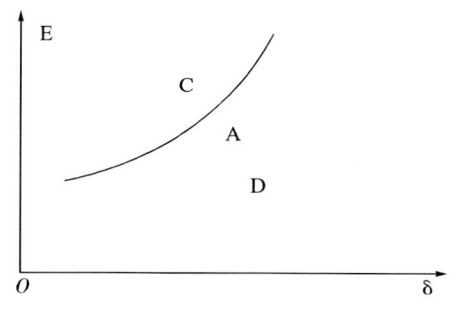

圖 8-10　投資者的無差異曲線

無差異曲線具有如下特點：①落在同一條無差異曲線上的組合有相同的滿意程度，而落在不同的無差異曲線上有不同的滿意程度，因而一個組合不會同時落在兩條不同的無差異曲線上，也就是說不同的無差異曲線不會相交（但也不必平行）。②無差異曲線的位置越高，帶來的滿意程度就越高。對一個特定的投資者，他的所有無差異曲線形成一個曲線族。③無差異曲線的條數是無限的而且密布整個平面。④無差異曲線是一族互不相交的向上傾斜的曲線。一般情況下曲線越來越陡，表明風險越大，要求的邊際收益率補償越高。

不同投資者因為偏好不同，會擁有不同的無差異曲線族。圖 8-11 是幾個不同偏好的投資者的無差異曲線。圖 8-11（a）的投資者對風險毫不在意，只關心期望收益率；圖 8-11（b）的投資者只關心風險，風險越小越好，對期望收益率毫不在意；圖 8-11（c）和圖 8-11（d）表明一般的風險態度，圖 8-11（d）的投資者比圖 8-11（c）的投資者相對保守一些，相同的風險狀態下，前者對風險的增加要求更多的風險補償，反應在無差異曲線上，前者的無差異曲線更陡峭一些。

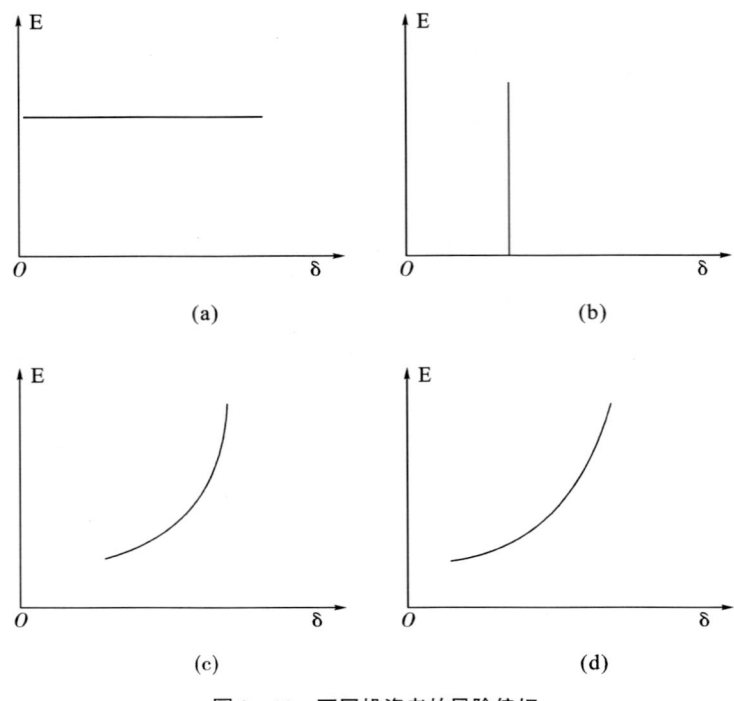

圖 8－11　不同投資者的風險偏好

2. 最優證券組合的確定

投資者共同偏好規則可以確定哪些組合是有效的，哪些是無效的。特定投資者可以在有效組合中選擇他自己最滿意的組合，這種選擇依賴於他的偏好，投資者的偏好通過他的無差異曲線來反應。無差異曲線位置越靠上，其滿意程度越高，因而投資者需要在有效邊緣上找到一個投資組合相對於其他有效組合處於最高位置的無差異曲線上，該組合便是他最滿意的有效組合，這個組合是無差異曲線族與有效邊緣的切點所在的組合，見圖 8－12。

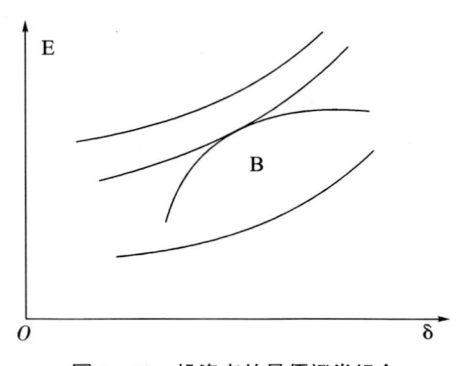

圖 8－12　投資者的最優證券組合

從圖8－12可知，投資者按照他的無差異曲線族將選擇有效邊緣上B點所在的證券組合作為他的最佳組合，因為B點在所有有效組合中獲得最大的滿意程度，其他有效邊緣上的點都落在B下方的無差異曲線上。不同投資者的無差異曲線族可獲得各自的最佳證券組合，一個只關心風險的投資者將選取最小方差組合作為最佳組合。

五、證券組合與風險分散

「不要把所有的雞蛋放在一個籃子裡」，如果將這句古老的諺語應用在投資決策中，就是說不要將所有的錢投資於同一證券上，通過分散投資可以降低投資風險，這是一個非常淺顯易懂的道理。那麼，應該將「雞蛋」放在多少個「籃子」裡最好呢？將「雞蛋」放在什麼樣的不同籃子裡最好呢？

如前所述，證券組合的風險不僅取決於單個證券的風險和投資比重，還取決於兩個證券收益的協方差或相關係數，協方差或相關係數起著特別重要的作用。因此投資者建立的證券組合就不是一般的拼湊，而是要通過各證券收益波動的相關係數來分析。

當我們利用長時期的歷史資料比較一個充分分散的證券組合和單一股票的收益和風險特徵時，就會發現有個奇怪的現象。例如，在1989年1月至1993年12月間，IBM股票的月平均收益率為－0.61％，標準差為7.65％。而同期標準普爾500（S&P500）的月平均收益率和標準差分別為1.2％和3.74％，即雖然IBM收益率的標準差大大高於標準普爾500指數的標準差，但是其月平均收益率卻低於標準普爾500指數的月平均收益率。為什麼會出現風險高的股票其收益率反而會低的現象呢？

原因在於每個證券的全部風險並非完全相關，構成一個證券組合時，單一證券收益率變化的一部分就可能被其他證券收益率反向變化所減弱或者完全抵消。事實上，可以發現證券組合的標準差一般都低於組合中單一證券的標準差，因為各組成證券的總風險已經分散化而大量抵消。只要通過分散化就可以使總風險大量抵消，我們就沒有理由使預期收益率與總風險相對應；與投資預期收益率相對應的只能是通過分散投資不能相互抵消的那一部分風險，即系統性風險。

根據證券組合預期收益率和風險的計算公式可知，不管組合中證券的數量是多少，證券組合的收益率只是單個證券收益率的加權平均數，分散投資不會影響到組合的收益率。但是分散投資可以降低收益率變動的波動性。各個證券之間收益率變化的相關關係越弱，分散投資降低風險的效果就越明顯。當然，在現實的證券市場上，大多數情況是各個證券收益之間存在一定的正相關關係，相關的程度有高有低。有效證券組合的任務就是要找出相關關係較弱的證券組合，以保證在一定的預期收益率水準上盡可能降低風險。

從理論上講，一個證券組合只要包含了足夠多的相關關係弱的證券，就完全有可能消除所有的風險，但是在現實的證券市場上，各證券收益率的正相關程度很高，因為各證券的收益率在一定程度上受同一因素影響（如經濟週期、利率的變化等），因此，分散投資可以消除證券組合的非系統性風險，但是並不能消除系統性風險。

姜茂生、張雪麗（2001）在上海證券交易所隨機選取33只股票，獲取每只股票1997年1月到2000年12月四年間的月收盤價，共得到原始數據1584個，然後通過復

權及必要的數據處理，計算出33只股票月收益率及其標準差。

首先隨機選取一只股票，作為組合（1），計算其期望收益率和標準差；然後隨機增加一種股票，作為組合（2），為使問題簡化，按相等權重設定投資比例，計算出組合的標準差（風險測度指標）；依此類推，每增加一種股票，即確定一個投資組合，相應地得到組合的標準差。證券數目不斷增加，組合風險指標也相應得出，直至所有的33種證券均被選取完畢，由此得到33種投資組合，也相應得到了由不同數量股票構成的組合期望收益和標準差。

不同股票數量構成的投資組合其相應的標準差之間的數量關係如表8-2所示：

表8-2

股票數量	標準差	股票數量	標準差	股票數量	標準差
1	0.030,314	12	0.007,298	23	0.006,718
2	0.016,817	13	0.006,772	24	0.006,642
3	0.011,632	14	0.006,484	25	0.006,666
4	0.011,382	15	0.006,817	26	0.006,856
5	0.009,813	16	0.006,478	27	0.006,065
6	0.008,555	17	0.006,667	28	0.006,887
7	0.007,411	18	0.006,560	29	0.006,746
8	0.007,135	19	0.006,522	30	0.006,777
9	0.006,841	20	0.006,556	31	0.006,654
10	0.006,808	21	0.006,673	32	0.006,708
11	0.006,904	22	0.006,596	33	0.006,629

根據表8-2可以得到股票數量與組合風險之間的關係圖，見圖8-13。

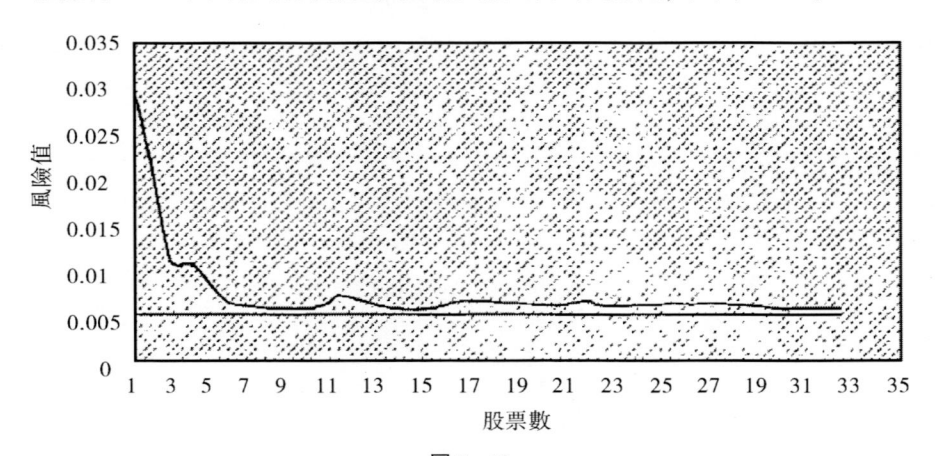

圖8-13

通過以上檢驗可以發現：

（1）隨著投資組合中股票數量的增加，組合風險呈現逐步降低的趨勢，並接近於圖8-13中代表系統風險的水準直線，驗證了資產數量與組合風險之間的理論學說。

（2）分散化投資降低風險的作用在最初幾只證券加入組合時表現明顯，組合股票數目為5~10只時已消除9%以上的非系統風險。

（3）一旦組合中股票數目超過20只，進一步分散化投資對降低風險的作用很小。

根據以上的分析，證券組合包含證券的數量和組合系統性和非系統性風險之間的關係，可用更一般的圖8-14來表示。

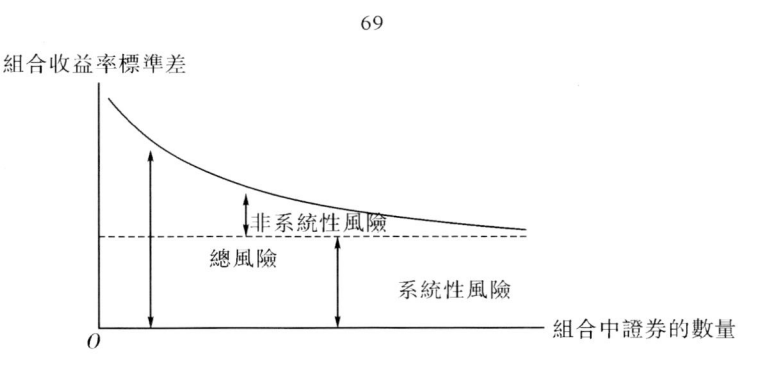

圖8-14 證券的數量和組合系統性和非系統性風險之間的關係

❋ 本章小結

1. 馬柯維茨1952年提出的證券投資組合理論開創了金融數理分析的先河，是現代金融經濟學的一個重要理論基礎，更是現代證券投資理論的基石。在本章中，我們首先對證券組合理論進行了一個概述，然後在對證券組合的期望收益率和收益率的方差進行簡單介紹的基礎上，較為完整地描述了馬柯維茨證券組合理論的基本內容。

2. 在馬柯維茨的均值方差模型中，數學期望代表預期收益，方差或標準差代表風險，協方差代表不同證券之間的相互關係，進而證券組合的預期收益是證券組合中所有證券預期收益的簡單加權平均值，而證券組合的方差則為不同證券各自方差與它們之間協方差的加權平均。利用馬柯維茨模型確定最小方差證券組合首先要計算構成證券組合的單個證券的收益、風險及證券之間的相互關係，然後，計算證券組合的預期收益和風險。在此基礎上，根據投資者的無差異曲線和理性投資者投資決策準則確定最小方差證券組合。

3. 現代組合理論的主要貢獻在於它闡明了組合的風險並不取決於各個個別證券風險的平均值，而是各證券的協方差—不同證券間的相互關係。運用馬柯維茨關於證券組合投資的基本思想，我們可以看到在證券完全不相關的情況下，證券組合的風險會隨著證券數量的增加而消失。由於在現實生活中，證券完全不相關或完全負相關的情

況不多，大部分處於不完全正相關狀態，所以證券之間的協方差就成了證券組合方差的決定因素，而協方差是不能靠證券組合多元化來降低的。

❈ 復習思考題：

1. Z股票目前市價為10元，某投資諮詢公司為該股票的紅利和1年後的股價作了如下的情景分析：

情景	概率	現金紅利（元）	期末股價（元）
1	0.1	0	0
2	0.2	0.2	2.00
3	0.3	0.4	12.00
4	0.25	0.6	16.00
5	0.15	0.8	25.00

請計算各情景的收益率以及這些收益率的均值、中位數、眾數、標準差、三階中心矩。該股票收益率的概率分佈是否有正偏斜？

2. 什麼是有效邊界？

3. 對股票資產實施組合管理可分哪幾個步驟進行？

4. 投資者無差異曲線的特點是什麼？

第九章　資本資產定價理論

本章學習目標：
　　瞭解有效集和最優投資組合的概念及含義，理解無風險借貸對有效集的影響，熟悉資本資產定價模型的假設條件，掌握資本市場線和證券市場線的定義、圖形及其經濟意義，掌握證券 β 係數的含義及其應用，熟悉資本資產定價模型的應用效果。

第一節　有效集和最優投資組合

　　根據證券組合理論，投資者必須根據自己的風險—收益偏好和各種證券和證券組合的風險、收益特性來選擇最優的投資組合。然而，現實生活中證券種類繁多，這些證券更可組成無數種證券組合，如果投資者必須對所有這些組合進行評估的話，那將是難以想像的。

　　幸運的是，根據馬科維茨的有效集定理，投資者無須對所有組合進行一一評估。本節將按馬科維茨的方法，由淺入深地介紹確定最優投資組合的方法。

一、可行集

　　為了說明有效集定理，我們有必要引入可行集的概念。可行集指的是由 N 種證券所形成的所有組合的集合，它包括了現實生活中所有可能的組合。也就是說，所有可能的組合將位於可行集的邊界上或內部。

　　一般來說，可行集的形狀像傘形，如圖 9－1 中由 A、N、B、H 所圍的區域所示。

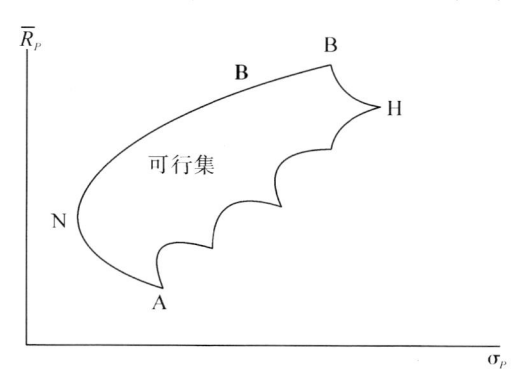

圖 9－1　可行集與有效集

在現實生活中，由於各種證券的特性千差萬別，因此可行集的位置也許比圖9-1中的更左或更右，更高或更低，更胖或更瘦，但它們的基本形狀大多如此。

二、有效集

1. 有效集的定義

對於一個理性投資者而言，他們都是厭惡風險而偏好收益的。對於同樣的風險水準，他們將會選擇能提供最大預期收益率的組合；對於同樣的預期收益率，他們將會選擇風險最小的組合。而能同時滿足這兩個條件的投資組合的集合就是有效集。處於有效邊界上的組合稱為有效組合。

2. 有效集的位置

有效集是可行集的一個子集，它包含於可行集中。那麼如何確定有效集的位置呢？我們先考慮第一個條件。在圖9-1中，沒有哪一個組合的風險小於組合N，這是因為如果過N點畫一條垂直線，則可行集都在這條線的右邊。N所代表的組合稱為最小方差組合。同樣，沒有哪個組合的風險大於H。由此可以看出，於各種風險水準而言，能提供最大預期收益率的組合集是可行集仲介於N和H之間的上方邊界上的組合集。

我們再考慮第二個條件，在圖9-1中，各種組合的預期收益率都介於組合A和組合B之間。由此可見，對於各種預期收益率水準而言，能提供最小風險水準的組合集是可行集仲介於A、B之間的左邊邊界上的組合集，我們把這個集合稱為最小方差邊界。

由於有效集必須同時滿足上述兩個條件，因此N、B兩點之間上方邊界上的可行集就是有效集。所有其他可行組合都是無效的組合，投資者可以忽略它們。這樣，投資者的評估範圍就大大縮小了。

3. 有效集的形狀

從圖9-1可以看出，有效集曲線具有如下特點：①有效集是一條向右上方傾斜的曲線，它反應了「高收益、高風險」的原則；②有效集是一條向上凸的曲線，這一特性可從圖9-2推導得來；③有效集曲線上不可能有凹陷的地方，這一特性也可以從圖9-2推導出來。

三、最優投資組合的選擇

確定了有效集的形狀之後，投資者就可根據自己的無差異曲線群選擇能使自己投資效用最大化的最優投資組合了。這個組合位於無差異曲線與有效集的相切點O，如圖9-2所示。

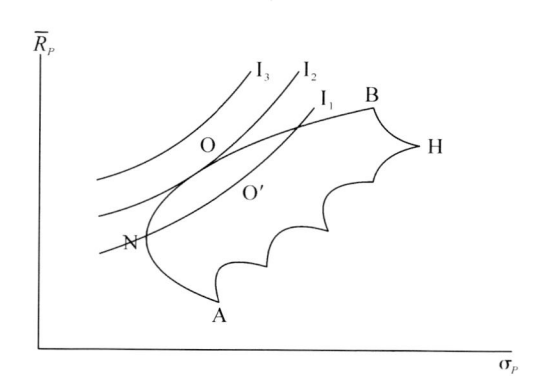

圖 9-2　最優投資組合

從圖9-2可以看出，雖然投資者更偏好 I_3 上的組合，然而可行集中找不到這樣的組合，因而是不可實現的。至於 I_1 上的組合，雖然可以找得到，但由於 I_1 的位置位於 I_2 的東南方，即 I_1 所代表的效用低於 I_2，因此 I_1 上的組合都不是最優組合。而 I_2 代表了可以實現的最高投資效用，因此 O 點所代表的組合就是最優投資組合。

有效集向上凸的特性和無差異曲線向下凸的特性決定了有效集和無差異曲線的相切點只有一個，也就是說最優投資組合是唯一的。

對於投資者而言，有效集是客觀存在的，它是由證券市場決定的。而無差異曲線則是主觀的，它是由自己的風險——收益偏好決定的。從上一章的分析可知，厭惡風險程度越高的投資者，其無差異曲線的斜率越陡，因此其最優投資組合越接近 N 點。厭惡風險程度越低的投資者，其無差異曲線的斜率越小，因此其最優投資組合越接近 B 點。

第二節　無風險借貸對有效集的影響

在前一節中，我們假定所有證券及證券組合都是有風險的，而沒有考慮到無風險資產的情況，也沒有考慮到投資者按無風險利率借入資金投資於風險資產的情況。而在現實生活中，這兩種情況都是存在的。為此，我們要分析在允許投資者進行無風險借貸的情況下，有效集將如何變化。

一、無風險貸款對有效集的影響

1. 無風險貸款或無風險資產的定義

無風險貸款相當於投資於無風險資產，其收益率是確定的。在單一投資期的情況下，這意味著如果投資者在期初購買了一種無風險資產，那他將準確地知道這筆資產在期末的準確價值。由於無風險資產的期末價值沒有任何不確定性，因此，其標準差應為零。同樣，無風險資產收益率與風險資產收益率之間的協方差也等於零。

在現實生活中，什麼樣的資產稱為無風險資產呢？首先，無風險資產應沒有任何

違約可能。由於所有的公司證券從原則上講都存在著違約的可能性，因此公司證券均不是無風險資產。其次，無風險資產應沒有市場風險。雖然政府債券基本上沒有違約風險，但對於特定的投資者而言，並不是任何政府債券都是無風險資產。例如，對於一個投資期限為 1 年的投資者來說，期限還有 10 年的國債就存在著風險。因為他不能確切地知道這種證券在一年後將值多少錢。事實上，任何一種到期日超過投資期限的證券都不是無風險資產。同樣，任何一種到期日早於投資期限的證券也不是無風險資產，因為在這種證券到期時，投資者面臨著再投資的問題，而投資者現在並不知道將來再投資時能獲得多少再投資收益率。

綜上所述，嚴格地說，只有到期日與投資期相等的國債才是無風險資產。但在現實中為方便見，人們常將 1 年期的國庫券或者貨幣市場基金當做無風險資產。

2. 允許無風險貸款下的投資組合

（1）投資於一種無風險資產和一種風險資產的情形

為了考察無風險貸款對有效集的影響，我們首先要分析由一種無風險資產和一種風險資產組成的投資組合的預期收益率和風險。

假設風險資產和無風險資產在投資組合中的比例分別為 X_1 和 X_2，它們的預期收益率分別為 $\bar{R}_1$ 和它們的標準差分別等於 σ_1 和 σ_2，它們之間的協方差為 σ_{12}。根據 X_1 和 X_2 的定義，則有 $X_1 + X_2 = 1$，且 X_1、$X_2 > 0$。根據無風險資產的定義，則有 σ_2 和 σ_{12} 都等於 0。這樣，根據式（9.12），可以算出該組合的預期收益率（$\bar{R}_p$）為：

$$\bar{R}_p = \sum_{i=1}^{n} X_i \bar{R}_i = X_1 \bar{R}_1 + X_2 r_f \tag{9.1}$$

根據式（9.13），可以算出該組合的標準差（σ_p）為：

$$\sigma_p = \sqrt{\sum_{i=1}^{n} \sum_{j=1}^{n} X_i X_j \sigma_{ij}} = X_1 \sigma_1 \tag{9.2}$$

由上式可得：

$$X_1 = \frac{\sigma_p}{\sigma_1}, \quad X_2 = 1 - \frac{\sigma_p}{\sigma_1} \tag{9.3}$$

將（9.3）代入（9.1）得：

$$\bar{R}_p = r_f + \frac{\bar{R}_1 - r_f}{\sigma_1} \cdot \sigma_p \tag{9.4}$$

由於 $\bar{R}_1$、r_f 和 σ_1 已知，式（9.4）是線性函數，其中 $\frac{\bar{R}_1 - r_f}{\sigma_1}$ 為單位風險報酬，又稱夏普比率。由於 X_1、$X_2 > 0$，因此式（9.4）所表示的只是一個線段，如圖 9-3 所示。在圖 9-3 中，A 點表示無風險資產，B 點表示風險資產，由這兩種資產構成的投資組合的預期收益率和風險一定落在 A、B 這個線段上，因此 AB 連線可以稱為資產配置線。由於 A、B 線段上的組合均是可行的，因此允許風險貸款將大大擴大可行集的範圍。

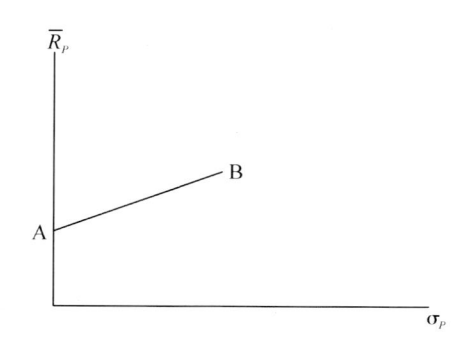

图 9-3　無風險資產和風險資產的組合

（2）投資於一種無風險資產和一個證券組合的情形

如果投資者投資於由一種無風險資產和一個風險資產組合組成的投資組合，情況又如何呢？假設風險資產組合 B 是由風險證券 C 和 D 組成的。B 位於經過 C、D 兩點的向上凸出的弧線上，如圖 9-4 所示。如果我們仍用 $\overline{R}_1$ 和 σ_1 代表風險資產組合的預期收益率和標準差，用 X_1 代表該組合在整個投資組合中所占的比重，則式（9.1）到式（9.4）的結論同樣適用於由無風險資產和風險資產組合構成的投資組合的情形。在圖 9-4 中，這種投資組合的預期收益率和標準差一定落在 A、B 線段上。

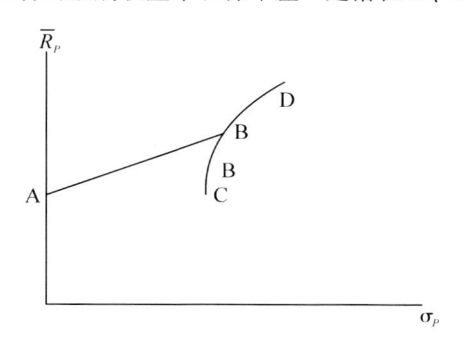

图 9-4　無風險資產和風險資產組合的組合

（3）無風險貸款對有效集的影響

引入無風險貸款後，有效集將發生重大變化。在圖 9-5 中，弧線 CD 代表馬科維茨有效集，A 點表示無風險資產。我們可以在馬科維茨有效集中找到一點 T，使 AT 直線與弧線 CD 相切於 T 點。T 點所代表的組合稱為切點處投資組合。

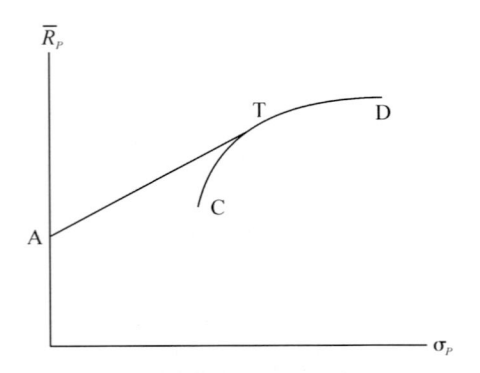

圖 9-5　允許無風險貸款時的有效集

　　T 點代表馬科維茨有效集中眾多的有效組合中的一個，但它卻是一個很特殊的組合。因為沒有任何一種風險資產或風險資產組合與無風險資產構成的投資組合可以位於 AT 線段的左上方。換句話說，AT 線段的斜率最大，因此 T 點代表的組合被稱為最優風險組合。從圖 9-5 可以明顯看出，引入 AT 線段後，CT 弧線將不再是有效集。因為對於 T 點左邊的有效集而言，在預期收益率相等的情況下，AT 線段上風險均小於馬科維茨有效集上組合的風險，而在風險相同的情況下，AT 線段上的預期收益率均大於馬科維茨有效集上組合的預期收益率。按照有效集的定義，T 點左邊的有效集將不再是有效集。由於 AT 線段上的組合是可行的，因此引入無風險貸款後，新的有效集由 AT 線段和 TD 弧線構成。

　　（4）無風險貸款對投資組合選擇的影響

　　對於不同的投資者而言，無風險貸款的引入對他們的投資組合選擇有不同的影響。對於厭惡風險程度較輕，從而其選擇的投資組合位於 DT 弧線上的投資者而言，其投資組合的選擇將不受影響。因為只有 DT 弧線上的組合才能獲得最大的滿足程度，如圖 9-6（a）所示。對於該投資者而言，他仍將把所有資金投資於風險資產，而不會把部分資金投資於無風險資產。

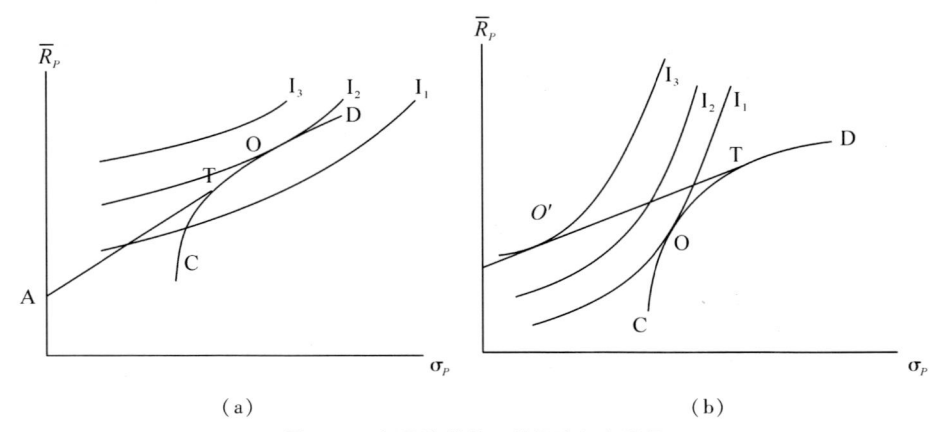

圖 9-6　無風險貸款下的投資組合選擇

對於較厭惡風險的投資者而言，由於代表其原來最大滿足程度的無差異曲線 I_1 與 AT 線段相交，因此不再符合效用最大化的條件。因此該投資者將選擇其無差異曲線與 AT 線段相切所代表的投資組合，如圖 9-6（b）所示。對於該投資者而言，他將把部分資金投資於風險資產，而把另一部分資金投資於無風險資產。

二、無風險借款對有效集的影響

1. 允許無風險借款下的投資組合

在推導馬科維茨有效集的過程中，我們假定投資者可以購買風險資產的金額僅限於他期初的財富。然而，在現實生活中，投資者可以借入資金並用於購買風險資產。由於借款必須支付利息，而利率是已知的。該借款在本息償還上不存在不確定性。因此我們把這種借款稱為無風險借款。

為了分析方便起見，我們假定投資者可按相同的利率進行無風險借貸。

（1）無風險借款並投資於一種風險資產的情形

為了考察無風險借款對有效集的影響，我們首先分析投資者進行無風險借款並投資於一種風險資產的情形。為此，只要對上一節的推導過程進行適當的擴展即可。我們可以把無風險借款看成負的投資，則投資組合中風險資產和無風險借款的比例也可用 X_1 和 X_2 表示，且 $X_1 + X_2 = 1$，$X_1 > 1$，$X_2 < 0$。這樣，式（9.1）到式（9.4）也完全適用於無風險借款的情形。由於 $X_1 > 1$，$X_2 < 0$，因此式（9.4）在圖上表現為 AB 線段向右邊的延長線上，如圖 9-7 所示。這個延長線再次大大擴展了可行集的範圍。

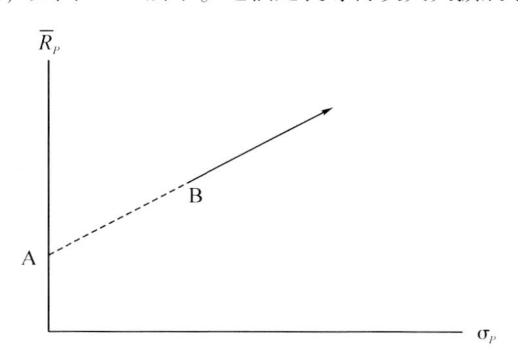

圖 9-7　無風險借款和風險資產的組合

（2）無風險借款並投資於風險資產組合的情形

同樣，由無風險借款和風險資產組合構成的投資組合，其預期收益率和風險的關係與由無風險借款和一種風險資產構成的投資組合相似。

我們仍假設風險資產組合 B 是由風險證券 C 和 D 組成的，則由風險資產組合 B 和無風險借款 A 構成的投資組合的預期收益率和標準差一定落在 AB 線段向右邊的延長線上，如圖 9-8 所示。

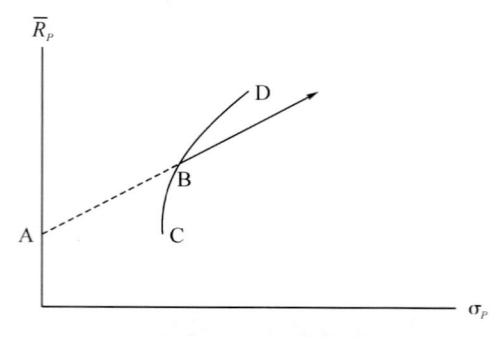

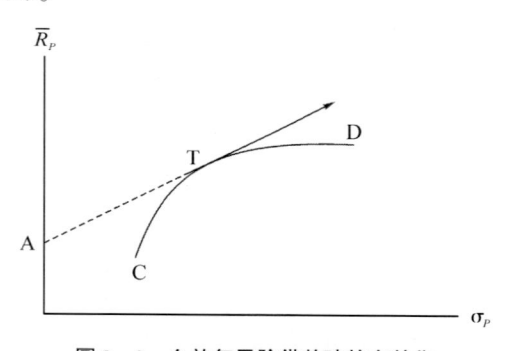

图9-8 无风险借款和风险组合的组合

2. 无风险借款对有效集的影响

引入无风险借款后,有效集也将发生重大变化。在图9-9中,弧线CD仍代表马科维茨有效集,T点仍表示CD弧线与过A点直线的相切点。在允许无风险借款的情形下,投资者可以通过无风险借款并投资于最优风险资产组合T使有效集由TD弧线变成AT线段向右边的延长线。

图9-9 允许无风险借款时的有效集

这样,在允许无风险借贷的情况下,马科维茨有效集由CTD弧线变成过A、T点的直线在A点右边的部分。

3. 无风险借款对投资组合选择的影响

对于不同的投资者而言,允许无风险借款对他们的投资组合选择的影响也不同。

对于厌恶风险程度较轻,从而其选择的投资组合位于DT弧线上的投资者而言,由于代表其原来最大满足程度的无差异曲线 I_1 与AT直线相交,因此不再符合效用最大化的条件。因此该投资者将选择其无差异曲线与AT直线切点所代表的投资组合,如图9-10(a)所示。对于该投资者而言,他将进行无风险借款并投资于风险资产。

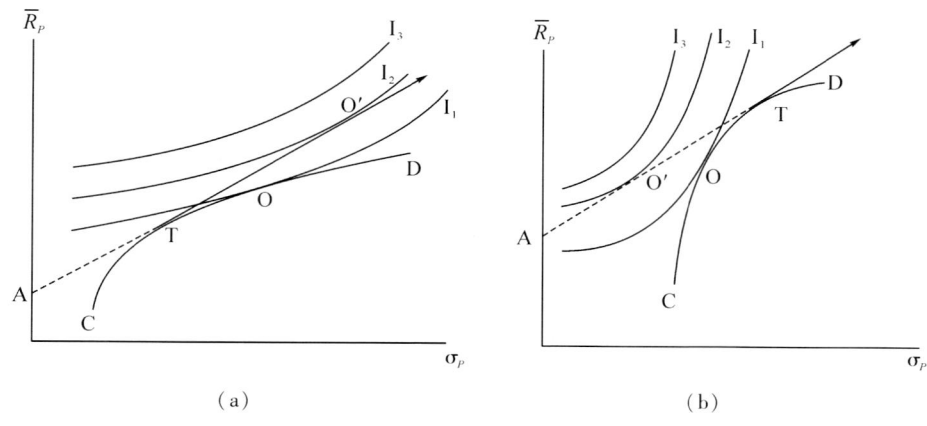

图 9-10　無風險借款下的投資組合選擇

對於較厭惡風險從而其選擇的投資組合位於 CT 弧線上的投資者而言，其投資組合的選擇將不受影響。因為只有 CT 弧線上的組合才能獲得最大的滿足程度，如圖 9-10（b）所示。對於該投資者而言，他只會用自有資產投資於風險資產，而不會進行無風險借款。綜上所述，在允許無風險借貸的情況下，有效集變成一條直線，該直線經過無風險資產 A 點並與馬科維茨有效集相切。

第三節　資本資產定價模型

在本節中，我們將在假定所有投資者均按上述方法投資的情況下，研究風險資產的定價問題，它屬於實證經濟學範疇。在這裡，著重介紹資本定價模型（Capital Asset Pricing Model，CAPM）。該模型是由夏普、林特納、特里諾和莫森等人在現代證券組合理論的基礎上提出的，在投資學中佔有很重要的地位，並在投資決策和公司理財中得到廣泛的運用。

一、基本的假定

為了推導資本資產定價模型，假定：
（1）所有投資者的投資期限均相同。
（2）投資者根據投資組合在單一投資期內的預期收益率和標準差來評價這些投資組合。
（3）投資者永不滿足，當面臨其他條件相同的兩種選擇時，他們將選擇具有較高預期收益率的那一種。
（4）投資者是厭惡風險的，當面臨其他條件相同的兩種選擇時，他們將選擇具有較小標準差的那一種。
（5）每種資產都是無限可分的。

（6）投資者可按相同的無風險利率借入或貸出資金。
（7）稅收和交易費用均忽略不計。
（8）對於所有投資者來說，信息都是免費的並且是立即可得的。
（9）投資者對於各種資產的收益率、標準差、協方差等具有相同的預期。這些假定雖然與現實世界存在很大差距，但通過這個假想的世界，我們可以導出證券市場均衡關係的基本性質，並以此為基礎，探討現實世界中風險和收益之間的關係。

二、資本市場線

1. 分離定理

在上述假定的基礎上，可以得出如下結論：

（1）根據相同預期的假定，可以推導出每個投資者的切點處投資組合（最優風險組合）都是相同的（如圖9-10的T點），從而每個投資者的線性有效集都是一樣的。

（2）由於投資者風險——收益偏好不同，其無差異曲線的斜率不同，因此他們的最優投資組合也不同。

由此我們可以導出著名的分離定理：投資者對風險和收益的偏好狀況與該投資者風險資產組合的最優構成是無關的。

分離定理可從圖9-11中看出。在圖9-11中，I_1代表厭惡風險程度較輕的投資者的無差異曲線，該投資者的最優投資組合位於O_1點，表明他將借入資金投資於風險資產組合上，I_2代表較厭惡風險的投資者的無差異曲線，該投資者的最優投資組合位於O_2點，表明他將部分資金投資於無風險資產，將另一部分資金投資於風險資產組合。雖然O_1和O_2位置不同，但它們都是由無風險資產（A）和相同的最優風險組合（T）組成，因此他們的風險資產組合中各種風險資產的構成比例自然是相同的。

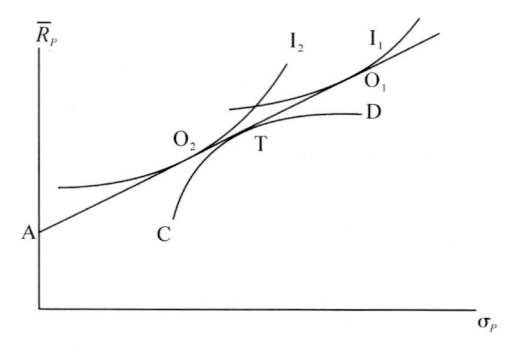

圖9-11 分離定理

2. 市場組合

根據分離定理，還可以得到另一個重要結論：在均衡狀態下，每種證券在均點處投資組合中都有一個非零的比例。

這是因為，根據分離定理，每個投資者都持有相同的最優風險組合（T）。如果某種證券在T組合中的比例為零，那麼就沒有人購買該證券，該證券的價格就會下降，

從而使該證券預期收益率上升，一直到在最終的最優風險組合 T 中，該證券的比例非零為止。

同樣，如果投資者對某種證券的需要量超過其供給量，則該證券的價格將上升，導致其預期收益率下降，從而降低其吸引力，它在最優風險組合中的比例也將下降直至對其需求量等於其供給量為止。

因此，在均衡狀態下，每一個投資者對每一種證券都願意持有一定的數量，市場上各種證券的價格都處於使該證券的供求相等的水準上，無風險利率的水準也正好使得借入資金的總量等於貸出資金的總量。這樣，在均衡時，最優風險組合中各證券的構成比例等於市場組合中各證券的構成比例。所謂市場組合，是指由所有證券構成的組合，在這個組合中，每一種證券的構成比例等於該證券的相對市值。一種證券的相對市值等於該證券總市值除以所有證券的市值的總和。

習慣上，人們將切點處組合叫做市場組合，並用 M 代替 T 來表示。從理論上說，M 不僅由普通股構成，還包括優先股、債券、房地產等其他資產。但在現實中，人們常將 M 局限於普通股。

3. 共同基金定理

如果投資者的投資範圍僅限於資本市場，而且市場是有效的，那麼市場組合就大致等於最優風險組合。於是單個投資者就不必費那麼多勁進行複雜的分析和計算，只要持有指數基金和無風險資產就可以了。（當然，如果所有投資者都這麼做，那麼這個結論就不成立。因為指數基金本身並不進行證券分析，它只是簡單地根據各種股票的市值在市場總市值中的比重來分配其投資。因此，如果每個投資者都不進行證券分析，證券市場就會失去建立風險收益均衡關係的基礎。）如果我們把貨幣市場基金看做無風險資產，那麼投資者所要做的事情只是根據自己的風險厭惡系數，將資金合理地分配於貨幣市場基金和指數基金，這就是共同基金定理。

共同基金定理將證券選擇問題分解成兩個不同的問題：一個是技術問題，即由專業的基金經理人創立指數基金；二是個人問題，即根據投資者個人的風險厭惡系數將資金在指數基金與貨幣市場基金之間進行合理配置。

4. 有效集

按資本資產定價模型的假設，我們就可以很容易地找出有效組合風險和收益之間的關係。如果用 M 代表市場組合，用 R_f 代表無風險利率，從 R_f 出發畫一條經過 M 的直線，這條線就是在允許無風險借貸情況下的線性有效集，在此稱為資本市場線，如圖 9-12 所示。任何不利用市場組合以及不進行無風險借貸的其他所有組合都將位於資本市場線的下方。

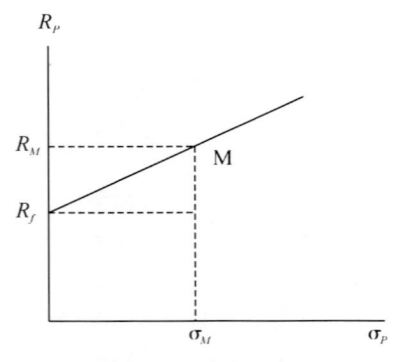

圖 9-12　資本市場線

從圖 9-12 可以看出，資本市場線的斜率等於市場組合預期收益率與無風險證券收益率之差 $(\bar{R}_M - R_f)$ 除以它們的風險之差 $(\sigma_M - o)$，即 $(\bar{R}_M - R_f)/\sigma_M$，由於資本市場線與縱軸的截距為 R_f，因此其表達式為：

$$\bar{R}_p = R_f + (\frac{\bar{R}_M - R_f}{\sigma_M})\sigma_p \tag{9.8}$$

其中 $\bar{R}_p$ 和 σ_p 分別代表最優投資組合的預期收益率和標準差。

從式 (9.8) 可以看出，證券市場的均衡可用兩個關鍵數字來表示：一是無風險利率 (R_f)；二是單位風險報酬 $(\bar{R}_M - R_f/\sigma_M)$，它們分別代表時間報酬和風險報酬。因此，從本質上說，證券市場提供了時間和風險進行交易的場所，其價格則由供求雙方的力量來決定。

三、證券市場線

資本市場線反應的是有效組合的預期收益率和標準差之間的關係，任何單個風險證券由於均不是有效組合而一定位於該直線的下方。因此資本市場線並不能告訴我們單個證券的預期收益與標準差（即總風險）之間應存在怎樣的關係。為此，我們有必要作進一步的分析。根據式 (9.13) 可以得出市場組合標準差的計算公式為：

$$\sigma_M = (\sum_{i=1}^{n}\sum_{j=1}^{n} X_{iM}X_{jM}\sigma_{ij})^{1/2} \tag{9.9}$$

其中 X_{iM} 和 X_{jM} 分別表示證券 i 和 j 在市場組合中的比例。式 (9.9) 可以展開為：

$$\sigma_M = (X_{1M}\sum_{j=1}^{n}X_{jM}\sigma_{1j} + X_{2M}\sum_{j=1}^{n}X_{jM}\sigma_{2j} + X_{3M}\sum_{j=1}^{n}X_{jM}\sigma_{3j} + \cdots + X_{NM}\sum_{j=1}^{n}X_{jM}\sigma_{nj})^{1/2} \tag{9.10}$$

根據協方差的性質可知，證券 i 跟市場組合的協方差 (σ_{iM}) 等於證券 i 跟市場組合中每種證券協方差的加權平均數：

$$\sigma_{iM} = \sum_{j=1}^{n} X_{jM}\sigma_{ij} \tag{9.11}$$

如果我們把協方差的這個性質運用到市場組合中的每一個風險證券，並代入式（9.10），可得：

$$\sigma_M = (X_{1M}\sigma_{1M} + X_{2M}\sigma_{2M} + X_{3M}\sigma_{3M} + \cdots + X_{nM}\sigma_{nM})^{1/2} \tag{9.12}$$

其中，σ_{1M}表示證券1與市場組合的協方差；σ_{2M}表示證券2與市場組合的協方差，依此類推。式（9.12）表明，市場組合的標準差等於所有證券與市場組合協方差的加權平均數的平方根，其權數等於各種證券在市場組合中的比例。

由此可見，在考慮市場組合風險時，重要的不是各種證券自身的整體風險，而是其與市場組合的協方差。這就是說，自身風險較高的證券，並不意味著其預期收益率也應較高；同樣，自身風險較低的證券，也並不意味著其預期收益率也就較低。單個證券的預期收益率水準應取決於其與市場組合的協方差。

由此我們可以得出如下結論：具有較大σ_{iM}值的證券必須按比例提供較大的預期收益率以吸引投資者。由於市場組合的預期收益率和標準差分別是各種證券預期收益和各種證券與市場組合的協方差（σ_{iM}）的加權平均數，其權數均等於各種證券在市場組合中的比例，因此如果某種證券的預期收益率相對於其σ_{iM}值太低的話，投資者只要把這種證券從其投資組合中剔除就可提高其投資組合的預期收益率，從而導致證券市場失衡。同樣，如果某種證券的預期收益率相對於其σ_{iM}值太高的話，投資者只要增持這種證券就可提高其投資組合的預期收益率，從而也將導致證券市場失衡。在均衡狀態下，單個證券風險和收益的關係可以寫為：

$$\bar{R}_i = R_f + (\frac{\bar{R}_M - R_f}{\sigma_M^2})\sigma_{iM} \tag{9.13}$$

式（9.13）所表達的就是著名的證券市場線（Security Market Line），它反應了單個證券與市場組合的協方差和其預期收益率之間的均衡關係，如果我們用$\bar{R}_i$作縱坐標，用σ_{iM}作橫坐標，則證券市場線在圖上就是一條截距為R_f、斜率為$[(\bar{R}_M - R_f)/\sigma_M^2]$的直線，如圖9-13（a）所示。

從式（9.13）可以發現，對於σ_{iM}等於0的風險證券而言，其預期收益率應等於無風險利率，因為這個風險證券跟無風險證券一樣，對市場組合的風險沒有任何影響。同時，當某種證券的$\sigma_{iM} < 0$時，該證券的預期收益率甚至將低於R_f。

把式（9.12）代入式（9.13），則有：

$$\bar{R}_i = R_f + (\bar{R}_M - R_f)\beta_{iM} \tag{9.14}$$

其中，β_{iM}稱為證券i的β系數，它是表示證券i與市場組合協方差的另一種方式。式（9.14）是證券市場線的另一種表達方式。如果我們用$\bar{R}_i$為縱軸，用β_{iM}為橫軸，則證券市場線也可表示為截距為R_f，斜率為$(\bar{R}_M - R_f)$的直線，如圖9-13（b）所示。

投資學

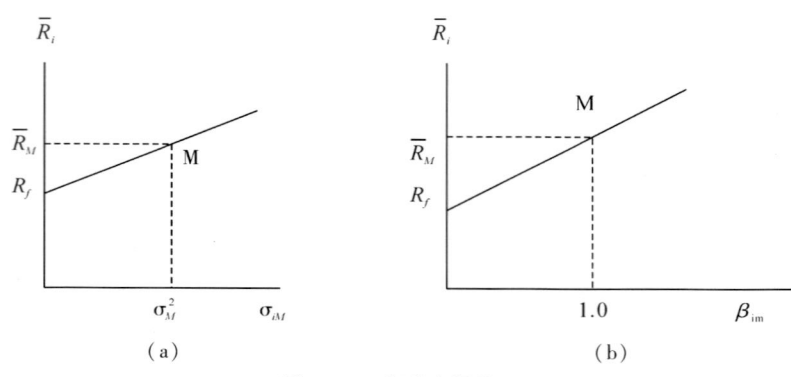

図 9-13 證券市場線

β 系數的一個重要特徵是，一個證券組合的 β 值等於該組合中各種證券 β 值的加權平均數，權數為各種證券在該組合中所占的比例，即

$$\beta_{pM} = \sum_{i=1}^{n} X_i \beta_{iM} \qquad (9.15)$$

其中 β_{pM} 表示組合 P 的 β 值。

由於任何組合的預期收益率和 β 值都等於該組合中各個證券預期收益率和 β 值的加權平均數，其權數也都等於各個證券在該組合中所占比例，因此，既然每一種證券都落在證券市場線上，那麼由這些證券構成的證券組合也一定落在證券市場線上。

比較資本市場線和證券市場線可以看出，只有最優投資組合才落在資本市場線上，其他組合和證券則落在資本市場線下方。而對於證券市場線來說，無論是有效組合還是非有效組合，它們都落在證券市場線上。

既然證券市場線包括了所有證券和所有組合，因此也一定包含市場組合和無風險資產。在市場組合那一點，β 值為 1，預期收益率為 $\bar{R}_M$，因此其坐標為 $(1, \bar{R}_M)$。在無風險資產那一點，β 值為 0，預期收益率為 R_f，因此其坐標為 $(0, R_f)$。證券市場線反應了在不同的 β 值水準下，各種證券及證券組合應有的預期收益率水準，從而反應了各種證券和證券組合系統性風險與預期收益率的均衡關係。由於預期收益率與證券價格反比，因此證券市場線實際上也給出了風險資產的定價公式。

資本資產定價模型所揭示的投資收益與風險的函數關係，是通過投資者對持有證券數量的調整並引起證券價格的變化而達到的。根據每一證券的收益和風險特徵，給定一證券組合，如果投資者願意持有的某一證券的數量不等於已擁有的數量，投資者就會通過買進或賣出證券進行調整，並因此對這種證券價格產生漲或跌的壓力。在得到一組新的價格後，投資者將重新估計對各種證券的需求，這一過程將持續到投資者對每一種證券願意持有的數量等於已持有的數量，證券市場達到均衡。

四、β值的估算

β值的估算有單因素模型和多因素模型。在本節中，我們僅介紹單因素模型的情形。

β係數的估計是 CAPM 模型實際運用時最為重要的環節之一。在實際運用中，人們常用單因素模型來估計β值。單因素模型一般可以表示為：

$$R_{it} = \alpha_i + \beta_i R_{mt} + \varepsilon_{it} \tag{9.16}$$

在這裡，R_{it}為證券i在t時刻的實際收益率，R_{mt}為市場指數在t時刻的收益率，α_i為截距項，β_i為證券i收益率變化對市場指數收益率變化的敏感度指標，它衡量的是系統性風險，ε_{it}為隨機誤差項，該隨機誤差項的期望值為零。公式（9.16）也常被稱為市場模型。

雖然從嚴格意義上講，資本資產定價模型中的β值和單因素模型中的β值是有區別的，前者相對於整個市場組合而言，而後者相於某個市場指數而言，但是在實際操作中，由於我們不能確切知道市場組合的構成，所以一般用市場指數來代替，因此我們可以用單因素模型測算的β值來代替資本資產定價模型中的β值。另外，CAPM 模型中的β值是預期值，而我們無法知道投資者的預測值是多少，我們只能根據歷史數據估計過去一段樣本期內的β值，並把它當做預測值使用。這裡的差距是顯而易見的，讀者應注意。

單因素模型可以用圖9-14中的特徵線表示，特徵線是從對應於市場指數收益率的證券收益率的散點圖擬合而成的，根據單因素模型的公式，β值可以看作特徵線的斜率，它表示市場指數收益率變動1%時，證券收益率的變動幅度。

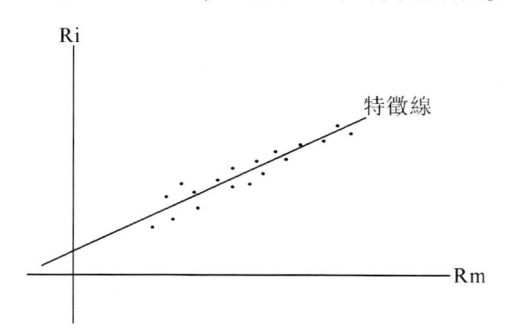

圖9-14 β值和特徵線

我們可以運用對歷史數據的迴歸分析估計出單因素模型中的參數，從而得出β值。例如，可以計算出過去9年內的月收益率，這樣市場指數和某一證券的收益率就分別有108個觀察值，然後對這些觀察值進行迴歸分析。β值的觀察值越多，β值的估算就越準確。

第四節　資本資產定價模型的進一步討論

資本資產定價模型是建立在嚴格的假設前提下的，這些嚴格的假設條件在現實的世界中很難滿足。那麼，該理論有多大的應用價值呢？我們可以從兩方面來回答這個問題：一是放寬不符合實際的假設前提後，看該理論本身或者經過適當修改後能否基本上成立；二是通過實證檢驗看這一理論是否能較好地解釋證券市場價格運動規律。

一、不一致性預期

如果投資者對未來收益的分佈不具有相同的預期，那麼他們將持有不同的有效集和選擇不同的市場組合。林特耐（Lintner）1967年的研究表明，不一致性預期的存在並不會給資本資產定價模型造成致命影響，只是資本資產定價模型中的預期收益率和協方差需使用投資者預期的一個複雜的加權平均數。儘管如此，如果投資者存在不一致性預期，市場組合就不一定是有效組合，其結果是資本資產定價模型不可檢驗。

二、多要素資本資產定價模型

傳統的資本資產定價模型假設投資者只關心的唯一風險是證券未來價格變化的不確定性，然而投資者通常還會關心其他的一些風險，這些風險將影響投資者未來的消費能力，比如與未來的收入水準變化、未來商品和勞務價格的變化和未來投資機會的變化等相關的風險都是投資者可能關心的風險。

就傳統的資本資產定價模型而言，投資者可以通過持有市場組合而規避非系統性風險，市場組合可以看做是根據相對投資額投資於所有證券的共同基金。在多要素資本資產定價模型中，投資者除了要投資於市場組合以規避市場上的非系統性風險外，還要投資於其他的基金以規避某一特定的市場外風險。雖然並不是每個投資者都關心相同的市場外風險，但是關心同一市場外風險的投資者基本上是按照相同的辦法來預防風險的。

多要素資本資產定價模型承認了非市場性風險的存在，市場對風險資產的定價必須反應出補償市場外風險的風險溢酬。但是，多要素資本資產定價模型的一個問題是，投資者很難確認所有的市場外風險並經驗地估計每一個風險。

三、借款受限制的情形

CAPM假定所有投資者都能按相同的利率進行借貸。但在現實生活中，借款常受到限制（中國的大多數投資者常面臨這種局面），或者借款利率高於放款利率（或者說存款利率），甚至在一些極端的情形下根本就不存在無風險資產。在這種情況下，預期收益率與β係數之間的關係會怎樣呢？Black對此作了專門的研究。Black的模型充滿了數學，限於篇幅，我們只介紹他的主要觀點和結論。

Black指出在不存在無風險利率的情形下，均值方差的有效組合具有如下三個

特性：

（1）由有效組合構成的任何組合一定位於有效邊界上。

（2）有效邊界上的每一組合在最小方差邊界的下半部（無效部分）都有一個與之不相關的「伴隨」組合。由於「伴隨」組合與有效組合是不相關的，因此被稱為該有效組合的零貝塔組合（注意，這裡的「零貝塔組合」不是指該組合的貝塔係數為0，而是指它跟與之相伴隨的有效組合之間的相關係數為0）。

（3）任何資產的預期收益率都可以表示為任何兩個有效組合預期收益率的線性函數。例如，任何證券 i 的預期收益率（R_i）都可以表示為 A、B 兩個有效組合的預期收益率的線性函數。

四、流動性問題

流動性指的是出售資產的難易程度和成本。傳統的 CAPM 理論假定，證券交易是沒有成本的。但在現實生活中，幾乎所有證券交易都是有成本的，因而也不具有完美的流動性。投資者自然喜歡流動性好、交易成本低的證券，流動性差的股票收益率自然也就應較高。很多經驗證據也表明流動性差會大大降低資產的價格。

❋ 本章小結

1. 投資者首先可以通過計算各個證券預期收益率、方差及各證券間協方差得出證券投資的有效集，然後找出有效集與該投資者等效用曲線族相切的切點，該切點代表的組合就是獲得最大投資效用的組合，即最優投資組合。這就是以馬柯維茨為代表的現代證券組合理論（Modern Portfolio Theory）的主要內容。

2. 為方便起見，人們常將1年期的國庫券或者貨幣市場基金當做無風險資產。

3. 單位風險報酬（或稱夏普比率）是風險資產組合的重要特徵，它是無風險資產與風險資產組合連線的斜率。無風險資產與該風險資產組合的任何組合都位於該連線（資產配置線）上。在其他條件相同時，投資者總是喜歡單位風險報酬較高（或者說斜率較高）的資產配置線。

4. 引入無風險資產和按無風險資產收益率自由借貸後，對於規避風險的投資者來說，不論該投資者主觀風險承受能力如何，投資者持有的最優證券組合總是市場組合，而不是有效邊界上任何其他點所代表的證券組合，更不是可行集內其他的點代表的證券組合。最優投資組合與投資者的收益風險偏好是無關的。

5. 投資者投資於最優風險組合的比例與風險溢價成正比而與方差和投資者的風險厭惡度成反比，它是由資本市場線與投資者無差異曲線的相切點決定的。

6. 資本資產定價模型表明，當證券市場處於均衡狀態時，資產的預期收益率等於市場對無風險投資所要求的收益率加上風險溢價。給定無風險收益率 Rf 為一常數，投資收益率是系統性風險 β 值的正的線性函數，而風險溢價決定於下面兩個因素：①市場組合的預期收益率減去無風險收益率 $R_i - R_f$，這是每單位風險的風險溢價；②用 β 係數表示的風險值，用公式表示：$R_i = R_f + [(R_m - R_f)]\beta_i$。

7. 對 CAPM 的實證檢驗即使不是完全不可能的，也是極其困難和複雜的，會遇到難以找到真正的市場組合、用實際收益率替代預期收益率、數據挖掘傾向、幸存者偏差、樣本誤、相關變量是否隨時間變化等諸多難題，因此理論界還遠未形成定論。但這並不影響 CAPM 和 APT 在實踐中發揮著重要的作用。

❈ 復習思考題：

1. 你擁有一個風險組合，期望收益率為15%，無風險收益率為5%。如果你按下列比例投資於風險組合併將其餘部分投資於無風險資產，你的總投資組合的期望收益率是多少？
　　（1）120%　　　　　（2）90%　　　　　（3）75%
2. 考慮一個期望收益率為18%的風險組合，無風險收益率為5%。你如何創造一個期望收益率為24%的投資組合。
3. 你擁有一個標準差為20%的風險組合。如果你將下述比例投資於無風險資產，其餘投資於風險組合，則你的總投資組合的標準差是多少？
　　（1）-30%　　　　　（2）10%　　　　　（3）30%
4. 你的投資組合由一個風險投資組合（12%的期望收益率和25%的標準差）以及一個無風險資產（7%的收益率）組成。如果你的總投資組合的標準差為20%，它的期望收益率是多少？
5. 某風險組合到年末時要麼值50,000元，要麼值150,000元，其概率都是50%。無風險年利率為5%。
　　（1）如果你要求獲得7%的風險溢價，你願意付多少錢來買這個風險組合？
　　（2）假設你要求獲得10%的風險溢價，你願意付多少錢來買這個風險組合？
6. 什麼是可行集？什麼是有效集？如何確定最優投資組合？
7. 無風險貸款對投資組合選擇的影響？如何描述？
8. 無風險借款對投資組合選擇的影響？如何描述？
9. 資本市場線與證券市場線有何區別？
10. β係數的含義？

第十章　證券市場信息披露與監管

本章學習目標：

　　瞭解信息披露的重要性，掌握信息披露的基本原則，熟悉中國上市公司信息披露的主要內容；瞭解證券監管的概念及必要性，掌握證券監管的原則，理解證券監管的不同模式。

第一節　信息披露概述

　　隨著市場經濟和股份公司的不斷發展，上市公司的信息披露已顯得越來越重要。上市公司的信息披露一方面是為了對投資者負責，另一方面也有助於促進其自身發展。具體而言其重要性體現在以下幾個方面：

　　1. 信息披露有助於公司的籌資和降低籌資成本

　　股票發行和上市的核心是通過股票的發行和在證券交易所的流通、轉讓，實現公司股權的公開化和社會化。有的投資者在證券交易所購買了公司的股票，成了公司的新股東；有的投資者預計購買公司的股票，將成為公司潛在的股東。公司為爭取更多的資金，勢必千方百計贏得這些潛在股東。那麼，潛在的股東怎樣成為公司真正的股東，除了他們要有購買公司股票所需的資金外，還要充分瞭解預投資公司的財務和經營情況，根據各種資料作出是否購買該公司的股票，是否成為股東的決策。而投資者瞭解該公司情況的主要途徑就是公司的信息披露。若沒有公司披露的信息，潛在的股東就無法對自己的投資方向和數量作出決策。因此，公司及時、準確地披露信息正滿足了潛在股東的要求，起到了將其投資願望變為現實的促進作用，從而使公司能更快、更有效地進行籌資。

　　此外，上市公司的信息披露，還可以有效地提高對本公司證券（包括各種股票和債券）期望報酬的評價，或是降低投資者對公司證券風險程度的估計。其結果，可以把這種評價和估計的信息傳輸給市場，通過市場機制的調整，能較為公正的計量公司證券的價值。一些經營能力優於同行業水準的公司，借助於信息披露能顯示出本公司所處的有利地位，使投資者通過資料的比較分析，作出傾向性的選擇——即以較高的價格購買公司的有價證券。於是公司就可以用較低的成本籌集到所需的資金。

　　2. 信息披露有助於促進公司自身的發展

　　上市公司要生存與發展，必須與外界保持信息交流，打破自我封閉狀態。通過信

息披露使其經營狀況和經濟效益受到公眾的監督和市場的檢驗。公司還能通過與其他公司披露的信息進行比較、分析，瞭解自己公司資本結構和資產結構是否合理，生產經營是否理想，給公司以鞭策和壓力，進而促使其加強內部管理、改進生產技術，不斷超越自我。

上市公司的信息披露還能幫助公司在社會上樹立起公司形象，提高公司自我知名度。一些業績優良的公司通過信息披露還可以增加公司的商譽，使公司的無形資產大大提高，而公司的發展前景也將更加光明。

3. 信息披露是保護投資者的重要手段

保護投資者的利益是證券市場監管的主要目標。上市公司的全部註冊資本由全體股東共同出資，每個股東以其入股資本對公司承擔有限責任，同時也享受相應的權利。由於所有權與經營權的分離，在公司外部已形成了投資者、債權人組成的與公司有經濟利益關係的集團，就投資者而言，它的投資就是投資公司的未來。然而，未來存在很大的不確定性，信息披露的價值就在於降低投資風險，它可使投資者在接受信息後，經過仔細分析、研究再作出最佳選擇，讓投資者冒最小的風險，獲取最大的報酬。因此，信息披露能有效保障投資者的利益。

4. 信息披露有助於社會資源的優化配置

人類社會的一個共同矛盾是可供消費資源的稀缺性和人們需要的無限性之間的矛盾。經濟學的根本任務就在於解決這個矛盾。在市場經濟中，市場機制是資源配置的主要手段。資本總是流向高效益有發展前途的企業。而上市公司的信息披露正促進了這一點。因為投資者在投資前總會對不同公司的財務實力、經營業績和與投資相關的財務狀況作出比較、分析、預測。從而選擇那些資信程度好、償債能力強、獲利水準高的公司進行投資。其結果便是促使社會資源流向高速成長、有發展前景的行業或企業，以達到社會資源的最佳配置。

5. 信息披露有助於證券市場的規範與發展

判斷一個證券市場是否成熟、規範的一個重要標誌就是上市股份公司的信息披露情況，它也是證券市場實行規範化管理的一個重要組成部分。通過信息披露、分析、利用，不僅有利於維護投資者之間的公平交易，還能有效地防止公司的詐欺行為，從而促進證券市場健康、規範的發展。

上市公司信息披露正確、及時與否無論對公司的主管部門、公司內部管理者，還是公司的股東和潛在股東都有著重要意義。因此，必須保證信息披露具有高度的準確性和可靠性。

第二節　信息披露制度的基本原則

由於信息披露是一種貫穿證券監管全過程的核心制度，因此體現該制度最基本要求的基本原則深受立法者及學者們的關注。在確定信息披露制度基本原則中，選擇標準應當包括：

第一，所確立的原則相互之間應當是互相獨立地闡述某個方面的要求，而不是互相重疊或者呈現出從屬關係；

第二，所確定的基本原則應該是與證券市場信息披露與傳播緊密相關的原則，而不是缺乏針對性的籠統原則；

第三，信息披露的要求應當細分為關於內容方面實質性的要求和關於形式方面技術性的要求，而不應將兩者混合在一起論述；

第四，信息披露基本原則的確立必須與違規行為的類型化劃分具有一定程度上的對應性，使得對每一項基本要求的違反均構成一種類型的違規形態。

根據上述標準可將基本原則劃分為實質性基本原則，包括真實性原則、完整性原則、準確性原則、及時性原則和公平披露原則；形式性基本原則，包括規範原則和易解與易得原則。

一、信息披露實質性基本原則

1. 真實性原則

信息公開披露的基本目的在於使投資者獲得可以依靠的投資信息，真實性原則是信息披露最根本最重要的要求。但由於證券市場上的投資者對信息的敏感性及由此做出投資決策的反應，使得不實陳述或虛假陳述成為證券市場信息披露主要違規類型之一，並直接危害證券市場的信心。真實原則要求無論是通過書面文件還是通過口頭陳述，也無論是借用語言形式還是借用行動方式，也無論採取明示還是默示，披露的信息應當是以客觀事實或具有事實基礎的判斷與意見為基礎的。正因為真實原則的重要性和內在困難，所以對該原則的實現是自願性披露制度所無法勝任的。強制性信息披露制度在此的作用主要體現為：

第一，證券發行申報材料的審核制度。各國證券監管機構，無論在監管模式及發行審核模式上有什麼差別，均對發行申報資料與文件的真實性進行實質性或形式上的審核。

第二，證券信息公開的擔保制度。公司的全體發起人或者董事必須保證公開披露文件內容的真實性。通過證券法規直接規定信息披露有關特定主體必須依法明示保證信息披露公開文件內容的真實性，並且在有虛假陳述、嚴重誤導或重大遺漏的情況下承擔連帶法律責任。如果是初次發行，要求公司在招股說明書中聲明：公司全體董事、監事、高級管理人員承諾該招股說明書及其摘要不存在虛假記載、誤導性陳述或重大遺漏，並對其真實性、準確性、完整性承擔個別和連帶的法律責任。

第三，證券仲介機構對披露文件真實性的盡職調查。首先，在公司融資中承擔保薦人（主承銷商）要對公司進行盡職調查，以本行業公認的業務標準和道德規範，對股票發行人及市場的有關情況及有關文件的真實性、準確性、完整性進行核查、驗證等專業調查。保證或有充分理由確信向監管部門提交的相關文件不存在虛假記載、誤導性陳述或重大遺漏。在推薦文件中對發行人的信息披露質量、發行人的獨立性和持續經營能力等作出必要的承諾，並承擔相應的法律責任。其次，公開披露文件涉及財務會計、法律、資產評估等事項的，應當由具有從事證券業務資格的會計師事務所、

律師事務所和資產評估機構等專業性仲介機構審查驗證，並出具意見。專業性仲介機構及人員必須保證其審查驗證文件的內容沒有虛假、嚴重誤導性陳述或者重大遺漏，並對此承擔相應法律責任。

第四，證券交易所對公開信息真實性的審查，不同證券交易所通過各自信息披露政策與程序，要求上市公司承諾真實地披露所有法律要求或自願披露的信息，並且要求上市公司遵守交易所的持續性披露義務。包括對新聞報導中的非正式公開信息作出反應；糾正選擇性披露；去除含有廣告效應的披露語言；要求公司澄清不完整或者含糊不清的陳述以及要求對公司事先做出的信息披露的發展狀態進行跟蹤說明。通過以上措施，使投資者能夠接觸最大程度的真實的信息。

第五，法律責任制度的存在。違反真實原則的發行申報材料將被拒絕發行許可。法律對於虛假不實陳述的當事人，處以刑事的、行政的或民事的處罰。對於未盡職審查或為證券發行出具不真實文件的專業機構和人員將處以停止營業、撤銷從業資格或市場禁入等處分，嚴重者將受到刑事處罰。

2. 完整性原則

完整性原則要求將所有可能影響投資者決策的信息均應得到披露。在披露某一具體信息時，必須對該信息的所有方面進行周密、全面、充分的揭示；不僅要披露對公司股價有利的信息，更要披露對公司股價不利的諸種潛在或現實風險因素，不能有所遺漏。畢竟投資者判斷是基於公司公開披露的全部信息的綜合反應，這便要求上市公司應當把公司完整的形象呈現在投資者面前，如果上市公司在公開披露時有所側重、有所隱瞞、有所遺漏，則會導致投資者無法獲得有關投資決策的全面信息。那麼，即使已經公開的各個信息具有個別的真實性，也會在已公開信息總體上造成整體的虛假性。

完整性原則表明：由於沒有完整披露某些信息而使披露部分信息具有虛假和誤導成分，其嚴重程度與直接不實陳述是一樣的，尤其在所遺漏信息對作出正確投資判斷如此重要和如此敏感的時候更是如此。因此必須要求發行公司平衡地、全面地將投資信息呈現在投資者面前。完整披露包括披露信息內容上達到實質性的完整，即對投資者做出投資決策有重大影響的信息，不論披露準則有無規定，均應予以披露，發行人認為有助於投資者做出投資決策的信息，如果披露準則沒有規定，發行人也可以增加這部分內容。

3. 準確性原則

準確性原則要求上市公司披露信息時必須用精確不含糊的語言表達其含義，在內容與表達方式上不得使人產生誤解。理論上說，判斷一種表述是否具有含糊不清和誤導的標準應當來自於信息的接受者，而不是信息的提供者。然而在實踐中，由於上市公司和投資者在認知水準、投資經驗、語言理解能力、表達方式上具有各種差異，導致對語言理解具有選擇性和多樣性。為了避免信息發布人利用語言的多解性從而把誤解的責任推卸給投資人，在對公開披露信息的準確性理解與解釋上，應當以一般投資者的判斷能力作為標準。

當市場上出現各種消息可能影響公司信息準確性的時候，事實上是將投資者置於

一種不知所措的兩難境地。如果沒有及時的改正，澄清這些傳言，必然會動搖已經公開消息在投資者心目中的準確性，因此證券法規必須規定：在任何公共傳播媒介中出現的消息可能對上市公司股票的市場價格產生誤導性影響時，公司在知悉後應當立即對該消息作出公開澄清。

4. 及時性原則

及時性原則要求公司應以最快的速度公開其信息，即一旦公司經營和財務狀況發生變化，應當立即向社會公眾公開其變化細節；公司應當保證所公開披露信息的最新狀態，不能給社會公眾過時的和陳舊的信息。可見，公開披露及時原則是一個持續性義務，即公開發行證券的公司從證券發行到上市的持續經營活動期間，向投資者披露的資料應當始終是最新的、及時的。各國證券法對信息產生與公開之間的時間差都有法律規定，要求每個時間差不能超過法定期限。信息及時披露的意義在於使市場行情可以根據最新信息及時作出調整，投資者也可以根據最新信息以及行情變化作出理性選擇，並且可以通過縮短信息發生與公布之間的時間差來減少內幕交易的可能性，降低監管難度。

5. 公平披露原則

公平披露原則是針對選擇性披露問題提出的。選擇性披露是指將重大的未公開信息僅僅向證券分析師、機構性投資者或其他人披露，而不是向所有市場上的投資者披露，選擇性披露將直接造成信息獲得不平等，並與利用內幕信息交易有深刻的聯繫。

無論是在討論股票分析報告中，或者在與證券分析師和機構投資者的定期會議中的選擇性披露已經成為信息披露不公平的重要問題，當證券分析師或機構投資人被事先告知未披露的定期或臨時報告，而這些報告一旦被公開將對證券價格產生正面或負面影響時，這一問題便尤為突出。那些從選擇性披露中獲得信息的人將不公平地產生信息優勢，而一般投資者只能等發行人事後將此披露後才能獲悉這些信息。公平披露原則要求上市公司向所有投資者平等地公開重要信息，即公司向證券分析師或機構投資者披露的有關利潤或收入等敏感的非公開資料，必須通過在證券交易委員會備案或發布新聞的方式向公眾公布。

二、信息披露形式性基本原則

1. 規範性原則

規範性原則要求信息披露必須按照統一的內容和格式標準公開。公開文件的類型、每種文件的內容和應當包括的事項、信息披露的格式等都由法律統一規定並作為一項法定義務要求信息披露義務人遵照執行，如果披露文件內容與形式違反規範性原則，可能導致文件不被接受或者要求重新披露。

規範性原則主要是為了使信息披露具有統一的要求，保證披露信息內容的可比較性，並且使任何可能出現規避某些披露事項的企圖變得不現實。簡言之，規範性原則是法律通過確定相應準則明確必須披露什麼和如何披露這兩個問題，使上市公司對於披露的內容和格式不存在因可選擇性而導致的混亂和缺乏可比性，同時也保證了披露的信息具有相類似的廣度和深度，這是自願披露所無法達到的，也恰恰反應了信息披

露的強制性原則。各國法律對信息公開的內容和格式都有明確規定，不得隨意改動，其目的也正在於此。

2. 易解性原則

易解性原則要求公開披露信息從陳述方式到使用術語上都應當盡量做到淺顯易懂，用語不要過於專業化，避免阻礙了一般投資者的有效理解。因此，法定公開資料應以鮮明的形式，簡潔明瞭的語言，易於為普通投資者理解的術語，向投資者平實地陳述信息，應當避免使用難解、冗長的技術性用語。

信息披露制度的目的在於傳達信息，而不僅僅在於公開信息。如果信息沒有被投資者理解，那麼事實上這與沒有公開信息無太大差別。如今，由於證券監管者希望在披露文件中納入越來越多的信息，然而卻由於文件的冗長與複雜遮蓋了有助於投資者作出投資決策的基本性信息，因此向證券監管者提出了這樣一個問題：更多的信息披露並不必然意味著更好的信息披露，太多過分堆積的、更為複雜難懂的信息有時也意味著沒有充分的信息。

3. 易得性原則

易得性原則要求公開披露信息容易為一般公眾投資者所獲取。從信息披露的方式來看，信息披露的方式主要有三種：通過公眾新聞媒介，如報紙、電視等進行公開；將有價證券發行招股說明書、上市公告書等文件備置於證券監管機構、證券交易所、證券公司等指定場所供公眾閱覽；證券發行者或出售者將有關信息資料直接交給投資者。三種方式各有利弊，實踐中一般採取三種相結合的辦法。指定新聞媒介公開傳播有關信息材料，並且結合直接交付和固定地點備置等方式加以公開。

第三節　中國上市公司信息披露的主要內容

根據 2007 年頒布的《上市公司信息披露管理辦法》第五條規定，中國上市公司信息披露包括招股說明書、募集說明書、上市公告書、定期報告和臨時報告等。其中前三種為公司公開發行股票前的信息披露內容，幫助投資者對股票發行人的經營狀況及發展潛力進行細緻評估；後兩種為公司上市後的持續性信息披露內容，以確保迅速披露那些可能對上市股票的價格動向產生實質性影響的信息。

一、招股說明書、募集說明書與上市公告書

發行人編製招股說明書應當符合中國證監會的相關規定。凡是對投資者作出投資決策有重大影響的信息，均應當在招股說明書中披露。公開發行證券的申請經中國證監會核准後，發行人應當在證券發行前公告招股說明書。

發行人申請首次公開發行股票的，中國證監會受理申請文件後，發行審核委員會審核前，發行人應當將招股說明書申報稿在中國證監會網站預先披露。

預先披露的招股說明書申報稿不是發行人發行股票的正式文件，不能含有價格信息，發行人不得據此發行股票。證券發行申請經中國證監會核准後至發行結束前，發

生重要事項的，發行人應當向中國證監會書面說明，並經中國證監會同意後，修改招股說明書或者作相應的補充公告。

申請證券上市交易，應當按照證券交易所的規定編製上市公告書，並經證券交易所審核同意後公告。發行人的董事、監事、高級管理人員，應當對上市公告書簽署書面確認意見，保證所披露的信息真實、準確、完整。招股說明書、上市公告書引用保薦人、證券服務機構的專業意見或者報告的，相關內容應當與保薦人、證券服務機構出具的文件內容一致，確保引用保薦人、證券服務機構的意見不會產生誤導。同樣，此類規定也適用於公司債券募集說明書。上市公司在非公開發行新股後，應當依法披露發行情況報告書。

二、定期報告

上市公司應當披露的定期報告包括年度報告、中期報告和季度報告。凡是對投資者作出投資決策有重大影響的信息，均應當披露。

年度報告中的財務會計報告應當經具有證券、期貨相關業務資格的會計師事務所審計。年度報告應當在每個會計年度結束之日起4個月內，中期報告應當在每個會計年度的上半年結束之日起2個月內，季度報告應當在每個會計年度第3個月、第9個月結束後的1個月內編製完成並披露。第一季度季度報告的披露時間不得早於上一年度年度報告的披露時間。

1. 年度報告

年度報告應當記載以下內容：

（1）公司基本情況；
（2）主要會計數據和財務指標；
（3）公司股票、債券發行及變動情況，報告期末股票、債券總額、股東總數，公司前10大股東持股情況；
（4）持股5%以上股東、控股股東及實際控制人情況；
（5）董事、監事、高級管理人員的任職情況、持股變動情況、年度報酬情況；
（6）董事會報告；
（7）管理層討論與分析；
（8）報告期內重大事件及對公司的影響；
（9）財務會計報告和審計報告全文；
（10）中國證監會規定的其他事項。

2. 中期報告

中期報告應當記載以下內容：

（1）公司基本情況；
（2）主要會計數據和財務指標；
（3）公司股票、債券發行及變動情況、股東總數、公司前10大股東持股情況，控股股東及實際控制人發生變化的情況；
（4）管理層討論與分析；

(5) 報告期內重大訴訟、仲裁等重大事件及對公司的影響；
(6) 財務會計報告；
(7) 中國證監會規定的其他事項。
3. 季度報告
季度報告應當記載以下內容：
(1) 公司基本情況；
(2) 主要會計數據和財務指標；
(3) 中國證監會規定的其他事項。

三、臨時報告

發生可能對上市公司證券及其衍生品種交易價格產生較大影響的重大事件，投資者尚未得知時，上市公司應當立即披露，說明事件的起因、目前的狀態和可能產生的影響。

重大事件包括的內容：
(1) 公司的經營方針和經營範圍的重大變化；
(2) 公司的重大投資行為和重大的購置財產的決定；
(3) 公司訂立重要合同，可能對公司的資產、負債、權益和經營成果產生重要影響；
(4) 公司發生重大債務和未能清償到期重大債務的違約情況，或者發生大額賠償責任；
(5) 公司發生重大虧損或者重大損失；
(6) 公司生產經營的外部條件發生的重大變化；
(7) 公司的董事、1/3 以上監事或者經理發生變動，董事長或者經理無法履行職責；
(8) 持有公司 5% 以上股份的股東或者實際控制人，其持有股份或者控制公司的情況發生較大變化；
(9) 公司減資、合併、分立、解散及申請破產的決定，或者依法進入破產程序、被責令關閉；
(10) 涉及公司的重大訴訟、仲裁，股東大會、董事會決議被依法撤銷或者宣告無效；
(11) 公司涉嫌違法違規被有權機關調查，或者受到刑事處罰、重大行政處罰，公司董事、監事、高級管理人員涉嫌違法違紀被有權機關調查或者採取強制措施；
(12) 新公布的法律、法規、規章、行業政策可能對公司產生重大影響；
(13) 董事會就發行新股或者其他再融資方案、股權激勵方案形成相關決議；
(14) 法院裁決禁止控股股東轉讓其所持股份，任一股東所持公司 5% 以上股份被質押、凍結、司法拍賣、託管、設定信託或者被依法限製表決權；
(15) 主要資產被查封、扣押、凍結或者被抵押、質押；
(16) 主要或者全部業務陷入停頓；

（17）對外提供重大擔保；
（18）獲得大額政府補貼等可能對公司資產、負債、權益或者經營成果產生重大影響的額外收益；
（19）變更會計政策、會計估計；
（20）因前期已披露的信息存在差錯、未按規定披露或者虛假記載，被有關機關責令改正或者經董事會決定進行更正；
（21）中國證監會規定的其他情形。

上市公司應當在最先發生的以下任一時點，及時履行重大事件的信息披露義務：
（1）董事會或者監事會就該重大事件形成決議時；
（2）有關各方就該重大事件簽署意向書或者協議時；
（3）董事、監事或者高級管理人員知悉該重大事件發生並報告時。

在前款規定的時點之前出現下列情形之一的，上市公司應當及時披露相關事項的現狀、可能影響事件進展的風險因素：
（1）該重大事件難以保密；
（2）該重大事件已經洩露或者市場出現傳聞；
（3）公司證券及其衍生品種出現異常交易情況。

上市公司披露重大事件後，已披露的重大事件出現可能對上市公司證券及其衍生品種交易價格產生較大影響的進展或者變化的，應當及時披露進展或者變化情況、可能產生的影響。涉及上市公司的收購、合併、分立、發行股份、回購股份等行為導致上市公司股本總額、股東、實際控制人等發生重大變化的，信息披露義務人應當依法履行報告、公告義務，披露權益變動情況。

第四節　證券監管

一、證券監管概述

1. 證券監管的概念

證券市場是一個複雜的市場，由多方不同的利益主體（包括上市公司、投資者、仲介機構、自我管理機構和政府監管部門等）共同構成。另外，由於證券業帶有強烈的資本參與、資本擴張色彩，其影響滲透到經濟社會生活的各個方面，證券投資又帶有廣泛的大眾性、社會性，因而證券市場的運行及其變動會敏感地觸及整個國民經濟的每一根神經末梢，對整個經濟、金融、政治乃至社會（包括國際社會）產生普通產品市場不可企及的影響力。

「證券監管」的概念比一般意義上的「公共管制」或「公共規制」概念具有更為豐富的內涵和更為廣闊的外延，證券市場上的政府干預具有全方位性和多層次性。證券監管的範疇表現出顯著的廣泛性和特殊性。尤其是在發展中國家和經濟轉軌期國家的新興證券市場上，證券監管的制度和行為呈現出更多的複雜性和多樣性，同成熟市

場相比具有更為明顯的政府行政干預特徵。

本書對證券監管的定義為：證券監管是以證券投資者利益保護為目標，政府及其監管部門制定並執行的直接或間接干預證券市場機制或證券市場活動的規則和行為。證券監管的過程是證券市場機制與政府行政制約的博弈，監管的結果是決定哪些管制政策施加於證券市場以及證券市場上的資源配置方式。

2. 證券監管的必要性

雖然目前還沒有形成一致的結論，但是大部分經濟學家都認為證券業屬於資本和知識密集型行業，容易造成自然壟斷。統計數據也表明，證券業的壟斷程度是相當高的，這種高壟斷很有可能導致證券產品和金融服務的消費者付出額外的代價。因此，政府從證券產品的定價和金融業的利潤水準方面對證券業實施監管應該是必要的。

作為整個市場體系的一部分，與商品市場一樣，證券市場也無法避免市場失靈的影響，也存在壟斷、經濟外部性、信息不對稱、過度競爭等造成市場失靈、導致價格扭曲的共同因素。因此，證券市場本身並不能自發實現高效、平穩、有序運行。證券市場的資本有效配置功能並不能完全實現。不僅如此，由於證券產品所特有的性質和證券市場自身的結構特點，市場失靈的負面效應在證券市場上會獲得更加明顯的體現。與商品市場相比，證券市場價格的不確定性更大，價格變化的幅度和額度更大，出現價格扭曲的可能性也更大，從而使得證券市場具有內在的高投機性和高風險性。證券市場所固有的高投機性和高風險性，不僅不利於證券市場本身運行效率的正常發揮和市場總體功能的實現，而且如果風險突然爆發，還有可能出現市場崩潰，使投資者蒙受巨大損失，使國民經濟遭受嚴重創傷。

因此，通過政府干預，包括監管等手段，對證券市場實施必要的組織、規劃、協調、管理、監督和控制，以消除或盡可能地減少因市場機制失靈而帶來的證券產品和證券服務價格扭曲以及由此引起的資本配置效率下降，實現證券市場的高效、平穩、有序運行，是一個不可避免的現實選擇。證券監管就是指證券監管部門為了消除因市場機制失靈而帶來的證券產品和證券服務價格扭曲以及由此引起的資本配置效率下降，確保證券市場的高效、平穩、有序運行，通過法律、行政和經濟的手段，而對證券市場運行的各個環節和各個方面所進行的組織、規劃、協調、監督和控制的活動和過程。

對證券市場實施必要的監管，首先是實現證券市場各項功能的需要。一個良好的證券市場除了具有充當資本供求雙方之間的橋樑、發揮融資媒介這一基本功能之外，還具有進行產權複合與重組、引導資金流向、優化資源配置、配合宏觀調控的實施等一系列重要的為國民經濟服務的功能。如果證券市場能夠健康發展，則它的融資功能和國民經濟服務功能就能得到正常的發揮，就能促進資本的有效配置，促進整個國民經濟的健康發展；相反，如果證券市場由於缺乏監管而混亂無序，則不僅不能發揮它的融資功能和國民經濟服務功能，而且可能會對國民經濟發展起相反的作用，造成資源配置失誤、信息傳遞誤導及整個宏觀經濟的混亂甚至崩潰。

其次，證券監管是保護證券市場所有參與者正當權益的需要。證券市場的參與者包括證券籌資者、投資者及仲介機構。他們之所以參與證券市場的發行、交易和投資活動，其目的是為了獲得經濟利益。如果證券市場因缺乏監管而混亂無序、投機過度、

價格信號嚴重扭曲，則參與者的正當權益就得不到保障。例如，如果不加強對收購控股的監管則發行公司的正常利益得不到保障；如果沒有一定的佣金制度和保證金制度，則證券商的利益就缺乏保障。

再次，證券監管是防範證券市場所特有的高風險的需要。由於證券產品本身的價格波動性和預期性，使得證券產品具有內在的高投機性和高風險性，再加上證券交易中普遍使用的信用手段，使得證券市場的投機性更加強烈，證券市場的風險性也進一步提高，其投機性和風險性都遠遠超過了商品市場。如果不對其實施必要的監管，由投機所導致的風險就會迅速累積並快速向外擴散，從而釀成危機。因此，對證券市場實施必要的監管，可以及時發現風險因素並將其控制在可以承受的範圍內，以避免證券市場發生危機。

最後，證券監管是證券市場自身健康發展的需要。證券監管遵循「公開、公平、公正」的原則。公開原則保證證券行情信息及發行者有關信息及時、全面地公開，減少內幕交易和防止舞弊行為；公平原則保證大小投資者在投資競爭中的公平環境，能夠盡量減少操縱、詐欺行為；公正原則使得在證券領域的一些違紀行為能得到及時的制止和公正處理。「公開、公平、公正」原則能為整個證券市場的發展提供一個良好的環境，以促進證券市場的健康發展。

二、證券監管的目標、原則和模式

1. 證券監管目標：國際比較

美國1993年的《證券法》包含兩個基本目的：①向投資者提供有關證券公開發行的實質性的（Material）信息；②禁止證券售賣過程中的誤導、虛假和其他詐欺行為。顯然，投資者利益的保護是美國證券立法的宗旨或目的。在《1986年政府證券立法》中此目標更為突出，「國會決定政府證券交易受公眾利益的影響，為此必須使：①為這種交易和與有關的事宜和活動提供統一性、穩定性和效率；②對證券中間商和證券交易商普遍實行適當的管理；③規定相應的金融責任、帳務紀錄、報告及有關的管理辦法；從而保護投資者並保證這些證券的公平、正當和流動性的市場。」

日本1948年的《證券交易法》規定：「為使有價證券的發行、買賣及其他交易能夠公正進行，並使有價證券順利流通，以保證國民經濟的正常運行及保護投資者利益，特制定本法律」。韓國1962年的《證券和交易法》寫明「本法旨在通過維護證券廣泛的和有條不紊的流通，通過保護投資者進行公平的保險、購買、銷售或其他證券交易，促進國民經濟的發展」。中國香港1989年頒布的《證券及期貨事務監察委員會條例》表明證券監管的目標是「使市場有足夠的流通量，並公平、有秩序和有效率地運作；控制和減低交易系統風險，避免市場失靈和適當地管理風險，以確保一個市場的危機不致影響其他的金融範疇；保護投資者；促進一個有利於投資和經濟增長的經濟環境的設立」。中國《證券法》則規定：「為了規範證券發行和交易行為，保護投資者的合法權益，維護社會經濟秩序和社會公共利益，促進社會主義市場經濟的發展，制定本法」。

1998年，國際證券監督管理委員會組織（IOSCO）因應形勢的發展，將證券監管

目標從 1992 年報告中的兩個擴大為三個。這種改變反應了近年來全球資本市場發生的深刻變化。這三個目標是：第一，保護投資者；第二，保證市場的公平、效率和透明；第三，降低系統風險。

  2. 證券監管的原則

  為了實現證券監管的目標，證券市場的有效監管必須確立以下原則：

  (1) 公開、公平、公正原則。「三公」原則是證券監管的最基本原則，它奠定了證券立法的基礎，是各國證券監管的核心和靈魂所在。公開，要求任何證券的發行和交易都必須真實、準確和完整地披露與證券發行和交易有關的各種重要信息，避免任何信息披露中的虛假陳述、重大誤導和遺漏，以保證證券投資者對所投資證券有充分、全面和準確的瞭解。公開原則要求證券市場上的各種信息向市場參與者公開披露，任何市場參與者不得利用內幕信息從事市場活動，以有效地防止各種證券違法行為，切實保護證券投資者的合法權益。信息的公開性和透明度直接關係到證券市場的效率，是市場效率和證券市場監管的微觀結合點，也是證券立法的精髓所在。公平可以分為「社會公平」和「市場公平」。證券市場上的公平主要是指「市場公平」，要求證券市場上的參與者一律平等，擁有平等的機會，不存在任何歧視或特殊待遇。機會平等和平等競爭是證券市場正常運行的前提。在證券市場上，證券投資者千差萬別，有機構投資者，有個人投資者，有資金和信息上的強者和弱者。證券市場是各類不同投資者及其利益的結合，如何平等地保護各種投資者利益實現公平，是證券監管的重要目標。公正原則是有效監管的生命，是監管者以法律框架實現市場所有參與者之間的平等與秩序的關鍵，包括立法公正、執法公正、仲裁公正。公正原則是針對證券管理層行為而言，它要求證券監督管理機構及其工作人員行為必須公正，禁止詐欺、操縱以及內幕交易等一切證券違法行為。

  (2) 誠信原則。誠信原則在民商法中是指「民事主體在從事民事活動時，應當誠實守信，以善意的方式履行其義務，不得濫用權力及規避法律或合同規定的義務」、「不僅具有指導社會行為之功能，而且具有法律解釋、法律補充和司法依據之功效」。證券監管者在制定和實施法律及規章制度時，要求證券市場的各類參與者必須遵守誠信原則，它要求：市場籌資者應當真實、完整、及時、準確的進行信息披露，同等對待包括承銷商在內的各仲介機構；仲介機構應當嚴格履行審慎調查義務，全面瞭解並提供有關信息，從對發行者和投資者負責的角度開展業務活動，不得有誤導和詐欺行為，以公平競爭方式參與證券發行，不得用非正常手段進行不正當競爭活動；市場投資者不能為謀取私利或損害他人利益，操縱市場或散布虛假信息，破壞正常的市場秩序。

  (3) 證券監管政策的一致性原則。證券監管政策的一致性（連貫性）原則是一項重要的原則，在不成熟的新興證券市場上尤為重要。證券監管政策應保持自身的連續性，不能「朝令夕改」。證券監管機構應當有體現監管核心的綱領性文件作為指導，對監管的指導原則、監管的主要內容等重大事項做出規定，並制定監管機構自身發展的中、長期規劃。因此，證券監管政策應與《證券法》、《公司法》等法律的基本原則相一致，避免衝突。其次，證券監管應與宏觀經濟政策及行業專門政策保持一致，服從

國民經濟穩定與發展的總體需要的原則。證券市場由各行業的上市公司組成，是組成整個經濟運行體系的一個元素，因此監管政策的出發點應當與宏觀經濟政策和行業政策相一致。這對於強調經濟增長和經濟發展的發展中國家政府來說尤為重要。證券監管的根本宗旨是促進社會經濟的穩定和發展，使證券市場運行同與之相聯繫的各個經濟方面達到協調和一致。這就需要監管者從社會經濟和政治的全局著眼制定和執行各種監管制度。保持證券監管政策的一致性還有利於增強監管政策的透明度，增加政策的可預見性，有利於參與者學習和掌握政策，避免市場參與者因政策的不確定性無所適從，最終導致市場的混亂。

（4）政府監管與自律監管相結合的原則。證券監管機構要注重政府監管、自律管理和社會監督的有機結合，由此建立完整的證券市場監督管理系統。證券監管既包含政府行政機構所實施的監管，也包括證券交易所、證券業協會等自我管理機構所擔負的一線監管。證券市場自身的複雜性使許多問題，如職業道德問題，非政府監管所能解決，並且在政府監管難以發揮作用的領域，需要自律監管發揮獨特的作用。自律組織通過自身的組織機構與行業管理，將國家制定的有關證券管理的法律、法規、方針、政策等，落實到每個證券公司及其從業人員中去，通過其媒介作用，使證券監管機構與對證券市場的管理有機地結合起來。即使在實行集中型證券監管的美國，自律監管也發揮著巨大的積極作用，甚至被視為證券監管的基石——監管金字塔的基礎是政府監督之下的自律。而在自律型監管的英國，政府監管也正成為整個證券監管框架中不可缺少的旋律。對於像中國這樣的新興證券市場更應在強調政府集中、統一監管的同時加強自律組織的建設，充分發揮自律監管的功能。

3. 證券監管模式

現在世界各國對證券市場監管的模式，由於歷史的原因和各國的具體情況不同而不同。依據監管主體的不同，可將這些監管模式歸納為三種，即集中監管模式、自律監管模式和分級監管模式。

（1）集中監管模式。集中監管模式是指政府依據國家法律積極參與證券市場的監督管理。美國是採用這種模式的典型國家，該種監管模式具有以下特點：

① 有完善的證券法規體系。實行集中立法監管模式的國家或地區都有專門的證券法規體系。這些專門的證券法規涉及證券市場的方方面面，使得所有證券市場的活動都有法可依。如美國對證券和證券市場的管理就比較規範，著重立法，強調公開、公平、公正的原則，並有一套較為完整的法規體系。其法規體系可分為三級：一是由聯邦政府規定並經國會通過的法令。這主要是指 1933 年的《聯邦交易法》和 1934 年的《證券交易法》，之後又陸續頒布了《公開專業控股公司法》、《馬尼洛法》、《信託條款法》、《投資公司法》、《投資顧問法》和《證券投資保護法》等。二是各州制定的證券管理法令。這些地方州政府頒布的有關證券發行與交易方面的立法，統稱為《藍天法》（它源於美國州議員提出的要把證券立法矛頭指向那些「要在藍色的天空裡出售大批建築物」的詐欺活動）。1956 年全國各州的銀行監督官會議通過並經過證券交易委員會批准產生了《統一證券法》，屬地方性統一法規，各州均以此法為標準修改《藍天法》。三是自律機構制定的有關章程。如聯邦證券交易所和全國證券交易商協會所規定

的有關章程，這些章程對其會員有一定的約束力。聯邦證券交易所具有管理（管理機構）與經營（獨立核算的經濟實體）雙重性質，體現了自我管理的特點，全國證券交易商協會是場外交易自我管理的組織機構。這些自律機構在政府的監督下具有一定的自由權。

② 高度權威的證券管理機構。實行集中立法監管模式的國家都設有唯一負責監管全國證券市場的高度權威的政府機構。如美國根據1934年《證券交易法》規定，創立了證券管理委員會（Securities & LExchange Commission，簡稱SEC），是統一管理證券活動的最高管理機構。證券管理委員會的5名成員是由總統提名，參議院審查批准。委員任期5年，不得兼任其他公職，也不能直接或間接從事證券交易。委員會獨立行使職權，對全國和各州的證券發行、證券交易所、證券商、投資公司等擁有根據法律行使全國管理和監督的權力，不受總統干涉，但其預算、立法等事項應同有關主管部門協調。委員會直屬總統，推選出主席1人負責與總統聯繫。委員會設於華盛頓，第二次世界大戰期間曾一度遷往費城，並在其他10個城市設有辦事處。各州還設有公司專員（Corporation Commissioner），負責監督地方性的證券發行和證券商以及公司法的執行。

（2）自律監管模式。自律監管模式是指政府對證券市場干預較少，除了國家立法中有某些必要規定外，對證券市場的監管完全由證券交易所及交易商協會等自律性組織機構實行自我管理的模式。傳統上，採取自律監管模式的典型國家是英國，但從1986年開始，英國的自律監管模式也發生了重要變化。

該種模式具有以下特點：

① 證券立法採用綜合性金融法律形式。實行自律監管模式的國家沒有關於證券監管的專門法規體系，與證券有關的法規散見於各種金融法規之中。

② 沒有專門的政府證券監管機構。在機構設置上，自律監管模式的國家沒有專門的政府監管機構。政府機構中相關部門只對涉及其管理範圍的內容實行監管，日常事務主要由一些非政府管理機構對證券市場及其交易的參加者進行自我管理。在英國，證券交易所的規章遠比公司法等證券法重要，倫敦證券交易所由於制定了比較嚴格的規章制度，累積了比較豐富的管理經驗，在證券監管上富有成效。採取自我管理模式的還有新加坡、荷蘭、馬來西亞、中國香港等國家和地區。

（3）分級監管模式。分級監管模式是指通過若干層次機構與組織的監督，形成各層次監管權力的分配與相互制衡。分級監管依照監管層次的差異，可分為二級監管與三級監管兩種模式。二級監管模式是指政府監管與自律組織自我監管相結合的一種監管模式；三級監管是指中央政府監管、地方政府監管與自律組織自我監管相結合的一種監管模式。

分級監管模式的出現是證券市場實踐與發展的需要，通過分級監管可以充分調動各方優勢和積極性，既防止權力過分集中而導致政策的偏差和監管的空白點，又可發揮自律組織熟悉市場、監管成本低、效率高的優勢。

目前，實行集中立法監管模式和自律監管模式的國家都在吸收對方的優點，有相互融合而採用分級監管模式的趨向。

三、中國證券監管模式的演變

中國證券市場監管的歷史是伴隨中國證券市場的成長與變化，在摸索中逐步發展的一個從無到有的制度創新過程。隨著市場的發展變化，中國證券市場監管模式經歷了一個從地方監管到中央監管，由分散監管到集中監管的過程，大致可以分為三個階段。

第一階段，20世紀80年代中期到90年代初期。這是中國證券市場的起步階段，股票發行僅限於少數地區的試點企業。1990年，國務院決定分別設立上海、深圳證券交易所，兩地的一些股份公司開始進行股票公開發行和上市交易的試點。1992年，又選擇少數上海、深圳以外的股份公司到上海、深圳兩家交易所上市。這一時期證券市場的監管主要是由上海、深圳地方政府負責。此時，兩地分別頒布了一些有關股份公司證券交易的地方性法規，建立了地方的證券市場監管機構。中央政府只是進行宏觀指導和協調，這時的證券監管處於初始萌芽階段。

第二階段，1992年至1998年8月。國務院在總結區域性證券市場試點經驗教訓的基礎上，決定成立國務院證券委員會和中國證券監督管理委員會，負責對全國證券市場進行統一監管，同時開始在全國範圍內進行股票發行和上市試點。從此，證券市場開始成為全國性市場。此時，證券市場監管是一種多部門監管組織系統，由國務院證券委統管全國證券市場有關事務。證券委由人民銀行、計委、體改委、財政部等16個國務院直屬部委相關的副部長級官員組成，採取例會形式辦公，是一個比較鬆散的機構，在其下面設立了中國證券監督管理委員會作為具體執行機構，負責日常管理活動。管理過程中國家計委、中國人民銀行、財政部參與較多，其中每年由國家計委和證監會編製本年度股票發行規模，主要由證監會負責各省（市）計劃額度的分配、審批發行上市公司資格、審批證券經營機構的主承銷商資格，對證券交易所進行管理；證監會會同國務院有關機關審定從事證券業的會計師事務所、律師事務所、資產評估機構的資格，審定有關股票交易方式的開發事宜，負責中國企業到境外上市及國際監管合作事宜，負責日常檢查處罰事宜；中國人民銀行對證券公司、信託投資公司、財務公司等從事證券經營業的專營與兼營金融機構的確立、變更、破產和日常督查予以負責，監管這些機構的市場進出資格標準。中國證監會同時授權部分省（市）成立了證券監管機構。在授權範圍內履行監管職責。這樣便形成了證監委、各部委、地方政府等共同參與監管的多部門監管組織系統。

第三階段，1998年8月至今。國務院在第二階段多部門監管的基礎上撤銷了國務院證券委員會，其職能並入中國證券監督管理委員會，決定中國證券監督管理委員會對地方證券監管部門實行垂直領導，以擺脫地方政府對地方證券監管的行政干預，形成直接受證監會領導，獨立行使監管權力的管理體系。逐步收回了各個中央部委對證券仲介機構的行政、業務管理權限，統一交由中國證券監督管理委員會管理，初步實現了中央集中統一的監管組織系統。

❄ 本章小結

1. 證券市場信息披露的重要性體現在：①信息披露有助於公司的籌資和降低籌資成本；②信息披露有助於促進公司自身的發展；③信息披露是保護投資者的重要手段；④信息披露有助於社會資源的優化配置；⑤信息披露有助於證券市場的規範與發展。

2. 證券市場信息披露的基本原則劃分為實質性基本原則和形式性基本原則。其中實質性基本原則包括：①真實性原則；②完整性原則；③準確性原則；④及時性原則；⑤公平披露原則。形式性基本原則包括：①規範性原則；②易解性原則；③易得性原則。

3. 中國上市公司信息披露的主要內容有：招股說明書、募集說明書與上市公告書；定期報告，包括年報、中報和季報；臨時報告，主要是對可能影響公司股價的重大事件的披露。

4. 「證券監管」的概念比一般意義上的「公共管制」或「公共規制」概念具有更為豐富的內涵和更為廣闊的外延，證券監管是以證券投資者利益保護為目標，政府及其監管部門制定並執行的直接或間接干預證券市場機制或證券市場活動的規則和行為。證券監管的過程是證券市場機制與政府行政制約的博弈，監管的結果是決定哪些管制政策施加於證券市場以及證券市場上的資源配置方式。

5. 證券監管的必要性：首先是實現證券市場各項功能的需要；其次，證券監管是保護證券市場所有參與者正當權益的需要；再次，證券監管是防範證券市場所特有的高風險的需要；最後，證券監管是證券市場自身健康發展的需要。

6. 為了實現證券監管的目標，證券市場的有效監管必須確立以下原則：①公開、公平、公正原則；②誠信原則；③證券監管政策的一致性原則；④政府監管與自律監管相結合的原則。

7. 監管模式依據監管主體的不向，可歸納為三種，即集中監管模式、自律監管模式和分級監管模式。①集中監管模式。集中監管模式是指政府依據國家法律積極參與證券市場的監督管理。②自律監管模式。自律監管模式是指政府對證券市場干預較少，除了國家立法中有某些必要規定外，對證券市場的監管完全由證券交易所及交易商協會等自律性組織機構實行自我管理的模式。③分級監管模式。分級監管模式是指通過若干層次機構與組織的監督，形成各層次監管權力的分配與相互制衡。分級監管依照監管層次的差異，可分為二級監管與三級監管兩種模式。

❄ 復習思考題：

1. 證券市場信息披露的基本原則是什麼？
2. 上市公司信息披露的內容包括哪些方面？
3. 什麼是證券監管？為什麼要實行證券監管？
4. 證券監管的原則有哪些？
5. 證券監管的主要模式有哪些？各自的特點是什麼？

國家圖書館出版品預行編目（CIP）資料

投資學 / 盧嵐 主編. -- 第一版.
-- 臺北市：財經錢線文化發行；崧博出版, 2019.11
　　面；　公分
POD版

ISBN 978-957-735-935-3(平裝)

1.投資學 2.證券投資 3.證券市場

563.5　　　　　　　　　　　108018063

書　　名：投資學
作　　者：盧嵐 主編
發 行 人：黃振庭
出 版 者：崧博出版事業有限公司
發 行 者：財經錢線文化事業有限公司
E-mail：sonbookservice@gmail.com
粉 絲 頁：　　　　　網　址：
地　　址：台北市中正區重慶南路一段六十一號八樓 815 室
8F.-815, No.61, Sec. 1, Chongqing S. Rd., Zhongzheng
Dist., Taipei City 100, Taiwan (R.O.C.)
電　　話：(02)2370-3310　傳　真：(02) 2388-1990
總 經 銷：紅螞蟻圖書有限公司
地　　址：台北市內湖區舊宗路二段 121 巷 19 號
電　　話:02-2795-3656 傳真:02-2795-4100　網址：
印　　刷：京峯彩色印刷有限公司（京峰數位）

本書版權為西南財經大學出版社所有授權崧博出版事業股份有限公司獨家發行電子書及繁體書繁體字版。若有其他相關權利及授權需求請與本公司聯繫。

定　　價：350 元
發行日期：2019 年 11 月第一版
◎ 本書以 POD 印製發行